KB247766

국화와 칼

일본 문화의 패턴

국화와 칼

초판 1쇄 인쇄일 ǀ 2025년 6월 25일   초판 1쇄 발행일 ǀ 2025년 6월 30일

지은이   ǀ 루스 베네딕트
옮긴이   ǀ 정미나
펴낸이   ǀ 강창용
책임기획 ǀ 강동균
디자인   ǀ 유채연
마케팅   ǀ 성현서

펴낸곳   ǀ 느낌이있는책
출판등록 ǀ 1998년 5월 16일 제10-1588
주소   ǀ 경기도 고양시 일산동구 고양대로 953-17, 한울빌딩 2층
전화   ǀ (代)031-932-7474
팩스   ǀ 031-932-5962
이메일   ǀ feelbooks@naver.com

ISBN 979-11-6195-238-3 03300

* 책값은 뒤표지에 있습니다.
* 잘못된 책은 구입처에서 교환해 드립니다.

국화와 칼

루스 베네딕트 지음 | 정미나 옮김

일본 문화의 패턴

느낌있는책

감사의 말

　일본에서 태어나 교육받고 미국에서 살게 된 일본인은 남녀를 불문하고 아주 어려운 입장에 있었다. 많은 미국인으로부터 불신을 받았다. 그런 의미에서 이 책을 위한 자료를 수집하며 그들이 도움과 친절을 베풀어주었던 사실을 밝힐 수 있게 되어 아주 기쁘게 생각한다. 정말로 그분들에게 각별한 감사함을 느끼고 있다. 특히 전시 중에 함께 일하게 되었던 동료, 로버트 하시마에게 감사의 말을 전하고 싶다. 그는 미국에서 태어나 일본에서 자랐지만 1941년에 미국으로 돌아오는 길을 선택했고, 일본인 임시수용소에서 인턴으로 근무하다 미국 전쟁 관련 기관들의 일을 돕기 위해 워싱턴에 와 나와 인연이 닿게 되었다.

　일본 연구 과제를 의뢰해주어 이 책을 집필할 기회를 열어준 전쟁공보처, 극동문제연구소의 부소장 조지 E. 테일러 교수, 미 해군 예비군 군의대 사령관이자 외국전의(外國戰意) 조사과의 수장 알렉산더 H. 레이턴에게도 감사 인사를 전하고 싶다.

　이 책의 전체 내용이나 일부 내용을 읽어봐 준 레이턴 사령관,

클라이드 클럭혼 교수, 네이선 레이테스 박사에게도 감사드린다. 세 분 모두 전쟁공보처에서 함께 일하며 내가 일본에 대한 분석 작업을 수행할 때 여러모로 도움을 주었다. 그 외에 콘래드 아렌스버그 교수, 마거릿 미드 박사, 그레고리 베이트슨, E. H. 노먼에게도 감사의 마음을 전한다. 이 모든 분이 제안과 도움을 베풀었고 힘이 되어주었다.

– 루스 베네딕트

차 례

감사의 말 ···4

1장 연구 과제 : 일본 ····················· 9

2장 전쟁 중의 일본인 ··················· 37

3장 자신에게 적절한 자리 찾기 ········· 71

4장 메이지 유신 ······················· 119

5장 과거와 세상에 빚진 사람 ··········· 151

6장 만분의 일의 은혜 갚기 ············· 177

7장 '견디기 가장 힘든' 보은 ··········· 207

8장 오명 씻어내기 ····················· 225

9장 인간적 감정의 영역 ················ 273

10장 덕의 딜레마 ······················ 299

11장 자기단련 ························· 349

12장 아이들은 배운다 ················· 385

13장 패전 후의 일본인 ················ 451

해설 ···480
루스 베네딕트 연보 ···492

1장 / 연구 과제 ·· 일본

일본인은 이제껏 미국이 전면전을 벌여온 상대 가운데 가장 낯선 민족이었다. 미국이 치렀던 다른 나라들과의 전쟁에서는 이처럼 이질적인 행동과 사고 특성을 고려해야 할 필요가 없었다. 앞선 1905년에 러일전쟁을 치른 제정 러시아가 그러했듯 미국 역시 철저히 무장되고 훈련된 데다 서양의 문화적 전통에 들지 않는 민족을 상대했다. 하지만 일본인은 서구 국가들이 인간의 본성에 비춰 기정사실로 한 전투 관례를 따르지 않았다. 따라서 태평양 전쟁은 섬에서 섬으로 연이은 상륙작전을 펼치며 일본을 향해 진격하는 동시에 탁월한 병참 작전을 펼치는 차원만으론 역부족이었다. 적의 기질도 중요하게 고려해야 했고 그러자면 일본인의 행동 양식을 이해해야 했다.

일본인을 이해하기란 상당히 어려운 일이었다. 일본이 닫아걸었던 문호를 개방한 이후 지난 75년 동안 일본인에 대해서는 '그러나 또 한편으론…' 식의 기묘한 묘사가 이어져 왔다. 그것은 세계 어떤 민족에게서도 유례가 없는 별난 방식의 묘사이다. 일본인이 아닌 민족에 관한, 진지한 관찰을 바탕으로 글을 쓸 경우 그 민족이 유별나게 공손하다고 운을 떼었다가 '그러나 또 한편으론 무례하고 오만하다'고 덧붙인다면 그것은 말도 안 되는 주장이다. 보통 어떤 민족을 평가할 때는 행동이 더없이 경직되어 있다는 평에 이어 '그러나 또 한편으론 과격한 혁신에 선뜻 적응한다'는 식으로 부연하지 않는다. 순종적이라는 평에 이어 상부의 통제에 고분고분 응하지 않는다고 덧붙이지 않는다. 충성스럽고 관대하다는 평에 이어 '그러나 또 한편으론 반역적이고 앙심을 잘 품는다'는 식의 토를 달지 않는다. 정말로 용감한 민족이라는 평에 이어 소심한 면모를 부각시키지 않는다. 남들의 평가를 의식해 행동한다고 말했다가 뒤이어 무척 양심적이라고 덧붙이지 않는다. 로봇처럼 일사불란한 군대의 기강을 거론했다가 그 군대의 병사들이 심하면 항명 수준까지 반항하는 기질이 있다고 부연하지 않는다. 서양을 배우려는 열정이 뜨거운 민족이라는 말에 이어 지독히 보수적이라고 덧붙이지 않는다. 배우와 예술가를 숭상하며 국화 재배에 심취하는 심미주의 열기가 퍼진 민족으로 묘사한 책을 쓰면서, 칼과 무사의 높은 명예를 숭상하는 일면이 묘사된 또 다른 책으로 보충 설명해야 하는 경우 또한 없다.

하지만 이 모든 모순이 일본을 주제로 다루는 책에서는 씨줄과 날줄을 이룬다. 이 모든 모순이 말이 된다. 칼과 국화, 둘 다 일본이라는 그림의 일면이다. 그만큼 일본인은 극도의 양면성을 띠고 있다. 공격적이면서도 비공격적이고, 군국주의적이면서도 심미적이고, 무례하면서도 공손하고, 경직되어 있으면서도 적응성이 있고, 순종적이면서도 부당한 대우에 분개하며, 충성스러우면서도 반역 기질이 있고, 용감하면서도 소심하고, 보수적이면서도 새로운 양식을 선뜻 받아들인다. 남들이 자신의 행동을 어떻게 생각할지 지독히 신경 쓰는가 하면 다른 사람들이 자신의 잘못을 잘 몰라도 스스로 죄책감에 시달린다. 군대의 병사들은 군기가 철두철미하게 잡혀있는가 하면 또 한편으론 반항적이기도 하다.

미국으로선 일본에 대한 이해가 아주 중요한 문제로 부각되자 위에서 열거한 모순을 비롯한 그 외의 여러 명백한 모순을 무시해 넘길 수 없게 되었다. 눈앞에 위기가 시시각각 닥쳐오는 상황에서 이런저런 답을 찾아야 했다. 일본은 앞으로 어떻게 나올 것인가? 침공 없이도 항복을 받아낼 가능성은 없을까? 일황의 궁에 폭탄이라도 투하해야 할까? 일본인 전쟁포로들을 통해 뭔가 얻어낼 만한 것은 없을까? 일본 군대와 일본 본토 국민을 대상으로 한 선전활동을 어떤 식으로 벌여야 미국 국민의 목숨을 구하고 일본인의 결사적 항전 결의를 약화시킬 수 있을까?

일본인을 누구보다 잘 안다는 이들 사이에서도 여기에 대한 의견이 극렬히 갈렸다. 전후 평화 체제로의 진입 시에 일본인은 치안유지를 위해 항구적 계엄령이 필요한 민족일까? 아군은 일본 곳곳의 산속 요새에서 필사적 결사항전을 벌이는 저항군에 대비할 태세를 갖추어야 할까? 일본에 프랑스 혁명이나 러시아 혁명 같은 혁명이 일어나야 비로소 세계 평화가 가능해질까? 그렇다면 누구를 그런 혁명의 지도자로 내세우면 좋을까? 아니면 아예 일본인을 박멸시켜야 하는 걸까? 이 모든 것이 우리가 어떤 판단을 내리느냐에 따라 큰 차이를 몰고 올 만한 문제들이었다.

1944년 6월 1일, 나는 일본 연구의 책무를 맡으며 요청에 따라 문화 인류학자로서 가능한 모든 기법을 총동원해 일본인의 성향을 판독해야 했다. 그해 초여름 일본에 대한 대대적 공격이 개시되면서 실질적 전세의 윤곽이 서서히 잡히고 있었다. 미국 내에서는 일본과의 전쟁이 3년 정도 이어질 것이라는 여론이 여전히 팽배했고, 10년 이상의 장기전이 될지 모른다는 예측마저 제기되고 있었다. 한편 일본 내에서는 전쟁이 100년은 갈 거라는 자신감에 차 있었다. 미국이 국지적 승리를 거두긴 했으나 뉴기니섬과 솔로몬군도가 일본 본토에서 아직 수천 킬로미터 떨어진 거리라며 심각하게 받아들이지 않았다. 일본의 공식 발표에서 해군의 패배를 거의 인정하지 않으면서 여전히 일본 국민은 자국이 승기를 잡고 있다고 여겼다.

하지만 6월에 들어서면서부터 전세가 바뀌었다. 유럽에 제2전선이 형성되면서 최고사령부가 2년 반 동안 유럽 무대를 군사적 우선순위로 삼아온 전략이 성과를 나타냈다. 독일과의 전쟁은 막을 내릴 기미가 엿보였다. 한편 태평양에서는 우리 아군이 일본의 최종적 패배를 견인할 것으로 점쳐지는 중대 작전지, 사이판에 상륙했다. 이 사이판 전투에서 승리하면 우리 병사들은 일본군에 맞서 계속 거리를 좁혀가며 진군해나갈 수 있었다. 그런데 우리는 뉴기니, 과달카날섬, 미얀마, 애투섬, 타라와섬, 비와크섬에서의 전투를 통해 일본이 얕잡아볼 수 없는 강적이라는 점도 잘 알고 있었다.

따라서 1944년 6월엔 적국인 일본에 대한 여러 의문을 해소해야 했다. 군사적 문제건 외교적 문제건, 고위 정책에 관련된 문제건 일본의 최전선 후방에 투하할 유인물에 관련된 문제건, 철저한 통찰이 중요했다. 총력전을 벌이고 있는 일본에 맞서려면 일본 정부 권력층의 목표와 동기, 일본의 오랜 역사, 경제적·군사적 통계자료를 파악하는 정도만으론 미흡했다. 그 외에도 일본 정부가 국민에게 뭘 기대하는지도 알아야 했다. 일본인의 사고 습성 및 정서 습성과 더불어 이런 습성이 어떤 행동 양식으로 나타나는지도 이해해야 했다. 일본인의 행동과 견해 이면에서 작동하는 구속력도 파악해야 했다. 미국인 특유의 행동 전제를 잠시 접어놓은 채, 일정 상황에서 우리 미국인의 일반적 행동 경향을 일본인에게 그대로 적용하는 안이한 결론에 이르지 않도록 편협성을 최대한 벗어나야 했다.

내게 맡겨진 과제는 수행하기가 까다로웠다. 미국과 일본은 교전 중이었고 원래 전시에는 적국을 싸잡아 비난하기 십상이라 적국의 관점에서 적국의 인생관을 바라보기가 더 어려운 법이다. 하지만 어려워도 해야 할 일이었다. 연구의 관건은 우리가 그들의 입장이라면 어떻게 행동할지가 아니라 일본인이 어떻게 행동할지를 살피는 것이었다. 일본인의 전시 중 행동을 일본인을 이해하는 데 장애가 아닌 자산으로 활용하기 위해 애써야 했다. 일본인의 전쟁 수행 방식을 살펴보며 그것을 당장의 군사적 문제가 아니라 문화적 문제로 봐야 했다. 평화 시뿐만 아니라 교전 중에도 일본인은 일본인답게 행동했다. 그렇다면 일본인이 전쟁에 대처하는 방식에서 일본인의 생활방식과 사고방식에 관련된 어떤 특별한 암시를 엿볼 수 있지 않을까? 지휘관들이 전의를 북돋고 혼란에 빠진 부하들을 안심시키고 전장의 병사들을 활용하는 방식 모두가 그들 스스로 강점으로 자부하는 것이 뭔지를 보여주는 셈이었다. 따라서 전쟁의 세세한 사항들을 추적하면서 그 속에서 점차 드러나는 일본인의 습성을 살펴봐야 했다.

하지만 두 나라가 교전 중이라는 사실로 인해 어쩔 수 없이 상당한 불리함을 떠안아야 했다. 다시 말해 문화인류학자에게 가장 중요한 연구 기법인 현지답사를 포기해야 했다. 일본에 가서 그들의 가정에 섞여 살아보며 일상생활의 압박과 스트레스를 관찰하면서 내 눈으로 직접 중요한 면과 중요하지 않은 면을 확인할 수가 없었다. 일본인의 복잡한 의사결정 과정도 관찰할 수 없었다. 아이들의 양육 방법도 볼 수 없었다. 일본의 한 마을을 현지조사한 인류학자 존 엠브리John Embree가 집필한 아주 귀한 문헌 자료인 《스에무라》가 있긴 했지만, 그 저서의 집필 당시에는 1944년에 이르러 우리가 직면하게 된 일본 관련 문제들 가운데 상당수가 제기되지도 않았다.

이런 큰 난관에도 불구하고 나는 문화인류학자로서 갖춘 특정 연구 기법과 전제를 유용하게 활용할 수 있으리라는 자신이 있었다. 적어도 인류학자가 크게 의존하는 대면접촉 조사를 포기하지는 않아도 되었다. 연구 대상인 사람들과 직접 만나 조사할 수 있었던 것이다. 미국에는 일본에서 자란 일본인이 많이 있었던 덕분에 그 사람들을 만나 일본에서 자랐던 경험에 대해 구체적 사실을 물어보고 그 경험에 대한 견해를 알아보면서 그들의 설명을 토대로 우리의 기존 지식에서 부족한 구멍을 메울 수 있었고, 어떤 문화를 이해하든 이런 과정이 꼭 필요하다는 것이 문화인류학자로서의 내 신념이었다. 일본을 연구했던 다른 사회과학자들은 도서관을 활용해 과거의 사건이나 통계를 분석하고, 일본의 구어나 문어 상의 선전문구 변화를 추적했다. 나는 그런 사회학자들이 찾고 있던 해답의 상당수가 일본 문화의 규율과 가치에 내재되어 있으리라 확신하며 그 문화 속에서 실제로 살아봤던 사람들과 더불어 일본 문화를 탐색해야 보다 만족스러운 해답을 얻을 수 있으리라고 믿었다.

그렇다고 해서 일본 관련 문헌을 읽지 않았다는 얘기는 아니다. 일본에서 살아본 경험이 있는 서양인들의 글을 통해 많은 도움을 얻었다. 일본에 관한 방대한 문헌과 일본에 살아본 다수의 훌륭한 서양인 관찰자들 덕분에 나는 아마존강 상류나 뉴기니 산악 지대로 찾아가 문자 없는 부족을 연구하는 인류학자라면 누리지 못할 많은 유리함을 누렸다. 그런 부족들은 문자 언어가 없어서 자신들에 관한 것을 문서 기록으로 남겨놓지 않았다. 서양인들에 의한 논평도 극소수에 불과한 데다 그나마도 피상적이다. 그 누구도 그 부족들의 과거 역사를 알 길이 없다. 그래서 현지답사자는 이전의 연구가들로부터 도움을 전혀 얻지 못한 채로 그 부족들의 경제생활방식, 사회의 계층 구조, 종교 생활의 근간 등을 밝혀내야 한다. 이에 반해 일본의 연구에서 나는 수많은 연구자가 남겨준 유산을 물려받아 오래된 기록들 사이에 숨겨진 소소한 일본의 생활상을 접할 수 있었다. 남녀를 막론한 여러 유럽인과 미국인들이 자신들의 경험담을 생생한 기록으로 남겨놓았고 일본인 자신들도 놀라우리만큼의 많은 기록으로 자신들을 드러내 왔다. 일본인은 다수의 동양인과는 달리 자신에 대한 기록을 남기고 싶어 하는 충동이 대단하다. 자신들의 팽창주의에 대해서만이 아니라 사소한 일상생활에 대해서까지도 기록했다. 굉장히 솔직했다. 물론 전체 그림을 다 보여주었던 건 아니다. 어느 민족도 그렇게 하진 않는다. 일본에 대한 글을 쓰는 일본인은 정말로 중요한 부분이지만 그 자신에겐 숨 쉬는 공기처럼 익숙하고 눈에 보이지도 않아서 빠뜨리고 넘어간 내용도 있다. 그것은 미국인들이 미국에 대한 글을 쓰는 경우라도 다를 것이 없다. 어쨌든 그럼에도 불구하고 일본인은 자기표출을 정말 좋아했다.

다윈이 종의 기원에 대한 이론을 연구하면서 그랬다고 하듯, 나도 관련 문헌을 읽으면서 잘 이해되지 않는 부분에 주목했다. 의회 연설문을 통해 드러나는 이질적 사고방식을 이해하려면 뭘 알아야 할까? 용서해줘도 될 것 같은 행동에 대해서는 맹렬히 비난하면서 부당해 보이는 행동은 선뜻 포용해주는 그런 태도의 이면엔 무엇이 있는 걸까? 나는 문헌을 읽으면서 끊임없이 의문을 가졌다. '이 그림에서 이상한 부분'은 무엇일까? 그 부분을 이해하려면 뭘 알아야 할까?

나는 일본 현지에서 대본이 쓰이고 제작된 영화도 봤다. 선전용 영화, 역사 영화, 도쿄와 농촌 마을에서의 현대 생활상이 담긴 영화들을 두루두루 봤다. 영화를 본 후에는 일본인들과 함께 그 영화들에 대해 조목조목 짚어봤다. 그 사람들은 일본에서 그 영화 중 몇 편을 본 적이 있었고, 어쨌든 영화 속의 남녀 주인공과 악당을 나와 같은 관점이 아닌 일본인과 같은 관점으로 봤던 이들이었는데 확실히 내가 난감해했던 대목에서 그들은 난감해하지 않았다. 영화의 줄거리와 동기는 내 관점에선 이해가 안 되었지만, 해당 영화의 전체적 틀에서는 맥락이 통했다. 일본 소설들이 그렇듯 영화에서도 나에게 다가오는 의미와 일본에서 자란 사람들에게 다가오는 의미 사이에는 겉으로 드러나는 것 이상의 큰 차이가 있었다. 이 일본인 중에는 일본인의 관습을 즉각 옹호하고 나서는 이들도 있었고 일본의 것이라면 그게 뭐든 다 질색했던 이들도 있었다. 둘 중 어느 그룹에서 더 많은 것을 배우게 되었는지를 분간하기는 힘들지만 어쨌든 그들이 개인적 체험에 따라 일본에서의 삶의 규제 방식에 대해 들려준 이야기는 그 방식을 기꺼이 인정하는 사람이든, 격렬히 거부하는 사람이든 서로 일치했다.

인류학자가 연구 중인 문화권의 사람들에게 직접 자료와 통찰력을 얻으려 한다면 그동안 뛰어난 서양인 관찰자들이 일본에 거주하며 행했던 현지 연구와 다를 바 없을 것이다. 만약 인류학자로서 이 정도의 연구에서만 그친다면 그는 일본에 거주했던 서양인 관찰자들이 그동안 이루어낸 귀한 연구에 더 이상 보탤 것이 없게 된다. 그러나 문화인류학자는 관련 분야에서 훈련을 쌓아왔으므로 다른 이에게는 없는 특별한 자질을 갖추었다고 생각한다. 그래서 연구자와 관찰자들이 다수 포진된 분야에서도 나름의 기여를 보태기 위한 시도에 나서볼 만하다.

인류학자들이 아시아와 태평양 연안의 여러 문화에 대해 꿰고 있는 지식에 근거하면 일본의 사회양식과 생활관습은 태평양의 여러 섬에 거주하는 원시 부족들과 유사한 부분이 많다. 말레이 제도, 뉴기니, 폴리네시아 등지와 어느 정도씩 유사점을 띠고 있다. 물론 이런 유사점들을 놓고 고대 시대의 이주나 접촉을 입증해주는 증거가 아닐지를 추측해보는 것도 흥미로운 일이지만 내가 이런 문화적 유사성을 유용하게 여겼던 이유는 이와 같은 역사적 연관 가능성 때문이 아니었다. 그보다는 이 원시 부족들의 비교적 단순한 문화에서 사회관습이 어떻게 작동하는지를 알고 있었던 만큼 유사점이나 차이점을 찾아내서 일본인의 생활을 유추하는 단서로 삼을 수 있기 때문이었다.

더군다나 나는 아시아 대륙의 태국, 미얀마, 중국에 대해서도 조금 알고 있었던 터라 뛰어난 문화유산을 가진 다른 나라들과 일본을 비교할 수 있었다. 인류학자들이 그동안 원시 부족 연구를 통해 거듭거듭 증명해왔듯, 이런 문화적 비교는 때때로 아주 중요하다. 어떤 부족이 인접 부족들과 공유하는 공식적 관습이 90%에 이를 정도이더라도 주변 부족들과 다른 자신들만의 생활방식이나 가치체계에 맞추기 위해 그런 공유 관습을 바꾸게 될 수도 있다. 이러한 변화의 과정 중에서 일부 근본적 제도를 버려야 하는 경우도 발생할 테고 그 제도가 전체 관습에서 차지하는 비중이 아무리 작더라도 이후 이 부족은 독자적 발전 양상을 띠게 된다. 인류학자에게는 전반적으로 많은 특징을 공유하는 민족들 사이에서 나타나는 이런 차이점을 연구하는 것이야말로 그 무엇보다 유용한 일이다.

인류학자들은 자신들의 문화와 다른 문화 사이에 존재하는 차이점에 최대한 익숙해야 하며 그렇게 되기 위한 기술도 연마해야 한다. 인류학자들은 다른 문화권 사람들 사이의 필연적 대처 상황만이 아니라 서로 다른 부족과 국가들이 이런 상황에 대해 의미를 규정하는 방식에서도 큰 차이가 있다는 사실을 경험을 통해 익히 알고 있다. 가령 북극 지방의 어떤 마을이나 열대 사막에서 인류학자들은 그들로선 아무리 상상력을 동원해도 도저히 생각도 못 할 만한 형태의 친족간 책임제도나 재정적 교환제도를 접한 적이 있었다. 이때 인류학자들은 친족이나 교환의 세세한 면만이 아니라 이런 제도가 그 부족의 행동에 미치는 영향이나 각 세대가 어린 시절부터 조상 대대로 이어진 행동 양식을 훈련받는 방식까지 조사해야 한다.

차이점과 더불어 그 차이점의 훈련과 영향에 관심을 두는 인류학자 특유의 방식은 일본 연구에서도 유용하게 활용될 만했다. 누구나 알다시피 미국과 일본 사이에는 뿌리 깊은 문화적 차이가 있다. 심지어 일본인은 뭘 하든 우리와는 반대로 한다는 식의 속설까지 있을 정도다. 다만, 연구자가 그 차이점이 너무 황당무계해서 그런 사람들을 도저히 이해할 수 없다는 식으로 무턱대고 말하며 연구를 그만둔다면 이런 확신이 자칫 위험할 수도 있다. 인류학자는 그간의 경험을 통해 아무리 별나도 이해하지 못할 행동은 없다는 증거를 충분히 갖고 있다. 인류학자는 차이점들을 장애라기보다 자산으로 활용해온 직업상의 전력에서 그 어떤 사회과학자보다 앞선다. 인류학자는 제도와 민족을 살펴볼 때 아주 별난 사실에 가장 예리하게 주목한다. 연구하는 부족의 생활방식에 대해 그 어떤 것도 당연하게 여기지 않으면서 몇몇 선별된 사실만이 아니라 전반적인 사실을 살펴본다.

서구 민족의 연구에서 비교문화 연구법을 배우지 못한 사람은 전체적인 행동 영역을 간과한다. 이런 행동 영역을 너무 당연시 해서 일상생활에서의 여러 가지 사소한 습관과 상투적 문제들에 대한 통념들을 조사조차 하지 않는다. 하지만 민족 차원의 큰 그림으로 보면 이런 습관과 통념이 오히려 외교관들이 서명하는 조약보다도 그 민족의 미래에 더 큰 영향을 미친다.

인류학자는 이런 평범한 사실을 연구하는 특별한 기술을 발전시켜왔다. 왜냐하면 그 인류학자가 연구하는 부족에게는 평범한 일상이 그의 본국에서는 전혀 다르게 나타나기 때문이다. 어떤 부족의 극단적 사악함이나 또 다른 부족의 극단적 소심함을 이해해보려 애쓰고, 특정 상황에서 그 부족이 일상적으로 나타내는 행동이나 감정을 체계화하려 하다 보면 문명화된 국민에게서는 잘 관찰되지 않는 세부적 면들에 크게 주목할 수밖에 없게 되었다. 인류학자는 그때그때의 충분한 이유에 따라 그런 세부적 관찰 사항들을 극히 중요한 부분으로 여겼고 그 부분을 어떻게 연구해야 할지도 터득했다.

이 방법은 일본의 경우에도 시도해볼 만한 가치가 있다. 원시적 부족이든 선진 문명국이든 인간의 행동은 일상생활에서 학습되는 것이라는 인류학자의 전제에 담긴 의의에 충실하기 위해선 반드시 어떤 민족의 생활방식에서 나타나는 지극히 인간적이고 상투적인 면에 주목해야 했기 때문이다. 행동이나 견해가 아무리 이상해 보여도 그가 느끼거나 생각하는 방식은 그 사람의 경험과 일정한 관계를 갖고 있기 마련이다. 그래서 나는 일본인의 행동에서 당혹감을 느낄수록 일본인의 생활양식 어딘가에 그런 기이함을 유발하는 일상적 조건이 자리잡고 있을 것이라고 확신했다. 이는 연구를 이어가는 중에 일상적 관계의 사소한 세부 문제를 포착하게 될수록 더 유용했다. 바로 그것이 사람들이 학습하는 곳이기 때문이다.

나는 문화인류학자로서 또 다른 전제도 염두에 두었다. 동떨어진 행동들이라도 서로 어느 정도 체계적인 연관성을 갖는다는 전제를 바탕으로, 수많은 세부 양식들이 종합적으로 어떤 패턴을 이루는지를 진지하게 주목했다. 인간 사회는 자체적으로 일정한 생활양식을 형성하기 마련이다. 그 사회에서 용인된 특정의 상황대응 방식과 상황평가 방식이 있으며 그 사회에 속한 사람들은 이런 해결 방식들을 그들 세계의 토대로 여긴다. 어떠한 난관 속에서도 그 해결 방식들을 서로 통합시킨다. 사람들이 혼란을 자초할 수밖에 없는 비효율적인 가치체계를 받아들일 경우엔 오랜 기간 유리되어 지내며 상반되는 가치체계에 따라 생각하고 행동하게 된다. 그래서 사회를 이루는 사람들은 조화를 강화시키려 애쓴다. 어떤 보편적 합리성과 보편적 동기를 마련한다. 사회에는 어느 정도의 조화가 필요하며, 안 그러면 전체 사회 체계가 산산이 무너지기 때문이다.

조화의 필요성에 따라 경제행위, 가족제도, 종교의식, 정치적 목표는 서로 맞물려 돌아간다. 한 영역에서의 변화가 다른 영역들보다 더 급속히 일어나 다른 부분들이 큰 압박을 받을 수도 있지만, 그 압박 자체도 조화의 필요성에서 비롯되는 것이다. 문자가 없는 문맹 사회에서는 다른 사람들에 대한 지배권을 추구하는 경우 경제적 거래와 다른 부족들과의 관계에서만이 아니라 종교적 관행에서도 권력행사욕구가 표출된다. 한편 유구한 역사가 깃든 성경이 문자로 기록되어 있는 문명국의 경우엔 문자가 없는 부족들과는 달리 교회가 지난 수백 년간의 말씀을 그대로 보유하고 있음에도, 경제적·정치적 권력의 행사에 대중의 승인이 필요해지는 추세로 변화가 일어남에 따라 충돌이 빚어질 만한 영역에서 교회가 스스로 권위를 포기하고 있다. 성경의 말씀은 예전 그대로지만 그 의미가 바뀐 셈이다. 종교 교리, 경제적 관행, 정치는 별개의 연못처럼 따로따로 분리된 게 아니라 물줄기가 서로의 경계를 넘쳐흐르면서 떼려야 뗄 수 없이 뒤섞이는 관계다. 이는 불변의 진리이기 때문에 연구자로선 조사가 경제, 성性, 종교, 육아 등의 여러 실상을 산만하게 오가며 진행되는 것처럼 보일수록 연구 중인 그 사회의 실태를 더 잘 추적할 수 있다. 생활의 어떤 영역에서든 가설을 세워놓고 자료를 얻는 데 유용하다. 그것이 정치적 측면이든, 경제적 측면이든, 도덕적 측면이든 어떤 국민 특유의 필요성을, 그 사회 속에서 체득한 습성이나 사고방식의 표출로서 파악해볼 수 있다.

따라서 이 책은 일본의 종교나 경제생활이나 정치나 가족 등의 특정 일면만을 다루지 않는다. 생활 속 행동에 대한 일본인의 통념을 검토한다. 어떤 활동에 대해서든 이런 통념들이 어떤 식으로 표출되는지를 다룬다. 말하자면 일본을 일본인의 나라답게 만드는 특징이 무엇인지를 파헤친다.

20세기의 불리한 조건 중 한 가지는 일본을 일본인의 나라답게 만드는 특징에 대해서만이 아니라 미국을 미국인의 나라답게 만드는 특징, 프랑스를 프랑스인의 나라답게 만드는 특징, 러시아를 러시아인의 나라답게 만드는 특징에 대해서까지도 지극히 막연하고 아주 편향된 개념이 여전히 남아 있다는 점이다. 이러한 무지 탓에 각 나라가 서로를 오해하고 있다. 그래서 서로 구별하기 어려울 정도로 비슷한 두 나라에 문제가 발생하면 해소할 수 없는 차이가 생긴 것처럼 걱정하는가 하면, 한 나라가 자국의 총체적 경험과 가치 체계에 따라 우리의 의도와는 사뭇 다른 행동방침을 염두에 두고 있는 상황에서 공통의 목표를 거론한다. 그 나라의 습성과 가치가 무엇인지를 이해해볼 기회로 삼지 않는다. 어떤 행동방침이 우리에게 익숙한 것이 아니라는 이유로 꼭 나쁜 것은 아님을 알 좋은 기회가 될지도 모르는데 말이다.

국가별 사고와 행동습성을 그 나라 국민의 설명에만 의존하는 것은 있을 수 없는 일이다. 어떤 나라든 그 나라의 저술가들은 줄곧 자신들에 대해 설명하려 애써왔다. 하지만 자기 자신을 설명하기란 쉬운 일이 아니다. 어떤 국민이든 자신들의 생활상을 들여다보는 렌즈는 다른 국민의 렌즈와는 다르다. 눈으로 사물을 볼 때 그 눈을 의식하기란 힘든 법이다. 어떤 나라의 국민이든 자신들의 렌즈를 당연시 해서 특유의 생활관을 투영해주는 일정 초점과 관점은 그 국민에겐 천부적 시각으로 여겨진다. 우리는 안경 착용자에게 렌즈의 처방을 알고 안경을 쓰길 바라지 않는다. 마찬가지로 국민들이 자신들 고유의 세계관을 분석하길 바란다면 그것은 무리한 기대다. 우리는 안경과 관련해 알고 싶으면 안과의사를 훈련시켜 어떠한 렌즈든 적절한 처방을 해주길 기대한다. 언젠가는 현대 세계의 여러 국민에게 이런 안과의사와 같은 역할을 해주는 것이 바로 사회과학자의 일임을 사람들이 알게 될 날이 오리라고 믿어 의심치 않는다.

그런 역할을 수행하려면 강인한 의지와 관대함이 두루두루 필요하다. 선의를 가진 이들 중에는 이런 역할에 필요한 강인한 의지를 두고 비난을 가하는 사람들도 있다. 바로 세계는 하나라고 주장하는 사람들이다. 세계 도처의 사람들에게 동양과 서양, 흑인과 백인, 기독교도와 이슬람교도 간의 차이는 모두 피상적이며 모든 인류가 생각이 비슷하다는 확신을 심어주려는 희망을 표방해온 이들의 관점을 두고 간혹 인류 동포주의라고도 부른다. 나로선 인류동포주의를 믿는다고 해서 일본인이 자신들만의 고유한 행동방침을 갖고, 미국인이 자신들만의 행동방침을 가지고 있다고 말해선 안 되는 이유를 모르겠다. 가끔 보면 마음 여린 사람들은 선의주의善意主義의 전제로서 전 세계의 모든 민족이 똑같은 원판 필름에서 인화된 사진 같이 획일적이어야만 한다고 여기는 듯하다. 하지만 다른 민족을 존중하는 조건으로 그런 획일성을 요구하는 것은 자신의 아내나 자식들에게 자신과 똑같이 행동하길 요구하는 것처럼 신경증적인 태도다. 강인한 의지를 가진 사람들은 차이의 존재를 인정한다. 차이를 존중한다. 이런 사람들의 목표는 서로의 차이 속에서도 안전이 보장되는 세계다. 미국이 세계의 평화를 위협하지 않으면서 최대한 미국다울 수 있고, 그와 똑같은 조건에서 프랑스가 프랑스다울 수 있고, 일본이 일본다울 수 있는 그런 세계다. 차이를 세계의 머리 위에 대롱대롱 매달린 다모클레스의 검1)처럼 여겨야 한다는 태도를 납득하지 못하는 연구자라면 외부의 간섭에 떠밀려 차이를 존중하는 원숙한 인생관을 꺼릴 이유가 없다. 차이를 존중하

---

1) 신화 속에 나오는 말총에 아슬아슬하게 매달린 검으로, '언제 닥칠지 모르는 재난, 지금 누리고 있는 평화로부터 모든 기쁨을 앗아 가는 위협'이란 의미로 쓰임. ―역자 주.

는 입장을 취했다가 괜히 세계를 현 상태대로 고착화시키는 데 일조할까 봐 두려워할 필요도 없다. 문화의 차이를 장려한다고 해서 세계가 변화 없이 고정되는 것은 아니다. 영국은 엘리자베스 여왕 시대 이후에 이어진 앤 여왕 시대와 빅토리아 여왕 시대에 들어와 변화를 맞았지만 그렇다고 해서 영국다움을 잃은 것은 아니었다. 오히려 세대별로 다른 기준과 다른 국민 정서를 띠었고 그것은 지극히 그들다운 것이었다.

국민별 차이를 체계적으로 연구하려면 강인한 의지뿐만 아니라 관대함도 발휘해야 한다. 비교종교학 연구는 확고한 신념을 갖추면서 파격적일 정도의 관대함을 발휘했을 때에야 비로소 꽃핀다. 예수회 수사든, 아랍의 학자든, 비신자든 광신자만 아니면 누구나 비교종교학의 연구자가 될 수 있었다. 비교문화의 연구 분야 역시 사람들이 자신들 고유의 생활방식을 지나치게 옹호해 그 방식만이 세계의 유일한 해결책인 것처럼 당연시한다면 꽃피울 수 없다. 그런 사람들은 다른 생활방식을 알고 나서 자신의 문화에 대한 사랑이 더 커지는 경험을 절대 못 한다. 그처럼 흐뭇하고 벅찬 경험을 스스로 차단시키고 만다. 너무 방어적으로 되어 다른 국민에게 자신들의 특정 해결책을 받아들이도록 요구하는 것 말고는 아무런 대안이 없다. 하지만 우리가 요구한다고 해서 그 국민이 우리 삶의 방식을 채택할 리는 없다. 우리가 십진법 대신 십이진법의 계산방식을 배운다거나 동아프리카의 어떤 원주민처럼 한쪽 발로 서서 휴식을 취할 수 없는 것과 다르지 않다.

따라서 이 책에서는 일본에서 당연한 것으로 기대되는 습성들을 다루려 한다. 일본인 사이에서 정중히 대접받을 만한 상황과 그렇지 못한 상황을 비롯해 어떤 경우에 수치심을 느끼고, 어떤 경우에 당혹감을 느끼고, 스스로 요구하는 기준은 어떻게 되는지 등에 대해 살펴본다. 이와 같은 서술에서 이상적 기준으로 삼을 만한 적격자는 길거리에서 흔히 부딪칠 만한 보통 사람일 것이다. 그렇다고 해서 그 보통 사람이 서술된 각각의 특정 상황을 직접 체험한 사람일 필요는 없다. 그런 상황에서 보통 어떻게 하는지를 식별해주는 사람이면 된다. 이와 같은 연구에서의 목표는 사고와 행동에 깊이 뿌리박힌 태도를 설명하는 것이다. 설령 그런 목표에 미처 미치지 못한다 해도 그것이 바로 이번 연구에서 내가 내세운 이상적 목표였다.

이런 연구에서는 유효성의 확보를 위해 대대적인 추가 증언이 더는 필요 없는 시점에 금세 도달하게 된다. 예를 들어 누가 누구에게 언제 머리 숙여 절하는지의 문제를 연구할 경우 굳이 일본인 전체에 대한 통계 조사가 필요하진 않다. 일반적으로 통용되는 이런 관례의 경우엔 누구에게나 물어서 확인할 수 있는 부분이라 다른 몇 사람에게 추가 확인을 받아내고 나면 백만 명의 일본인에게 똑같은 내용을 확인받을 필요가 없다.

일본인이 생활방식의 토대로 삼고 있는 여러 통념을 밝혀내려는 연구자는 통계적 확인보다 훨씬 더 힘든 일을 해야 한다. 이런 통용적 관례와 판단들이 일본인의 생활방식에서 어떤 식의 렌즈가 되어주는지를 밝혀내야 하기 때문이다. 일본인의 통념이 그들 인생관의 초점과 관점에 어떤 영향을 미치는지 설명해야 한다. 생활방식을 아주 다른 초점으로 바라보는 미국인들에게 이런 통념의 영향을 납득시켜야 한다. 미국인을 납득시키기 위한 분석 작업에서는 다나카 상, 즉 일본의 보통 사람을 검증인으로 삼을 필요는 없다. 다나카 상은 자신이 가진 통념을 명확히 설명해주지도 않을뿐더러 미국인들을 이해시키기 위한 통념의 해석을 아주 부자연스럽게 느낄 것이 틀림없기 때문이다.

미국에서 행해지는 사회 관련 연구에서는 문명국 문화의 기반이 되는 전제들을 굳이 연구하려 들지 않는 편이다. 대다수 연구가 이런 전제들을 따로 설명할 필요도 없는 당연한 것으로 여긴다. 사회학자와 심리학자들은 견해와 행동의 '분포'에 몰두해서 자료수집 방식이 통계학적이다. 방대한 조사 자료, 설문지나 면담조사의 답변, 심리학적 측정 등을 통계적으로 분석해 특정 요인의 독립성이나 상호의존성을 추론해내려 한다. 여론조사 분야의 경우 미국에서는 과학적으로 선별된 표본 인구를 활용해 전 국민 여론조사를 실시하는 유용한 기술이 완벽의 경지에 아주 가까이 다가서 있다. 덕분에 특정 공직 후보자나 특정 정책을 지지하거나 반대하는 사람들이 얼마나 되는지 알아내는 일이 가능하다. 지지층과 반대층을 농촌이나 도시, 저소득층이나 고소득층, 공화당 지지층이나 민주당 지지층으로 분류할 수도 있다. 보통선거권이 실시되어 사실상 국민이 뽑은 대표자들이 법을 초안하고 제정하는 나라에서는 이런 조사결과가 실질적인 중요성을 띤다.

미국인은 자국민의 여론을 조사할 수도 그 조사결과를 이해할 수도 있지만, 미국인이 이렇게 여론조사를 활용할 수 있는 것은 너무 명백해서 굳이 말할 필요도 없는 하나의 전제 조건 덕분이다. 다시 말해, 미국인이 미국인 고유의 생활방식을 잘 알고 또 당연시하고 있는 덕분이다. 여론조사의 결과는 우리 미국인들이 이미 알고 있는 사실을 바탕으로 삼아 그 사실에 대해 더 많은 정보를 알려주는 것에 불과하다. 다른 국민을 이해하려는 시도에서 여론조사를 유용하게 활용하려면 우선 그 나라 국민의 습성과 통념에 대한 질적 연구부터 체계적으로 선행해야 한다. 여론조사에서는 신중한 표본추출을 통해 정부를 지지하거나 반대하는 사람들이 얼마나 되는지 알아낼 수 있다. 하지만 그 국민의 정부관이 어떤지를 알지 못하면 여론조사로 국민 성향에 대해 뭘 파악할 수 있을까? 단지 일본의 길거리에서나 의회에서 파벌 간에 무슨 문제로 씨름하는지만을 파악할 수 있을 뿐이다. 어떤 국민의 정부관은 당의 지지도를 보여주는 수치보다 훨씬 더 보편적이고 항구적인 의의를 갖는다. 미국에서는 공화당원이든 민주당원이든 누구나 정부를 필요악에 가깝고 개인의 자유를 제한하는 존재로 여기며, 정부 관료로 채용되어도 전시라면 모를까 그 외의 시기엔 민간기업의 동등한 일자리에서 얻는 지위가 부여되진 않는다. 이런 식의 정부관은 일본의 정부는 물론이요, 심지어 유럽 여러 국가의 정부관과도 크게 다르다. 우리가 무엇보다 먼저 알아야 할 것은 바로 일본인의 관점이다. 이런 관점은 일본인의 사회적 관행, 성공한 사람에 대한 평가, 역사 속 신화, 국경일의 연설 등을 통해 표출된다. 따라서 이런 간접적 표출을 통해 일본인의 관점을 연구할 수 있다. 다만 그러려면 체계적 연구가 필요하다.

어떤 국민이 생활 속에서 품는 근본적 통념, 용인해온 해결책들을 연구하려면 투표에서 찬성표나 반대표를 던질 인구의 비율을 밝혀내는 데 기울이는 것만큼의 주의력과 세심함이 필요하다. 일본은 탐구해볼 만한 근본적 통념을 가진 나라였다. 탐구 과정에서 확실히 느끼게 된 바이지만, 내가 가진 서양인 특유의 통념이 일본인의 인생관에는 적합하지 않음을 깨닫는 한편 일본인 고유의 분류와 상징체계를 어느 정도 이해하고 나자 서양인들이 일본인의 행동에서 익히 보아온 수많은 모순이 더 이상 모순으로 보이지 않았다. 이를테면 나는 일본인이 행동상의 심한 기복을 일관된 통합 체계의 필수적 요소로 바라보는 이유를 차츰 알게 되었다. 이제는 그 이유를 설명해볼 수 있게 되었다. 내 연구에 협력해주었던 일본인들은 어느 순간부터 독특한 말이나 개념을 표출했는데 나중에 알고 보니 그런 표현 속에는 중요한 함축성과 오랜 세월에 걸쳐 축적된 감정이 충만히 담긴 것이었다. 알고 보니 일본인 특유의 미덕과 악덕은 서양인들이 알고 있던 것과는 크게 달랐다. 일본인이 생각하는 미덕과 악덕의 체계는 특이해서 불교적이지도 유교적이지도 않았다. 그것이 바로 일본다운 특징이었고, 일본의 강점이자 약점이었다.

2장 /

전쟁 중의 일본인

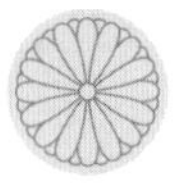

　　　　　모든 문화에는 전통적인 전쟁 관행이 있으며 서양의 모든 국가는 구체적인 부분에서 차이가 좀 있을 뿐 이런 전쟁 관행을 어느 정도 공유하고 있다. 이처럼 서양 국가들 사이에서는 심지어 전쟁의 영역까지 많은 문화 전통을 공유하다 보니 전쟁에서 총력전에 지지를 끌어내기 위한 대국민 호소 구호, 국지적 패전 시에 국민을 안심시키는 방식, 전사자와 투항자의 일정한 비율, 전쟁 포로들의 특정 행동 규칙 등을 예측할 수 있다.

　서양의 전시 관행과 다른 일본의 전쟁 방식은 그것이 무엇이든 전부 다 일본인이 가진 인생관이나 인간의 의무에 대한 신념 등을 들여다보기에 유용한 자료였다. 이 연구의 목적이 일본인의 문화와 행동을 체계적으로 연구하기 위한 것이었던 만큼 일본인과 우리의 관행 차이에서 관건은 군사적으로 중요한 의미를 띠느냐가 아니었다. 우리의 연구 초점이던 일본인의 특성에 의문을 갖고 접근하게 해주느냐의 여부가 중요했다.

　그런 차이의 한 예로, 일본이 전쟁을 정당화하기 위해 내세운 전제는 미국과는 정반대였다. 일본은 국제 정세를 다른 식으로 규정했다. 우선 미국은 전쟁의 책임을 추축국의 침략행위에 두었다. 미국의 관점에서 볼 때 추축국인 일본, 이탈리아, 독일은 정복 행위를 벌여 부당하게 세계 평화를 해쳤다. 추축국은 각각 만주국, 에

티오피아, 폴란드를 침탈해 손에 넣었는데 이 자체가 약소민족을 억압하는 악행을 자행했다는 증거였다. 말하자면 국제규범으로 확립된 '공존공영' 주의, 아니면 적어도 자유기업 체제에 대한 '문호개방' 주의를 어기는 죄를 저지른 것이었다.

그러나 일본은 전쟁의 명분을 다른 관점으로 바라봤다. 모든 나라가 절대적 주권을 갖고 있는 한 세계는 무정부 상태에 빠지기 마련이므로 일본이 계층적 위계질서를 수립하기 위해 나서서 싸워야 한다는 주의였다. 당연히 이 위계질서는 일본이 주도해야 했고, 그 근거는 일본만이 위에서부터 아래까지 진정한 계층적 위계질서를 이루어냈으므로 '저마다의 적절한 자리'가 확립되어야 할 필요성을 이해하는 유일한 나라이기 때문이라는 것이었다. 일본이 내세우는 논리대로라면 일본은 자국에서 통일과 평화를 이루어냈고, 폭도를 진압했고, 도로와 전력과 철강산업을 세웠으며, 자국 공식 수치에 따르면 젊은 세대의 99.5%가 공립 학교에서 교육을 받고 있으니 계층적 위계질서에 대한 일본의 전제에 따라 뒤처져 있는 동생인 중국을 키워줄 의무가 있었다. 같은 대동아大東亞에 속하는 민족으로서 대동아 지역에서 미국에 이어 영국과 러시아까지 차례로 몰아낸 후 '저마다의 적절한 자리를 갖게 할' 의무가 있었다. 고정된 국제적 위계질서 속에서 모든 나라가 하나의 세계가 되어야 했다.

위계질서에 대한 높은 가치 부여가 일본 문화에서 의미하는 바에 대해서는 다음 장에서 따로 살펴볼 테지만 아무튼 이런 식의 환상은 일본으로선 무리한 것도 아니었다. 다만 안타깝게도 일본에게 점령당한 나라들은 일본과 관점이 달랐다. 그럼에도 불구하고 패전 후 일본은 여전히 대동아공영권[2])의 이상이 도덕적으로 정당했다고 여겼고 일본인 전쟁 포로 중 주전론적 성향이 가장 약했던 이들조차 아시아 대륙과 태평양 서남 지역에서의 일본의 목적을 그다지 규탄하지 않았다. 아마 일본은 앞으로도 오랫동안 일본의 몇몇 고유한 태도를 고수할 테고 그중에서도 특히 계층적 위계질서에 대한 신념과 확신을 굳게 지켜갈 것이다. 이는 평등을 사랑하는 미국인에게는 낯선 태도이지만 아무리 그렇다 해도 우리는 일본에서 계층적 위계질서가 어떤 의미이며, 또 그런 계층적 위계질서를 통해 습득한 장점이 무엇인지 이해해야 한다.

일본은 승리를 희망하는 바탕에서도 미국의 보편적 근거와는 달랐다. 물질의 승리가 아닌 정신의 승리를 거둘 것이라는 슬로건을 부르짖었다. 미국은 대국이고 군사력도 월등하지만 그것이 무슨 대수냐며, 모두 다 예견된 바이니 신경 쓸 필요 없다는 요지였다. 다음은 당시에 일본의 유력 일간지 〈마이니치 신문〉에 실린 기사다. "수치 따위를 두려워했다면 전쟁을 시작하지도 않았을 것이다. 적의 막대한 자원은 이 전쟁으로 인해 생겨난 것이 아니다."

일본이 승기를 잡고 있을 때조차 일본의 민간 정치인, 대본영[3]),
군인들 사이에서는 이 전쟁이 군사력을 겨루는 대결이 아니라 물질을 믿는 미국인과 정신을 믿는 일본인의 싸움이라는 주장을 거듭

---

2) 제2차 세계대전 당시 일본이 아시아의 여러 나라를 침략하며 내세운 정치 슬로건으로, 일본이 맹주가 되어 동아시아·동남아시아를 공존공영의 권역으로써 서양 강대국의 제국주의에서 해방하고자 하는 광역권 구상. ─역자 주.

3) 大本營, 태평양 전쟁 때 일본 일왕의 직속으로 군대를 통솔하던 최고 통수부. ─역자 주.

했다. 또 미국에게 승기가 넘어왔을 때도 이 전쟁에서는 필연적으로 물질적 힘이 패할 수밖에 없다는 주장을 되풀이했다. 확실히 이런 신조는 사이판이나 이오지마에서 패배했을 당시에 편리한 변명거리가 되긴 했지만 그렇다 해도 패전을 대비해 변명거리로 날조해낸 것은 아니었다. 일본이 연승을 이어가던 수개월 간 호소 구호로 쓰였을 뿐만 아니라 진주만 기습 훨씬 이전부터 통용되어왔던 슬로건이었다. 일례로 1930년대에 광신적 군국주의자이자 전쟁장관을 지냈던 아라키 대장은 〈모든 일본 국민에게 고함〉이라는 제목의 인쇄물에서 이렇게 썼다. "일본의 참된 사명은 사해만방으로 황도皇道를 넓히고 선양하는 것이다. 우리에게 힘의 부족은 걱정할 문제가 아니다. 물질적인 문제에는 신경 쓸 필요가 없다."

물론 전쟁을 준비하는 다른 나라들과 마찬가지로 일본 역시 물질적 문제에 신경을 쓰긴 썼다. 1930년대 내내 일본의 국민소득 가운데 군사력 보강에 전용되는 비율이 천문학적으로 늘고 있었다. 진주만을 공격할 무렵엔 전체 국민소득의 절반 가까이가 육군과 해군의 운용경비로 들어가고 있었고 민간 행정과 관련된 비용은 정부의 총지출 중 17%에 불과했다. 따라서 일본이 서양 국가들과 달리 물질적 무기에 신경 쓰지 않았던 것은 아니다. 다만 일본에게 군함과 무기는 일본인이 지닌 불멸의 정신력을 겉으로 드러내는 수단일 뿐이었다는 점이 서양 국가들과의 차이였다. 사무라이에게 칼이 덕의 상징이었듯 일본인에겐 군함과 무기도 하나의 상징이었다.

미국이 물질의 증대에 주력했다면 일본은 철저히 비물질적 자원의 활용에 주력했다. 일본은 미국과 마찬가지로 생산증강 운동을 벌여야 했지만, 일본의 운동은 일본 고유의 전제에 토대를 두었다. 정신은 모든 것이자 영구불멸이지만 물질은 당연히 필요하긴 하되 부차적 문제일 뿐이고 영속적이지도 못하다는 전제였다. "물질적 자원에는 한계가 있다. 물질적인 것은 천 년도 못 간다는 말은 지당한 이치다." 실제로 일본의 라디오 방송에서는 자주 부르짖던 말이다. 그리고 이런 정신에 대한 신뢰는 전쟁 수행 중에 문자 그대로 해석되었다. 이를테면 군대용 문답서에 "우리는 저들의 숫자에 훈련으로 맞서고 저들의 강철에는 육탄으로 맞선다"는 슬로건이 실리는 식이었는데 이것은 이번 전쟁에 맞춰 특별히 고안된 것이 아닌 전통적인 슬로건이었다. 또 일본의 군대 교범의 첫 문구에서는 굵은 글씨체로 '필독필승'의 정신을 내세웠다. 소형 비행기를 몰고 우리 군함에 뛰어들어 자폭하는 일본의 조종사들은 물질에 대한 정신의 우월성 상징으로 줄기차게 거론되었다. 일본인들은 이 조종사들을 가미카제 특공대라고 불렀는데 참고로 이 명칭은 13세기에 칭기즈칸의 침략을 받았을 당시 때마침 불어와 칭기즈칸의 군 수송선을 침몰시키며 일본을 구해준 신풍4), 즉 가미카제에서 따온 것이었다.

일본의 지도자들은 민간인의 생활에 대해서도 물질적 환경을 넘어서는 정신의 우월성을 문자 그대로 받아들이게 했다. 공장에서 12시간씩 일하고 밤새도록 이어지는 폭격에 피로감을 느낄 국민에게 이런 식으로 호소했다.

---

4) 神風, (귀)신이 일으키는 바람이라는 뜻. -역자 주.

"몸이 고달플수록 우리의 의지와 정신력은 더욱 드높아져 육신을 능가하게 됩니다."

"몸이 녹초가 될수록 더욱 좋은 훈련이 됩니다."

겨울철 방공호에서 떨고 있는 국민의 사기를 북돋기 위해 대일본체육회가 라디오 방송을 통해 몸을 따뜻하게 해주는 방한 체조를 권고하기도 했다. 그 체조를 따라 하면 난방설비와 이불을 대체해 줄 뿐만 아니라, 이미 정상 체력을 유지할 수 없을 만큼 부족해진 식량을 보완해 줄 수단까지 되어주어 좋을 것이라고 강조했다. "당장 먹을거리도 부족한 판에 체조할 생각이 나겠느냐고 따지는 분들도 당연히 계실 테지만 그렇지가 않습니다. 먹을거리가 부족할수록 다른 방법으로 체력을 키워야 합니다." 말하자면 체력을 더 써서 체력을 늘려야 한다는 논리였다. 미국인은 간밤의 수면 시간이 8시간인지 5시간인지, 식사는 제때 잘 챙겨 먹었는지, 추위에 떨지는 않았는지 등을 살피며 체력 보존에 신경 쓰는 데 반해 일본은 힘의 비축에 신경 쓰지 않았다. 오히려 힘의 비축을 물질주의적인 것으로 치부했다.

전쟁 중에 일본 방송은 이보다 한술 더 뜬 주장을 했다. 전투에서 정신은 죽음이라는 육체적 현실마저도 극복한다는 식으로 떠벌인 것이다. 어떤 방송에서는 한 영웅적인 조종사가 죽음을 정복해내는 기적을 일으켰다며 그 사연을 전하기도 했다.

공중전이 끝난 후 일본군 비행기들은 서너 대씩 작은 편대를 지어 기지로 복귀했습니다. 이때 한 대위가 복귀하는 첫 편대로 들어왔습니다. 이 대위는 비행기에서 땅으로 내려서더니 쌍안경으로 하늘을 주시했습니다. 복귀하는 부하들을 살펴보며 그 수를 세는 것이었습니다. 낯빛이 다소 창백했지만 자세는 흐트러짐이 없었습니다. 그러다 마지막 비행기가 돌아오자 보고서를 작성해 본부로 가서 부대장에게 보고를 올렸습니다. 그런데 보고를 마치자마자 갑자기 푹 쓰러졌습니다. 그 자리에 있던 장교들이 부축해주려고 급히 달려갔지만 안타깝게도 대위는 숨이 끊어져 있었습니다. 몸은 이미 싸늘하게 식어 있었고 가슴에 치명적인 총상이 있었습니다. 금방 죽은 사람의 몸이라면 그렇게 차가울 수가 없는데도 대위의 몸은 얼음장처럼 차가웠습니다. 대위는 이미 한참 전에 죽은 것이 틀림없었고 보고를 올린 것은 대위의 정신이었습니다. 전사한 대위의 투철한 책임감이 이런 기적 같은 일을 이루어낸 것이 분명합니다.

물론 미국인들에게는 이것이 터무니없는 허풍에 불과하다. 하지만 교양있는 일본인들도 이 방송을 그냥 웃어넘기지 않았다. 그들은 일본 청취자들이 이 얘기를 허풍처럼 받아들이지 않을 거라고 확신했다. 그들은 우선 그 방송에서 대위의 위업이 '기적 같은 일'이라며 사실이라 밝혔다. 그런 기적 같은 일이 일어나지 말란 법은 없다. 정신은 얼마든지 단련시킬 수 있으며 실제로 일어난 걸 보면 대위는 자기단련의 대가였을 것이 틀림없다. 일본인이라면 누구나 알듯 '강인한 정신은 사후 천 년도 간다'는데 '책임감'을 일생의 가장 중요한 원칙으로 삼았던 공군 대위의 영혼이 사망한 몸 안에서 몇 시간 더 머물지 못할 것도 없지 않은가? 수행으로 지대한 정신력을 키울 수 있다고 믿는 일본인의 신념에 따르면 대위는 그 수행법을 터득해 잘 활용했던 것이었다.

미국인인 우리는 일본의 이런 지나친 행동을 가난한 국민의 변명거리나 망상에 사로잡힌 치기쯤으로 여기며 그냥 무시하기 쉽다. 하지만 그럴 경우 전시든 평상시이든 일본인을 대하는 문제에서 서툰 실수를 저지르게 될 것이다. 일본인들의 신조는 일정한 금기나 거부를 통해, 또 일정 방식의 훈련이나 훈육을 통해 마음속에 심어져 온 것인 만큼, 단순히 별스러운 기벽으로 넘겨짚어선 안 된다. 일본인의 특이성을 인정할 때, 패전을 당하고도 일본인이 정신력이 부족했다고 말한 것과 '죽창만으로' 방어하려던 것은 망상이었다고 자인하는 말의 참된 의미를 이해할 수 있다. 이보다 중요한 것은 일본인이 정신력이 부족해 전쟁과 생산 공장에서 모두 미국에게 졌다고 자인하는 것을 이해하는 일이다. 패전 후에 일본인들이 했던 말처럼 전쟁 중에 그들은 '주관적인 태도'로 싸워왔다

계층적 위계질서나 정신력의 우월성뿐만 아니라 전쟁 중에 일본인이 펼쳤던 온갖 화법은 비교문화를 연구하는 사람에게 흥미로웠다. 일본인은 끊임없이 안전과 사기가 미리 알고 각오했느냐 아니냐의 문제에 불과하다고 말했다. 민간인 피폭이든, 사이판에서의 패전이든, 필리핀의 방어 실패든, 어떤 파국이 일어나든 일본이 국민에게 밝혔던 입장은 그것은 이미 알고 있었던 일이므로 신경 쓸 필요가 없다는 것이었다. 라디오는 여전히 모든 것을 철저히 알고 있는 세계에서 살고 있다는 식의 말로 국민을 안심시키기 위해 극단적 방송을 내보내기도 했다.

"미국이 키스카섬을 점령하면서 이제 일본은 미국의 폭격기 공

격 반경에 들게 되었습니다. 하지만 우리는 이런 가능성을 충분히
인지하고 필요한 조치를 해두었습니다.”

“적은 틀림없이 육해공 합동 작전으로 우리를 공격할 테지만 이
것은 우리의 계획에서 이미 고려된 사항입니다.”

일본인 포로들, 심지어 승산 없는 전쟁에서 일본이 일찌감치 패
하기를 바랐던 이들조차도 “폭격이 일어나더라도 이미 각오한 일
이기 때문에 본토 전선의 일본군 사기를 떨어트리진 않을 것”이라
고 확신했다.

다음은 미군이 일본 여러 도시에 폭탄을 투하하기 시작했을 때
항공제조업협회의 부회장이 방송에서 한 말이다.

“마침내 적기가 우리 머리 위까지 날아왔습니다. 그러나 항공기
생산에 종사하는 저희는 언제든 이런 사태가 일어날 것으로 예상해
만반의 준비를 해왔습니다. 그러니 걱정할 필요가 전혀 없습니다.”

모든 것이 예견되고 전적으로 계획된 일이라는 가정 아래 일본
인은 자신들에게 가장 필요한 주장, 즉 모든 사태는 일본인 뜻대로
이루어지고 있으며 결코 수동적으로 당하고 있지 않는다는 주장을
이어갈 수 있었다. 그들로선 이런 주장이 절실히 필요했다.

“수동적으로 공격당한 것으로 생각해선 안 된다. 우리가 적을
우리 쪽으로 적극적으로 끌어들인 것이다.”

“적이여 올 테면 와봐라. 이제 ‘마침내 올 것이 왔다’고 말할 게
아니라 ‘기다렸던 기회가 드디어 왔다. 드디어 오다니 기쁘도다.’”

해군장관은 의회에서 1870년대의 유명한 무사 사이고 다카모리5)
의 가르침을 인용하기도 했다.

"기회에는 두 가지가 있다. 하나는 우연히 일어난 기회이고 또 하나는 자신이 만들어내는 기회다. 난국에는 필히 기회를 만들어내야 한다."

한편 한 라디오 방송에서는 미군이 마닐라로 진군했을 때 야마시타 장군이 "호방한 웃음을 지으며 적이 드디어 우리의 품으로 들어왔다고" 말했다며 "적의 링가옌만 착륙 직후 마닐라가 순식간에 함락당했지만, 이는 야마시타 장군의 전술에 따라 장군의 계획대로 이루어진 결과일 뿐이며 야마시타 장군의 작전은 현재 착착 진행 중"이라고 보도했다. 다시 말해, 패배하는 것이 곧 작전의 성공이라는 식의 얘기였다.

미국인도 일본인처럼 극단으로 치닫긴 했으나 그 방향은 정반대였다. 미국인은 어쩔 수 없이 전쟁에 휘말렸다는 이유를 내세워 전쟁에 뛰어들었다. 공격을 당했으니 적에게 본때를 보여줘야 한다는 것이었다. 하지만 그 어떤 정부 대변인도 미국의 일반 사병들을 안심시켜주려는 의도에서 진주만이나 바탄반도[6]에 대해 "이것은 전적으로 우리의 계획에서 고려된 일"이었다는 말을 하진 않았다. 우리의 관리들은 오히려 "적이 자초한 일이다. 앞으로 적은 우리의 위력을 보게 될 것"이라 말했다. 미국인은 끊임없이 도전을 걸어오

---

5) 西鄕隆盛, 사쓰마 번 출신의 무사로 에도막부를 타도하고 메이지 유신을 성공으로 이끈 유신삼걸 중 한 사람. ―역자 주.

6) 필리핀 루손섬 서부의 반도. 1942년 4월 9일 태평양 전쟁 도중 일본군이 바탄반도를 점령하여 76,000명 규모의 연합군 포로들을 잡아 120km를 강제 이동시켰고 도중에 수많은 포로가 쓰러져 죽거나 일본군들에게 살해당했다. ―역자 주.

는 세계에 부응해 살아가는 편이라 도전을 받아들일 준비가 되어 있다. 반면 일본인은 미리 구상되고 계획된 생활양식에서만 안심할 수 있는 편이라 예견하지 못한 일에는 극도의 위협을 느낀다.

일본인이 전쟁 중에 끊임없이 되풀이한 또 다른 주제는 그들의 사고방식에 대해 많은 것을 보여준다. 일본인은 "세상의 눈이 우리에게 쏠려 있다"는 이야기를 줄기차게 했다. 세상이 보고 있으니 최대한 일본의 정신을 보여주어야 한다는 것이었다. 미군이 과달카날섬에 상륙했을 때 일본이 군대에게 하달한 명령은 "세상의 시선이 똑바로 주시하고 있으니 자신들이 어떤 민족인지를 제대로 보여줘야 한다는 것"이었다. 일본의 해군 장병들은 어뢰 공격을 당해 군함을 버리라는 명령이 떨어질 때도 최대한 의연하게 구명정에 탑승해야 한다는 주의를 받았다. 안 그러면 "세계가 보고 비웃을 테고 미국인은 그 모습을 영화로 찍어 뉴욕에서 상영할 것"이라는 이유에서였다. 세계인들에게 자신들이 어떤 인상으로 비쳐질지를 중요시했던 이런 식의 염려 역시 일본 문화에 뿌리 깊이 박힌 태도였다.

일본인의 별난 태도 중에서도 가장 잘 알려진 것이라면 바로 일왕에 대한 태도이다. 도대체 일본의 일왕은 일본 신민에게 어느 정도의 지배력을 가지고 있는 걸까? 미국의 몇몇 권위자는 700년에 걸친 일본의 봉건 시대 내내 일왕은 그림자와 같은 명목상의 국가원수였다는 점을 지적했다. 이들의 말에 따르면 모든 사람이 직접적으로 충성을 바치는 대상은 영주인 다이묘였고, 그 위로는 총사령관 격인 쇼군이 있었다. 일왕에 대한 충성은 그다지 중요시되지 않았다. 일왕은 고립된 궁정에 격리된 채로 지냈고 궁정 의식과 활동도 쇼군에게 철저히 통제당했다. 심지어 봉건 대영주가 일왕에게 경의를 표하는 것조차 반역에 들었고 일본 백성에게 일왕은 존재하지 않는 것이나 다름없었다.

이런 지적을 하는 미국의 분석가들은 일본은 역사를 통해서만 이해될 수 있다고 주장했다. 역사적으로 볼 때 사람들의 뇌리에 잊혀져 있다가 요즘 사람들이나 알 정도가 된 일왕이 어떻게 일본 같이 보수적인 나라의 참된 구심점이 될 수 있냐는 얘기였다. 이들의 주장을 그대로 옮기자면 일본의 정치평론가들이 신민에 대한 일왕의 지배력에 지나치다 싶게 거듭해서 거론하고 있지만 그런 식의 주장 자체가 근거의 박약함을 드러내는 증거였다. 따라서 전시 중의 미국 정책에서는 일왕을 다루는 문제에서 미온적으로 대응할 이유가 없었다. 오히려 일본이 지나친 주장으로 최근에 사악하게 날조해낸 이런 지도자 개념에 대해 최대한 강도 높은 공격을 가해야 맞았다. 그 개념이 국교인 신토[7]의 심장이니 일왕의 신성성을 손상시키면 적국인 일본의 전체 체계가 와르르 무너질 것이라는 얘기였다.

하지만 일본을 잘 알고 미군 최전방에서 온 보고서와 일본 측 자료를 두루 가진 많은 현명한 미국인은 이들과 정반대의 의견을 보

---

7) 神道, 일본의 고유 민족신앙으로, 태평양 전쟁 패전 이전까지 일본이 국교로 내세웠다. —역자 주.

였다. 일본에서 살아본 사람들은 일왕에 대한 모욕이나 노골적인 공격만큼 일본인의 마음을 자극하고 전의를 불태울 만한 일도 없다는 것을 잘 알았다. 미국이 일왕을 공격하는 것은 일본의 군국주의를 공격하는 것이지만 일본인은 그렇게 받아들이지 않을 것이라고도 여겼다. 실제로 일본에 거주했던 이들은, 제1차 세계대전 이후 수년간 '데모크라시(민주주의)'라는 슬로건이 큰 화두로 떠오르고 군인들이 도쿄 시내로 나가기 전에 신중을 기해 사복으로 갈아입을 정도로 군국주의에 대한 불신이 높았을 때도 일왕에 대한 숭배 열기는 뜨거웠다고 한다. 예전에 일본에서의 거주 경험으로 미루어 보건대, 일본인의 일왕에 대한 숭배는 나치당의 운명을 좌우하는 지표이자 그 모든 사악한 파시즘적 구상과 밀접하게 결부되었던 히틀러 숭배와는 차원이 다르다고 주장하기도 했다.

일본군 포로들의 증언도 이런 의견을 뒷받침해주었다. 서양 병사들과는 달리 일본 포로들은 붙잡혔을 때 해야 할 말과 하지 말아야 할 말을 교육받지 않아서 놀라울 정도로 아주 솔직하게 대답했다. 일본 군대가 포로로 잡혔을 때를 대비한 교육을 하지 않은 이유는 일본의 무항복주의 정책 때문이었다. 이런 정책은 종전 몇 달 전까지 고쳐지지 않았고 그나마 개선책도 특정 군대나 현지 부대들에만 한정되어 행해졌다. 아무튼 포로들의 증언에 관심을 기울일 만했던 이유는 이 포로들이 일본군의 표본적 견해를 가진 이들이었기 때문이다. 사실 포로들의 소속 부대는 전의가 상실되어 항복했던 것이 아니었다. 극소수를 제외하면 모두 다 부상을 입고 의식을 잃은 상태여서 저항하지 못하고 붙잡힌 경우였기 때문이다.

일본군 포로 중 끝까지 굴복하지 않았던 이들은 극단적 군국주의를 일왕에게 귀속시켰다. '천황의 뜻을 받들고', '천황의 마음을 평안케 하고', '천황의 명에 목숨을 바쳐야' 한다며 '천황이 국민을 전쟁으로 이끄셨고 그에 따르는 것이 나의 임무'라고 했다. 뿐만 아니라 이번 전쟁과 일본의 앞으로의 정복 계획에 반감을 가졌던 포로들 역시 통상적으로 자신들의 평화주의 신념을 일왕에게 귀속시켰다. 일왕은 모든 사람에게 모든 것이었다. 전쟁에 지친 이들은 '평화를 사랑하시는 폐하'는 '예전부터 진보주의자였고 전쟁을 반대하셨다'고 주장했다. 이들의 말대로라면 '일왕은 도조8)에게 속으셨던 것'이며 '만주사변이 벌어졌을 때 군부에 반대 의향을 표명'했다. "전쟁은 천황이 모르는 사이에, 또 천황의 허가도 없이 시작되었다. 천황은 전쟁을 싫어하는 분이라 국민이 전쟁에 휘말리는 것을 허락하셨을 리가 없다. 천황은 자신의 병사들이 얼마나 가혹한 처우를 받고 있는지 모르고 계신다." 독일군 포로들이 히틀러가 휘하 장군들이나 최고 사령부에게 배신당한 것에 큰 불만을 표하면서도 전쟁과 전쟁 준비의 책임을 최고 선동자인 히틀러에게 돌렸던 것과는 대조적이었다. 일본군 포로들은 황실에 바치는 숭배가 군국주의나 침략 정책과는 별개라는 태도를 명백히 내보였다.

그들에게 일왕은 일본과는 불가분의 존재였다. '천황 없는 일본은 일본이 아니'라거나 '천황 없는 일본은 상상할 수도 없다'고 여겼

---

8) 일본의 군국주의자 도조 히데키. 진주만의 미국함대기지를 기습 공격해 태평양 전쟁을 일으켰다. -역자 주.

다. "천황은 일본 국민의 상징이자 종교 생활의 중심이다. 천황은 초종교적인 분이다." 일본이 전쟁에 지더라도 일왕에게는 패전의 책임이 돌려지지 않을 것이라고도 했다. "국민은 일왕이 전쟁에 책임이 있다고 여기지 않았다." "만약 패전한다면 내각과 군 지도부가 책임을 져야 할 것이다." "일본이 전쟁에서 지더라도 일본인은 열 명이면 열 명 다 변함없이 일왕을 숭배할 것이다."

'일왕은 비판의 대상이 아니다'라는 태도는 미국인들이 이해하기 어려운 것이었다. 미국인들은 그 누구도 회의적 검증과 비난에서 면제해주지 않는 것에 익숙하기 때문이다. 하지만 전쟁에서 확실히 패배했을 때도 일본인은 절대적인 지지 발언을 했다. 포로들의 심문에 누구보다 경험이 많았던 이들에 따르면 심문서에 굳이 '일왕의 비방을 거부함'이라는 견해를 기재할 필요가 없었다고 한다. 모든 포로가 하나같이 일왕의 비방을 거부했으며 이는 연합국에 협력해 우리 편에서 대일본군 방송을 했던 이들조차 예외가 아니었기 때문이다. 연구 자료로 수집해서 살펴본 포로들의 심문 진술서를 통틀었을 때 가볍게나마 반反천황적인 진술이 담긴 진술서는 세 건뿐이었고 그 셋 중 가장 심한 말도 "일왕을 그 자리에 계속 두는 것은 실수가 될 것이다" 정도였다. 또 한 진술에서는 일왕이 "의지가 박약한 사람이며 꼭두각시에 불과하다"고 했고 나머지 한 진술에서는 일왕이 아들에게 자리를 양위할지도 모르고 만약 군주제가 폐지되면 젊은 여성들은 미국 여성들을 보며 선망하던 자유를 얻게 되리라는 기대를 품을 것이라고 추측하는 선에서 그쳤다.

그래서 일본의 지휘관들은 일본인이 거의 한마음처럼 받드는 일왕의 숭배를 이용해 군대에서 ‘천황께서 하사하신’ 담배를 배급하거나 ‘천황탄생일’에 동쪽을 향해 삼배를 올리고 ‘반자이(만세)’를 외치게 했다. 또 ‘부대가 밤낮으로 폭격을 당하고 있는 와중에도’ 전 군대가 아침저녁으로 일왕이 친히 내려준 군인칙유軍人勅諭의 ‘신성한 말씀’을 ‘숲이 울리도록’ 연호했다. 군국주의자들은 가능한 온갖 방법을 동원해 일왕에 대한 충성심에 호소했다. 부하들에게 ‘폐하의 바람을 이루어 드리고’, ‘폐하의 근심을 모두 덜어드리고’, ‘폐하의 인자하심에 경의를 표하고’, ‘폐하를 위해 목숨을 바치도록’ 명했다. 하지만 일왕의 뜻에 대한 순종은 양날의 검이 될 여지가 있다. 수많은 포로가 밝힌 것처럼 일본인은 “그것이 일왕의 명이라면 무기가 죽창뿐이어도 주저 없이 싸울 것이고 또 그것이 일왕의 명이라면 바로 싸움을 멈출 것”이다. “일왕의 명이라면 일본은 내일이라도 무기를 내려놓을 것이다.” “-가장 호전적이고 강경한- 만주 관동군조차 무기를 내려놓을 것이며 일왕의 말씀만이 일본 국민이 패배와 재건의 삶을 받아들이고 감수하게 만들 수 있다.”

일왕에 대한 이런 무조건적이고 무제한적 충성은 다른 사람들이나 집단에 가해지는 비판과 현저히 대비된다. 일본의 신문과 잡지 그리고 포로들의 증언을 살펴보면 정부와 군 지도자들에게 비판하는 대목이 눈에 띈다. 포로들은 현지 지휘관들, 특히 병사들과 위험과 고난을 함께 나누지 않았던 지휘관들을 비난했다. 자기만 비행기로 쏙 빠져나가고 부대원들은 끝까지 남아 싸우도록 내팽개친 지휘관들을 특히 심하게 비난했다. 포로들이 대체로 어떤 장교는 칭송하고 또 어떤 장교는 매섭게 비난한 점으로 미루어 볼 때 그들에게 일본 내 문제에 대한 선과 악의 구별 의지가 결핍되어 있다고 볼만한 증거는 없었다.

일본 본국의 신문과 잡지들조차 '정부'에 비난을 가했다. 더 강한 통솔력과 더 뛰어난 일원화 체계를 요구하며 정부가 필요한 역할을 제대로 수행하지 못하고 있다고 지적했다. 심지어 언론의 자유 구속을 비난하기도 했다. 편집자, 전 의회 의원, 일본 전체주의적 정당 대정익찬회大政翼贊會의 임원들이 참여한 한 토론회에 대해 다룬, 1944년 7월 자의 도쿄 어느 신문에 게재된 보도가 좋은 사례다. 이 보도에 따르면 토론회에서 한 발언자가 다음과 같이 말했다고 한다. "나는 일본 국민을 환기시킬 방법이 여러 가지 있다고 생각하지만 그중 가장 중요한 방법은 언론의 자유입니다. 근래 몇 년 동안 일본 국민은 자기의 생각을 솔직하게 밝히지 못했습니다. 특정 문제를 얘기했다간 책임질 일이 생길까 봐 겁내면서 지내왔습니다. 다들 말을 못 하고 주저하면서 대충 얼버무리려 하다 보니 민심이 그야말로 심약해져 버렸어요. 이런 식으로는 절대로 국민의 총력을 키울 수가 없습니다." 여기에 또 다른 발언자가 같은 논조의 주장을 부연했다. "저는 거의 매일 저녁 선거구 주민들과 담화를 가지며 여러 가지 문제를 놓고 질문을 던져봤지만 다들 말하기를 두려워했어요. 언론의 자유가 부정되어 왔지요. 확실히 이것은 전투 의지를 자극하는 데도 적절한 방법이 아닙니다. 사람들이 일명 전시특별형법과 국가보안법으로 너무 심하게 통제받고 있어서 봉건 제도 시대 사람들만큼이나 겁이 많아졌으니 말입니다. 그 바람에 충분히 길러졌을 법한 전투력이 아직도 갖춰지지 못하고 있는 겁니다."

여기에서 알 수 있듯 전시 중에도 일본인은 정부, 대본영, 직속 상관들에게 비판을 가했다. 일본인은 계층제도의 전반적 미덕을 무조건 인정하지는 않았다. 하지만 일왕만은 비판에서 면제되었다. 일왕의 지고한 지위가 아주 근래에 들어서야 형성된 것이라면9) 어떻게 그런 일이 일어났을까? 일본인의 어떤 독특한 특성 덕분에 일왕이 이 같은 신성불가침의 지위를 확보할 수 있었던 걸까? 일본군 포로들이 주장하는 것처럼 정말로 일왕이 그러라고 명하기만 하면 '죽창만 들고도' 사력을 다해 싸울까? 정말로 일왕의 명이라면 평화적으로 패배와 점령을 받아들일까? 혹시 포로들의 그런 주장이 우리를 오도하려는 엉터리 얘기는 아니었을까? 아니면 정말 사실을 있는 그대로 말한 것이었을까?

반물질주의 태도와 일왕에 대한 숭배에 이르기까지 전쟁 중 일본인의 행동과 관련된 이 중요한 의문은 전투 전선에서만이 아니라 본토의 일본인과도 연결된 문제다. 하지만 그 외에 일본군과 특히 더 결부된 태도들도 있었는데 그중 하나가 전투 부대를 소모성으로 취급하는 양상이었다. 한 예로 일본 라디오에서 해군에서 대만 연안의 기동부대 지휘관이던 조지 S. 매케인George S. McCain 제독에게 훈장을 수여한 일과 관련해 정말 어이가 없다는 투의 보도를 내보

---

9) 메이지 유신 이후 대일본제국헌법으로 일왕이 통치권을 총괄하고 국가의 주권자가 되면서 신성시되었음. ―역자 주.

내며 미국의 태도와 대조되는 반응을 드러냈다.

훈장을 수여한 공식적 이유는 매케인 지휘관이 일본군을 격퇴시킨 공로가 아니었습니다. 왜 그런 공로에 대해 훈장을 수여하지 않았는지는 도통 모르겠지만 니미츠의 공식 발표에서 주장한 바에 따르면 그렇다고 합니다. (중략) 어쨌든 매케인 제독의 훈장 수여 이유는 파손된 미국의 군함 두 척을 구조해 본국의 기지까지 무사히 호위해낸 공로였습니다. 이 정보에 주목해야 하는 이유는 이 훈장 수여의 이유가 날조된 것이 아니라 사실이기 때문입니다. (중략) 따라서 우리는 매케인 제독이 군함 두 척을 구조해냈다는 얘기의 진실성에는 의문을 갖지 않습니다. 다만 우리가 이해가 잘 안 가는 부분은, 미국에서는 손상을 입은 군함의 구조가 훈장감이라는 별난 사실입니다.

미국인은 궁지에 몰린 이들을 구조하고 도와주는 행위라면 무조건 감격한다. 그것이 '손상을 입은' 이들을 구하는 용감한 행동이라면 더욱더 영웅적 행동이 된다. 그런데 일본인은 심지어 B-29 폭격기와 전투기에 안전장치가 설치되어 있는 것을 두고도 '겁쟁이'라며 떠들어댔다. 신문과 라디오에서 그런 부분을 지적하고 또 지적해댔다. 그들에겐 생사의 위험을 감수하는 것만이 미덕이었고 예방조치를 취하는 것은 무가치한 일이었다.

이런 태도는 부상을 입거나 말라리아에 걸린 병사들을 대하는 모습에서도 드러났다. 그런 병사들은 파손된 물건 취급을 받았고 이들에게 제공되는 의료 조치는 전투력을 합리적으로 유지하기에

턱없이 미흡했다. 시간이 지나면서 온갖 보급난이 발생함에 따라 그나마 남아 있던 치료 조치도 갈수록 더 열악해졌지만, 문제는 이뿐만이 아니었다. 일본인의 물질주의 경멸도 한몫했다. 일본 병사들은 죽음 자체가 정신의 승리이며 우리 식으로 부상병을 치료하는 것은 폭격기의 안전장치처럼 영웅적 행위에 방해되는 걸림돌이라고 배웠으니 말이다. 일본인은 민간 사회에서도 미국인처럼 의사에 의존하는 생활에 익숙하지 않다. 다친 사람들에게 다른 어떤 복지 수단보다도 보살핌에 매진하는 성향은 특히 미국에서 높은 편이다. 평상시에 일부 유럽 국가의 방문자들조차도 자주 그 점을 언급할 정도다. 그러니 일본인에게는 확실히 생경하게 여겨질 만하다.

일본군은 전시 중의 포화 속에서 부상병들을 다른 데로 옮겨 응급처치를 해줄 만한 구조팀을 양성하지 않았다. 최전선과 후방의 야전병원, 전선에서 멀리 떨어진 거리에 갖추어진 회복시설 등으로 연계된 의료체계도 없었다. 의료품 보급 체계마저 통탄할 정도였다. 특정의 긴급 사태가 발생하면 입원한 병사들은 그냥 죽은 목숨이었다. 특히 뉴기니와 필리핀에서는 병원이 있는 지역에서 퇴각해야만 하는 상황이 자주 벌어져 더 심했다. 그들에게는 기회가 있을 때 환자와 부상자를 대피시키는 관례도 없었다. 부대의 '계획된 철수'가 실제로 일어나거나 적이 그곳을 점령했을 경우에만 어떤 행동이 행해졌는데 이때는 담당 의료 책임자가 떠나기 전에 병원 입원자를 총으로 사살하거나 입원자들이 수류탄을 터뜨려 자결하는 것이 예사였다.

일본이 자국 부상병들을 대하는 기본적 태도가 이런 식이었으니 미군 포로의 치료에서도 별다른 것이 없다. 우리 기준에서 보면 일본인은 포로들에게만이 아니라 자국의 병사들에게도 학대죄를 저지른 것이었다. 전 필리핀 군의관이자 대만에서 3년간 포로로 억류된 바 있던 해럴드 W. 그래틀리Harold W. Glattly 대령은 당시의 경험을 이렇게 회고했다. "미군 포로들은 일본군 병사들보다 더 나은 의료 처우를 누렸어요. 포로수용소에 갇힌 연합군 군의관들의 치료를 받을 수 있었으니까요. 하지만 일본군에는 의사가 한 명도 없었어요. 그나마 얼마간은 일본군 병사들을 돌봐준 의무원이 있긴 했는데 병장이었다가 나중에 상사가 된 사람이었죠." 그가 일본의 군의관을 본 것은 1년에 한두 번뿐이었다고 한다. (《워싱턴 포스트》 1945년 10월 15일 자에 실린 보도)

병사들을 희생시켜도 되는 소모품으로는 보는 일본의 논리가 극단으로 치달은 사례가 바로 무항복주의 정책이었다. 서양의 군대는 최선을 다했지만, 도저히 이길 가망성이 없는 상황이 되면 적에게 항복한다. 이렇게 항복해도 여전히 스스로를 명예로운 군인으로 여기며 국제적 합의에 따라 포로명단이 본국으로 통보되어 가족들이 생존 사실을 알 수 있다. 군인으로서나 시민으로서 불명예를 안지도 않고, 가족에게 먹칠한 것으로 여겨지지도 않는다. 하지만 일본인은 이런 상황을 다르게 바라봤다. 죽을 때까지 싸우는 것을 명예로 여겼다. 일본 병사는 승산 없는 절망적인 상황이 되면 마지막 남은 수류탄으로 스스로 목숨을 끊거나 죽음을 각오하고 적에게 돌진해 같이 죽자는 식으로 싸웠다. 하지만 항복해서는 안 되었다. 부상을 입어 무의식 상태에서 포로로 잡혀가도 '다시는 일본에서 고개 들고 다닐 수 없다'고 생각한다. 치욕을 떠안은 채로 '죽은' 사람처럼 되어 예전처럼 살지 못했다.

물론 이런 취지의 군 명령도 있었지만, 전선에서 굳이 공식적으로 주입할 필요까지는 없었던 것 같다. 일본군은 그런 명령에 지나칠 정도로 부응해서 북미얀마 전투에서의 포로와 전사자의 비율은 142명대 17,166명, 즉 1대 120이었으니 말이다. 게다가 포로수용소로 잡혀 온 142명 가운데 아주 적은 몇 명만 제외하고 모두가 붙잡힐 당시에 부상이 있거나 의식불명인 상태였다. 아주 극소수만이 단독으로나 두세 명씩 함께 '항복한' 자들이었다. 서양 국가의 군대에서는 병력의 4분의 1이나 3분의 1이 전사하면 그만 싸우고 항복하는 것이 자명한 이치로 통한다. 그래서 투항자와 전사자의 비율이 4대 1이다. 하지만 홀란디아 전투에서는 처음으로 일본군 투항자의 수가 크게 늘어나 1대 5 정도가 되었는데 이는 북미얀마 전투의 1대 120에 비하면 굉장히 진전된 것이었다.

이런 배경이 있었기에 일본군에게 포로가 된 미국인들은 항복한 사실 자체로 이미 한심하고 치욕을 안은 이들이었다. 부상을 입거나 말라리아나 이질에 걸려 '온전한 사람'일 수가 없었는데도 '폐물'로 치부되었다. 실제로 다수의 미국인이 포로수용소에서 웃음소리를 낸다는 것이 얼마나 위험한 일이고 그 웃음소리를 교도관들이 얼마나 거슬렸는지 경험담을 전해주었다. 일본인의 눈에는 그 미국인들이 치욕을 당한 주제면서도 그걸 모른다는 게 괘씸하게 비쳐졌다. 미군 포로들이 따라야 할 명령 중 상당수는 일본군 장교들이 교도관들에게 요구한 것과 같은 것이었다. 그래서 강제 행군을 하거나 몸을 움직이기도 힘들 만큼 비좁은 수송선에 타서 이동하는 일이 일본군 교도관들에게는 일상사였다. 역시 미국인들이 전해준 경험담에 따르면 교도관들은 포로들에게 규칙 위반을 하려면 들키지 말라며 엄하게 단속했다고 한다. 그만큼 노골적인 규칙 위반이 중대한 죄에 들었다는 얘기다.

포로수용소에서 미군 포로들은 낮 동안 외부로 나가 도로나 군 시설에서 작업을 했다. 이때 규칙은 외부에서 음식물을 반입해서는 안 된다는 것이었는데 때때로 명목상의 규율에 그쳤다. 단, 가져온 과일과 채소를 잘 숨겨놓아야 했다. 만약에 적발되면 그것은 미국인들이 교도관의 권위를 조롱했다는 의미로 통했고 큰 범죄로 취급되었다. 권위에 대한 노골적 도전은 단순한 '말대꾸'일지라도 엄한 처벌이 내려졌다. 말대꾸를 금하는 일본인의 규칙은 민간인의 생활에서도 아주 엄격했고 그에 따라 일본군 내에서도 무겁게 벌하는 관행이 있었다. 다만 아무리 우리와 그들 간의 이런 행동 차이가 문화적 습성에 따른 결과라도 해도, 포로수용소에서 실제로 행해졌던 잔혹하고 무자비한 행위들에 면죄부를 부여할 수는 없다.

포로가 되는 걸 치욕으로 여기는 태도는 특히 전쟁 초반 일본군에 퍼진 소문 때문에 더욱더 강해졌다. 당시에는 적(미군)이 포로들을 고문한 후 죽였다는 얘기가 사실처럼 퍼져 있었다. 과달카날에서 붙잡힌 포로들을 탱크로 깔고 지나갔다는 소문이 거의 모든 일본인 점령지에 퍼지기도 했다. 항복하려는 일본군 병사들을 미군이 아주 의심쩍게 여겨 예방책 차원에서 사살한 일들도 더러 있었는데 이런 미군의 의심은 정당한 의심일 때가 많았다. 죽음밖에 선택지가 없다고 여겼던 일본군 병사는 대개 죽으면서 적을 데려갈 수 있는 것을 자랑스러워했다. 심지어 포로로 잡힌 후에도 그런 일을 벌일 여지가 있었다. 그런 이들 중 한 명의 말처럼 '승리의 제단에 제물로 바쳐지기로' 마음먹는 이상 '아무런 영웅적 행동을 이루지 못한 채 죽는 것은 불명예가 될 것'이라고 여겼다. 그런 일이 일어날 가능성 때문에 우리 군은 경계했고 투항자의 수는 그만큼 더 줄어들었다.

항복의 치욕은 일본인의 의식 깊이 각인된 것이었다. 그들은 우리의 전쟁 통념상으로는 낯설게 느껴지는 행동을 당연한 것으로 받아들였다. 그리고 그들 역시 우리의 행동을 낯설게 느끼는 건 마찬가지였다. 그들은 가족들이 자신의 생존을 알도록 이름을 본국 정부에 통보해달라고 부탁하는 미군 포로들에게 충격과 경악의 반응을 나타냈다. 필리핀 바탄반도에서 미군이 항복했을 때 적어도 일본군 사병들은 항복을 전혀 예상하지 못했다. 미군 부대가 일본군처럼 끝까지 싸울 거라고 생각하고 있었기 때문이다. 미군이 포로가 되는 것에 치욕스러워하지 않는다는 사실도 받아들이지 못했다.

서양 병사들과 일본 병사들 간의 행동 차이에서 가장 극적인 것은 포로로 붙잡힌 일본군 병사들이 연합군에 협력해주는 일이었다. 포로로 붙잡혀온 병사들은 그런 새로운 상황에서 어찌할 바를 모르고 막막해했다. 이제 그들은 불명예를 입었고 일본인으로서의 삶은 끝장나 버린 셈이었다. 전쟁이 끝나기 몇 달 전에, 전쟁이 어떻게 끝나든 본국으로 돌아갈 생각을 한 이들은 소수의 몇몇에 불과했다. 일부 병사들은 죽여달라고 부탁했다가 "하지만 당신네의 관습으로 그것이 용납되지 않는다면 기꺼이 모범적인 포로가 되겠다"고 말했다. 이들은 단지 모범적인 포로 이상의 역할을 해주었다. 군 생활을 오래 한 고참병이자 오랜 세월 극우 민족주의자로 살아왔던 이들이 탄약고의 위치를 알려주고, 일본군의 배치를 자세히 설명해주고, 우리 측 선전문을 써주었고, 우리의 폭격기에 동승해 군사적 공격 목표를 안내해 주었다. 비유하자면 이런 포로들의 행동은 새로운 책장을 넘기는 것과도 같았다. 새롭게 넘긴 책장에 적힌 내용은 이전에 적혔던 내용과 정반대였지만 그들은 이전과 똑같은 충성심으로 그 새로운 노선을 지켜나갔다.

물론 모든 포로가 그랬던 것은 아니다. 그 수는 적었지만, 끝까지 타협하지 못했던 이들도 있었다. 그리고 어떠한 경우든 먼저 좋은 조건이 전제된 이후에야 타협할 수 있었다. 당연한 일이지만 미군 지휘관들은 일본인 병사의 도움을 곧이곧대로 받아들이길 주저했고 그 제안을 거부하는 부대들도 있었다. 하지만 시험 삼아 제안을 받아들였던 부대들은 처음의 의심을 거두고 일본인 포로들의 신의에 점점 더 의존하지 않을 수 없게 되었다.

미국인들은 포로들의 이런 전향을 예상하지 못했다. 그것이 우리 미국인의 관례와는 맞지 않았기 때문이다. 하지만 그 일본인들은 어떤 행동노선에 열과 성을 다했다가 실패하면 그때는 다른 행동노선을 취하는 것이 당연하다는 듯 행동했다. 이런 행동은 전쟁이 끝난 후에도 여전히 계속될 만한 일본인의 고유 행동 양식이었

을까? 아니면 각자 따로따로 생포되었던 병사들 특유의 행동이었
을까? 전시 중에 불쑥 우리의 주목을 끌었던 일본인의 특이한 행동
들과 마찬가지로 이런 행동 역시 지배계층으로부터 오랜 시간 길들
여진 일본인의 생활 방식, 일본의 제도 작동 방식, 일본인이 습득
해온 사고습성과 행동습성에 대한 여러 가지 의문을 일으켰다.

3장 / 자신에게 적절한 자리 찾기

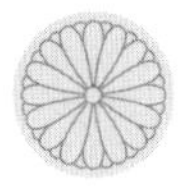

　　　　　　　　　일본인을 이해하려면 먼저 일본인
이 말하는 '자신에게 적절한 자리 찾기'가 어떠한 의미인지부터 살
펴봐야 한다. 일본인은 위계와 질서를 중요하게 여기고 미국인은
자유와 평등을 중시한다. 두 나라의 차이가 극단적으로 커서, 그만
큼 미국인은 계층적 위계질서를 사회적 기제로 선뜻 인정하기가 어
렵다. 일본의 계층적 위계질서에 대한 신뢰는 같은 인간끼리의 관
계, 인간과 국가와의 관계에 관련된 일본인의 전반적 개념에서 기
본 바탕을 이루고 있다. 그러므로 우리는 가족, 국가, 종교생활 및
경제생활 같은 국민적 제도를 자세히 살펴봐야만 비로소 일본인의
인생관을 이해할 수 있다.

　지금껏 일본인은 국제관계의 전반적 문제를 국내 문제를 바라볼
때와 똑같이 계층적 위계질서의 관점에서 바라봤다. 지난 10년 동
안 스스로가 국제적 위계질서의 피라미드 정점에 오르는 모습을 상
상해왔으며 이 자리가 자신들이 아닌 서양의 국가들이 차지하고 있
는 지금도 현재의 체제를 용납하는 태도의 근저에는 확실히 계층적
위계질서에 대한 관점이 깔려있다. 실제로 일본은 외교 문서에 계
층적 위계질서를 중시하는 요지를 지속적으로 명시했다. 가령 일
본이 1940년에 서명한 독일, 이탈리아와의 삼국동맹의 서문은 이
렇게 시작한다. "일본, 독일, 이탈리아의 3국 정부는 이를—계층적

위계질서를- 세계의 모든 나라가 각자 자신에게 적절한 자리를 찾으면서 영속적 평화가 이어지기 위한 선결조건으로 간주한다. (중략)" 삼국동맹의 서명일에 내려진 일왕의 조서에서도 같은 요지가 다시 적시되었다.

세계만방에 우리의 대의를 선양하고 세계를 한 가족처럼 만드는 것은 황실 선조들의 훌륭한 유훈을 받드는 일이니 짐은 이를 밤낮으로 마음에 새기고 있다. 현재 세계가 직면한 크나큰 위기 속에서 전쟁과 혼동이 끝없이 심화되면서 인류가 헤아릴 수 없이 무수한 재난을 겪을 것으로 내다보인다. 이에 짐은 가급적 이른 시일 내에 동요가 멈추고 평화가 회복되길 간절히 희망한다. (중략) 따라서 짐은 3국 간에 이런 동맹이 체결된 것에 마음 깊이 흡족함을 느낀다.

각 나라가 자신에게 적절한 자리를 찾아 각국이 평화롭고 안전하게 살 수 있게 하는 일은 지극히 중대한 임무이다. 이것은 역사상 유례없는 임무이며 그 목표의 달성은 여전히 요원하다. (중략)

진주만 기습 당일에도 일본의 특사들은 미국의 국무장관 코델 헐Cordell Hull에게 이러한 요지를 명시적으로 밝힌 성명서를 전달했다.

일본 정부의 변함없는 정책은 각 나라가 세계에서 자신에게 적절한 자리를 찾게 해주는 것이다. (중략) 현재 상황이 지속된다면 각 나라가 세계에서 자신에게 적절한 자리를 누리게 해주려는 일본의 기본 정책에 정면으로 위배되는 것이므로 일본 정부는 이를 용납할 수가 없다.

일본의 이 성명서는 며칠 전에 헐 국무장관이 보낸 성명서에 대한 회답이었다. 며칠 전의 성명서에서 헐 국무장관은 일본에서 계층적 위계질서가 중시되듯 미국에서는 미국의 원칙이 기본적으로 존중되는 원칙임을 거론한 바 있었다. 여기에서 열거된 원칙은 주권과 영토의 불가침, 타국의 내정 불간섭, 국제간 협력과 화해에 대한 신뢰, 평등의 원칙 등 네 가지였다.

이 4원칙은 평등하고 침범 불가능한 권리에 대한 미국인의 신념이자 핵심 원칙이다. 또한 미국인이 국제적 관계뿐만 아니라 일상생활에서도 밑바탕으로 삼아야 한다고 믿는 원칙들이다. 평등은 더 나은 세상을 이루기 위한 희망으로 미국인이 가장 중요하고도 도덕적으로 가장 옳다고 여기는 기본 바탕이다. 우리에게 평등은 독재와 간섭과 원치 않는 강요로부터의 자유를 의미한다. 법 앞에서의 평등과 더 나은 생활환경을 누릴 권리를 의미한다. 오늘날의 세계에서 체계화되어 가는 중인 인권의 토대이다. 우리는 우리가 평등을 위반할 때조차도 평등의 미덕을 옹호하며 정당한 분개로써 계층제도와 싸운다.

이것은 미국 건국 이래 변치 않고 이어진 미국인의 태도이다. 토머스 제퍼슨은 독립선언서에 이런 평등 원칙을 써넣었고 헌법에 포함된 권리장전[10]은 평등 원칙에 기초를 두고 있다. 한 신생국의 공문서에 이런 문구들이 들어갔다는 것에는 주목할 만한 의의가 있다. 틀을 잡아가고 있던 이 신대륙 사람들의 생활양식을 반영했으

---

10) 1791년의 헌법 수정 조항 1~10조의 기본 인권 선언. —역자 주.

며, 이 생활양식이 당시의 유럽인에게 낯설게 느껴질 만큼 새로운 방식이었다는 점 때문이다.

젊은 프랑스인 알렉시 드 토크빌[11]이 1830년 초 미국을 방문한 후 평등을 주제로 저서를 집필했는데 이 저서는 미국의 이런 생활양식을 세계적으로 알린 뛰어난 문헌으로 손꼽힌다. 토크빌은 지적이고 공감력 있는 관찰을 통해 미국이라는 낯선 세계에서 많은 장점을 목격했다. 토크빌에게 미국은 참으로 낯선 세계였다. 청년 토크빌은 프랑스의 귀족 사회에서 성장한 인물이었다. 프랑스 귀족 사회는 처음엔 프랑스 혁명으로, 또 그 이후엔 나폴레옹의 자유주의적인 새로운 법으로 또다시 충격과 동요에 휩싸인 바 있고 이는 아직도 왕성히 활동하는 유력인물들의 뇌리에 기억으로 남아 있을 만큼 가까운 과거의 일이었다. 그런 배경 속에서 자랐던 토크빌은 낯설고 새로운 미국의 생활양식을 너그럽게 평가해주었지만 프랑스인 귀족의 관점에서 바라보며 구세계를 상대로 앞으로 일어날 일들을 알려주는 차원에서 저서를 집필했다. 그는 양상에서 차이는 나겠지만, 미국이 앞으로 유럽에서도 일어나게 될 발전의 전초지라고 믿었다.

토크빌은 이 신세계에 대해 상세히 전하며 다음과 같은 요지의 글을 썼다. "여기 미국에서는 사람들이 정말로 스스로를 남과 다를 바 없이 평등하다고 생각했다. 사람들 사이의 사회적 교제는 새롭고도 편안한 기반에서 이루어졌다. 인간 대 인간으로 대화를 나누

---

11) Alexis de Tocqueville, 프랑스의 정치가, 역사가이자 사회학자. ―역자 주.

고 계층적 위계질서에 따른 예의를 차리지 않아도 개의치 않았다. 마땅히 받아야 할 대우인 것처럼 예의를 요구하지도 않고, 남에게 예의를 보여주지도 않았다. 누구에게든 빚진 게 없다고 말하길 좋아했다. 여기에는 구 귀족제도나 로마 시대적 의미에서의 가족제도도, 사회계층에 따르는 가족제도도 없었다. 그리고 구세계를 지배했던 사회 계층제도는 자취를 감추었다. 여기의 미국인들은 다른 것은 아무것도 신뢰하지 않는다는 듯 느껴질 정도로 평등을 신뢰했다. 심지어 때때로 자유가 사라지는 걸 알면서도 못 본 척 방치하다시피 할 정도였지만, 어쨌든 그들은 평등한 삶을 살았다.”

미국인으로서 100년도 더 이전에 우리의 생활양식을 기술했던 이방인의 눈을 통해 선조들의 모습을 들여다보는 것은 흥미로운 일이다. 그동안 미국에는 많은 변화가 있었지만 주된 윤곽은 여전히 그대로이다. 토크빌의 글을 읽어보면 1830년의 미국은 이미 우리가 알고 있는 현재의 미국이었음을 느끼게 된다. 이 나라에는 예나 지금이나 여전히 제퍼슨 시대의 알렉산더 해밀턴[12]같이 더 귀족주의적인 사회 질서를 지지하는 사람들이 있다. 하지만 해밀턴 같은 성향의 사람들조차 이 나라의 생활양식이 귀족주의적이지 않다는 것을 인정하고 있다.

진주만 기습 직전에 미국은 일본에 태평양 정책에서 높은 도덕성을 기본 바탕으로 삼고 있음을 알렸다. 우리가 가장 신뢰하는 원

---

12) Alexander Hamilton, 미국의 법률가이자 정치인, 재정가, 미국 건국의 아버지 중 한 명으로 꼽히며, 1787년 미국 헌법의 제정에 공헌함. —역자 주.

칙들을 표명한 것이었다. 우리가 지향하는 방향의 행보를 한발 한
발 떼어가며 신념에 따라 여전히 불완전한 세계를 개선시키겠다는
의지를 표명한 것이었다. 마찬가지로 일본 역시 '적절한 자리'를 신
념으로 삼았는데 그때 일본 고유의 사회적 체험을 통해 그들 사이
에 깊이 뿌리 내린 생활 원리에 입각한 것이었다. 일본에서는 수백
년에 걸쳐 불평등이 조직화된 생활 원리로 이어지면서 이제는 그
원리가 가장 일상적이고 널리 받아들여지는 생활 원리로 굳어져 있
었다. 계층적 위계질서를 인정하는 행동은 그들에겐 숨을 쉬는 것
처럼 자연스러운 일이다. 하지만 이런 행동을 그저 서양식 권위주
의처럼 여겨서는 안 된다. 일본에서는 지배권을 행사하는 이들이
든 다른 사람의 지배를 받는 이들이든 우리와는 다른 전통에 따라
행동한다.

일본인이 미국의 권위에 높은 계층적 위치를 인정해준 만큼 우
리로선 일본인의 개념을 가능한 한 명확히 이해해야 할 필요성이
더욱 커진다. 그런 이해가 바탕이 되어야만 일본이 현재 상황에서
취할 법한 행동 양식을 그려볼 수 있다.

일본은 최근에 이루어진 서구화에도 불구하고 여전히 귀족제 사
회에 머물러 있다. 모든 인사와 접촉에는 사람들 사이의 사회적 거
리가 어떤 식으로, 또 어느 정도로 벌어져 있는지 암시된다. 음식
을 먹으라거나 자리에 앉으라고 말할 때도 그 상대가 친밀한 사이
이냐, 아랫사람이냐, 윗사람이냐에 따라 다른 단어를 쓴다. 경우
에 따라 'you'라는 호칭을 다르게 써야 하고 같은 의미의 동사라도

어간이 달라진다. 다시 말해 태평양 연안의 다른 여러 민족과 마찬가지로 일본어에도 '경어'라는 것이 있고 여기에 어울리는 인사 예법까지 있어서 상대방이 누구냐에 따라 허리 굽혀 절하거나 무릎을 꿇고 앉는다.

이 모든 행동은 철저한 규칙과 관습에 따라 행해진다. 절을 할 때는 허리를 굽혀야 하는 상대가 누구인지만이 아니라 어느 정도 허리를 굽혀야 하는지도 알아야 한다. 똑같은 절이라도 어떤 사람에게는 알맞고 적절한 절이 되지만, 다른 관계에 있는 또 다른 사람에게는 불쾌한 모욕이 되기도 한다. 그리고 절하는 방법도 무릎을 꿇고 두 손을 펴서 바닥에 대며 그 두 손에 이마가 닿도록 고개를 숙이는 방식에서부터 그냥 머리와 어깨까지만 숙이는 방식에 이르기까지 다양하다. 따라서 경우에 맞는 인사법을 어릴 때부터 배워야 한다.

일본에서 계층 차이는 중요한 의미가 있다. 하지만 때에 따라 적절한 행동을 하면서 항상 인식해야 하는 것은 단지 이런 계층 차이만이 아니다. 성별과 나이, 가족관계, 두 사람 간의 예전 관계 등도 모두 다 고려해야 한다. 똑같은 두 사람 사이에도 상황에 따라 경의 표시의 정도가 달라진다. 서로 민간인이라면 친한 사이에서는 절을 하지 않아도 되지만 한 친구가 군복을 입게 되면 민간인 사복을 입은 친구가 경례해야 한다. 계층적 위계질서의 준수는 수많은 요인 사이의 균형을 맞춰야 하는 일종의 기술로서, 특정 상황에 따라 어떤 요인이 상쇄될 때도 있고 어떤 요인이 더 감안될 때도 있다.

물론 서로 간의 격식이 별로 필요 없는 사람들도 있다. 미국에서는 집안사람들끼리 격식 없이 지낸다. 미국인은 나갔다가 가족들이 있는 집에 들어와도 형식적인 예의를 차리지 않는다. 하지만 일본에서는 예의범절을 배우고 철저히 지키는 상대가 바로 가족이다. 아직 등에 업혀 다니는 아기일 때부터 어머니가 손으로 아기의 머리를 숙여 인사시키고 걸음마를 떼면 가장 먼저 아버지나 손위 남자 형제들에게 예의를 지키는 법부터 가르친다. 아내는 남편에게, 자식은 아버지에게, 동생은 형에게, 여자아이는 나이와 상관없이 모든 남자 형제들에게 머리를 숙인다. 이런 절은 별 의미 없는 몸짓이 아니라 나름의 의미가 담겨 있다. 우선 절을 하는 사람은 상대방에게 자기 뜻대로 하고 싶더라도 상대방의 뜻을 따를 것을 인정해준다는 의미이고 절을 받는 사람은 자신의 지위에 지워진 책임을 인정한다는 의미다. 일본에서는 성별, 세대, 장자 상속권에 따른 계층적 위계질서가 가정생활에서의 바탕이 된다.

자식의 효도는 일본이 중국과 공유하는 높은 윤리 규범이다. 일본에서는 일찍이 서기 6세기와 7세기에 중국의 불교, 유교 윤리, 세속 문화와 함께 효 사상도 받아들였다. 하지만 당연히 효도의 구체적 특징은 중국과는 다른 일본의 가족 구조에 맞게 바뀌었다. 중국에서는 오늘날까지도 씨족에 충성을 바쳐야 한다. 씨족은 많은 경우엔 수만 명에 달하는 구성원에게 지배력을 행사하며 이들로부터 지지를 받는다. 중국 땅이 워낙 넓어 지역별로 상황이 다르긴 하지만 마을의 주민 모두가 같은 씨족의 일원인 지역이 아주 많다.

중국의 인구 4억 5,000만 명을 통틀어 성씨는 470개뿐이며 같은 성을 가진 사람들은 서로 어느 정도 같은 씨족으로 생각한다. 지역 전체 주민이 한 씨족인 경우도 있고, 멀리 떨어진 도시에 사는 가족들이 같은 씨족인 경우도 있다. 광둥성 같은 인구밀집 지역에서는 씨족의 모든 구성원이 결속해 으리으리한 회관을 운영하면서 지정된 날에 같은 조상을 가진 씨족 고인들의 위패에 제사를 지내는데 이때 위패의 수가 많으면 천 개에 이르기도 한다.

각 씨족은 재산, 토지, 사원을 소유하고 있으며 장래성 있는 씨족 자녀들을 위해 장학 기금도 운용한다. 뿔뿔이 흩어져 사는 일원들을 찾아내면서 대략 10년마다 갱신하는 상세한 족보를 펴내 씨족의 특권을 누릴 이들의 이름을 적시한다. 조상 대대로 내려오는 씨족법도 있어서 이 법에 따라 씨족이 당국에 동의하지 않는 경우 범죄를 저지른 구성원을 국가에 인도하지 않기도 했다. 중국의 제정시대에 이 거대한 반半자치적 씨족 공동체는 명목상 국가로부터 통치를 받긴 했으나 무사안일한 관리들은 가급적 건성건성 일했고 정부의 임명을 받고 이들을 다스리는 수장은 외지인인데다 자주 바뀌었다.

일본은 모든 것이 달랐다. 19세기 중반까지만 해도 귀족 가문과 무사(사무라이) 가족이 아니면 성씨를 쓸 수 없었다. 성은 중국의 씨족 제도에서 근본적인 부분이었고 이런 성씨나 성씨에 상응하는 것이 없으면 씨족 조직은 발달하지 못한다. 일부 부족에서는 족보가 성씨에 상응하는 역할을 한다. 하지만 일본에서는 상류층 계급만이 족보를 가지고 있고 그나마도 미국애국여성회[13]가 그러는 것처럼 현재 생존한 사람에게서 거꾸로 소급해 기록했다. 시대 순서

대로 한 시조로부터 유래된 동시대 사람을 모두 포함하는 게 아니었다.

게다가 일본은 봉건 국가였다. 충성을 바치는 대상이 친족 집단이 아닌 봉건 영주였다. 영주는 해당 지역에 거주하는 권력자여서 외지인으로 부임해 잠시 머물다 가던 중국의 관료주의적 관리들과는 달리, 영향력이 더없이 막강했다. 일본에서는 그 사람이 사쓰마번(藩, 봉건 영지) 출신인지 히젠 번 출신인지가 중요한 문제였다. 한 사람의 유대가 출신 번과 엮여 있었다.

씨족을 제도화하는 방법은 그 외에도 또 있다. 사당(신사)이나 신성한 장소에서 먼 조상이나 씨족의 수호신을 섬기는 것이다. 이 방법은 성과 족보가 없는 일본의 '평민들'에게도 가능한 방법이었다. 하지만 일본에는 먼 조상을 모시는 제의가 없다. '평민들'이 다니는 신사에는 조상이 같은지 아닌지를 따지지 않고 마을 사람 누구나 다 온다. 신사에 다니는 사람들을 신사 신의 '자식들'이라고 부르지만 그렇게 부르는 것도 그 신사 신의 영역 내에 거주하고 있기 때문이다. 이런 마을 사람들은 세계 도처의 마을 사람들과 마찬가지로 수 세대 동안 그 마을에 살면서 인연을 맺어왔을 뿐, 같은 조상은 둔 끈끈한 씨족 집단은 아니다.

조상 숭배는 가족의 거실에 마련된 아주 독특한 제단에서 행해진다. 이 제단에는 최근에 돌아가신 예닐곱 명의 조상만 모신다.

---

13) Daughters of the American Revolution, 미국 독립운동에 참여했던 사람들의 후손을 위해 만들어진 단체. ―역자 주.

일본의 모든 계층에서는 매일 생전의 모습을 기억하고 있는 부모님과 조부모님, 가까운 친척들을 위해 이 제단에 모셔둔 작은 묘비 같은 위패 앞에서 참배하고 음식을 바친다. 묘지의 증조부모 묘표墓標는 글씨가 흐려져도 그대로 방치되고 3대 전의 조상 묘조차 누구의 묘인지도 모를 정도로 바로 잊혀진다. 이처럼 일본의 가족적 유대는 서양과 거의 비슷할 정도로 근친 가족에 한정되어 있다. 굳이 비교하자면 프랑스의 가족 유대와 가장 비슷한 수준이다.

따라서 일본에서의 '효도'는 얼굴을 보며 지내는 가족 사이로 한정된다. 말하자면 아버지와 할아버지, 형제, 직계비속까지만 포함하는 가족 내에서 세대, 성별, 나이에 따라 자신의 적절한 자리를 갖는 것이다. 더 큰 가족 집단이 망라되기도 하는 유력 가문에서조차 가족은 따로따로 갈라져 차남 이하의 아들들은 분가한다. 이처럼 얼굴을 알고 지내는 좁은 집단 내에서의 '적절한 자리'를 규정하는 규율은 철저하다. 이를테면 연장자가 공식적인 은퇴, 즉 은거14)를 하기로 정할 때까지는 그 연장자에게 엄중히 복종해야 한다.

오늘날까지 장성한 아들을 둔 아버지라도 자신의 아버지가 은거하지 않으면 고령의 부친의 허락 없이는 어떤 일도 결정하지 못한다. 자식의 나이가 서른 살, 마흔 살이 되어도 부모들이 자식의 결혼 문제를 결정한다. 아버지는 집안의 남자 가장으로서 가장 먼저 밥상을 받고, 목욕할 때 가장 먼저 들어가고, 가족들의 큰절을 가

---

14) 隱居, 일정한 연령에 도달한 부모가 계승자에게 가장권과 주부권을 인계하고 별채 또는 별실에 주거하는 것. ―역자 주.

벼운 묵례로 받는다. 일본에 잘 알려진 수수께끼가 있는데 우리 식으로 해석하면 다음의 뜻이다. '부모에게 자기 소신을 말하고 싶어 하는 자식은 머리를 기르고 싶어 하는 승려와 같다. 왜일까?'(참고로 승려는 삭발한다.) 그 답은 '아무리 하고 싶어도 할 수 없기 때문'이다.

적절한 자리란 세대 차이만이 아니라 나이 차이에 따라서도 규정된다. 일본인은 엄청난 혼란 상태를 표현하고 싶을 때 '형도 아니고 동생도 아니다'라는 말을 쓴다. 우리식 숙어 표현인 'neither fish nor fowl(물고기도 아니고 새도 아니다)'와 비슷하다. 이런 식의 표현이 나온 이유를 일본인의 사고방식에서 보면 형으로서의 품행을 철저히 지키는 것이 물고기가 물속에 있어야 하는 것처럼 어기면 안 되는 중요한 일이기 때문이다. 장남은 집안의 상속자다. 일본을 방문한 여행자들은 '일본에서 장남은 아주 어릴 때부터 책임감을 익히는 것 같다'는 얘기들을 한다. 장남은 아버지가 누리는 특권을 상당 부분 공유한다. 예전 시대에만 해도 동생은 장남에게 의존할 수밖에 없었지만, 요즘엔 특히 읍이나 시골일수록 장남은 집을 지키며 틀에 박힌 생활에 얽매여 사는 데 반해 동생들은 더 넓은 세상에서 진취적으로 살며 공부도 더 하고 돈도 더 잘 버는 경우가 흔하다. 하지만 계층적 위계질서의 관습은 여전히 강하다.

심지어 오늘날의 정치 평론에서 대동아 정책을 논하던 중에도 전통적인 형의 특권을 부각시키고 있다. 1942년 봄에 한 중령은 육군성을 대변해 공영권에 대해 이렇게 밝힌 바 있다. "일본은 큰형이고 그들은 일본의 아우다. 점령지의 주민들에게 이 사실을 깨닫게 해주어야 한다. 다만 점령지 주민들에게 지나친 배려를 베풀면 일본의 친절함에 편승하려는 버릇이 들어서 일본의 통치에 안 좋은 영향을 미칠 우려가 있다." 다시 말해 큰형은 아우를 위한 일이 무엇인지를 결정하고 그 일을 강요할 때는 '지나친 배려'를 해서는 안 된다는 얘기다.

계층적 위계질서에서 한 사람이 차지하는 지위는 나이와 상관없이 남자냐 여자냐에 따라서도 결정된다. 일본에서 부인은 남편을 뒤따라 걸어야 하고 지위도 더 낮다. 양장을 입을 땐 남편과 나란히 걷고 남편보다 먼저 대문을 나서기도 하는 여성들도 기모노를 입으면 다시 남편 뒤에서 걷는다. 일본에서 딸들은 선물, 관심, 교육비가 남자 형제들에게 쏠려도 최대한 사이좋게 지내야 한다. 젊은 여성들을 위한 고등교육 기관들이 설립되었을 때도 교육 과정은 예의범절과 몸가짐 지도에 치중되어 있었다. 진지한 지적 교육 과정은 남자들과 동등한 수준이 아니었고 이런 고등교육 기관의 한 교장이 상류 계급 학생들에게 유럽 언어를 가르칠 것을 주장하면서 그 이유로 내세운 논리가 기이했다. 그래야 남편의 책에 쌓인 먼지를 털어낸 후 위아래가 뒤집히지 않게 책장에 다시 꽂아놓을 수 있다는 것이었다.

이런 상황에도 일본의 여성은 다른 아시아 국가들에 비하면 자유를 누리는 편인데 이런 자유는 단지 서구화의 한 단면 때문은 아니다. 일본에서는 중국의 상류층 계급에서처럼 여성이 전족을 하는 풍습이 없었다. 또 오늘날의 인도 여자들은 일본 여자들이 상점을 드나들고 거리를 돌아다니면서도 몸을 가리지 않고 다니는 모습에 놀라워한다. 일본에서는 부인이 가족을 위한 물건들을 직접 사고 집안의 경제권도 쥐고 있다. 돈이 떨어지면 부인이 집안 물건 중에 적당한 것을 골라서 전당포에 가져간다. 또 하인들에게 일을 지시하고 자식의 결혼에 큰 발언권을 행사한다. 시어머니가 되면 반평생 동안 고개 숙인 가녀린 제비꽃처럼 살았던 적이 없었다는 듯 단호한 태도로 집안을 다스리는 것이 보통이다.

이렇듯 일본에서는 세대, 성별, 나이에 따른 특권이 굉장하다. 하지만 이런 특권을 행사하는 사람들은 독단적인 독재자 같기보다는 관리자에 더 가깝다. 아버지나 장남은 현재 살아있는 가족이든, 사망한 가족이든, 아직 태어나지 않은 가족이든 모든 집안 가솔을 책임진다. 중대한 결정을 내리고 그 결정이 잘 이행되는지도 살펴야 한다. 하지만 절대적인 권위를 갖고 있지는 않다. 집안의 명예를 지키기 위해 책임감 있게 행동해야 할 부담도 진다. 그런가 하면 아들과 동생에게 가문의 물질적 유산과 정신적 유산 모두를 상기시키며 그런 유산에 부끄럽지 않게 굴도록 단속하기도 한다. 농부 신분이라도 가문과 조상에 대한 의무를 상기시키고 상류 계급일수록 책임의 무게가 점점 더 무거워진다. 또 가족에게 필요한 것을 개인의 필요보다 우선시한다.

가문의 고하를 막론하고 중대한 일이 생기면 가장이 친족회의를 소집해 그 문제를 논의한다. 가령 결혼 문제로 회의가 소집되면 가족 구성원들은 먼 지역에 떨어져 살다가도 참석하기도 한다. 친족 회의에서는 결정을 내릴 때까지 아무리 작은 의견이라도 다 수렴한다. 동생이나 부인이 결정을 쥐고 흔들 수도 있다. 가장이 가족의 의견을 무시하고 행동하면 아주 곤란한 지경에 빠지게 된다. 물론 친족회의에서 내려진 결정이 운명이 걸린 당사자에겐 너무 받아들이기 힘들 수도 있다. 하지만 평생 친족회의의 결정에 복종해왔던 연장자들은 손아랫사람들에게 자신들도 그 나이 때 그랬다며 결정에 따를 것을 완강히 강요한다. 이런 강요 이면의 구속력은 프로이센에서 법적으로나 관습적으로나 아버지들이 처자식에 대한 독단적 권리를 인정해주는 식의 구속력과는 아주 다르다. 그렇다고 해서 일본의 구속력이 그만큼 더 낮다는 것은 아니고, 구속력의 영향이 다르다는 얘기다.

일본인은 가정생활에서 독단적 권위를 존중하라고 가르치거나 쉽게 복종할 줄 아는 습관을 길들이지 않는다. 가족의 뜻에 복종하길 요구할 때는 그 요구가 아무리 부담스러워도 그것이 가족 모두의 이해관계가 걸려있다는 점을 최우선시해야 한다는 명분을 내세운다. 공동체에 대한 충성을 명분으로 내세우는 것이다.

모든 일본인은 가정 안에서 계층적 위계질서를 배운 후, 이렇게 가정에서 배운 위계질서를 더 넓은 영역인 경제생활과 정치생활에도 적용한다. 해당 집단 내에서 실질적 지배력을 가졌든 아니든 저마다 부여된 '적절한 자리'에서 자신보다 높은 위치에 있는 이에게 경의를 표하도록 배운다. 그 사람이 아내에게 꽉 잡혀 사는 남편이거나, 아우에게 꼼짝 못 하는 형이라도 외형적으로는 공손한 대접을 받는다. 뒤에서 다른 누군가가 조종하고 있다는 이유만으로 특권의 공식적 경계선이 깨지지는 않는다. 실질적 지배력에 따라 표면적 경계선이 바뀌지도 않는다. 그 경계선은 여전히 침범할 수 없는 선이다. 표면상의 공식적 지위 없이 지배력을 행사하는 것에는 전략적으로 이점도 있다. 바로 비난이나 공격을 당할 위험이 그만큼 적다는 점이다.

일본인이 가정생활에서 배우는 또 하나가 있다. 어떤 결정에서 가장 중요한 것은 그 결정이 가문의 명예를 위한 거라는 가족 전원의 확신이라는 사실이다. 다시 말해 일본 가정에서의 결정은 폭군 같은 가장이 제멋대로 강제하는 식이 아니다. 가장은 물질적·정신적 자산의 관리자에 더 가깝다. 가족 모두에게 중요할 뿐만 아니라 가족 모두가 개인의 뜻보다 우선적으로 지켜야 할 그런 자산을 맡아서 관리하는 셈이다. 일본인은 완력 사용을 배척하지만, 그렇다고 해서 그만큼 가족의 요구에 잘 복종하지 않는다거나 적절한 지위를 가진 사람에게 극진한 경의를 표하지 않는 것도 아니다. 가족의 연장자가 굳이 독재자처럼 완력을 쓰지 않아도 가족 안에서의 계층적 위계질서가 잘 유지된다.

지금까지의 설명은 계층적 위계질서에 대해 있는 그대로를 전한 것이다. 대인관계에 다른 기준을 가진 미국인의 관점에서는 이런 설명만으론 일본 가정의 끈끈하고 구속력 있는 정서적 유대감을 제대로 이해하기 힘들다. 일본의 가족은 유대감이 대단하며 어떻게 이런 유대감을 맺는지는 이 책에서 관심 있게 다루는 주제에 들기도 한다. 또 한편으로 보면 정치생활과 경제생활이라는 더 넓은 영역에서의 계층적 위계질서를 이해하기 위해서라도 가정 안에서 계층적 위계질서의 습관을 얼마나 철저히 가르치는지 인식해야 한다.

일본 사회의 계급 간 위계질서 역시 가족 내의 위계질서 못지않게 철저하게 지켜져 왔다. 전 역사에 걸쳐 일본은 투철한 카스트적 계급 사회였다. 이처럼 수백 년간 카스트 제도의 관습을 가져온 나라는 나름의 강점과 약점을 가지고 있으며, 이것은 아주 주목해서 살펴볼 만하다. 일본에서는 역사가 기록된 이후로 쭉 카스트적 계급 제도가 생활 원리였고 심지어 서기 7세기부터 계급 제도가 없는 중국에서 차용한 생활양식을 자국의 계층적 위계질서 문화에 맞게 적용했다. 7세기와 8세기 무렵 일본의 일왕과 조정은 일본 사절단이 보고 놀랄 만큼 고도로 발달했던 중국 왕조의 문명을 받아들였다. 그리고 일본을 풍요로운 나라로 만들기 위해 비할 데 없을 정도로 열의를 쏟았다. 그 이전까지 일본에는 문자조차 없었다. 7세기에 이르러서야 중국의 상형문자(한자)를 받아들인 후 한자와는 다른 일본 고유의 문자를 만들었다.

그전까지 일본의 종교는 산과 마을에 자리를 잡고 사람들에게 복을 가져다준다는 4만여 신을 섬기고 있었다. 이 토속신앙이 이후로 변천을 겪으면서 현대의 종교인 신토가 된 것이었다. 그러다 7세기에 불교를 대대적으로 받아들여 '뛰어난 호국' 종교로 채택했다.[15] 한편 그때까지도 일본에는 공적 건축물이든 사적 건축물이든 내세울 만한 항구적인 건축물이 없었다. 일왕은 중국의 수도를 모델로 삼아 새로운 수도로 나라를 세우고 중국의 양식을 모방

---

15) 나라 시대의 당대 연대기에서 인용된 문구. George Sansom, *Japan : A Short Cultural History*, p.131

해 장엄하고 화려한 불교 사원을 건립했다. 중국에 다녀온 사절단에게 보고받은 내용을 바탕으로 관직 제도와 법령을 도입하기도 했다. 이처럼 한 주권국가가 다른 나라의 문명을 계획하에 수입해 들여온 사례는 세계사 어디에서도 찾아보기가 힘들다.

하지만 일본은 애초부터 카스트 제도가 없는 중국의 사회구조를 그대로 수입하지 못했다. 일본이 받아들인 관직제도는 중국에서 국가시험에 합격한 행정관에게 주는 것이었지만, 일본에서는 세습적 귀족과 봉건 영주에게 부여되었다. 이런 식의 관직 수여는 카스트적 제도의 한 축이 되었다. 일본은 수많은 반*독립적 영지(번)들로 나뉘어 있으면서 그 영주들끼리 끊임없이 서로의 권력을 탐했고 중요한 사회 제도는 영주, 봉신, 가신들의 특권과 결부되어 있었다. 일본은 중국에서 문명을 아주 적극적으로 수입해 들여왔지만 그렇다고 일본의 계층적 위계질서를 대신해 중국의 행정관료 제도나, 아주 다양한 사람들을 하나의 거대한 씨족 집단으로 통합하는 생활양식까지 채택할 수는 없었다. 종교와 분리된 세속적 황제의 개념도 받아들이지 않았다.

일본어의 황실 명칭은 '구름 위에 살고 있는 사람들'이며 이 황족들만이 일왕이 될 수 있다. 중국에서는 왕조가 빈번히 교체되었던 반면 일본은 왕조가 교체된 적이 한 번도 없었다. 일왕은 신성불가침의 존재였다. 일본에 중국 문화를 도입했던 일본의 일왕들과 조정은 궁의 문제와 관련해 중국이 어떤 제도를 채택하고 있는지 전혀 생각하지 못했고 또 일본과 어떤 차이점이 있는지도 깨닫지 못했다.

일본은 중국에서 문화를 들이긴 했지만, 이 새로운 문명은 결국 세습 영주와 봉신들 사이에 권력 다툼이 수백 년 동안 지속되도록 길을 닦아놓았을 뿐이다. 8세기가 채 저물기도 전에 후지와라라는 귀족 가문이 권력을 잡고 일왕을 허수아비로 만들어 버렸다. 그러다 시간이 흐르면서 봉건 영주들이 후지와라의 지배를 거부해 나라 전체가 내란에 휘말렸고 이때 봉건 영주 중 그 유명한 미나모토노 요리토모라는 인물이 모든 경쟁자를 제압하고 예부터 군사적 칭호로 쓰여온 쇼군이라는 이름 하에 실질적 국가 지배자가 되었다. 쇼군은 '야만인을 정벌하는 대장군'이라는 뜻을 가진 세이이다이쇼군 征夷大將軍의 약칭이다. 요리모토는 일본에서 으레 그러했듯, 자신의 후손들이 이 직함을 세습하도록 해놓았다. 미나모토노 가문은 다른 봉건 영주들을 제압할 힘을 지키고 있는 한 그 자리에 계속 머물 수 있었다.

일왕은 무력한 존재가 되었다. 일왕의 존재감은 주로 쇼군의 의례적 직함 수여자에 그쳤고 내정에 대한 권한이 전혀 없었다. 실질적 권력은 고분고분 따르지 않는 영주들을 무력으로 지배하려 했던 막부幕府가 쥐고 있었다. 다이묘로 불리던 영주들은 무장 가신인 사무라이를 거느리고 있으면서 사무라이의 칼을 자기 마음대로 부렸다. 이 사무라이들은 언제든 혼란한 시기가 닥치면 경쟁 영지나 지배권을 쥔 쇼군의 '적절한 자리' 쟁탈전에서 싸울 만반의 준비가 되어 있었다.

16세기에는 내란이 일상화되어 버렸다. 그렇게 수십 년간이나 혼란이 이어진 끝에 명장 이에야스가 모든 경쟁자를 물리치고

1603년에 도쿠가와 가문의 초대 쇼군이 되었다. 쇼군의 자리는 250년에 걸쳐 이에야스의 혈통에게 세습되다가 1868년에 일왕과 쇼군의 '이중 통치'가 폐지되고 근대의 막이 오르면서 비로소 역사 속으로 사라졌다. 이렇게 오랫동안 이어진 도쿠가와 시대는 여러 면에서 볼 때 역사상으로 가장 주목할 만한 시기에 든다. 도쿠가와 시대는 종식되기 직전의 최후 세대까지도 일본에 무장 평화를 유지시켰고 도쿠가와 가문의 여러 목적에 아주 잘 들어맞았던 중앙집권제를 시행했다.

이에야스는 최대 난관에 직면했을 때 쉬운 해결책을 선택하지 않았다. 일부 막강한 영지의 영주 중에는 내전에서 그의 반대편에 서고 최후의 참패 후에야 비로소 고개를 숙인 이들도 있었다. 이들은 이른바 도자마 다이묘16)였다. 이에야스는 이 도자마 다이묘들이 종전처럼 자신의 영지와 수하 사무라이를 지배하도록 내버려 두었고 그로써 이들은 일본의 모든 봉건 영주를 통틀어 영지에서 최대의 자치권을 누렸다. 다만 이에야스는 도자마 다이묘들에게는 자신의 봉신이 되는 영예를 부여하지 않았고 중요한 직무도 일절 맡기지 않았다. 중요한 직위는 내전 때 이에야스를 지지했던 이들, 즉 후다이 다이묘16)들의 몫으로 두었다. 이와 같은 만만찮은 정치 체제를 유지하기 위해 도쿠가와 가문은 봉건 영주, 즉 다이묘17)들이 권력을 축적하지 못하게 막고 다이묘들 사이의 연합 가능성을

---

16) 外樣大名, 세키가하라 전투 이후 도쿠가와 가문에게 복속한 다이묘를 말함. 본래 도자마는 안에 대해서 밖이라는 뜻으로, 주종관계에서 가깝지 않은 쪽을 의미함. -역자 주.

차단하는 전략을 구사하며 쇼군의 지배에 위협이 될만한 화근을 경계했다. 도쿠가와 가문은 봉건 제도를 폐지하지 않았을 뿐만 아니라 일본에 평화를 유지하고 도쿠가와 가문의 지배를 이어가기 위한 목적으로 봉건 제도를 더욱더 공고히 다졌다.

일본의 봉건 사회는 치밀하리만큼 계급화되었고 각 사람의 신분은 세습으로 고정되었다. 도쿠가와 가문은 이런 신분제도를 공고히 하면서 각 계급의 일상적 행동을 세세히 규제했다. 모든 집안의 가장은 자신의 계급과 세습적 신분과 관련된 소정의 사실을 문 앞에 게시해야 했다. 입을 수 있는 의복, 구입할 수 있는 식재료, 법적으로 거주 가능한 집의 종류까지도 그 사람의 세습적 신분에 따라 규제되었다. 당시에 일본의 계층적 위계질서는 황실과 조정의 귀족 아래로 무사(사무라이), 농민, 공인, 상인의 순으로 분류되었다. 그 아래로는 천민에 들었다. 그중에서도 가장 수가 많고 널리 알려진 천민 집단은 에타穢多, 즉 터부시되는 직업의 종사자들이었다. 청소, 처형자의 시체 매장, 죽은 짐승의 가죽 벗기기, 가죽의 무두질 등을 업으로 하는 사람들이 여기에 속했다. 이들은 일본의 불가촉천민untouchables이었다. 아니, 더 정확히 말하자면 인간 축에도 들지 못하는 자들uncountables이었다. 이들의 거주 마을을 관통하는 도로를 이동 거리의 계산에도 넣지 않으면서 그 땅과 그 땅의 거주자들이 존재하지도 않는 것처럼 취급했기 때문이다. 이 사람

---

17) 譜代大名, 후다이라는 말은 한자에서도 보이듯, 대대로 주군을 모시며 그 가문의 정치에도 관여해 온 측근 가신을 가리키는 말임. ─역자 주.

80

들은 찢어지게 가난하게 살았다. 천한 직업이나마 직업은 보장되었지만 공식적인 사회 조직 밖으로 떠밀려 있었다.

상인들은 천민들 바로 위의 계급이었다. 미국인이 들으면 의아스럽게 느껴질 테지만 이는 봉건 사회에서 지극히 현실적인 일이었다. 사실 상인 계급은 언제나 예외 없이 봉건 제도를 무너뜨린다. 장사꾼들이 존경받고 번창하면 봉건 제도는 쇠퇴한다. 17세기에 도쿠가와 가문이 그제껏 그 어떤 나라에서도 유례 없는 극단적 법률을 통해 일본의 쇄국을 포고한 것은 상인들이 성장하지 못하도록 예방한 것이었다. 그전까지 일본은 중국과 한국 연안 일대에서 해외 무역을 펼쳤고 그에 따라 필연적으로 상인 계급이 성장 추세에 있었다. 도쿠가와 막부는 일정 규모 이상의 배를 건조하거나 운항하는 행위를 사형에 처할 만한 범죄로 규정하면서 그런 성장 추세를 꺾어놓았다. 허용된 규모의 작은 배로는 대륙으로 건너갈 수도, 교역 상품을 싣고 다닐 수도 없었다. 각 영지의 접경에 관문을 설치해 놓고 상품이 들어오고 나가지 못하게 법으로 엄격히 금지하면서 국내 무역 역시 심각하게 위축되었다. 이 외에 상인들의 낮은 사회적 신분을 각인시키는 취지의 법들도 시행되었다. 사치를 금지하는 법으로 상인들이 입을 수 있는 의복, 들고 다닐 수 있는 우산, 결혼식이나 장례식에서 지출 가능한 액수 등을 규제하는 식이었다. 상인들은 사무라이 거주 구역에서 같이 살 수 없었고 특권적 무사 계급인 사무라이의 칼로부터 자신을 지킬 법적 보호망도 없었다. 상인들을 낮은 신분으로 묶어두려던 도쿠가와 막부의 정책은 당연히 화폐 경제 아래에서 실패할 수밖에 없는 것이었고, 마침 그 무렵의 일본은 화폐 경제로 굴러가고 있었다. 그러나 실패로 끝났다고 해도 시도했다는 것 자체에는 의미를 부여할 만하다.

도쿠가와 막부는 안정적 봉건 제도에 잘 들어맞는 두 계급인 무사 계급과 농민 계급을 경직된 틀로 동결시켰다. 마침내 이에야스가 평정한 내란의 와중에 그 유명한 도요토미 히데요시가 '가타나가리(刀狩, 칼 사냥)'를 통해 두 계급의 분리를 이루어냈다. 히데요시는 농민들의 무기를 몰수하고 사무라이에게만 대도권(帶刀權, 칼을 차고 다닐 수 있는 권리)을 주었다. 무사 계급은 더 이상 농민도 공인도 상인도 될 수 없었다. 무사 계급 중에 최하위 신분이라도 법적으로 생산 활동을 할 수 없었다. 이제는 농민들에게 징수한 연공미年貢米로 봉록을 받아 사는 기생적 계급이 되었다.

다이묘는 농민들에게 거두어들인 쌀을 가신인 사무라이들에게 분배해주었다. 이로써 사무라이가 먹고살 틀이 확실히 잡혔다. 이제는 영주에게 전적으로 의지해야 했던 것이다. 일본 역사 초창기가 봉건 제도의 우두머리와 수하 무사들 간의 강한 유대가 끊임없이 이어지던 영지 전쟁을 통해 다져졌다면, 태평 시기였던 도쿠가와 시대에는 경제적 성격을 띠게 된 셈이었다. 이들 사무라이는 유럽의 경우와는 달리 자신의 땅과 농노를 소유한 소영주도 아니었고 돈이나 모험 등을 목적으로 삼는 용병傭兵도 아니었다. 도쿠가와 시대 초기에 가문에 따라 수령액이 정해져 봉록을 받으며 사는 가신이었다. 받는 봉록도 많지 않았다. 지금까지 일본의 학자들이 추정해온 바에 따르면 사무라이 계급 전체의 평균 봉록은 농민들이 버는 소득과 비슷해서 겨우 먹고 살아갈 만한 수준이었을 것이라고 한다.[18) 얼마 안 되는 봉록을 가지고 상속자들끼리 나눌 경우 가족의 생계에 더없이 불리해졌을 테고 그로 인해 사무라이는 가족의 수를 제한했다. 특히 그들은 부와 부의 과시를 매우 못마땅하게 여겼고, 그로 인해 절약을 최고 덕목으로 강조하기도 했다.

한편 사무라이는 다른 세 계급인 농민, 공인, 상인과 큰 격차가 벌어져 있었다. 세 계급은 '평민'의 신분이었지만 사무라이는 평민이 아니었다. 사무라이가 자신의 특권이자 계급의 표식으로 차고 다니던 칼은 단지 장식으로 차고 다니는 것이 아니었다. 평민에게 칼을 휘두를 권리가 부여되어 있었다. 사실 도쿠가와 시대 전부터도 전통적으로 그래왔으니 이에야스가 법령으로 "사무라이에게 무례하게 굴거나 윗사람에게 경의를 보이지 않는 평민은 그 자리에서 베어도 무방하다"고 포고했을 때 그것은 단지 이전부터의 관습에 대한 법적 승인에 불과했다. 이에야스의 구상에는 평민과 사무라이 간의 상호의존 관계 형성 같은 건 없었다. 이에야스의 정책은 엄격한 계층적 규제에 바탕을 두었다. 평민 계급이든 사무라이 계급이든 모두 다이묘를 올려다보며 다이묘에게 직접 의존했다. 말하자면 두 계급은 서로 다른 계단에 올라서 있었다. 이 두 계단 모두에는 위에서부터 아래까지 일정한 법령과 규제, 지배와 상호관계가 존재했다. 그리고 두 계단은 서로 떨어져 있었다. 이렇게 떨어진 두 계급 사이에는 이런저런 상황에 따라 필연적으로 다리가

---

18) 다음에 인용된 내용을 참고함. Herbert Norman, *Japan's Emergence as a Modern Sate*, p.17, n. 12.

놓이기도 했지만, 그것이 체제에 따른 일환은 아니었다.

도쿠가와 시대에 가신이던 사무라이는 그저 칼만 휘두르는 무인이 아니었다. 점점 주군의 재산을 관리하는 집사 역할을 하기도 하고, 고전극이나 다도 같은 평화로운 성향의 예술에 일가견을 갖추게 되었다. 의전을 도맡아 하는가 하면 다이묘의 계략을 능숙하고 교묘한 솜씨로 실행에 옮기기도 했다. 200년에 걸쳐 이어진 기나긴 태평시대 동안 단지 칼솜씨만 믿고 살기에는 한계가 있었다. 상인들이 계급에 따른 제약에도 불구하고 도회적이고 예술적이고 유쾌한 취미활동을 즐기는 생활양식을 발전시켰듯, 사무라이들 역시 준비된 칼잡이로서 해야 할 역할을 넘어 평화로운 방면의 기술을 발전시켰다.

농민은 사무라이의 칼 앞에서 법적으로 무방비 상태인 데다 과중한 세금을 징수당하고 온갖 제약을 받았지만, 어느 정도의 안정성은 보장되었다. 농지의 소유가 보장되어 있었는데 일본에서 토지 소유는 선망을 얻을 만한 일이었다. 도쿠가와 시대에는 토지의 영구 양도가 금지되었는데 이런 법령은 유럽의 봉건 제도에서처럼 봉건 영주를 위해서가 아니라 개인 경작자를 위해 보증된 것이었다. 따라서 농민은 농민에게 무엇보다 소중한 자산에 영구적 권리를 갖고 있었고 그 땅을 오늘날의 후손들이 경작할 때 그러하듯 부지런함과 지극정성으로 돌봤을 것이다. 그럼에도 불구하고 쇼군의 각료, 다이묘의 지배층, 봉록을 받는 사무라이 가신을 비롯해 약 20만 명에 달하는 기생적 상류층 계급 전체를 먹여 살리느라 아틀라스처럼 무거운 짐을 짊어지고 있었다. 농민은 수확물의 일정 비율을 현물세로 다이묘에게 바쳤다. 다른 쌀 생산국인 태국에서는 전통적으로 세금이 10% 수준인 데 반해 도쿠가와 시대의 일본은 40%였다. 그러나 실질적으로 징수되는 세금은 이보다도 더 높아서 일부 영지에서는 80%에 이르기도 했다. 그런데다 부역이나 징발이 수시로 있어서 농민의 노동력과 시간에 부담을 가했다. 이렇다 보니 사무라이와 마찬가지로 농민도 가족의 수를 제한하면서 도쿠가와 막부 시대 내내 일본 전체의 인구는 거의 정체되어 있었다. 아시아 국가에서 장기간의 태평 시기가 이어지는 동안에도 인구 수에 변화가 거의 없었다는 건 아주 많은 사실을 보여주는 것이다. 당시엔 가신으로서 조세에 의존하는 사무라이 계급이나 생산자 계급이나 모두에게 스파르타식의 엄격한 제한이 가해졌지만 예속자와 상관 사이에는 비교적 신뢰가 있었다. 저마다 자신의 의무, 특권, 지위를 알고 있었고 이것이 침해당하면 아무리 가난한 이들이라도 항의할 수 있었다.

농민은 심지어 극심한 빈곤에 시달리는 와중에 봉건 영주만이 아니라 쇼군 정부에도 항의를 표시했다. 도쿠가와 시대 250년 동안에 이런 식으로 일어난 농민 폭동이 못해도 1,000건이 되었다. 이런 폭동이 일어난 원인은 '4할은 영주에게, 6할은 농민에게'로 정해진 관례적 중과세 때문이 아니었다. 전부 다 부가적 징세 때문이었다. 농민들은 참다 참다 못 참을 지경이 되면 다이묘에게 항의하러 무리 지어 몰려갔으나 탄원과 판결의 절차는 규칙과 질서가 있었다. 농민들은 구제책을 요청하는 공식 탄원서를 작성해 다이묘의 측근에게 제출했다. 이 탄원서가 다이묘에게 제대로 올려지지 않거나 다이묘가 불만을 거들떠보지 않으면 그때는 수도로 대표단을 보내 불만사항을 적은 탄원서를 막부에 제출했다. 크게 알려진 몇몇 사례에서 보여지듯, 고관의 가마가 수도의 시가를 지나갈 때 탄원서를 그 가마 속에 쓱 찔러넣은 뒤에야 겨우겨우 탄원서가 전달된 경우도 있었다. 하지만 농민들이 그 어떤 우여곡절을 겪고 제출하든 그 탄원서는 이후에 쇼군 당국으로부터 조사를 받아야 했고 판결의 거의 절반은 농민에게 유리하게 내려졌다.[19]

하지만 이렇게 막부가 농민들의 주장을 조사해 판결을 내리는 것만으론 법과 질서를 유지하기에 모자랐다. 농민의 불만이 정당하고 국가가 그 불만을 존중하는 것이 타당했더라도 농민들을 이끌었던 지도자는 계층적 위계질서상의 엄격한 법도를 어긴 것이었다. 농민들의 손을 들어주는 판결이 내려졌든 아니든 농민 지도자는 윗사람에게 충성해야 할 중요한 법도를 어긴 것이었고 이는 간과될 수 없는 문제여서 사형으로 처벌받았다. 명분의 옳고 그름과 법도를 어긴 것은 별개의 문제로 다루어졌다. 농민들은 이런 결과마저 필연적인 일로 받아들였다. 사형에 처해진 농민 지도자들은 영웅 대접을 받으면서, 화형당하거나 참수되거나 못 박혀 죽었다. 처형장에 수많은 민중이 모였지만 그 처형장에서 폭동이 일어나는 일은 없었다. 그것이 바로 법이자 질서였다. 이후에 처형당한 지도자들을 위해 신사가 지어져 순교자로 기려지긴 했지만, 처형 자

---

19) Hugh Borton, *Peasant Uprisings in Japan of the Tokugawa Period*, Transactions of the Asiatic Society of Japan, 2nd Series, 16(1938)

체는 자신들이 지키며 살아가는 계층적 위계질서의 일부로 받아들여졌다.

간략히 말해, 도쿠가와 쇼군들은 각 영지 내의 계급 구조를 공고히 하여 모든 계급이 다이묘에게 의존하도록 만들려 했다. 다이묘는 각 영지의 위계질서상 정점에 있었고 피지배자들에 대해 특권을 행사할 수 있었다. 쇼군에겐 이런 다이묘들의 통제가 통치상의 중대한 문제였다. 그래서 온갖 방법을 동원해 다이묘들이 동맹을 맺거나 공격 모의를 감행하지 못하게 막았다. 영지의 접경 지역마다 통행증을 조사하는 관문 관리를 두어 '여자들이 나가고 총이 들어오는' 것을 엄격히 감시했다. 다이묘가 처첩들을 밖으로 내보내 무기를 몰래 갖고 들어올까 우려했던 것이다. 정략결혼으로 동맹을 맺을 것을 우려해서 어떤 다이묘도 쇼군의 허가 없이는 혼인할 수 없게 했다. 심지어 다리를 건널 수 없도록 막을 정도로 영지 간의 교역까지 방해했다. 그런가 하면 쇼군은 정탐꾼들을 통해 다이묘의 재정 상황을 꾸준히 보고받으면서 다이묘의 금고가 가득 찬 것으로 파악되면 그 번에 막대한 비용이 드는 공공사업을 착수시켜 재정을 본래 수준으로 줄여놓으려 했다. 이와 같은 다이묘 통제 정책 중에서도 가장 유명한 사례는, 다이묘가 매년 절반을 수도에서 살게 했던 것이었다. 심지어 다이묘가 자신의 번으로 귀환할 때도 부인은 에도(도쿄)에 남겨져 쇼군의 수중에 인질로 붙잡혀 있었다. 막부는 이같이 모든 방법을 동원해 권력의 우위를 지키며 위계질서상의 지배적 지위를 강화하려 했다.

물론 쇼군은 이런 계층적 위계질서에서 최고 정점은 아니었다.

일왕에게 임명을 받은 자로서 지배권을 행사했기 때문이다. 일왕은 조정의 세습 귀족인 구게公家들과 함께 교토에 유폐된 채로 실권이 없었다. 일왕의 재력은 비교적 작은 번의 다이묘들보다도 열악했고 궁중의식은 막부에서 정한 법규로 엄격히 규제받았다. 그러나 도쿠가와 막부에서 가장 막강한 권력을 행사했던 쇼군들조차도 일왕과 실질적 통치자라는 이중 통치를 폐지하려는 조치는 취하지 않았다. 12세기 이후 대원수(쇼군)가 실권을 잃은 일왕의 이름을 내세워 나라를 통치해왔으니 이런 이중 통치는 일본에서 새로운 일도 아니었다. 어떤 시기에는 역할의 분화가 극단적으로 치달아 이름뿐인 일왕이 세습적 세속 수장에게 위임한 실권이, 다시 그 수장의 세습적 고문에게 위임되어 행사되기도 했다. 실권의 행사가 이렇게 위임에 위임을 거치는 경우는 늘 있었다. 도쿠가와 막부의 최후 필사적 시기에도 페리[20]제독은 일본의 권력 구조 배후에 일왕이 존재한다는 것을 짐작도 못 했다. 1858년에 일본과 최초로 통상 조약 교섭을 벌였던 미국의 일본 주재 초대 공사 타운센드 해리스 Townsend Harris는 일왕이 있다는 사실을 알려주는 사람이 없어 혼자 힘으로 겨우 알게 되었다.

사실 일본 일왕의 이런 지위는 태평양 연안의 여러 섬에서도 종종 목격되는 사항이다. 통치에 직접 관여하거나 관여하지 않는 신성왕의 관념은 태평양 연안에서도 여러 사례가 있다. 이런 신성왕

---

20) Perry, 19세기 말 쇄국주의 일본에 문호 개방을 요구하며 군함을 이끌고 간 미국 함대 사령관. ―역자 주.

은 지역에 따라 스스로 통치하기도 하고 통치 권한을 위임하기도 하지만, 어떤 경우든 신성한 존재로 여겨졌다. 뉴질랜드 부족에서는 왕이 너무도 신성시되어 직접 음식을 먹어서도 안 되고 심지어 수저가 성스러운 치아에 닿아서도 안 되었다. 밖에 나갈 때는 발이 땅에 닿아선 안 되었다. 그 신성한 발이 닿은 땅은 저절로 성지가 되어 신성 왕의 소유가 되어야 했기 때문이다. 머리는 특히 더 신성시되어 그 누구도 손을 대서는 안 되었다. 신성왕의 말은 부족 수호신들의 귀에 닿는다고도 여겨졌다.

사모아와 통가 같은 태평양의 몇몇 섬에서는 신성왕이 세상일에 일체 관여하지 않았다. 세속적 수장이 모든 정무를 수행했다. 18세기 말 태평양 동부의 통가를 방문했던 제임스 윌슨James Wilson은 통가의 정치체계가 "신성한 일왕이 대원수에게 붙잡혀 있는 국사범 같은 처지인, 일본의 정치체계와 가장 비슷하다"는 글을 쓴 바 있다.[21] 통가의 신성 왕은 공무에서 단절된 채로 종교적 의식의 의무를 수행했다. 신성 왕에게 과수원의 첫 과실이 바쳐지면 제사 의식을 수행해야만 누구든 그 과실을 먹을 수 있는 식이었다. 신성왕이 숨을 거두면 '하늘이 텅 비었다'는 말로 애도되었고 엄숙한 의식과 함께 거대한 왕릉에 안치되었다. 하지만 이런 추대를 받으면서도 통치에는 일체 관여하지 않았다.

---

21) James Wilson, *A missionary voyage to the Southern Pacific Ocean performed in the years 1796, 1797 and 1798 in the ship Duff*. London, 1799, p. 384. 다음에서 인용됨. Edward Winslow Gifford, *Tongan Society*. Bernice P. Bishop Museum, Bulletin 61. Hawaii, 1929.

일왕은 심지어 정치적으로 무력하고 '대원수에게 붙잡혀 있는 국가 죄수 같던' 때도 일본인이 말하는 계층적 위계질서상에서 '적절한 자리'에 있었다. 일본인은 일왕이 세속적인 일에 적극 관여하는 것을 지위를 평가하는 척도로 여기지 않았다. 교토에 있는 왕궁은 정이대장군(쇼군)이 나라를 통치하던 수백 년 동안에도 일관적으로 중요하게 여겨졌다. 일왕의 역할은 서양의 관점에서 보면 쓸데없는 것으로 비칠지 몰라도 모든 면에서 계층적 위계질서에 따른 역할을 엄격히 규정하는 데 익숙한 일본인에게는 그렇지 않았다.

아래로는 천민에서부터 위로는 일왕에 이르기까지 엄격히 규정되어 있던 봉건 시대 일본의 계층적 위계질서는 근대의 일본에까지 깊은 자국을 남겼다. 어쨌든 일본에서 봉건 제도가 법적으로 폐지된 것은 약 75년 전에 불과했고 뿌리 깊이 박혀 있던 국민적 습성이란 것은 사람의 평생에 해당되는 기간(70년) 정도로는 사라지지 않는다. 다음 장에서 살펴볼 테지만 근대 일본 정치가들 역시 국가의 목적이 근본적으로 변경되었음에도 계층적 위계질서의 상당 부분을 보존시키기 위해 주도면밀한 계획을 세웠다.

예전부터 일본인은 세세한 행동까지 철저히 규율되고, 지위가 엄격히 배분되는 체제 속에 자연스럽게 적응해 왔다. 이와 같은 세계에서 법과 질서가 아주 엄하게 지켜지던 200여 년 동안 일본인은 면밀하게 짜인 계층적 위계질서를 안전이나 안정과 동일시하게 되었다. 익숙한 경계선 안에 머무는 한, 익숙한 의무를 수행하는 한 자신이 속한 세계를 신뢰할 수 있었다. 그 세계에서는 강도가 제압되었고 다이묘 간의 내란이 예방되었다. 백성들은 남이 자신의 권리를 침해했다는 사실을 입증할 수 있다면 농민들이 착취당했을 때 그랬던 것처럼 불만을 호소할 수 있었다. 개인적 위험을 감수해야 했지만, 그것이 공인된 절차였다. 도쿠가와 막부 쇼군 중에서도 성군들은 누구든 불만사항을 호소할 수 있도록 투서함을 설치해 놓으면서 투서함의 열쇠는 쇼군 자신만 갖고 있기도 했다. 일본에서는 행동의 방향을 알려주는 기존의 행동 지도地圖 상에서 허용되지 않는 침해 행위는 반드시 교정되리라는 실질적 보증이 있었다. 사람들은 이 지도를 신뢰했고 이 지도를 따라야만 안전했다. 이 지도에 수정을 가하거나 반기를 드는 것이 아니라 순응하는 것으로 용기와 성실함을 증명했다. 이 지도에 표시된 범위 안쪽은 이미 아는 익숙한 세계였고, 따라서 일본인의 눈에는 신뢰할 수 있는 세계이기도 했다. 그 규칙은 십계명처럼 추상적인 윤리원칙이 아니라 구체적이었다. 이런저런 상황별로 마땅한 행동, 사무라이로서의 마땅한 행동과 평민으로서의 마땅한 행동, 큰형으로서의 적절한 행동과 아우로서의 적절한 행동 등이 세세히 규정되어 있었다.

일본인은 이와 같은 제도하에서도, 압제적 계층제도 아래 있었던 일부 국민처럼 온순하고 고분고분한 국민이 되진 않았다. 일본의 경우엔 계급마다 특정 보증이 부여되어 있었다는 점에 주목해야 한다. 천민 계급조차도 자신의 특수 직업에 대한 독점권이 있었고 당국으로부터 자치 공동체도 인정받았다. 계급마다 가해진 제약이 상당했지만, 또 한편으론 질서와 안정도 있었다.

일본의 카스트적 제약은 인도 같은 나라에는 없는 유연성도 어느 정도 있었다. 일본의 관습에서는 용인된 양식을 해치지 않고도 계급 제도를 교묘히 조작할 만한 방법이 있었다. 예를 들어 일본과 같은 화폐경제 사회에서는 필연적으로 돈놀이꾼과 상인들이 부를 쌓게 되어 있었는데 이런 식으로 부자가 된 사람들은 여러 가지 전통적 수단을 활용해 상류 계급으로 스며들었다. 이들은 저당권과 지대地代를 통해 '지주'가 되었다. 농민의 토지는 양도할 수 없었지만, 일본에서 소작료는 아주 높아서 농민을 그 토지에 그대로 두는 편이 수익성 면에서도 좋았다. 돈놀이꾼들은 그 토지에 눌러앉아 소작료를 받았고 일본에서는 이런 식의 토지 '소유'가 수익성만이 아니라 위세도 안겨주었다. 이들의 자식들은 이런 위세를 등에 업고 사무라이와 결혼해 상류 계급이 되었다.

카스트 제도를 교묘히 조종하는 또 하나의 전통적 방법으로는 양자를 보내는 관습이었다. 말하자면 양자로 보내 사무라이의 지위를 '돈으로 사는' 방법이었다. 상인들은 도쿠가와 막부의 온갖 제약에도 불구하고 부를 축적하게 되면 아들을 사무라이 집안에 양자로 들여보내기 위해 손을 썼다. 일본에서는 아들을 삼기 위해 양자를 들이는 일은 웬만해선 없고 대개 사위를 양자로 삼는다. 이런 식으로 일명 '데릴사위'로 들어오면 장인의 상속자가 된다. 또 큰 대가도 치르게 된다. 본가의 호적에서 말소되어 처가에 입적되고 처의 성을 따르며 장모를 모시고 산다. 하지만 치르는 대가가 많은 만큼 얻는 이익도 많다. 부유한 상인의 자손은 사무라이가 되고 가난에 찌든 사무라이의 집안은 부자와 연분을 맺게 되었기 때문이다. 이는 카스트적 계급제도에 어떤 해도 가하지 않으면서 계급제도를 교묘히 다룸으로써 부자들에게 상류 계급의 지위를 얻게 해주는 방법이었다.

　일본은 같은 신분 집단 내부에서만 혼인하도록 강요한 것은 아니었다. 다른 계급 간의 결혼이 허용된 공인된 체계가 있었다. 그 덕분에 부유한 장사꾼이 하급 사무라이 계급으로 스며들 수 있었고 이것은 서구 유럽과 일본 사이의 현저한 차이를 더욱더 벌려놓는 데 큰 비중을 차지했다. 유럽에서 봉건 제도가 붕괴된 원인은 성장을 이어가며 점점 세력이 커진 중산층의 압력 때문이었고 바로 이 중산층이 근대 산업 시대를 지배했다. 일본에서는 그런 강력한 중산층이 생성되지 않았다. 상인이나 돈놀이꾼은 공인된 방법으로 상류 계급의 지위를 ‘돈으로 샀다.’ 상인과 하급 사무라이는 서로 손을 잡고 동맹자가 되었다. 두 문명에서 봉건 제도가 최후의 몸부림을 치고 있던 시기에 일본이 유럽 대륙에 비해 더 많은 계급 이동을 승인해 준 것은 별나고도 의아스러운 일이다. 하지만 이런 계급 이동의 용인 체계를 아주 설득력 있게 뒷받침해 주듯, 일본에서는 귀족과 자본가 계급 사이의 계급투쟁 흔적이 전혀 발견되지 않는다.

　물론 일본의 경우엔 두 계급 사이에 이익이 맞아떨어졌기에 가능했다고 지적할 만도 하다. 하지만 그 점은 프랑스도 다르지 않았다. 서구 유럽에서도 서로 이익이 맞아떨어졌던 개별적 사례들이 있었다. 하지만 유럽은 계급 경직성이 강했고 프랑스에서는 계급 갈등이 귀족의 재산을 몰수하는 상태로까지 번지기도 했다. 일본에서는 계급 간의 사이가 더 밀접했다. 쇠약해진 쇼군 막부를 전복시킨 동맹은 바로 상인과 돈놀이꾼 그리고 사무라이 가신 사이의 동맹이었다. 일본에서는 근대 시대에 들어서도 귀족 제도를 보존시켰다. 일본에 계급 이동을 위한 공인된 방법들이 없었다면 이런 일은 일어나지 못했을 것이다.

일본인이 철저할 정도로 명확한 행동 지도를 좋아하고 신뢰했던 데에는 나름의 당위성이 있었다. 그 지도는 규칙을 따르는 한 안정을 보장해 주었고, 공인되지 않은 침해에 대한 항의를 인정했고, 자신에게 유리하도록 교묘히 조종할 여지도 있었기 때문이다. 또한 상호 간의 의무 이행도 요구했다. 19세기 초반에 도쿠가와 막부가 무너져갈 때도 일본에서는 이 행동 지도를 갈기갈기 찢어버리자고 의견을 내세운 집단이 없었다. 일본에는 프랑스 혁명이나 1848년 혁명22)같은 일이 일어나지 않았다.

하지만 시대의 분위기는 절망적이었다. 평민에서부터 막부에 이르기까지 모든 계급이 돈놀이꾼과 상인들에게 빚을 지고 있었다. 이제 번과 막부는 비생산 계급을 먹여 살리고 재정지출을 조달하기에도 버거운 상태에 이르러 있었다. 다이묘는 재정 압박에 쪼들려 사무라이 가신들에게 고정 봉록을 지급해 줄 여력이 안 되었고 그에 따라 봉건적 유대망 전체가 유명무실해졌다. 그런 와중에 어떻게든 지탱하려고 농민들에게 안 그래도 과중한 과세의 짐을 더 늘

---

22) 1848년에 이탈리아에서 시작되어 프랑스, 독일, 오스트리아 등으로 파급된 유럽 동시 혁명. 혁명의 내용은 각각의 지역에 따라 달랐지만, 그 이념은 유럽의 민주화였다. −역자 주.

려갔다. 심지어 미리 몇 년 치를 징수해 농민들은 극빈자로 내몰렸다. 막부 역시 파산 상태라 현상유지를 위해 할 수 있는 일이 거의 없었다. 페리 제독이 함대를 이끌고 나타난 1853년 무렵에 일본의 국내 사정은 심각할 만큼 비참했다. 페리 제독에 의한 강제 개항이 있은 후 1858년에는 미국과의 통상조약이 체결되었을 당시 일본은 미국의 강요를 거부할 처지가 못 되었다.

그러나 이 당시에 일본에서 터져 나온 외침은 일신一新, 즉 과거로 복귀하자는 것이었다. 이것은 혁명과는 반대의 개념이었다. 진보적이지도 않았다. '왕정복고'와 더불어 민심을 사로잡은 외침은 '야만인 추방'이었다. 일본 국민은 쇄국의 황금시대로 되돌아가는 정책 구상을 지지했다. 몇 안 되는 소수의 지도자는 그것이 얼마나 불가능한 일인지를 간파하고 나름의 노력을 펼쳤지만 암살당했다. 이렇듯 비혁명적 성향을 보이던 나라 일본이 방향을 선회해 서양의 패턴을 따를 줄은 당시로선 그 누구도 예상하지 못했다.

그로부터 50년 후에 일본이 서양 영역권에서 서양의 나라들과 경쟁을 벌일 줄은 더더욱 예상 못 한 일이었다. 하지만 그렇게 가능성 희박하던 일이 실제로 일어났다. 일본은 서양의 장점이 아닌 자신들 고유의 장점을 이용해 일본의 고위 유력층도, 민중의 여론도 요구하지 않았던 목표를 이루어냈다. 1860년대의 서양인들은 수정 구슬로 이런 미래를 봤더라도 설마 하며 믿지 않았을 것이다. 그 당시로선 향후 수십 년 동안 일본을 휩쓸게 될 격동을 암시해 줄 만한 그 어떤 희미한 징후도 없었기 때문이다. 그런데 일어날 법하지 않던 일이 실제로 일어났다. 퇴행적이고 계층적 위계질서에 얽

매여 있던 일본의 민중은 이제 방향을 새롭게 돌려 그 진로를 따라
갔다.

4장 / 메이지 유신

　　일본에서 근대화의 서막을 연 슬로건은 존왕양이尊王攘夷, 즉 '왕정복고와 야만인 추방'이었다. 이는 외세에 물들지 않는 동시에, 일왕과 쇼군의 '이중 통치' 이전인 10세기의 황금시대로 되돌아가자는 취지의 슬로건이었다. 교토에 있던 일왕의 궁은 극도로 보수적이었다. 일왕 지지자들에게 존왕파의 승리가 의미하는 바는 외국인에게 모욕을 주어 추방하는 것이었다. 또 일본의 전통적 생활양식을 회복하고 개혁파가 목소리를 내지 못하게 봉쇄하는 것이었다. 유력한 도자마 다이묘, 즉 막부 전복의 선봉에 섰던 번의 다이묘들은 왕정복고를 도쿠가와 대신 자신들이 일본을 지배할 수 있는 방법으로 여겼다. 단지 사람만 바꾸길 원했다는 얘기다. 한편 농민들은 자신들이 농사지은 쌀을 더 많이 가져가길 원했을 뿐 '개혁'은 싫어했다. 사무라이들은 꼬박꼬박 봉록을 받으며 칼을 더 명예롭게 쓸 수 있길 원했다. 존왕파 세력에게 자금을 대주었던 상인들은 중상주의의 확대를 원했을 뿐 봉건 제도를 비난하지는 않았다.

　　반反도쿠가와 세력이 승리하고 1868년에 왕정복고가 이루어지면서 '이중 통치'가 막을 내렸을 때 서양인의 시각에서는 그 승자들이 아주 보수적인 고립정책을 펼 것으로 예상했다. 하지만 초반부터 이런 예상과 반대되는 진로로 나아갔다. 신정부는 집권하고 1년도 안 되어 모든 번에 다이묘의 과세권을 철폐해 버렸다. 토지대장을 회수하여 그동안 다이묘에게 바치던 40퍼센트의 수확량을 정부에 납부하도록 했다. 이런 과세권 몰수에 대해 일정한 보상도 해주었다. 정부는 각 다이묘에게 정규 수입의 절반에 상당하는 액수를 배당해 주었다. 그와 동시에 사무라이를 부양하고 공공사업비를 부담하던 책임도 면제해 주었다. 사무라이는 다이묘와 마찬가지로 정부로부터 봉록을 받게 되었다.

그로부터 5년 이내에 계급 간의 모든 법적 불평등이 즉각 철폐되었고 카스트적 계급을 상징하는 표식과 차별적 복장도 금지되었다. 심지어 촌마게(일본식 상투)도 자르게 했다. 천민들은 면천되었고, 토지 양도를 금하는 법이 철회되었으며, 번과 번을 격리하던 장벽이 제거되었고, 불교의 국교 지위도 폐지되었다. 1876년에는 다이묘와 사무라이의 봉록이 5~15년분에 해당되는 봉록을 공채로 발행해 일시불로 지급해 주는 식으로 바뀌었다. 이 지급액은 도쿠가와 시대에 정해졌던 고정 수입에 따라 차이가 있었고, 다이묘와 사무라이들은 새로운 비봉건적 경제하에서 이 돈을 밑천 삼아 사업을 시작할 수도 있었다. "이로써 도쿠가와 시대에 이미 윤곽이 드러났던 상업·금융 귀족과 봉건·토지 귀족의 특수한 결속이 마침내 최종적으로 체결되었다."23)

메이지 시대 초창기의 이런 괄목할 만한 개혁은 인기를 끌지 못했다. 일반 대중은 이런 개혁 조치보다 1871년부터 1873년까지 대

---

23) Herbert Norman, Japan's Emergence as a Modern Sate, p.96

두된 정한론24)에 더 열광했다. 메이지 정권은 과감한 개혁 조치를 끈질기게 밀고 나갔을 뿐만 아니라 정한론은 묵살했다. 메이지 정부의 이런 방침은 이 정부의 수립을 위해 싸웠던 대다수의 바람과는 크게 상반되는 것이었고 결국 1877년에 불만을 품은 이들의 최고 지도자인 사이고 다카모리西鄉隆盛가 정부에 대한 전면적 반란을 도모하기에 이르렀다. 사이고의 반란군은 왕정복고 첫해부터 메이지 정부에 배신감을 느꼈던 존왕파의 모든 친봉건적 열망을 대변했다. 정부는 사무라이가 아닌 사람들로 의용군을 소집해 사이고의 사무라이군을 물리쳤다. 하지만 이 반란은 메이지 정부가 당시 일본 내에 얼마나 큰 불만을 일으켰는지를 엿보여준 사건이었다.

농민들 사이에서도 불만의 기미가 역력했다. 1868년부터 1878년까지 최소한 190건에 이르는 농민봉기가 일어났다. 신정부가 농민에 대한 과중한 조세 부담을 덜어주려는 최초의 조치를 1877년이 되어서야 뒤늦게 취했으니, 농민들로선 메이지 정부에 실망감을 느끼는 것도 무리는 아니었다. 농민들은 학교 설립, 징병 제도, 토지 측량, 단발령, 천민 차별대우 철폐, 국교였던 불교에 대한 탄압, 역법 개혁 등 기존의 생활양식에 변화를 주는 그 외의 여러 조치에도 반대했다.

그렇다면 이처럼 과감하고 인기 없는 개혁을 단행한 '정부'는 누구였을까? 그들은 일본의 특수한 제도들을 통해 이미 봉건 시대부

---

24) 1870년을 전후해 일본 정계에 일었던 한국 침략론. –역자 주.

터 양성된, 하급 사무라이와 상인 계급의 '특수한 결속' 세력이었
다. 다시 말해 다이묘를 위해 시종과 가로(집사 같은 역할)로 일하며
정치적 수완을 익히고 봉건 시대 때 광산업, 직물업, 판지 제조 등
번의 독점사업을 운영하던 사무라이 가신들이었다. 또 사무라이에
게 돈으로 지위를 사들이고 사무라이 계급에 생산기술을 전수해 준
상인들이었다. 바로 이런 사무라이와 상인 간의 결속으로 유능하
고 자신감에 찬 위정자들이 전면에 나서 메이지 정부의 정책을 기
획하고 실행안을 구상하게 되었다.

하지만 여기에서 주목해야 할 부분은 이들의 출신 계급이 아니
라 어떻게 이들이 그렇게도 유능하면서 현실적일 수 있었는가에 있
다. 일본은 19세기 후반 중세적 관습에서 막 벗어났고 당시에는 오
늘날의 태국만큼이나 허약한 상태였다. 그런데 그때까지 있었던
사례를 통틀어 가장 정치적으로 뛰어나고 가장 성공적인 개혁으로
꼽히는 메이지 유신을 착상하고 시행할 만한 유능한 지도자들을 양
산한 것이었다. 이 지도자들의 강점과 약점 모두는 일본인의 전통
적 특성에 뿌리박혀 있고, 이 책의 주된 목적은 일본인의 과거와
현재의 특성을 다루는 것이다. 하지만 여기에서는 그런 특성 문제
보다 일단 이 정치가들이 어떤 식으로 메이지 유신을 수행했는지부
터 알아보도록 하자.

이들은 자신들이 맡은 과제를 이데올로기적 혁명으로 생각하지
않았다. 직무에 따른 책임으로 다루었다. 이들이 구상했던 목표는
일본을 무시할 수 없는 강국으로 올려놓는 것이었다. 이들은 인습
타파주의자들이 아니었다. 봉건 계급을 욕하며 빈털터리가 되도록

내몰지도 않았다. 오히려 충분한 액수의 봉록을 수여하며 메이지 체제를 지지하도록 포섭하려 했다. 또한 나중엔 농민들의 처우를 개선하기도 했다. 이런 처우 개선 조치가 10년이나 늦어졌던 것은 정부가 농민들의 요구를 계급적 이유로 배제해서가 아니라 메이지 정부의 초기 재정 상태가 열악했던 탓이었다.

하지만 뜨거운 열정과 풍부한 기략으로 메이지 정부를 운영했던 정치가들이 일본의 계층제도를 근절시키는 아이디어는 전부 반대했다. 왕정복고는 일왕을 정점에 두고 쇼군을 폐지하면서 계층적 위계질서를 단순화시켰다. 왕정복고 이후의 이 정치가들은 번을 폐지함으로써 영주에 대한 충성과 국가에 대한 충성 사이에서의 갈등 소지를 제거했다. 말하자면 계층적 위계질서의 관습적 토대는 그대로 둔 채 중심을 새롭게 잡은 것이었다. '각하'들, 즉 일본의 새로운 지도자들은 재간 있게 짜여진 자신들의 프로그램을 국민에게 강요하기 위해 중앙집권적 지배를 더욱 강화하기도 했다. '위로부터의 요구'와 '위로부터의 은혜'를 번갈아 가며 적절히 이용하면서 정권을 잘 생존시켰다. 하지만 여론에 영합하려 하지는 않았다. 가령 국민은 역법의 개혁이나, 공립학교의 설립이나, 천민에 대한 차별 철폐를 원하지 않을 수도 있었다.

이들이 활용한 위로부터의 은혜 가운데 하나는 1889년에 일왕이 백성들에게 내려준 일본의 헌법이었다. 이 헌법에 따라 국민의 국정 참여 기회가 열리고 의회가 설립되었다. 이 헌법은 서구 세계의 여러 헌법을 비판적으로 연구한 후에 각하들이 아주 공을 들여 작성한 것이었다. 하지만 헌법 기초자들은 "대중의 참견과 여론의 개입을 막기 위해 가능한 모든 예방책"을 취했다.25) 헌법의 기초를 맡았던 부서 자체도 궁내성宮內省에 속해 있었고 따라서 신성불가침의 영역이었다.

메이지 정부의 정치가들은 자신들의 목적을 분명하게 의식했다. 헌법 입안자인 이토 히로부미伊藤博文 공작은 1880년대에 기도木戸 후작을 영국에 파견해 허버트 스펜서Herbert Spencer에게 일본 앞날에 놓인 문제들에 대하여 의견을 구해오게 했다. 그 후 길고 긴 대화가 오간 끝에 스펜서는 자신이 내린 판단을 이토에게 편지로 써 보냈다. 계층적 위계질서에 관해 스펜서는 일본의 그런 전통적 체계야말로 국민복지를 위한 훌륭한 기초이니 지키고 더욱 가꿔나가야 한다고 했다. 윗사람에 대한 전통적 의무, 그중에서도 특히 일왕에 대한 전통적 의무가 일본에 좋은 조건으로 작용한다며, 그 덕분에 일본은 '윗사람들'의 지휘하에 일치단결하여 나아가는 동시에 개인주의적인 나라들에서 필연적으로 발생하는 여러 난관을 방지할 수 있다고도 했다. 메이지 정부의 정치가들은 자신들이 확신하고 있던 바에 대해 이런 확증의 말을 듣자 아주 흡족해했다. 이들은 근대적 세계에서도 '적절한 자리'를 지키는 이점을 계속 유지해 나가고 싶어 했지, 계층적 위계질서를 허물어뜨릴 생각은 없었다.

메이지 정부의 정치가들은 정치, 종교, 경제를 망라한 모든 활동 영역에서 국가와 국민 간의 '적절한 자리'를 찾아가는 의무를 규

---

25) 일본의 한 권위자 발언을 인용한 것으로, 헌법 기초자로 참여했던 가네코 남작의 말에 근거해서 밝힌 발언임. Herbert Norman, *op.cit.*, p.88 참조.

정했다. 이들이 짜놓은 전반적 체계는 미국이나 영국의 체계에 비교하면 아주 낯설어서 우리로선 그 기본적 핵심을 파악하기가 쉽지 않다. 물론 여론에 흔들리지 않는 위로부터의 강한 통치가 있었다. 또 계층적 위계질서 최상층에 있는 사람들이 정부를 다스렸고 이들 중에는 선거로 뽑힌 선출직 인사가 한 명도 없었다. 이런 상황에선 국민이 아무런 발언권을 가질 수 없다. 1940년에 정부의 상층부를 구성하는 이들은 일왕을 '알현'할 수 있는 중신들, 일왕에게 직접 조언할 수 있는 위치의 사람들, 옥새가 찍힌 사령장辭令狀을 받은 피임명자들이었다. 이 마지막 부류에 각료, 도지사, 판사, 각국 장관 및 기타 고관들이 해당되었다.

이처럼 선출직 인사는 아무도 최상층에 들어가지 못했고, 그에 따라 선거로 뽑힌 의회 의원이 각료 또는 재무국이나 교통국의 국장을 선출하거나 인준하는 절차에서 발언권을 갖지도 못했을 것이다. 선거에 의해 구성된 중의원은 국민을 대변해 고관들을 추궁하고 비판하는 작지 않은 특권을 갖긴 했지만 임명이나 결정사항이나 예산 문제에서는 실질적 발언권이 없었고 법안을 발의하지도 않았다. 게다가 선거로 선출되지 않는 귀족원의 견제를 받았다. 절반이 귀족이고 4분의 1은 천황 임명자들로 구성된 귀족원은 법안의 승인 권한이 중의원과 거의 같아서, 중의원으로선 귀족원으로부터 계층적 위계질서상의 견제까지 더 받았다.

따라서 일본은 정부의 중요한 직책을 여전히 '각하'들이 차지하게 두었지만 그렇다고 해서 '적절한 자리'에 따른 자율권이 없었던 것은 아니다. 아시아의 모든 나라는 어떤 정치 체제 하에서든, 위로부터 내려오는 권력과 밑에서부터 올라오는 지방자치제의 힘이 중간쯤에서 만나게 된다. 다만 나라별로 중요한 차이점은 그런 지방자치제의 민주적 책임이 상부의 어디까지 미치는가? 민주적 책임의 정도가 얼마나 되는가? 지방의 지도력이 공동체 전체에 성실히 부응하는가? 아니면 그 지도력이 지방 유력자들에게 휘둘려 주민에게 불이익을 끼치는가? 여부 등에 있다.

도쿠가와 시대의 일본은 중국과 마찬가지로 5~10개의 가구로 구성된 소단위 주민 조직이 최소의 자치제 책임단위를 이루었다. 근래의 일본에서 일명 '도나리구미隣組'로 통하는 행정단위다. 이웃 가구들로 이루어진 이런 소단위 조직의 장은 해당 조직 내의 모든 일을 지휘하며, 선량한 행동을 하도록 단속하고 의심스러운 행동이 있으면 보고를 올리고 수배자들을 정부에 넘겨야 했다.

메이지 정부의 정치가들은 처음엔 이 조직을 폐지했다가 이후에 다시 복원시켜서 '도나리구미'로 명명했다. 도시에서는 때로 정부가 적극적으로 나서서 도나리구미를 육성했지만 요즘의 농촌에서는 도나리구미가 거의 기능을 상실했다. 오히려 부라쿠部落이라는 촌락 단위가 더 중요한 기능을 하고 있다. 당시에 부라쿠는 폐지되지도 않았고 그렇다고 정부의 행정단위로 편입되지도 않았다. 말하자면 국가의 기능이 미치지 않는 지역이었다. 15가구 정도로 구성된 이런 촌락은 현재까지도 체계적으로 기능하고 있으며 주민끼리 해마다 돌아가면서 부라쿠의 장을 맡는다. "부라쿠 장이 하는 일은 부라쿠 재산의 관리, 상을 치르거나 불이 난 집에 대한 마을의 원조 주관, 농사일이나 집짓기나 도로 보수 등의 공동 작업을 위한 적당한 날 잡기, 집짓기나 도로 보수, 화재 경보종을 울리거나 나무판 두 개를 특정 리듬에 맞춰 쳐서 지역 축일이나 휴일 알려주기 등이다."26) 이런 부라쿠의 장은 아시아의 몇몇 나라에서처럼 공동체에서 국가의 세금을 징수하는 책임이 없어 무거운 짐을 질 필요가 없다. 한마디로 이들에게 맡겨진 지위는 아주 명확하다. 즉, 민주적 책임의 영역 내에서만 할 일을 하면 되는 것이다.

일본의 근대 정부에서는 공식적으로 시市, 정町, 촌村의 지방행정을 인정하고 있다. 이런 지방행정 조직에서는 선출된 '원로'들이 책임감 있는 수장을 뽑으며, 이렇게 뽑힌 수장은 국가를 대표하는 현 정부 및 중앙 정부와의 모든 관계에서 공동체의 대표 역할을 맡는다. 촌의 경우엔 수장인 촌장의 자리를 그곳에 오래 거주해 온 지주 농민 집안의 사람이 맡는다. 촌장을 맡으면 경제적 손실을 입게 되지만 큰 위신을 누리기도 한다. 촌장은 원로들과 함께 마을의 재정, 공중위생, 학교의 유지관리를 비롯해 특히 재산 등기와 개인 신상 서류에 대한 책임을 맡는다. 시·정·촌 사무소는 일이 많아 아주 분주한 곳이다. 모든 아동의 초등학교 교육을 위해 지원되는 국고 보조금의 지출, 그보다 훨씬 액수가 큰 마을 자체 부담 교육비의 모금과 지출, 마을 재산의 관리와 임대, 토지 개량과 숲 가꾸기, 모든 부동산 거래 등기 등의 업무를 맡는다. 특히 부동산 거래는 마을 사무소에 정식으로 등록되어야만 법적 효력이 발생한다.

---

26) John F. Embree, *The Japanese Nation*, p. 88.

시 · 정 · 촌 사무소는 그 마을에 본적을 두고 있는 주민 개개인에 대한 주거현황, 혼인상태, 출산, 입양, 법적 문제 및 그 외의 특이 사항뿐만 아니라 가족 기록에 누락이 생기지 않도록 관리하기도 한다. 일본 어디에서든 이런 개인 신상 기록과 관련된 정보가 발생하면 그 사람의 본적지에 그 내용이 보고되어 서류에 기재된다. 사람들은 입사를 지원하거나 재판을 받을 때, 혹은 어떤 식으로든 신원 증명이 필요할 때면 본적지 마을 사무소로 편지를 쓰거나 직접 방문하는 식으로 사본을 떼어 제출한다. 그래서 사람들은 자신이나 가족의 기록에 안 좋은 내용이 올라갈 것을 우려해 신경을 쓴다.

이처럼 시 · 정 · 촌은 공동체에 상당한 책임을 갖고 있다. 심지어 1920년대에 일본에 전국적 정당이 생겼을 때도, 다시 말해 '여당'과 '야당'의 정권 교체가 일어나는 상황에서도 지방행정은 대체로 별 영향을 받지 않고 공동체 원로들의 지휘하에 운영되었다. 하지만 지방행정에는 세 가지 측면에서 자치권이 없었다. 모든 판사는 국가에서 임명하고, 경찰과 학교 교사도 전부 국가 공무원이었다. 일본에서는 대다수 민사 사건이 여전히 중재나 중개인을 통해 해결되므로 지방 행정에서 재판소의 역할은 크게 두드러지지 못한다. 오히려 경찰이 더 중요한 역할을 맡는다. 경찰은 공공 집회에 배석해야 할 의무가 있지만 이런 의무는 어쩌다 한번씩 행하는 의무이고 대개는 개인적 기록과 재산 기록을 간수하는 일에 주력한다. 국가에서는 해당 지역에 연고가 없는 외지인을 근무시키기 위해 경찰들을 자주 전근시키기도 한다. 학교 교사들 역시 전근을 시킨다. 그런가 하면 국가에서 학교의 세세한 부분까지 통제해 프랑스처럼 온 나라의 모든 학교가 같은 날에 같은 교재로 같은 수업을 받는다. 모든 학교에서 아침마다 똑같은 시간에 똑같은 라디오 방송에 맞춰 똑같은 체조를 한다. 한마디로 말해 학교나 경찰이나 재판소에 관한 한 공동체에 지방 자치권이 전혀 없다.

일본 정부는 이처럼 모든 점에서 미국 정부와는 크게 다르다. 미국에서는 선거로 뽑힌 사람들이 최고의 행정적·입법적 책임을 갖고, 지방행정은 지방자치단체의 통제를 받는 경찰과 법원에서 맡는다. 하지만 형식적으로 따지자면 일본의 정부 구성은 네덜란드와 벨기에 등 철저히 서구적인 나라들의 정부 구성과 다르지 않다. 예를 들어 네덜란드에서는 일본처럼 여왕의 내각이 모든 법안을 기초해서 사실상 의회에서 법안을 발의한 적이 없다. 법에 따르면 촌장이나 시장도 여왕이 임명하는 것이므로 1940년 이전의 일본보다도 지방 현지의 사안에 훨씬 더 깊숙이 관여하는 셈이다. 사실상 여왕이 지방의 임명 지명자를 승인해 주는 것에 불과하다 해도 마찬가지다. 네덜란드의 경우에도 경찰과 재판소가 군주로부터 직접 책무를 위임받는다. 다만 네덜란드에서는 어떤 종파의 단체이든 자유롭게 학교를 설립할 수 있지만, 일본의 학교 제도는 프랑스의 복사판이다. 또한 네덜란드에서는 운하, 간척지, 지역 개발 등의 사업이 지방의 소관이라 지역 공동체 전체의 책임이지, 정치적으로 선출된 시장과 관리의 책임이 아니다.

일본의 정부와 서구 유럽의 정부 사이의 본질적 차이점은 형식이 아닌 기능에서 나타난다. 일본의 정부는 과거의 경험을 바탕으로 윤리체계와 예의범절 속에 정형화된 구습舊習, 즉 복종에 의존한다. 국가는 이런 복종의 구습에 기대서 정책을 펼 수 있다. 정부의 각하들이 자신의 '적절한 자리'에서 직분을 다하면 그 특권이 존중받게 되어 있으며, 이는 해당 정책이 인정받아서가 아니라 특권 사이의 경계선을 넘어서는 것이 도리에 어긋나는 일이기 때문이다. 정책 결정의 최상위 단계에서 '대중의 여론'은 고려되지 않는다. 정부가 대중에게 원하는 것은 여론이 아닌 '지지'이다. 국가가 지방 현지의 사안까지 공식적 권한으로 삼아도 그 지배권은 복종의 구습에 따라 인정받는다. 미국에서는 여러 역할을 수행하는 국가를 대체로 필요악으로 여기지만 일본에서는 그렇지 않다. 일본인의 눈에는 국가가 선량함을 향해 나아가는 존재로 비쳐진다.

더욱이 국가는 국민의 소망에 부합하기 위한 '적절한 자리'를 인식하는 일에 세심한 주의를 기울인다. 정부가 합법적으로 권한을 행사할 수 있는 분야에서도 먼저 주민들의 뜻을 살핀다. 가령 농촌 진흥을 담당하는 정부 관리는 구식 농경법을 개량시키는 활동을 벌일 경우 아이다호주의 농촌 진흥 담당관만큼 권위적이지 않다. 정부 보증의 농민신용조합이나 농민 구매·판매조합을 공식적으로 지지할 때도 현지의 저명인사들과 오랜 시간 원탁회의를 가진 후 그들의 결정을 순순히 받아들여야 한다. 지방의 문제는 지방이 알아서 하도록 해주는 것이다. 일본인의 생활양식에서는 알맞은 권위를 할당하고, 또 각각의 권위에 알맞은 범위를 규정한다. 그래서 '윗사람'에 대한 복종이 —또한 그에 수반된 행동의 자유까지도— 서구 문화보다 훨씬 크지만 윗사람 역시 적절한 자리를 지켜야 한다. 모든 것에는 저마다의 자리가 있다는 것이 바로 일본의 좌우명이다.

　메이지 정부의 정치가들은 종교 분야에서도 정부 형태와 마찬가지로 무척 괴이한 공식 체계를 만들었다. 하지만 여기에서도 일본의 좌우명을 똑같이 따랐다. 국민의 결속과 우월성의 상징을 받드는 종교를 국가 관할로 삼고, 그 외의 모든 종교 숭배는 개인적 자유로 내버려두었다. 국가의 관할로 삼은 종교가 바로 국가신토[27]이다. 국가신토는 미국에서 국기에 경례를 하는 것처럼, 국가적 상징에 정당한 경의를 표하는 취지이니 '종교가 아니'라는 것이 여기에서 내세워진 주장이었다. 따라서 일본은 미국이 성조기에 경례를 요구하는 것이 서구에서 내세우는 신조인 종교의 자유를 침해하지 않는 것처럼 종교의 자유를 침해하지 않으면서도 모든 시민에게 국가신토를 단지 충성의 표시로서 요구할 수 있었다. '종교가 아니었으니' 일본은 서구의 비난을 우려할 필요 없이 학교에서 국가신토를 가르칠 수 있었다. 국가신토는 학교에서 신화시대 이래의 일본 역사와 '만세일계[28] 통치자'인 일왕의 숭배로 구성되어 가르쳐졌다. 또한 국가신토는 국가에 의해 지지되고 국가에 의해 통제되었다.

　그 외의 모든 종교 영역은, 불교와 기독교 종파는 말할 것도 없

---

27) 国家神道, 신토 국교화 정책에 의해 신사신도 등 종교를 재편성하고 일왕을 현인신(現人神)으로 하는 일왕제 지배의 사상적 지주였다. ―역자 주.

28) 萬世一系, 일왕의 혈통이 단절된 적 없이 2,000년 이상 이어져 왔다는 뜻으로, 일왕제 국가 이데올로기의 근간을 이루는 대표적 요소. ―역자 주.

고 심지어 교파신토敎派神道나 제사신토祭祀神道조차도 미국과 마찬가지로 개인의 결정에 맡겼다. 이 두 영역은 심지어 행정적으로나 재정적으로도 분리되었다. 국가신토는 내무성 산하의 관할 부서에서 맡았으며 신관神官, 제식, 신사가 국비의 지원을 받아 유지되었다. 반면 제사신토, 불교, 기독교 종파들은 문부성 종교과에서 담당했고 재정도 회원들의 자발적 성금으로 지탱되었다.

이 문제에 대한 일본의 공식 입장에 의거하면 국가신토가 거대한 국교라고는 말할 수 없지만 적어도 거대한 국가체계라고는 할 수 있다. 당시 일본에는 태양의 여신29)을 모시는 웅장한 신사 이세진구伊勢神宮부터 특별한 의식이 있을 때마다 신관이 직접 청소를 하는 아주 작은 신사에 이르기까지 11만 개가 넘는 다양한 규모의 신사가 있었다. 신관들의 전국적 위계서열은 정치적 위계서열에 상응했다. 최하위의 신관에서부터 군·시나 부·현의 신관을 거쳐 각하로 불리는 최고의 신관으로 권위 계통이 이어지는 구조였다. 신관들은 민중이 예배를 드리도록 주관하기보다는 민중을 대신해 제례를 거행했다. 국가신토에는 우리에게 친숙한 교회 예배에 상응하는 것이 없었다. −국가신토는 종교가 아니었으므로− 국가신토의 신관들은 교리를 가르치는 것이 법으로 금지되었기에 서구인들이 아는 교회 예배 의식 같은 것이 있을 수 없었다. 대신 자주 돌아오는 예식일에는 공동체의 공식 대표들이 신사를 찾아갔다. 그리고 신관 앞에 서면 신관은 먼저 대마와 종이가 길게 늘어뜨려진

---

29) 일본 신화에 등장하는 일본 황실의 조상신인 아마테라스 오미카미를 가리킴. −역자 주.

막대기를 흔들어 대표들을 정화시켜 주었다. 그다음엔 신관이 안쪽에 있는 신단의 문을 열어 큰 소리로 신들에게 공양 음식을 드시러 내려오라고 외쳤다. 이어서 신관이 기도를 올리면 각 참가자는 지위 순서대로 경건히 배례하며 흰 종이 가닥을 늘어뜨린 잔가지를 봉헌했다. 예나 지금이나 일본 어디에서나 볼 수 있는 이런 잔가지는 일본에서 성스러운 봉헌물로 여겨지는 물건이었다. 이렇게 봉헌물까지 바치면 신관이 또 한 번 큰 소리로 신들을 배웅하고 신단 문을 닫았다. 국가신토의 예식일에는 일왕도 국민을 대표해 의식을 행했고 정부 관청은 휴무였다. 하지만 이런 국가신토의 예식일보다도 지방 신사의 축제나, 심지어 불교 축일이 더 인기 있었다. 이 둘은 모두 국가신토 외의 '자유로운' 종교 영역에 속한다.

일본인들은 이런 자유로운 영역 안에서 마음에 끌리는 유력 종파와 축일을 가지고 있다. 불교는 여전히 국민의 대다수가 믿는 종교여서 가르침과 개창자가 각기 다른 여러 종파가 왕성히 활동하며 전국 곳곳에 퍼져 있다. 신토조차 국가신토와 무관한 유력 종파들이 여러 개 있다. 그중에 어떤 것은 일본 정부가 민족주의적 입장을 보이기 시작한 1930년대 이전부터 투철한 국가주의의 거점이었던 종파가 있는가 하면, 신앙치료주의 교파로 종종 크리스천 사이언스30)에 비견되는 종파도 있다. 뿐만 아니라 유교 교리를 따르는 종파, 신들림과 신성한 산속의 신사를 참배하는 것이 전문인 종파

---

30) 기독교 교파의 하나. 물실세계는 실재가 아니며 병도 기도만으로 치유할 수 있다고 믿음. —역자 주.

까지 있다. 민중적 축일도 대부분 국가신토 영역 밖에서 제약 없이 행해졌다.

일본인들은 축일이면 신사로 무리 지어 모인다. 참배자들은 각자 물로 입을 헹궈서 자신을 스스로 정화하고 방울 달린 줄을 당기거나 손뼉을 쳐서 신이 하강하도록 부른다. 그런 다음 경건히 고개 숙여 절을 올린 후 방울 달린 줄을 당기거나 손뼉을 쳐서 신을 배웅하고 그날의 본격적인 용건을 보러 간다. 다시 말해 가판대 노점상을 돌며 작은 장신구와 맛있는 먹거리를 사고, 스모나 액막이굿을 구경하고, 광대가 한껏 흥을 돋우는 가구라 춤도 구경하면서 다 함께 축제 분위기를 즐기는 것이다. 일본에서 살아본 어떤 영국인은 일본의 축일이 되면 늘 윌리엄 블레이크의 다음 시가 떠올랐다고 한다.

교회에서 맥주를 조금 내온다면
우리의 영혼을 즐겁게 해 줄 기분 좋은 모닥불이 있다면
온종일 찬송가를 부르고 기도드리면서
교회를 벗어날 생각이 들 틈도 없으리라.

종교적 고행에 전념하는 소수 성직자를 제외하면 일본에서 종교는 그다지 금욕적이지 않다. 일본인은 신사나 사찰에 자주 참배하러 다니긴 하지만 이 역시 휴일을 즐기는 차원이다.

메이지 정치가들은 행정 분야와 국가신토 분야에서 국가가 기능

을 발휘할 영역을 세심히 구분했다. 그 외의 영역들은 국민의 자유에 맡기되, 국가와 직접적으로 연관되어 있다고 판단되는 문제에서는 새로운 계층적 위계질서의 최고 관리자인 자신들의 지배권 아래에 두었다. 군대를 창설할 때도 두 분야와 비슷한 문제에 직면했다. 이때 이들은 다른 분야와 마찬가지로 낡은 카스트적 계급제를 철폐했다. 그것도 민간 생활에서보다 훨씬 더 과감하게 철폐시켰다. 군대 내에서 일본의 경어조차 쓰지 못하게 법으로 금지했다. 당연히 실제로는 옛 관행이 쉬이 사라지지 않았지만 말이다.

한편 군대에서는 출신 가문이 아닌 공적에 따라 장교로 진급시키기도 하면서 다른 그 어떤 분야보다 파격적으로 실력주의를 실행했다. 일본인들은 이런 부분을 높이 사서 군대의 평판이 좋았고 확실히 그런 평판을 받을 만했다. 새롭게 창설된 군대에 민중의 지지를 얻기 위해선 그만한 방법도 없었을 테니까. 중대나 소대는 같은 지역에서 온 사람들로 편성해 평화 시에는 병사들이 자신의 집과 가까운 기지에서 병역 생활을 하게 했다. 그로써 지역민들 사이의 유대 관계가 유지되었을 뿐만 아니라 군대에 들어가 훈련을 받는 모든 사람이 2년 동안 복무하면서 사무라이와 농민이나 부자와 가난한 자의 관계가 아닌 장교와 병사나 선임병과 후임병의 관계로 지내게 되었다: 군대는 여러 면에서 민주적 평등주의자 역할을 했고 진정한 민중의 군대이기도 했다. 다른 대다수 나라에서는 군대를 현상 유지를 위한 강력한 수단으로 활용하고 있었던 반면에 일본에서는 군대가 소농小農들에게 공감해 수차례 유력한 자본가와 산업주의자에 대항하는 항의를 벌이기도 했다.

일본의 정치가들은 민중의 군대를 창설하면서 나타난 이러한 결과를 모두 다 좋게 받아들이지 않았을지도 모른다. 하지만 어쨌든 그런 정도로는 계층적 위계질서에서 군부의 우위를 확보하려던 구상에 충분하지 않았다. 그래서 그 목표를 확실히 달성하기 위해 위계질서 최상층 영역에서의 체계를 활용했다. 바로 군 수뇌부에 민간 정부로부터의 독립성을 부여하는 체계였다. 일본의 정치가들은 이 체계를 헌법에 명기하진 않았으나 이미 예전부터 인정되어 온 관습상의 절차로서 유지시켰다.

그로써 육해군 장관은 외무성이나 내정 부문의 장관과는 달리 일왕을 직접 알현할 수 있었고 덕분에 자신들의 방침을 일왕의 이름을 내세워 강행시킬 수 있었다. 내각의 문관 각료들에게 보고하거나 상의할 필요도 없었다. 게다가 군부가 내각을 좌지우지할 수도 있었다. 마음에 들지 않는 내각에는 내각의 군부 각료를 맡을 장성을 보내지 않는 식의 간단한 방법으로 구성을 방해할 수 있었다. 현역 고위 장교가 해군 장관과 육군 장관의 자리를 채우지 않으면 내각이 구성될 수 없었다. 문관이나 퇴임 장교는 이 자리를 맡을 수 없었기 때문이다.

마찬가지로 군부가 내각 각료의 행동에 불만을 품으면 군부 각료들을 불러들여 내각을 해체시킬 수도 있었다. 군 수뇌부는 이런 식으로 최고위 정책 단계에서 어떠한 간섭도 받지 않는 구조를 구축해놓았다. 더 확실한 보장책이 필요할 때는 헌법 조항을 그 보장책으로 삼았다. "의회에서 예산안이 부결되면 정부는 전년도 예산에 준해 예산을 집행할 수 있다." 그런 일은 없을 거라는 외무성의 단언에도 불구하고 군부가 만주사변을 일으켜 만주를 점령한 일은, 내각 정책에 합의가 이루어지지 않았을 때 군 수뇌부가 전장의 지휘관들을 성공적으로 지지해 준 하나의 사례에 불과하다. 다른 분야와 마찬가지로 군부의 분야에서도 그것이 계층적 특권에 관련된 경우라면 일본인은 어떤 결과든 받아들이는 경향을 보이며, 그 이유 역시 정책에 동의해서가 아니라 특권의 경계선을 넘는 것을 용인하지 않기 때문이다.

일본은 산업발전의 분야에서 그 어떤 서구 나라에서도 유례가 없던 수순을 밟아갔다. 이 경우 역시 각하들이 판을 짜고 규칙을 정했다. 그것도 단지 계획만 세우고 마는 것이 아니라 필요하다고 결정한 산업을 정부 재정으로 육성시켰다. 정부 관료들은 나서서 산업체를 조직하고 운영했다. 외국 기술자들을 유치하고 자국민을 해외로 보내 기술을 배워오게 했다. 그러다 그들의 말처럼 이런 산업들이 '잘 체계화되고 사업이 활황을 띠자' 정부는 민간회사에 산업체들을 매각했다. 이 산업체들을 '말도 안 되는 헐값'에[31] 선택된 소수의 자본가, 특히 미쓰이나 미쓰비시 같은 유명한 재벌 집안에 하나둘씩 팔아 넘겨졌다. 일본의 정치가들은 산업발전이 일본에게 너무 중요한 일이라 수요와 공급의 법칙이나 자유 기업 원리에 내맡길 수 없다고 판단했다. 하지만 이 정책은 결코 사회주의적 신조를 따른 것이 아니었고 결국 그 이익을 거두어들인 이들은 재벌이

---

31) Herbert Norman, *op. cit.*, p. 131. 이 논의는 노먼의 명확한 분석에 바탕을 둔 것이다.

었다. 그래도 어쨌든 일본은 시행착오와 헛된 소모를 최소화하면서 자신들이 필요하다고 생각한 산업을 일으켰다.

일본은 이런 식으로 '자본주의적 생산 착수와 그 후속 단계들의 일반적 순서'를 바꿀 수 있었다.[32] 일본은 소비자 상품의 생산과 경공업부터 시작하는 대신 가장 먼저 핵심적인 중공업에 착수했다. 무기공장, 조선소, 철공소, 도로건설을 우선으로 삼아 단기간에 기술적 효율성을 최고의 단계로 끌어올렸다. 이 모든 산업이 민간에게 양도된 것은 아니며 거대 규모의 군수 산업은 여전히 정부 관할로 남겨져 정부의 특별 회계에 따라 자금을 지원받았다.

정부가 우선순위에 두었던 이 모든 산업 분야에서 소상공업자나 비관료 경영자는 '적절한 자리'를 갖지 못했다. 이 영역에서는 국가, 그리고 큰 신임과 정치적으로 총애받던 재벌들만이 활약했다. 하지만 일본인의 다른 생활 분야에서처럼 산업 분야에도 자유로운 영역이 있었다. 최소한의 자본 투자와 최대한의 저임금 노동의 활용으로 운영되는 '그 외의 남은' 산업들이 있었다. 이런 경공업은 근대적 기술 없이 생존할 수 있었고 지금도 그렇게 생존하고 있다. 일본의 경공업 산업은 미국에서 일명 홈스웨트샵[33]으로 통하는 방식을 통해 운영되고 있다. 스몰타임[34] 제조업자가 원재료를 구입해 가정이나 네다섯 명의 직공을 둔 작은 공장에 넘겨 가공

---

32) 앞과 같은 책, p. 125.

33) home sweat-shop, 극도의 노동력 착취가 행해지는 가내수공업. ―역자 주

34) small-time, 본래는 흥행물을 하루에 몇 번 되풀이 상연하는 것을 뜻하지만 여기서는 적은 자본금을 빨리 회전해 이익을 보는 소공업자를 의미함. ―역자 주.

해서 받은 후, 다음 단계의 가공을 위해 또 다른 곳에 넘겼다 받는 과정을 반복하다가 최종 상품을 상인이나 수출업자에게 파는 식이다. 1930년대에 일본에서는 산업체 고용자들 가운데 직공 5인 이하의 공장이나 가정에서 일하는 이들이 무려 53%였다.[35] 이런 직공 중 대다수는 낡은 도제제도의 온정주의 관습에 따라 보호를 받았고 또 대다수가 일본의 대도시 가정에서 아기를 업고 앉아 삯일을 하는 주부였다.

일본 산업의 이런 이원성은 정부 분야나 종교 분야에서의 이원성만큼이나 일본인의 생활양식에서 아주 중요한 부분이다. 일본의 정치가들은 다른 여러 분야의 계층적 위계질서처럼 산업 분야에도 상류 계급이 필요하다고 판단해 그들을 위한 전략 산업을 육성하고 정치적으로 우호적인 상인 가문들을 선택해 '적절한 자리'를 부여했다. 정부가 이런 재계 유력 가문이나 재벌과의 관계를 끊는다는 것은 일본 정치가들의 계획에는 없는 일이었고, 결국 재계 유력 가문과 재벌들은 이윤뿐만 아니라 높은 지위까지 부여해 준 일종의 지속적 가부장적 온정주의[36]로 이익을 누렸다. 이윤과 금전에 대한 일본의 오래된 태도를 감안하면 재계 상류 계급에게 국민의 공격이 쏟아질 것이 불 보듯 뻔했지만, 정부는 계층적 위계질서에 대한 통념에 따라 그와 같은 체계를 세우기 위해 할 수 있는 노력을

---

35) 우에다 교수의 주장으로, 다음에서 인용해옴. Miriam S. Farley, Pigmy Factories. *Far Eastern Survey*, VI (1937), p. 2.

36) 정부, 회사 등이 소속원의 안전과 생계를 책임지는 대신 의사결정 등의 절대권을 행사하는 조직 관리 방식. —역자 주.

다했다. 실제로 재벌이 군부의 이른바 청년 장교 그룹이나 농촌 지역으로부터 공격을 받으면서 이런 노력이 전적으로 성공하진 못했다. 하지만 그렇다 해도 결국 일본 여론의 가장 혹독한 공격의 대상은 재벌이 아니라 나리킨成金이었다는 사실에는 변함이 없다.

나리킨은 흔히 '누보리슈(nouveau riche, 벼락부자)'로 번역되지만 이 말로는 일본인의 감정을 제대로 담아내지 못한다. 미국에서는 누보리슈가 엄밀히 말해 '신흥부자'를 뜻하며 어설프고 세련미를 갖추지 못한 이로 비쳐 비웃음을 산다. 그래도 이런 부정적 인상은 통나무 오두막집에서 살다가 출세하고, 노새를 몰다가 성공해 유전 업계 거물이 된 감동적인 인생사의 긍정적 이미지로 상쇄된다. 하지만 일본에서의 나리킨은 장기놀이에서 따온 단어로, 여왕으로 승격된 '졸'을 뜻한다. 다시 말해 나리킨에는 계층적 위계질서상 그럴 권리도 없으면서 마치 거물처럼 장기판 여기저기를 휘젓고 다니는 졸이라는 의미가 담겨있다. 나리킨은 남을 속이거나 착취해서 재산을 일군 사람으로 취급받으며 이런 사람에 대한 불편한 감정은 미국에서 '성공한 고향 친구'에 대한 감정과 크게 다르다. 일본에서는 계층적 위계질서상의 큰 재산에 적절한 자리를 부여해 놓았고 거기에 맞춰 결속해왔다. 그런데 그 적절한 자리 외의 영역에서 부가 획득되면 여론은 분개하게 된다.

일본인은 이처럼 끊임없이 계층적 위계질서를 의식하며 사회질서를 잡아왔다. 가족 관계와 개인 관계에서 나이, 세대, 성별, 계급에 따른 알맞은 행동이 정해져 있다. 정부, 종교, 군대, 산업에서는 영역이 계층적 위계질서별로 면밀히 구분되어 윗사람이든 아랫사람이든 자신의 특권을 넘어서면 처벌을 받는다. 일본인은 '적절한 자리'가 지켜지는 한 이의 없이 넘어가고 안전하다고 느낀다. 물론 이때는 자신의 행복이 최대한 보호받고 있기에 '안전한' 것이 아니라 계층적 위계질서를 정당하게 받아들였기 때문에 '안전한' 경우가 많다. 평등과 자유 기업 원리에 대한 신뢰가 미국인의 생활양식의 특징이듯, 일본인에겐 이런 관념이 인생관을 이루는 특징이다.

일본은 이 '안전' 공식을 수출하려 했지만 정복 불가의 난관을 만나게 되었다. 일본 내에서는 계층적 위계질서가 자국민의 상상력에 잘 들어맞았다. 일본 국민의 그런 상상이 계층적 위계질서에 의해 형성된 것이었으니 당연했다. 일본의 야심은 그런 계층적 위계질서가 있는 세계에서만 이루어질 수 있었다. 하지만 이런 계층적 위계질서는 수출하기엔 심각한 부작용을 내포한 상품이었다.

다른 나라들은 일본의 거창한 주장을 무례하게 느끼거나, 그보다도 더 불쾌해하며 분개했다. 그런데도 각지 점령국의 일본 장교와 병사들은 현지 주민들이 자신들을 환영하지 않는 것에 충격을 받았다. 아무리 낮은 지위라고 해도 일본이 그들에게 계층적 위계질서에서 자리를 하나 내어주지 않았나? 비교적 낮은 지위가 주어졌더라도 피점령 지역의 사람들에게 적절한 것이 아닌가?

일본 군부는 이런 생각으로 의아해했다. 당시 일본 군부는 중국의 일본 '사랑'을 주제로 전쟁 영화 시리즈를 줄기차게 찍어대며 절박하고 막막한 현실에 빠져 있던 중국인 아가씨가 일본인 병사나 기술자와 사랑에 빠져 행복해진다는 등의 줄거리로 엮어내기도 했다. 일본의 이런 정복 구상은 나치의 정복관과는 크게 달랐지만 성과의 측면에서 보면 더 나을 것도 없었다.

그들 스스로에게 강요했던 것을 다른 나라들에도 그대로 강요하기는 무리였다. 애초에 그것이 가능하리라고 생각했던 것 자체가 오판이었다. 그들은 '저마다의 적절한 자리를 받아들이는' 일본의 윤리체계를 다른 나라에서는 기대하기 힘들다는 점을 잘 몰랐다. 다른 나라들은 그런 윤리체계를 가지고 있지 않았다. 그것은 일본만의 고유한 산물이었다. 일본의 저술가들은 이런 윤리체계를 지극히 당연히 여겨서 굳이 설명하지도 않지만, 사실 그런 윤리체계야말로 일본을 이해하기 위해 가장 먼저 알아야 하는 부분이다.

5장 / 과거와 세상에 빚진 사람

영어에서는 '과거를 물려받은 자
(heirs of the ages)'37)라는 표현을 곧잘 쓴다. 두 차례의 세계대전과 한
차례의 심각한 경제 위기로 예전보다 자신감이 다소 위축되긴 했지
만 우리는 이런 변화를 겪으면서 과거에 대한 부채의식이 늘지는
않았다. 동양의 나라들은 우리와는 반대다. 그들은 과거에 부채감
을 갖고 있다. 서양인들이 말하는 조상 숭배는 대체로 숭배라고 볼
수 없으며, 전적으로 조상들을 향한 것도 아니다. 말하자면 서양인
들의 조상 숭배는 이전에 이루어진 모든 것에 대해 크게 빚지고 있
음을 의례적으로 인정하는 것에 불과하다. 그런데 동양인들이 볼
때 사람은 과거에 대해서만 빚을 지고 있는 것이 아니다. 매일매
일 다른 사람들과 일상적 접촉을 나누면서 현재에 대해서도 부채
가 쌓이고 있다. 이 부채를 바탕으로 매일의 결정과 행동을 싹틔워
야 한다. 부채가 근본적 기점이 된다. 서양인은 세상에 진 빚에 대
해서나, 그 빚 덕분에 우리가 보살핌이나 교육이나 행복을 누리고
이 세상에 태어난 것이라는 사실에 그다지 관심을 두지 않는다. 일
본인은 이 점을 이유로 들며 우리의 동기부여가 부적절하다고 여긴
다. 덕망 있는 일본인은 미국인처럼 그 누구에게도 빚진 게 없다는

---

37) 테니슨(Tennyson)의 시 구절에서 인용된 표현으로, 과거에 빚진 자들이라는 뜻. −역자 주.

124

식의 말을 하지 않는다. 그들은 과거를 경시하지 않는다. 일본에서의 의義란 선조들과 동시대인들 모두를 아우르는 거대한 상호 부채망負債網에서 자신의 자리를 인식하느냐 아니냐에 달려있다.

동서양의 이런 차이를 말하기는 간단하지만, 그 차이가 실제 생활에서 어떤 차이로 이어지는지를 이해하기란 어렵다. 그리고 일본인의 생활이 우리와 어떻게 다른지를 먼저 이해해야만 비로소 우리가 전쟁 중에 알게 된 일본인의 극단적 자기희생을 이해할 수 있다. 또 우리 생각엔 분개할 일도 아닌 상황에서 일본인이 쉽게 분개하는 경향을 납득할 수 있을 것이다. 빚을 진다는 것은 사람을 기분 상하게 만들 수도 있는 일이며 이 점은 실제로 일본인이 잘 증명해 보여주고 있다. 또 채무는 사람에게 큰 책임감을 지우기도 한다.

중국어나 일본어 모두 영어의 '의무obligation'에 상응하는 단어들이 많다. 하지만 이 단어들은 'obligation'과 완전히 뜻이 일치하지는 않아서 그 구체적 의미가 영어로는 그대로 옮겨지지 않는다. 그 단어들에 담긴 개념이 우리에게 낯설기 때문이다. 어떤 사람이 지고 있는 크고 작은 모든 부채를 일컫는 'obligation'에 상당하는 일본어로는 '온恩'을 들 수 있다. 일본어에서 쓰이는 온의 용례는 영어로 '의무', '충성'에서부터 '친절'과 '사랑'에 이르는 온갖 단어로 번역되지만 이런 번역어로는 본래의 뜻이 잘 전달되지 않는다. 온이 정말로 'love'나 'obligation'을 의미하는 것이라면 일본인은 자식에게도 온을 쓸 수 있어야 하지만 실제로는 온을 쓸 수가 없다. 그렇다고 '충성loyalty'을 의미하지도 않는다. 충성을 의미하는 일본어는 따로 있고, 그 단어는 온과 동의어도 아니다. 용례를 통틀어 보면 온은 어떤 사람이 성심껏 짊어질 수 있는 짐, 부채, 부담 정도의 뜻이다. 온은 윗사람에게 받는 것이어서 딱히 윗사람이 아니거나 적어도 자신과 동등하지 않은 누군가로부터 온을 받는 행위는 불쾌함을 주게 된다. '그 사람에게 온을 입었다'라는 말은 '그 사람에게 많은 의무를 지고 있다'라는 뜻이며 그런 채권자, 즉 은혜를 베풀어준 사람을 '온진恩人'이라고 부른다.

경우에 따라 '온을 기억하는 일'이 보은적 헌신으로 표출되기도 한다. 일본의 초등학교 2학년의 윤리 수업 교과서에 실린 '온을 잊지 말자'라는 제목의 다음의 짧은 이야기가 바로 온을 이런 의미에서 사용한 사례다.

하치는 귀여운 개입니다. 태어나자마자 낯선 사람이 데려가 키웠고 그 집에서 자식처럼 사랑받으며 자랐어요. 덕분에 허약하던 몸도 건강해졌지요. 하치는 주인이 아침마다 일하러 나갈 때면 전차 정거장까지 주인을 따라가 배웅하고 저녁에 주인이 집에 올 시간이 되면 다시 전차 정거장으로 마중을 나갔어요.

그러던 어느 날 그만 주인이 세상을 떠났어요. 하치는 그것을 아는지 모르는지 매일 주인을 찾아다녔어요. 늘 오가던 정거장으로 나가 전차가 올 때마다 사람들 사이에서 주인이 있지 않을까 두리번거렸어요.

그렇게 하루하루가 가고 수개월이 흘러갔어요. 1년이 지나고, 2년이 지나고, 3년이 지나고, 심지어 10년이 지나 나이가 많이 들어서까지도 하치는 정거장에 매일같이 나와 여전히 주인을 찾았어요.

이 짤막한 이야기에 담긴 교훈은 사랑이라고밖에는 달리 말할 수 없을 정도의 지극한 충성심이다. 어머니를 극진히 모시는 아들도 어머니에게 받은 온을 잊지 않은 경우에 든다. 말하자면 하치가 주인을 향해 품었던 것과 같은 일편단심의 헌신을 어머니에게 품고 있다는 의미다. 하지만 여기에서 온이 구체적으로 가리키는 함축성은 아들의 사랑이 아니다. 그 어머니가 아들이 갓난아이 때 보살펴 주고 소년 시절에 온갖 희생으로 뒷바라지해 주고 성인이 되어서도 잘 되게 정성을 기울여준 은혜를 비롯해 어머니가 계시다는 사실만으로 진 그 모든 은혜를 가리키는 것이다. 온은 이렇게 진 빚을 갚는다는 의미이며 따라서 사랑의 뜻도 내포되어 있지만, 그 근본적 의미는 빚에 있다. 우리 미국인이 사랑을 의무에 매이지 않고 자유롭게 주는 것으로 보는 개념과는 다르다.

일본인이 가진 최우선적이고 최고의 부채의식은 바로 '천황의 온'이며 어떤 경우든 무한한 헌신의 의미로 사용된다. 이것은 일왕에 대한 빚이며, 지극히 감사한 마음으로 받아야 한다. 일본인은 조국과 자신의 삶과 신변의 크고 작은 일들에 만족감을 느낄 때면 일왕의 은혜를 입었다고 생각하기도 한다. 전 역사를 통틀어 일본인이 당대의 인물 중 궁극적 은혜를 입고 있다고 여겨온 인물은 언제나 최고의 윗사람이었다. 시대마다 그 윗사람은 지방 영주, 봉건 영주, 쇼군 등으로 변했다. 오늘날은 그 윗사람이 바로 천황이다. 하지만 윗사람이 누구인가보다 더 중요한 대목은 '온을 잊지 않는' 관습이 수백 년에 걸쳐 일본인들 사이에서 다른 무엇보다 중요시되었다는 사실이다.

근대 일본은 모든 수단을 동원해 온을 잊지 않는 이런 정서를 일왕에게 집중시켜왔다. 일본인은 그들 나름의 생활방식을 좋아했고 그 방식은 국민 한 사람 한 사람의 황은(일왕에게 입은 은혜)을 늘리는 데 한몫한다. 그에 따라 전시 중에 일왕의 이름으로 전선의 군인들에게 배급된 담배 한 개비에도 황은이 부각되었고 출정에 앞서 배급되는 사케 한 모금으로도 황은이 더욱 각인되었다. 일본인의 주장대로라면, 가미카제 조종사는 누구나 황은에 보답하고 있었던 것이고 태평양의 어느 섬을 방어하다 최후의 한 사람까지 숨이 끊어진 부대의 병사들도 일왕에게 입은 무한한 온을 갚은 것이었다.

일본인은 일왕보다 낮은 사람들에게도 온을 입는다. 그 당연한 예로서 부모님에게 받는 온이 있다. 자식에 대한 부모의 권위를 아주 중시하는 동양의 효도에서 바로 온이 근본 바탕을 이룬다. 여기에서의 온은 자식이 부모에게 빚을 졌으니 보답하기 위해 힘써야 한다는 의미가 내포되어 있다. 따라서 자식은 부모에게 복종해야 한다. 그것도 일본과 마찬가지로 부모가 권위적 지위를 갖고 있는 독일에서도 자식에게 요구하고 강요하기 힘들 만한 수준의 복종이다.

일본인은 동양의 효도 개념을 적용하는 데 아주 현실적이다. 일본에는 부모에게 받은 온과 관련한 속담이 있는데 의역하면 다음과 같다. '부모가 되어 자식을 키워봐야 부모에게 얼마나 큰 빚을 졌는지 알게 된다.' 말하자면 부모의 온은 부모로부터 받은 현실적이고 일상적인 보살핌과 수고를 말한다. 일본인은 조상 숭배의 대상을 기억에 남아 있는 근래의 선조들로 한정하는데 그로 인해 자신이 유년기에 조상에게 현실적 신세를 졌다는 사실을 그만큼 절실히 느끼게 된다. 굳이 말할 필요도 없을 만큼 너무도 자명한 이치이지만 어떤 문화권이든 사람은 누구나 한때 부모의 보살핌이 없으면 생명도 이어갈 수 없는 무력한 갓난아기 시절이 있으며 성인이 될 때까지 오랜 세월 동안 의식주를 부양받는다. 일본인은 미국인이 이 모든 사실을 경시한다는 생각이 강하며 어떤 저술가는 다음과 같은 지적을 하기도 했다. "미국에서는 부모에 대한 온을 잊지 않고 기억하는 것이 기껏해야 아버지와 어머니에게 잘해드리는 의미로만 통한다." 이 세상에 자식에게 온을 베풀지 않을 부모는 없겠지만 어쨌든 자식을 헌신적으로 보살피는 것은 자기 자신이 무력한 존재였을 때 부모에게 진 빚을 갚는 것이다. 부모가 자신을 키워준 것과 똑같이, 혹은 그보다 더 헌신해서 자기 자식을 보살핌으로써 부모에게 입은 온을 일부라도 갚는 것이다. 자식에 대한 의무는 '부모에게 입은 온'과 별개의 문제가 아니다.

일본에서는 스승과 고용주에게도 각별한 온을 입는다. 스승이나 고용주는 모두 세상살이에서 자신을 이끌어준 사람들이므로 미래에 그들이 어려움에 처할 때 부탁을 들어주어야 하며, 경우에 따라선 그들이 세상을 떠난 후에도 어린 자식들을 챙겨줘야 할 수도 있다. 어떻게든 그 의무를 갚는 것이 도리이며 시간이 지난다고 해서 빚이 줄어드는 것은 아니다. 오히려 세월이 흐를수록 늘어난다. 일종의 이자가 붙는 셈이다. 누군가에게 온을 입는다는 것은 중요한 문제이다. 일본에는 '사람은 자신이 받은 온의 만분의 일도 갚지 못한다'는 말도 있다. 온은 정말로 막중한 짐이라 '온의 영향력'은 그 사람이 좋든 싫든 우선순위에 오른다.

　이런 부채 의식이 원만히 작동되려면 각 개인이 스스로를 커다란 빚을 진 채무자로 여김과 동시에 자신이 진 의무이행에 큰 반감이 없어야 한다. 앞에서 이미 살펴봤다시피 일본에서는 계층적 위계질서가 철저하게 잡혀있다. 이런 위계질서의 부수적 관습이 충실히 지켜지고 있는 덕분에 일본인은 서양인으로선 상상도 못 할 정도로 온이라는 윤리적 채무를 존중할 수 있는 것이다. 이런 윤리적 채무는 윗사람이 선의를 가진 사람으로 여겨질 경우 더 선뜻 이행할 수 있게 된다. 실제로 일본어에는 윗사람이 아랫사람들에게 '자애로운' 사람으로 인정받았음을 보여주는 흥미로운 증거도 있다. 일본어의 '아이愛'는 영어의 'love'을 뜻하는 단어인데 지난 세기의 선교사들은 이 단어를 기독교의 'love'의 개념으로 번역해 사용할 수 있는 유일한 일본어라고 여겼다. 그래서 이 선교사들은 성경을 번역할 때 인간에 대한 하느님의 사랑이나 하느님에 대한 인간의 사랑을 뜻하는 단어로 아이를 썼다. 하지만 아이는 구체적으로 아랫사람들에 대한 윗사람의 사랑을 뜻한다. 서양인에겐 이런 사랑이 그저 '가부장적 온정주의'를 뜻하는 것처럼 여겨질 수도 있겠지만 일본어 어법에서는 그 이상의 의미가 담겨 있다. 아이는 애정을 의미하는 단어였다. 현대의 일본어에서도 아이의 엄밀한 의미는 여전히 윗사람이 아랫사람에게 베푸는 사랑이지만 어느 정도는 기독교적 영향으로 인해, 그리고 확실히 카스트적 차별을 타파하려던 정부의 노력으로, 오늘날에는 대등한 사람 사이의 사랑을 뜻하는 말로도 쓸 수 있게 되었다.

이처럼 여러 문화적 요인으로 온에 대한 부담이 완화되고 있다고는 해도 일본에서는 감정 상할 일 없이 온을 '입는' 것은 다행이라고 여긴다. 일본인은 우연히 다른 사람에게 온을 받게 되어 감사의 빚을 짊어지는 것을 좋아하지 않는다. 일본인 사이에서는 '누군가에게 온을 입힌다'는 식의 말들을 자주 하는데 이 말은 대개 '다른 이에게 무언가를 강요한다(imposing upon another)'는 의미에 가장 가깝다. 미국에서는 'imposing'이라는 말이 타인에게 뭔가를 요구한다는 의미지만 일본식 표현은 그 사람에게 뭔가를 베풀거나 친절을 행한다는 의미이다.

일본인은 비교적 낯선 타인에게 뜻하지 않게 우연히 신세를 입으면 굉장히 불쾌하게 생각한다. 이웃 사이이거나 오래전부터 정해진 계층적 위계질서상의 관계에서는 온을 입는 번거로움을 알면서도 받아들이지만, 그 상대가 그저 알고 지내는 정도의 지인이거나 자신과 거의 대등한 위치의 사람이라면 신경을 거슬려 한다. 온으로 야기되는 이런저런 결과에 얽히길 피하고 싶어 하는 것이다. 일본의 길거리에서 사고가 났을 때 그 자리에 모여 있는 사람들이 수동적으로 방관하는 것도 단지 적극성이 부족해서가 아니다. 공식적 권한도 없이 주제넘게 간섭했다간 그 상대에게 온을 입힐지도 모른다는 인식 때문이다.

메이지 시대 이전의 유명한 법령 중에는 '싸움이나 다툼이 벌어졌을 경우 불필요하게 끼어들어선 안 된다'는 조항도 있었다. 일본에서는 그런 상황에서 명확한 권한 없이 다른 사람을 도와주는 사람은 부당한 이득을 취하려는 꿍꿍이가 있는 것으로 의심받는다, 도움을 받는 상대가 도움을 준 사람에게 큰 빚을 지게 된다는 사실 때문에 사람들은 그 상황을 자신에게 유리하게 이용하고 싶어 하는 게 아니라 도움을 주는 것에 아주 신중한 태도를 취한다. 특히 비공식적 상황일수록 온으로 얽히게 되는 것을 극도로 조심한다. 생판 모르는 사람에게는 담배 한 개비를 얻는 일조차 거북해해서 정중히 감사를 표현할 때는 '기노도쿠(폐를 끼쳤습니다)'라고 말하는데 이 말은 문자 그대로 '독이 있는 감정'을 뜻하며 '폐를 끼쳐 미안하게 생각한다'는 얘기다. 어떤 일본인은 나에게 이렇게 설명해 주기도 했다. "그럴 땐 불편한 감정을 직설적으로 말하고 인정하는 편이 더 견디기 쉬워요. 뭔가를 해 주려고 생각도 해본 적 없는 사람에게 온을 받은 것은 수치스러운 일이니까요." 그러니까 '기노도쿠'는 때로는 담배를 얻어 피워서 '고맙습니다(Thank you)'라는 뜻으로, 때로는 신세를 지게 되어 '미안합니다(I'm sorry)'라는 뜻으로, 때로는 과분한 친절을 받아 '면목이 없습니다(I feel like a heel)'라는 뜻으로 번역된다. 기노도쿠는 이 모든 의미를 아우르면서도 이중 어느 의미와도 딱 맞아떨어지지 않는다.

일본어에는 '감사합니다'란 의미를 담으면서도 온을 받아 마음이 불편함을 표현하는 여러 방식이 있다. 그중 가장 모호하지 않은 표현이 현대의 대도시 백화점에서 흔히 쓰는 '아리가토(有難りう)'로, '아, 이 어려운 일을!'이라는 뜻이다. 이때 '어려움'의 통상적 의미는 고객이 물건을 사면서 매장에 주는 크고 귀한 은혜를 가리킨다. 이 말은 일종의 정중한 인사로 선물을 받았을 때 등의 여러 경우에도 두루 쓰인다. '감사합니다'의 의미를 가진 그 외의 흔한 표현들에는 '기노도쿠'처럼 은혜를 받아 곤란해하는 심정이 담겨 있다. 자신의 매장을 운영하는 가게 주인들이 가장 흔하게 쓰는 말도 문자 그대로 '이것은 끝이 없습니다'라는 뜻의 '스미마센(済みません)'이다. 풀어서 말하자면 '나는 당신에게 온을 입었고 현대의 경제 제도 아래서 그 온을 보답할 길이 없습니다. 이런 입장에 놓이게 되어 유감스럽습니다'의 뜻이다. 스미마센은 영어로 '고맙습니다(Thank you)', '감사합니다(I'm grateful)', '미안합니다(I'm sorry)', '죄송합니다(I apologize)'로 번역된다. 예를 들어 거리를 걷다가 바람이 불어와 날아가 버린 모자를 누군가가 쫓아가서 주워준 경우에 일본인이 가장 많이 쓰는 감사 인사가 이 말이다. 그 사람이 모자를 돌려줄 때 정중한 태도를 보이려면 그런 호의를 받으면서 마음속으로 느끼는 곤란함을 인정해야 한다. 말하자면 이런 마음이 담긴 셈이다. '이 사람이 지금 내게 온을 베풀고 있는데 생판 모르는 사람이라 나로선 먼저 베풀 기회가 없었다. 그래서 죄스러운 마음이 들지만 사죄를 하면 마음이 편해진다. 아마도 일본에서는 스미마센이 감사하다는 의미로 가장 많이 쓰는 표현일 테니 그런 말로 내가 이 사람에게 온을 받았으며 그 온이 모자를 돌려받는 것으로 끝나지 않는다고 여기고 있음을 전해주자. 나로서는 그 외에는 달리 어떻게 할 도리가 없다. 우리는 서로 모르는 사이이니까.'

감사의 또 다른 표현인 '가타지케나이(かたじけない)'에는 이런 채

무를 대하는 일본인의 관점이 훨씬 더 강하게 담겨 있다. 이 표현에는 '모욕', '면목 없음'의 뉘앙스가 담겨 있는데 '모욕을 당했다'는 의미와 '감사한다'는 의미를 모두 내포하고 있는 것이다. 일본어 사전을 보면, 이 말은 그럴 만한 가치가 없는 자신이 너무 과분한 은혜를 받아 창피하고 모욕스러워할 때 쓰는 표현으로 풀이되어 있다. 따라서 온을 받음으로써 느끼는 치욕감을 솔직히 인정하는 말이다. 그런데 앞으로 차차 살펴볼 테지만 치욕, 즉 '하지恥'는 일본인이 괴롭게 받아들이는 감정이다. '가타지케나이', 즉 '모욕을 당했다'는 말은 보수적인 가게 주인들이 여전히 손님에게 하는 감사 인사로 쓰고 있으며 손님들이 외상을 부탁할 때도 쓴다.

메이지 시대 이전의 연애 소설에서도 이 표현이 자주 등장한다. 궁중에서 하녀로 일하던 하층 계급의 아리따운 아가씨가 영주에게 첩으로 간택 받을 때 영주에게 '가타지케나이'라고 말하는 식이다. '황공하게도 이런 온을 입게 되어 부끄럽사옵니다. 영주님의 자비로우심에 몸 둘 바를 모르겠나이다'란 의미다. 아니면 결투를 벌인 사무라이가 당국으로부터 벌을 면하고 풀려날 때도 다음의 의미에서 '가타지케나이'라고 말한다. '이런 온을 받게 되어 면목이 없습니다. 체통에 맞지 않게 이렇게 비천한 모습을 보여 죄송합니다. 겸허한 마음으로 감사드립니다.'

이런 표현들은 다른 그 어떤 일반화보다도 '온의 영향력'을 잘 보여준다. 일본인은 끊임없이 상반된 감정을 품으면서 온을 입는다. 공인된 체계 관계에서는, 온에 내포된 큰 채무감이 대체로 전력을 다해 보답하도록 분발시키는 자극제가 된다. 하지만 채무자가 되는 것은 괴로운 일이라 쉽게 분개심을 일으킨다.

일본의 저명한 소설가 나쓰메 소세키의 소설 《도련님(坊ちゃん)》에는 이런 분개심을 얼마나 잘 느끼는지 생생히 묘사되어 있다. 주인공인 도련님은 도쿄 출신 청년으로 지방의 어느 작은 읍에서 처음으로 교편을 잡게 되었다. 그런데 부임 후 얼마 지나지도 않아 동료 교사들 대부분에게 경멸을 느끼게 되어 이들과 잘 어울리지 못하게 된다. 하지만 그런 와중에 한 젊은 교사에게 마음이 끌리고 어느 날 자신이 고슴도치라고 별명을 붙인 새로 사귄 친구와 함께 밖에 나갔다가 그가 이 도련님에게 빙수 한 그릇을 대접하게 된다. 빙수의 값은 1전 5리로, 1센트의 5분의 1 정도밖에 되지 않는 액수다.

그 후 얼마 지나지 않아 또 다른 교사가 도련님에게 고슴도치가 도련님을 깔보는 말을 했다고 알려준다. 도련님은 이 말썽꾼의 말을 곧이곧대로 믿고는 이내 고슴도치에게 받았던 온을 마음에 걸려한다.

아무리 빙수같이 시시한 것이라도 그런 녀석에게 온을 입다니 체면이 깎이고 말았군. 1전이든 5리이든 이런 온을 입는다면 마음 편히 죽지도 못할 텐데 말이야. (중략) 내가 사양하지도 않고 온을 받아들인 건 그자를 괜찮은 친구로 인정해 주는 선의였어. 내 빙수값은 내가 내겠다고 우기지 않고 그 온을 받으며 감사함을 표현했다고. 그것은 돈으로는 살 수 없는 값진 인정이었어. 나는 직함도 없고 공식적 지위도 없지만 독립적인 인간이야. 독립적인 인간이 남의 온을 인정했다는 건 100만 엔을 되돌려

준 거나 마찬가지야. 나는 고슴도치에게 1전 5리를 쓰게 하고 100만 엔

보다 더 값진 답례를 치른 셈이었다고.

다음 날 도련님은 고슴도치의 책상으로 1전 5리를 내던진다. 빙

수 한 그릇으로 입은 온을 그렇게라도 털어내야만 두 사람 사이의

당면 문제, 그러니까 고슴도치가 자신을 안 좋게 말한 문제를 따질

수 있기 때문이다. 주먹다짐을 벌이게 되더라도 더 이상 친구 사이

의 온으로 여겨질 수 없는 그 온부터 씻어내야 했다.

미국의 경우엔 이런 사소한 일로 이 정도로 예민해지거나 쉽게

상처받는 사례는 청소년 폭력 범죄기록이나 신경증 환자의 사례 연

구에서나 볼 수 있다. 하지만 일본인에겐 이것이 미덕이다. 일본인

중에 이렇게까지 극단적으로 행동하는 사람이 많지는 않겠지만 대

부분 입장이 애매해진다고 생각한다. 일본의 비평가들은 도련님을

'다혈질적이고 수정처럼 순수한 정의의 사도'라고 평한다. 작가 자

신도 도련님과 자신을 동일시했고 비평가들도 하나같이 도련님의

성격이 작가 자신의 자화상으로 인정한다.

이 소설이 높은 덕을 보여주는 이야기로 여겨지는 이유는, 온을

받은 사람이 자신의 감사 표시가 '100만 엔'의 값어치가 있다고 여

기면서 스스로 판단하고 행동해 채무에서 벗어났기 때문이다. 도

련님은 온을 '괜찮은 친구'에게서만 받을 수 있다. 도련님은 화를

내던 중 고슴도치에 대한 온을 오래전 늙은 유모로부터 받은 온과

비교한다. 유모는 맹목적으로 도련님을 편애하면서 그의 가족들이

그의 진가를 잘 몰라준다고 여겼다. 그러면서 사탕이나 색연필 같

은 자잘한 선물들을 몰래 가져다주며 예뻐해 주었고 한번은 3엔을 준 적도 있었다. "유모가 보여준 한결같은 관심은 내 뼛속까지 전율이 일 정도였다." 그는 그 3엔을 받으며 '모욕을 입었음에도' 그것을 빚으로 받아들이면서 여태껏 그 돈을 갚지 않았다. 하지만 그 감정이 고슴도치에 대한 온의 감정과 달랐던 이유는 '그녀를 나 자신의 분신처럼 여기고 있기' 때문이었다.

바로 이 대목에서 일본인의 온에 대한 태도를 엿볼 만한 단서가 담겨 있다. 즉, 일본인은 아무리 복잡한 감정이 들더라도 '온을 준 사람'이 자기 자신과 다름없다면 기꺼이 온을 입을 수 있다. 가령 그 사람이 '나의' 계층적 위계질서 속에 일정한 위치에 있거나, 바람에 날린 모자를 주워주는 일처럼 나 자신도 그렇게 해 주리라고 상상될 만한 행동을 해 주거나, 나를 높이 평가해 주는 경우라면 온을 입어도 괜찮은 것이다. 이런 동일화가 깨지면 온은 괴로운 상처가 된다. 이럴 땐 그것이 아무리 사소한 빚이라도 분개하는 것이 미덕이 된다.

일본인이라면 누구나 아는 사실이지만 어떤 상황에서든 너무 무거운 온을 지우면 곤란해진다. 최근의 잡지에 실린 '상담란'에 그 좋은 예가 있다. 〈도쿄 정신분석지〉란 잡지의 일종의 '실연자들을 위한 조언 코너'에 실린 글인데, 그 조언이 프로이트주의적인 면과는 거리가 멀고 철저히 일본답다. 어떤 노인이 다음과 같은 글을 쓰고 조언을 구했다.

저는 아들 셋, 딸 하나를 둔 아버지입니다. 아내는 16년 전에 저세상으로 떠났습니다. 아이들에게 미안해서 재혼은 하지 않았고 아이들은 그 점을 저의 미덕으로 여겨 주었습니다. 이제는 어느덧 아이들이 모두 결혼을 했습니다. 8년 전에 아들이 결혼했을 때 거리가 좀 떨어진 집으로 이사를 했습니다. 말을 꺼내기도 민망하지만 저는 3년 전부터 어떤 밤거리 아가씨[술집에 고용된 윤락여성]와 관계를 가져왔습니다. 그러다 그녀의 살아온 처지를 듣고 안쓰러운 마음이 들었습니다. 그래서 그리 큰 액수가 아닌 돈을 들여 그녀의 몸값을 갚아주고 제집으로 데려와 예의범절을 가르치고 가정부로 있게 했습니다. 그녀는 책임감이 강하고 대견스러울 정도로 알뜰한 사람입니다. 하지만 아들, 며느리, 딸, 사위들이 그 일로 저를 멸시하며 남처럼 대하고 있습니다. 그렇다고 아이들을 탓하지는 않습니다. 다 제 잘못이니까요.

이 아가씨의 부모님은 이런 상황을 잘 이해하지 못했고 딸이 결혼할 나이이니 돌려보내 주었으면 좋겠다는 편지를 보내왔습니다. 저는 부모님을 뵈러 가서 자초지종을 설명했습니다. 그분들은 살림이 아주 궁핍하지만 딸을 미끼로 돈을 뜯으려는 그런 사람들은 아닙니다. 딸을 죽은 셈 칠테니 계속 데리고 있어도 좋다고 허락해 주셨습니다. 이 아가씨는 제가 죽는 날까지 제 옆에 계속 있고 싶어 합니다. 그래도 저희 둘의 나이 차이가 아버지와 딸뻘이라서 가끔은 그녀를 집으로 돌려보내야 하는 게 아닌가 싶습니다. 제 아이들은 그녀가 제 재산을 탐낸다고 생각하고 있고요. 저에겐 지병이 있어서 앞으로 일이 년 정도밖에 못 살 것 같습니다. 제가 어떻게 하면 좋을지 알려주시면 감사하겠습니다. 마지막으로 덧붙이자면 이 아가씨가 한때 '밤거리 여자'이긴 했지만 다 그럴 사정이 있어서였습니다. 성격이 좋고 부모님도 돈을 뜯어내려는 그런 사람들이 아닙니다.

일본인 의사는 이 상황을 노인이 자식들에게 너무 무거운 온을 지운 사례로 확신하며 다음과 같이 조언했다.

보내주신 사연은 일상적으로 일어나는 흔한 일입니다. (중략) 조언을 드리기 전에 한 말씀 드리자면 편지의 내용으로 미루어보건대 선생님은 제게서 선생님이 원하는 답을 듣고 싶어 하시는 것 같아서 약간 반감이 느껴집니다. 물론 오랜 세월 재혼하지 않고 사셨던 점은 높이 인정할 만하나 선생님은 그것을 내세워 자식들에게 온을 입힌 것도 모자라 현재의 행동을 정당화하고 계십니다. 저로선 그것이 바람직하지 않다고 여겨집니다. 제 말은 선생님이 교활하다는 얘기가 아니라 의지가 아주 약한 분이라는 얘깁니다. 정 여자 없이 안 되겠다면 자식들에게 여자를 얻어 살아야겠다고 차근차근 설명해 주었더라면 더 좋았을 텐데요. -그동안 결혼하지 않고 산 것으로- 자식들에게 온을 베푸는 척하지 말아야 했습니다. 자식들이 반발하는 건 당연합니다. 선생님이 그 온을 지나치게 강조했으니 그럴 만도 합니다. 어쨌든 인간에게 성욕이란 나이가 들어도 사라지는 것이 아니니 성욕이 생기는 건 어쩔 수 없는 일입니다. 하지만 인간은 그런 욕망을 극복하려고 애쓰기도 합니다.

선생님의 자식들이 선생님께서 그러길 바랐던 이유는, 선생님이 자신들의 마음속에 품어온 이상적인 아버지의 모습에 어울리게 사시길 기대했기 때문입니다. 그런 기대가 어긋났으니 자식들로선 배신감을 느꼈을 테고 저도 그 심정이 충분히 이해되지만 또 한편으로 그것은 자식들 입장에서의 이기적인 생각입니다. 자기들은 결혼을 해서 성적 만족을 채우면서 아버지는 그러면 안 된다고 생각하는 격이니까요. 선생님도 이렇게 생각하실 테지만 자식들은 생각이 다릅니다. 한마디로 서로의 생각이 달라 접점을 찾지 못하고 있다는 얘깁니다.

그 아가씨와 아가씨의 부모가 좋은 사람들이라고 하셨는데 그건 선생님이 그렇게 생각하고 싶어서 그렇게 생각하고 계신 것뿐입니다. 누구나 알다시피 인간의 선악은 상황에 따라 달라지기 마련이니 현재 이득을 탐하지 않는다고 해서 꼭 '좋은 사람들'이라고 단정할 수는 없습니다. 저는 그 부모가 바보가 아니고서야 딸이 죽을 날이 얼마 안 남은 남자의 첩으로 살도록 그대로 내버려둘 수는 없다고 봅니다. 앞으로 딸을 첩으로 들인 것을 빌미로 어떤 이익을 바랄 게 틀림없습니다. 그럴 리 없다고 생각하신다면 그건 선생님의 망상입니다.

자식들이 아가씨의 부모가 재산을 노리고 있을까 봐 염려하는 것도 무리는 아니라고 생각합니다. 제 생각에도 그 부모가 재산을 노리는 것 같으니까요. 아가씨는 어려서 그런 생각을 하지 않을 수도 있지만 아가씨의 부모는 그런 계산을 하고 있을 겁니다.

선생님께서 취할 만한 방법은 두 가지가 있습니다.

1) '완전한 인간'(아주 원만한 성품으로 그 어떤 일도 해낼 수 있는 사람)으로서 아가씨와 인연을 끊고 깨끗이 정리하세요. 하지만 선생님은 그러실 수 없을 것 같습니다. 인정상 내칠 수 없을 테니까요.

2) (허식을 벗어버리고) '평범한 사람으로 돌아오세요'. 선생님을 이상적 인간으로 생각하는 자식들의 환상을 깨뜨려주세요.

재산 문제에 관해서는 당장 유언장을 작성해서 그 아가씨의 몫과 자식들의 몫을 정해 놓으세요. 결론을 말씀드리자면 선생님은 연로하시고 필적으로도 짐작되듯 점점 어린아이가 되어가고 있다는 점을 기억하세요. 선생님의 생각은 이성적이기보다 감정적이십니다. 선생님은 그 아가씨를 시궁창에서 건져주고 싶어 하는 것처럼 글을 쓰긴 하셨지만, 사실은 어머니를 대신해 줄 사람으로 옆에 두고 싶은 겁니다. 어린아이는 어머니가 없이 살아갈 수가 없다고 생각합니다. 따라서 저는 두 번째 방법을 따르시길 권합니다.

이 글에서 온과 관련해 알려주는 요지는 다음과 같다. 우선 상대가 자식이더라도 과도하게 무거운 온을 입히려 하다간, 중간에 행동을 바꾸려 할 때 자신에게도 위험이 따를 소지가 있다. 훗날 고통을 당할 각오를 해야 한다. 게다가 자식들에게 온을 베푸느라 자신이 어떤 대가를 치렀든 그 온을 자신에게 유리하게 이용해선 안 된다. 온을 이용해 '현재의 행동을 정당화하는 것'은 옳지 않다. 자식들로선 아버지가 계속 지키지도 못할 일을 벌여놓았다가 중간에 '배신'했으니 분개하는 것도 '당연하다'. 자식들이 보살핌을 필요로 할 때 온전히 헌신했다는 이유만으로 이제는 장성한 자녀가 아버지의 행복을 몹시 바랄 것이라 생각한다면 어리석은 일이다. 자식들은 오히려 자신들이 온을 입었다는 사실만을 의식하므로 '당신에게 반발하는 것은 당연'하다.

미국인은 이런 상황을 이런 식으로 판단하지 않는다. 엄마 잃은 자식들에게 헌신해 온 아버지라면 만년에 마음 훈훈한 연애 감정도 좀 가져볼 만하다고 여긴다. 자식들이 '당연히 아버지에게 반발할' 일이 아니다. 하지만 일본인의 관점에서 평가해 보려면 이 문제를 금전적 거래의 차원에서 생각해볼 만하다. 금전이 얽힌 관계라면 우리에게도 그에 필적하는 태도들이 있으니 말이다. 가령 정식으로 계약을 맺고 자녀에게 돈을 빌려주고 나서 이자까지 꼬박꼬박 받는 아버지가 있다면 우리는 그런 아버지에게 자녀들이 '반발하는 것도 당연한' 일이라고 말할 것이다.

이런 관점에서 보면 담배 한 개비를 받은 사람이 왜 그 자리에서 바로 고맙다고 말하는 게 아니라 '수치'를 들먹이는지 이해할 수 있다. 자신에게 온을 더 입힌 사람에게 일본인이 분개하는 것도 이해할 수 있다. 또 도련님이 빙수 한 그릇의 빚에 대하여 그렇게 거창하게 말하는지도 단서를 얻을 수 있다.

다만 미국인은 뜻밖의 음료수 대접이나, 엄마 잃은 자식들에 대한 아버지의 오랜 헌신이나, 하치 같은 충실한 개의 헌신 등을 금전적 거래와 같은 척도로 판단하는 데 익숙하지 않다. 하지만 일본인은 그렇게 한다. 미국에서는 사랑, 친절, 관대함이 조건 없이 베풀어질수록 그만큼 더 높이 평가받지만, 일본에서는 반드시 부대조건이 따르기 마련이다. 또한 그런 행동 하나하나가 모두 누군가를 채무자로 만든다. 일본에서 흔히 하는 말처럼 '온을 받으려면 - 불가능할 정도로- 관대한 마음을 타고나야' 한다.

6장 / 만분의 일의 은혜 갚기

온이란 부채이기 때문에 갚아야 한다. 그런데 일본에서는 온을 갚는 문제를 일반적인 금융 변제와는 완전히 다른 범주로 생각한다. 우리 미국에서는 이런 두 범주가 윤리적 면으로나 'obligation(의무, 책임)'과 'duty(의무, 임무)' 같은 중립적 단어 상으로나 혼용되는데, 일본인은 이렇게 범주가 구분되지 않는 우리의 윤리를 이상하게 여긴다. 우리가 금전 거래에서 언어상 '채무자'와 '채권자'를 구분하지 않는 어떤 부족의 거래를 보면서 이상해하는 것과 똑같다. 일본인에게 온이란 가장 중요하고도 어딜 가나 따라다니는 채무다. 긴장하면서 적극적으로 변제해야 하는 다른 온갖 개념의 채무와는 전혀 다르다. 이때 채무(온)는 미덕이 아니며 온의 변제가 미덕이다. 미덕은 보은의 의무에 적극적으로 헌신할 때 비로소 시작된다.

미국인이 일본의 이런 미덕 관념을 더 잘 이해하기 위해서는 그 관념이 우리의 금전 거래와 유사하다는 점을 염두에 둬야 한다. 이 미덕의 이면에는 미국에서의 재산 거래와 마찬가지로 채무 불이행을 막는 구속력이 뒷받침되어 있다. 미국에서는 계약서대로 계약을 이행할 의무가 있다고 생각한다. 누군가가 자신의 소유가 아닌 것을 탈취하면 정상 참작의 여지도 없다. 은행에서 빌린 돈을 갚을

지 말지를 기분에 따라 결정한다는 것은 있을 수 없는 일이다. 그리고 채무자는 빌린 원금만이 아니라 원금에 붙는 이자까지 책임지고 지불해야 한다. 한편 애국심과 가족애에 대해서는 이런 문제들과는 별개로 여긴다.

우리에게 사랑은 마음의 문제이며 조건 없이 주는 사랑을 가장 이상적으로 여긴다. 조국의 이익을 다른 무엇보다 우선시한다는 의미에서의 애국심은 다소 우스꽝스럽게 여기며, 잘못을 저지르기 쉬운 인간의 본성과 도저히 양립 불가한 것이다. 아무튼 적어도 미국이 적의 군대에게 공격당하기 전까지는 그렇게 여긴다. 우리에게는 일본과 같이 남녀를 불문하고 모든 사람이 태어남과 동시에 자동으로 큰 채무를 지게 된다는 식의 기본적 가정이 없다. 하지만 그런 가정이 없어도 사람이라면 형편이 어려운 부모를 불쌍히 여겨 도와줘야 하고, 아내를 때려서는 안 되고, 자식들을 부양해야 한다고 생각한다. 다만 이런 일들은 금전적 부채처럼 양적으로 계산되지 않으며 사업에서의 성공처럼 보상받지도 않는다.

하지만 일본에서는 이런 일들이 미국에서 금전적 변제력을 갖추는 것처럼 다루어지며, 그 구속력은 미국에서 공과금과 대출 이자 납부의 구속력만큼이나 강력하다. 또 이런 일들은 적국의 선전포고나 부모의 중병 진단 같은 위급 상황이 닥쳤을 때나 신경 써야 하는 그런 문제들이 아니다. 뉴욕주 영세 농부의 담보대출 걱정이나 주식 공매 후 주가가 상승하는 것을 지켜보는 월스트리트 투자가의 심정처럼 어떤 사람을 끊임없이 따라다니는 그림자와도 같다.

일본인은 온에 대한 보답을 두 범주로 나누어 각각의 범주마다 다른 규칙을 두고 있다. 수량에서나 기한에서나 무제한적인 보답과, 받은 양만큼만 갚고 기한에서도 제한이 있는 보답이다. 이중 무제한적인 보답을 기무義務라고 부르며 이런 기무에 대해서는 '이 온은 만분의 일도 갚지 못한다'고 얘기한다. 기무는 부모에게 받은 온의 보답인 '고孝'와, 일왕에게 받은 온의 보답인 '주忠'의 두 가지 의무로 나뉜다. 기무의 두 의무 모두 강제적이며 누구에게나 피할 수 없는 숙명이다. 일본의 초등 교육을 '기무 교육'이라고 일컫는 이유도, 다른 명칭으로는 '필수' 교육 내용이라는 의미가 그렇게 적절히 전달되지 않기 때문이다. 살아가면서 우발적 사건이 생겨 기무에 대한 세부적 사항이 변경될 수는 있지만, 기무는 누구에게나 자동으로 지워지는 의무이며 어떠한 우발적 상황이 일어나도 지켜져야 한다.

일본인의 의무와 보답 일람표

Ⅰ. **온** : 수동적으로 입는 의무. '온을 받는다'거나 '온을 입는다'고 말한다. 즉 온은 수동적으로 받는 사람의 관점에서 볼 때의 의무에 해당된다.

- 고온(皇恩) : 일왕에게 받은 온
- 오야노온(親の恩) : 부모에게 받은 온
- 누시노온(主の恩) : 주군에게 받은 온
- 시노온(師の恩) : 스승에게 받은 온
- 살아가면서 접하는 모든 사람에게 받은 온

    * 주의 : 이때 어떤 사람에게 온을 준 이들은 모두가 이 사람의 '온진(恩人)'이 된다.

146

II. 온에 상응하는 의무 : 이렇게 온을 받은 사람은 온진에게 다음의 빚을 '갚거나' '다음의 의무를 갚는다.' 다음은 적극적으로 갚는 관점에서 볼 때의 의무를 가리킨다.

A. 기무(義務) : 아무리 갚아도 결코 모두 다 갚을 수 없으며 시간적으로도 제한이 없는 의무로서 다음의 세 가지가 있다.

- 주(忠): 일왕, 법, 일본에 대한 의무
- 고(孝) : 부모와 조상에 대한 의무(함축적으로는 자손에 대한 의무까지 아우름)
- 닌무(任務) : 자신이 맡은 일에 대한 의무

B. 기리(義理) : 자신이 받은 은혜의 양만큼만 갚으면 되며 시간적으로도 제한이 있다.

1. 세상에 대한 기리
- 주군에 대한 의무
- 친족에 대한 의무
- 타인에 대한 의무. 그 사람에게 돈이나 호의를 받거나 -협조를 통해- 일에 도움을 받는 등으로 온을 받은 것에 대한 의무.
- 먼 친척(숙부, 숙모, 조카)에 대한 의무, 이 사람들이 아니라 공통 선조들로부터 받은 온에서 기인된 의무임.

2. 자신의 이름에 대한 기리 : 독일에서 말하는 'die Eher(명예)'의 일본판.
- 모욕이나 비난을 받았을 때 그 오명을 '씻을' 의무. 즉, 원한 갚기나 복수의 의무. (주의 : 이런 식의 복수는 공격으로 여겨지지 않는다)
- (직업상의) 실패나 무지를 인정하지 않을 의무
- 일본인으로서의 예의를 다할 의무. 예를 들어 모든 예의범절을 지키고, 자신의 분수를 넘지 않는 생활을 하며, 부적절하게 감정을 드러내지 않기 등

충과 효라는 두 가지 기무는 모두 무조건적이다. 일본은 이런 미덕을 이처럼 절대화함으로써 중국의 국가에 대한 의무나 효도 의무의 개념과는 분리되었다. 일본은 7세기 이후로 중국의 윤리체계를 지속적으로 채택해왔고 주와 고도 원래 중국어였다. 하지만 중국인은 이런 덕목을 무조건적으로 삼지 않았다. 중국은 충성과 효도의 조건으로서 그 상위에 오는 또 다른 덕목을 세워놓고 있다. 바로 '런仁'이라는 덕목으로 대개 'benevolence(자비심)'으로 번역되지만 서양인들이 말하는 일체의 바람직한 인간관계를 모두 아우르는 의미다. 예를 들어 부모에게는 런이 있어야 한다. 지배자가 이 런을 갖추지 못하면 백성이 그에게 반란을 일으키는 것도 정당한 일이 된다. 런은 충성의 근본 조건이다. 황제의 재임 기간과 관료들의 임기 모두 런을 얼마나 잘 행하느냐에 따라 좌우되었다. 중국인의 윤리는 모든 인간관계에서 런을 시금석으로 삼는다.

일본에서는 중국의 이런 윤리체계가 전혀 받아들여지지 않았다. 유명한 일본인 학자 아사카와 간이치는 중세 시대의 중국과 일본의 차이에 대해 다음과 같이 밝힌 바 있다. "일본에서는 이런 개념이 천황제와는 도저히 양립 불가였고 그에 따라 순전히 학술적 차원으로도 받아들여진 적이 없었다."38) 오히려 일본에서는 런이 무법적 영역의 덕목으로 전락해 중국의 윤리체계에서 차지하고 있던 그 높은 지위에서 완전히 강등당했다. 일본에서는 런이 −표기는 중국과 똑같은 '仁'을 쓰지만− '진'으로 발음된다. '진의 실행'이나 그 변형

---

38) Kanichi Asakawa, *Documents of Iriki*, 1929, p. 380, n. 19.

인 '진기仁義의 실행'은 일본의 상류 계급에서조차 필요한 덕목으로 요구된 적이 없었다. 일본인의 윤리체계에서 아주 철저히 추방되어 법적 의무가 없는 행위를 가리키는 의미가 되어버렸다. 이를테면 공공 자선기금에 기부하거나 범죄자에게 자비를 베푸는 갸륵한 행동은 진의 실행이 될 수 있었으나, 이런 행동은 어디까지나 적선의 차원일 뿐이다. 다시 말해 의무사항이 아니었다.

 '진기의 실행'이 '법의 테두리 바깥'이라는 또 다른 함축성도 띠게 되면서 무법자들 사이의 덕목을 지칭하는 말로도 쓰이고 있다. 도쿠가와 시대에는 ─두 자루의 칼을 차고 허세를 부리던 사무라이와는 달리 한 자루의 칼만 차고 다니며─ 불법 침입과 살인을 일삼던 무법자들 사이에서 '진기를 실행했다'. 예를 들어 어떤 무법자가 다른 패거리의 무법자에게 숨겨달라고 부탁할 경우 부탁받는 사람이 그자의 패거리로부터 훗날 복수당하지 않기 위해 도피처를 제공해주면, 그것이 바로 진기의 실행이었다. 현대로 들어서면서 '진기의 실행'은 훨씬 더 격이 저하되어 처벌을 받아야 할 만한 행동을 얘기할 때 자주 거론된다. 일본의 신문에 실린 다음의 기사가 그 좋은 예다. "일반 노동자들이 여전히 진기를 행하고 있어 처벌이 불가피한 실정이다. 경찰은 일본 곳곳에서 판치고 있는 진기 행위를 중단시켜야 한다." 물론 여기에서 말하는 진기란 갈취와 협박을 일삼는 세계에서 성행하는 '깡패들 사이의 의리'를 의미하는 말이다. 특히 현대 일본에서는 영세 직업 소개업자가 미숙련 노동자들과 불법적 계약을 맺어 도급업체에 취업시켜주면서 그 이익으로 배를 불리는 것을 두고 '진기를 행한'다고 얘기한다. 이는 19세기 말에서 20세기

초 사이에 미국 항구에서 이탈리아 이민 노동자의 왕초가 그랬던 것과 같다. 중국의 런 개념이 맨 밑바닥까지 강등된 셈이다.[39]

　이처럼 일본인은 중국의 윤리체계에서 중요한 덕목인 런을 완전히 다르게 재해석해 강등시켜버렸다. 게다가 기무를 조건적으로 만들 만한 런 외의 다른 덕목을 따로 두지 않음으로써 결국 일본에서의 효도는 무조건적인 의무가 되었다. 그것이 심지어 부모의 악덕과 부당함을 용서하는 결과가 되는 셈이라고 해도 반드시 효도를 실천해야 했다. 효도의 의무는 일왕에 대한 의무와 충돌하는 경우에만 파기될 수 있었을 뿐 아무리 부모가 부모 같지도 않은 인간이거나 자식의 행복을 해치는 경우라 해도 그 의무를 저버릴 수 없었다.

　한 일본의 현대 영화에서 어머니가 아들의 돈을 우연히 발견해 몰래 가져가면서 벌어지는 일을 다뤘다. 이 돈은 시골학교 교장으로 있는 아들이 마을에 기근이 들자 사창가로 팔릴 처지가 된 어떤 여학생을 구해주기 위해 마을 사람들에게서 모금한 돈이었다. 이 어머니는 가난하지도 않았고 번듯한 식당을 운영하며 어렵지 않게 살고 있다. 아들은 어머니가 돈을 훔친 것을 알면서도 자신이 그 책임을 뒤집어쓴다. 이 사실을 알게 된 교장의 부인은 돈을 잃어버린 책임을 모두 자신이 떠안고 가겠다는 유서를 남기고 뱃속의 아

---

39) 일본인이 '진을 안다'는 표현을 쓸 때는 중국어 용법에 다소 가까운 의미가 된다. 불교 신자들이 사람들에게 '진을 알라'고 권할 때는 인정과 자비심을 가져야 한다는 뜻이다. 하지만 일본어 사전에서는 '진을 안다는 것은 행위를 가리키기보다 이상적인 인간을 얘기할 때 쓰는 말'이라고 되어 있다.

기와 함께 물에 빠져 자살한다. 그 뒤로 사람들에게 사건의 전모가 알려지지만, 이 비극에서 어머니의 처신은 누구도 문제 삼지 않는다. 효도를 다한 아들은 이후 비슷한 시련이 닥쳐도 이겨낼 만큼 강인한 덕을 기르기 위해 홀로 홋카이도로 떠난다. 영화 속에서 이 아들은 덕이 높은 주인공으로 그려진다.

하지만 내 판단으론 모든 비극을 책임져야 할 사람은 돈을 훔친 어머니였다. 명백히 미국적인 나의 견해에 내 일본인 동료는 격렬히 반박했다. 그의 요지는 이랬다. "효도는 때때로 다른 미덕과 충돌하게 된다. 만일 영화 속 주인공이 더 현명했다면 자존심을 잃을 일 없이 서로 충돌하는 덕목들을 조화시킬 방법을 찾아냈을 것이다. 하지만 마음속으로라도 어머니를 비난했다면 자존심을 지킬 가능성은 아예 없었을 것이다."

소설이나 실생활에서 젊은 남성이 결혼 후에 효도의 무거운 의무를 지는 사례는 한둘이 아니다. '모단'('modern'을 일본인의 발음대로 표기한 것)한 사람들을 제외하면 점잖은 가문에서는 대개 중매를 통해 부모가 아들의 부인을 정해주는 것이 당연시된다. 좋은 신붓감의 선택 문제를 아들이 아니라 가족이 주도하는데 이는 결혼에 금전 거래가 따르기도 하고 그녀가 낳은 아들을 통해 그 집안의 대를 이어야 하기 때문이기도 하다. 중매인은 전통적으로 우연인 것처럼 꾸며 양가 부모가 지켜보는 앞에서 두 당사자가 만나도록 주선하지만 이때 정작 두 사람은 이야기도 나누지 않는다. 때때로 부모가 아들에게 정략결혼을 시키기도 하는데 이럴 경우 여자 쪽 아버지는 금전적 이득을 취하고 남자 쪽 부모는 명문가와 사돈을 맺는 이득을 취한다. 그런가 하면 부모가 여자의 인품을 보고 마음에 들어서 며느리로 삼기도 한다. 착한 아들이 되어 부모의 온을 갚으려면 이런 결혼 결정에 토를 달아서는 안 된다. 결혼 후에도 보은의 의무를 이어가야 하는데 특히 아들이 가문의 상속자라면 부모를 모시고 살게 된다. 그런데 속담거리의 소재가 될 정도로 시어머니가 며느리를 탐탁지 않아 하기 일쑤이다. 시어머니는 사사건건 트집을 잡고 심지어 아들이 계속 아내와 사는 것이 가장 큰 소원일 정도로 금실 좋게 지내면 며느리를 내쫓고 결혼을 깨기도 한다. 일본의 소설이나 일화들은 이럴 때 아내 못지않게 남편도 고통스러워하는 점을 강조하는 경향이 있다. 물론 남편이 이혼 결정에 복종하는 것이 효의 실천임을 강조하려는 것이다.

지금은 미국에 살고 있는 어느 '모단' 일본인 여성도 도쿄에 살던 시절에 임신한 젊은 부인을 자기 집에 들어와 살게 해주었다고 한다. 그녀는 시어머니의 강요에 못 이겨 슬퍼하는 남편을 뒤로하고 집을 떠나야 했다. 그녀는 슬픔에 겨워 몸도 마음도 무너져 있었지만 남편을 탓하지 않았다고 한다. 그러다 점차 몸과 마음을 추스르고 뱃속 아기에게 신경을 쓰면서 곧 출산을 앞두고 있었다. 그런데 아기를 낳았을 때 시어머니는 순종적인 아들을 데리고 와서 아기를 내놓으라고 했다. 당연히 남편 가족의 핏줄이니 데려가겠다는 것이었다. 그렇게 데려가 놓고는 바로 위탁가정에 보내버렸단다.

이 모두가 효도와 관련된 온의 사례로 자식으로서 마땅히 부모에게 진 빚을 갚는 보은으로 간주한다. 미국에서는 이런 일들이 개인의 정당한 행복 추구를 방해하는 외부의 간섭이다. 하지만 일본에서는 부채 의식이란 대전제가 있기 때문에 이런 개입을 '외부의 간섭'이라 여기지 않는다. 일본에서 이것은 진정으로 덕이 있는 사람의 이야기다. 미국으로 따지자면 엄청난 고생 끝에 채무자들에게 진 빚을 성실히 갚은 정직한 사람의 이야기이다. 진정으로 덕이 높고, 스스로 자부심을 느낄 만하며, 도리를 지키기 위해 개인적 절망을 받아들임으로써 강인한 의지를 증명해 보인 사람으로 여기는 것이다. 하지만 아무리 덕이 높은 사람으로 평가받는다고 해도 그런 절망은 응어리를 남기기 마련이며 이와 관련해 다음과 같은 아시아의 속담을 주목할 만하다. 예를 들어 버마(현재의 미얀마)에서 싫어하는 것의 목록을 작성하면 '화재, 홍수, 강도, (식민지) 총독, 악인'이 회자되는데 일본에서는 '지진, 천둥, 노인네(가장, 아버지)'를 거론한다.

　일본의 효도는 중국처럼 그 대상이 수백 년 전까지 거슬러 올라가는 조상이나 그 조상의 방대한 후손까지 포함하지 않는다. 근래의 조상들만 섬긴다. 비석은 누구의 묘인지 알 수 있도록 해마다 다시 고쳐 써야 한다. 하지만 살아있는 사람 중 그 조상을 기억하는 사람이 없으면 묘는 돌보는 손길 없이 방치된다. 가족 사당에 위패가 모셔지지도 않는다. 이처럼 일본인은 기억 속에 남아 있는 조상이 아닌 조상에 대한 효도는 중요시하지 않고 가까운 조상에게만 정성을 쏟는다. 다수의 저서를 보면 일본인은 추상적 생각에는 흥미가 없고, 실재하지 않는 대상을 상상하는 것에는 관심이 없는 편이라고 평가되어 있는데, 중국과 대비되는 일본식 효도 역시 그런 사례에 해당된다. 실질적 측면에서 따질 때 일본식 효도관의 가장 큰 특징은 효도의 의무를 살아있는 사람들로 한정하고 있는 점이다.

중국이나 일본에서 효도는 단지 부모나 조상에 대한 존경과 복종 그 이상을 의미한다. 서양 사람들은 자식을 돌보는 모든 수고를 모성본능과 아버지로서의 책임감으로 여기는 데 반해 일본인은 조상에 대한 효심에서 비롯되는 것으로 생각한다. 일본은 이 점에 대해 태도가 아주 명확하다. 즉 사람은 자신이 받았던 보살핌을 자신의 자식에게 물려줌으로써 조상에게 진 빚을 갚는 것으로 본다. '자식에 대한 아버지의 의무'를 표현하는 말도 없다. 그런 의무는 부모와 부모의 부모에 대한 효도 안에 포함된다. 이런 효도의 의무에 따라 자식을 부양하고 아들과 어린 남자 형제들을 교육시키고 재산을 관리하고 곤궁에 처한 친척에게 거처를 마련해주는 것만이 아니라 이런저런 일상적 의무들을 행해야 한다. 일본에서는 제도적으로 가족의 범위가 크게 한정되어 있어서 그만큼 효도의 기무를 행할 대상도 크게 한정되어 있다. 아들이 사망하면 효의 의무에 따라 그 아들의 처자식을 부양하는 짐을 짊어진다. 때때로 미망인이 된 딸과 그 가족에게 거처를 마련해주는 것 또한 이런 의무에 든다. 하지만 미망인이 된 조카는 이런 기무의 대상에 포함되지 않는다. 그런 조카를 챙겨주더라도 그것은 전혀 다른 의무의 이행이다. 자신의 자식을 키우고 교육시키는 것은 기무지만 조카를 교육시킬 경우엔 법적인 아들로 정식 입양하는 것이 관례다. 조카로 그대로 놔두면 그것은 기무에 들지 않는다.

일본의 효도 의무에서는 궁핍한 비속卑屬에게까지 존중과 자애의 마음으로 지원을 베풀도록 요구하진 않는다. 얹혀사는 신세의 젊은 과부들은 말 그대로 차가운 밥을 먹는다는 의미로 '찬밥 친척'으로 불리며, 집안사람들이 시키는 대로 따라야 한다. 또 자신의 신상에 대해 어떤 결정이 내려지든 충실히 복종해야 한다. 그들은 그들의 아이들과 함께 불쌍한 친척이다. 따라서 이보다 나은 대접을 받는 특별한 경우에도 그것은 집안의 가장이 더 나은 대접을 해 줄 기무가 있어서가 아니다. 뿐만 아니라 형제들이 따뜻한 마음으로 서로에 대한 의무를 이행해야 할 기무도 없다. 따라서 남자 형제끼리는 서로를 지독하게 싫어해도 뭐라고 할 사람이 없기에 남동생에 대한 의무를 다하는 남자는 대체로 사람들의 찬사를 받는다.

가장 사이가 안 좋은 사람들은 시어머니와 며느리이다. 남으로 살다가 남편 집안으로 들어온 며느리는 시어머니의 살림 방식을 익혀서 그대로 따라야 한다. 많은 경우 시어머니는 젊은 며느리의 남편감으로 자기 아들이 과분하다는 식의 태도를 노골적으로 드러낸다. 안 그런 경우엔 며느리에 대한 엄청난 질투심이 은근히 드러나게 굴기도 한다. 하지만 '미움받는 며느리가 귀여운 손자들을 쑥쑥 낳아준다'는 일본 속담도 있듯 일본의 며느리와 시어머니 사이에도 언제나 효가 지켜진다.

젊은 며느리는 마냥 복종하는 모습을 보이지만 세대가 바뀌어 이렇게 온순하고 애교 있던 여인이 시어머니가 되면 자신의 시어머니만큼이나 까다롭게 굴며 비판적인 사람이 된다. 젊은 시절엔 반항심을 드러내선 안 되었기 때문에 온순했을 뿐이지, 진짜로 온순한 사람이 된 것은 아니었다. 그러다 만년에 접어들면 쌓이고 쌓였던 응어리를 자기 며느리에게 푼다. 오늘날의 일본 여성들은 차남과 결혼하는 편이 고압적인 시어머니와 살지 않아도 돼서 훨씬 좋다는 얘기를 대놓고 할 정도다.

'효를 다하는' 것이 반드시 집안의 화목함을 실현하는 것이라고는 할 수 없다. 어떤 문화에서는 자애가 가족 간의 도덕률에서 핵심을 이루지만 일본에서는 그렇지 않다. 한 일본인 저술가의 지적처럼 "일본인은 가족 자체를 아주 중히 여기는 나머지 가족 개개인이나 가족 간의 유대는 그리 존중하지 않는다."[40] 물론 모두 다 그런 건 아니지만 일반적인 상황이긴 하다. 효도의 강조점은 의무와 빚 갚기에 맞춰져 있고 연장자들 스스로 막중한 책임을 갖는다. 그리고 연장자의 책임 중에는 필요할 경우 아랫사람이 희생하도록 단속하는 것도 있다. 아랫사람이 여기에 분개하더라도 달라지는 건 별로 없다. 연장자들의 결정에 복종해야 한다. 안 그러면 기무를 다하지 못한 것이 되기 때문이다.

일본에서는 효도와 관련해 가족 간의 적개심이 뚜렷하게 드러난다. 하지만 효도와 마찬가지로 기무에 해당되는 또 하나의 막중한 의무인 일왕에 대한 충성에서는 그런 원망이 나타나지 않는다. 일본의 정치가들이 일왕을 신성한 수장으로 은둔시켜 소란스러운 일상과 동떨어진 존재로 만들려던 구상은 성공을 거두었다. 일본에

---

40) K. Nohara, The True Face of Japan, London, 1936, p. 45.

서는 일왕이 그런 존재여야만 전 국민을 통합시켜 국가에 단호히 봉사하도록 유도할 수 있었다. 일왕을 국민의 아버지로 만드는 것만으로는 충분치 않았다. 집안의 아버지는 그 자식들이 의무를 다해 섬긴다고는 해도 경우에 따라선 '전혀 존경받지 못할' 만한 인물일 수도 있었다.

일왕은 세속적으로 생각할 수 없는 신성한 아버지가 되어야 했다. 일본의 최고 덕목인 일왕에 대한 충성, 즉 '주'는 속세와의 접촉으로 더럽혀지지 않는 환상적인 선한 아버지에 대한 이미지로 도취되고 각인되어야 했다. 메이지 시대 초기 정치가들이 서양의 여러 나라를 탐방한 후 쓴 글에서 잘 나타나듯, 이들은 이 나라들의 역사가 하나같이 통치자와 백성의 투쟁을 거쳐 형성되었으며 그런 투쟁이 일본의 정신에는 걸맞지 않다는 견해를 가졌다. 그에 따라 귀국 후에 만든 헌법에 일왕은 '신성불가침의 존재'가 되어야 하며 장관들의 어떤 행동에 대해서도 책임을 지지 않는다는 조항을 써넣었다. 일왕을 국가를 책임지는 수장이 아니라 일본 국민 통합의 최고 상징으로 내세운 것이었다. 일왕은 700여 년 동안 실질적 통치자가 아니었으므로 앞으로도 쭉 무대 뒤편에서의 역할을 맡도록 하는 것은 쉬운 일이었다. 따라서 메이지 시대 정치가들은 모든 일본인이 마음속으로 일왕에게 무조건적인 최고 덕목인 주를 바치도록 유도하기만 하면 되었다. 봉건 시대의 일본에서 주는 세속적 수장인 쇼군에 대한 충성이었고 메이지 시대 정치가들은 이 오랜 역사를 교훈 삼아 일본의 정신적 통합이라는 자신들의 목표를 이루기 위해 새로운 통치에서 무엇을 해야 할지 배웠다.

수백 년 동안 쇼군은 대원수이자 행정 수반이었다. 따라서 쇼군에게 주를 바쳐야 했지만, 쇼군의 지배권에 맞서거나 그의 목숨을 노린 모의가 잦았다. 쇼군에 대한 충성이 봉건 영주에 대한 의무와 충돌하는 경우도 많았다. 더 높은 지위인 쇼군에 대한 충성이 낮은 지위인 영주에 대한 충성보다 구속력이 약했다. 영주에 대한 충성은 직접 대면하는 관계에 바탕을 두었던 만큼 쇼군에 대한 충성이 영주에 비해 열의가 차가울 만도 했다. 난세가 닥치면 가신들은 쇼군을 밀어내고 자신의 봉건 영주를 그 자리에 옹립하기 위해 싸우기도 했다.

메이지 유신의 선각자와 지도자들이 100여 년 동안 도쿠가와 막부와 맞서며 내세웠던 구호는 그림자처럼 뒷무대에 은거하던 일왕, 즉 모든 사람이 저마다 원하는 대로 그 모습을 이상화할 수 있었던 일왕에게 주가 바쳐져야 한다는 것이었다. 메이지 유신은 존왕파의 승리였고 1868년에 메이지 유신에 '복고'라는 명칭이 붙은 것에도 바로 그해에 주가 쇼군에게서 상징적인 일왕에게 옮겨짐으로써 정당성이 부여되었다. 이때도 일왕은 여전히 그림자처럼 은거했다. 각하들에게 권한을 부여한 채로 직접 정부나 군대를 지휘하거나 정책 방침을 지시하지 않았다. 예전처럼 –물론 이전 시대보다 더 나은 인물들로 선정되긴 했으나 어쨌든– 일종의 고문들이 계속 정무를 이끌어갔다. 오히려 진정한 격변은 정신적 영역에서 일어났다. 이제는 주가 모든 사람의 최고 사제이자 일본의 통합과 영속의 상징, 신성한 수장인 일왕에게 갚아야 할 의무가 된 것이었다.

주가 이처럼 일왕에게 옮겨지기 원활했던 배경에는 황실은 태양 여신의 후손이라는 전통적 신화의 도움도 있었다. 하지만 이런 신화적 신성神性 주장은 서양인들이 생각하는 것만큼 일본인들에게 중요시되진 않았다. 이런 신성 주장을 조금도 받아들이지 않았던 일본의 지식인들도 일왕에 대한 '주'를 의심하지 않았고, 일왕의 신성함을 믿는 일반 대중도 서양인들이 생각하는 것처럼 일왕을 신이라고 여기지 않았다. '신'을 지칭하는 일본어 '가미神'는 문자 그대로 해석하면 '머리', 즉 계층적 위계질서의 정점을 뜻한다. 일본인은 서양인과는 달리 인간과 신 사이에 큰 격차를 두지 않으며 누구든 죽으면 가미가 된다고 여긴다. 봉건 시대에 주가 바쳐졌던 계층적 위계질서의 수장들에겐 신성도 없었다. 주가 천황에게로 옮겨지는 데 신성보다 훨씬 더 중요한 역할을 했던 것은 일본의 전 역사에 걸쳐 단 하나의 황실이 황위를 계승해왔다는 사실이었다.

서양인들이 그런 승계 규칙이 영국이나 독일과 다르다고 지적하면서 이런 단일 왕조 계승은 허위라고 해봐야 소용없다. 일본에는 일본 나름의 승계 규칙이 있었고 그 규칙에 의거하면 일왕은 혈통이 한 번도 끊긴 적이 없는 만세일계萬世一系였다. 일본은 유사 이래 36개의 왕조가 교체된 중국과는 달랐다. 그동안 온갖 변화를 겪어오면서도 사회구조가 산산이 해체된 적이 없었다. 사회구조의 패턴은 변함없이 그대로였다. 메이지 유신 이전까지 백여 년 동안 반反도쿠가와 세력이 활용했던 수단은 일왕이 신의 후손이라는 주장이 아니라 바로 이런 맥락의 만세일계설이었다. 이들은 계층적 위계질서의 정점에 있는 자에게 바쳐야 할 주의 대상은 오로지 일왕뿐이라고 주장했다. 일왕을 국가의 최고 사제로 세우긴 했지만 그런 사제의 역할에 반드시 신성이 필요한 것은 아니었다. 오히려 만세일계설이 여신의 후손이라는 사실보다 더 중요했다.

근대 일본에서는 주를 개인적으로 만들어 그것을 천황에게만 돌리기 위해 온갖 노력이 펼쳐졌다. 메이지 유신 이후 첫 번째 일왕은 위엄과 관록을 갖춘 인물이어서 오랜 재임기 동안 어렵지 않게 신민臣民에게 국체國體의 상징으로 추앙받았다. 드물게 대중 앞에 모습을 보일 때는 온갖 숭배 장치가 갖추어졌다. 그 자리에 모여든 군중은 군말 없이 일왕 앞에서 머리를 숙였다. 감히 고개를 들어 똑바로 응시하지도 않았다. 누구도 위에서 일왕을 내려다보지 못하게 1층 위쪽의 창문은 셔터가 내려졌다.

일왕이 고위 고문들과 접견하는 경우에도 위계가 잡혀 있었다. 일왕은 그 관료들을 직접 불러들이는 일이 없었다고 한다. 특별히 권한이 부여된 소수의 각하들만이 일왕을 '알현'했다. 논란이 분분한 정치적 쟁점에 대하여 칙령이 내려오는 일도 없었다. 칙령은 윤리나 절약에 관련된 내용이나 아니면 어떤 중요한 문제가 종결되어 국민을 안심시키려는 의도가 있을 때 나왔다. 임종이 임박해지면 곳곳에서 일왕을 위해 지극정성으로 기도를 드리면서 일본 전역이 사원으로 변했다.

일왕은 이처럼 여러 가지 방법으로 국내의 정쟁이 전혀 미치지 않는 높은 곳에 상징이 되어 있었다. 미국에서 성조기에 대한 충성이 초당적 영역에 놓여 있는 것처럼 일왕도 '불가침'의 존재였다.

미국인은 성조기를 다룰 때 아주 엄숙한 의례를 갖추지만 만약 인간에게 그런 의례를 행한다면 온당하지 않는다고 여긴다. 하지만 일본인은 그들의 상징이 인간임에도 불구하고 철저하게 의례를 갖춘다. 그들은 일왕을 경애하고 그도 그런 의례에 응답한다. 일본인은 일왕이 '국민에게 마음을 쓰신다'는 얘기에 감개무량해 했다. '폐하의 마음을 편안케 해드리기' 위해 목숨을 바쳤다. 일본처럼 철저히 개인적 유대에 기반을 둔 문화에서는 일왕이 국기를 훨씬 초월할 정도로 충성의 상징이었다. 임용 훈련 중인 교사가 인간의 최고 의무를 조국 사랑이라고 말하면 낙제였다. 최고의 의무는 일왕에 대한 보은이라고 말해야 했다.

주는 신하와 일왕 간의 관계에 이중적 체계를 부여한다. 신하는 중간자 없이 직접 일왕을 우러러본다. 즉 자신의 행동을 통해 친히 '폐하의 마음을 편안케 해'드린다. 한편 일왕의 명을 받는 신하는 그 명령을 그 사이에 있는 이런저런 중간자들을 통해 전달받는다. 중간자들은 '천황께서 명하시길'로 운을 떼면서 주를 환기시키며, 이 말에는 다른 그 어떤 현대 국가에서도 환기시키지 못할 만큼의 강력한 구속력이 있는 듯하다.

실제로 힐리스 로리Hills Lorry는 이와 관련해 평화 시의 군대 훈련을 사례로 든 바 있다. 한 장교가 허락 없이는 수통에 든 물을 마시지 말라는 명령을 내린 후 연대를 인솔해 나갔다고 한다. 일본의 군대 훈련은 극한 상황에서도 쉬지 않고 80~96km를 행군하는 능력을 중시했다. 그런데 이날 행군 중에 20명이 갈증과 피로로 쓰러지고 그중 다섯 명의 사망자가 나왔다. 이들의 수통을 살펴봤더니 그 안의 물이 그대로였다. "그것은 장교의 명령을 따른 것이었다. 장교의 명령은 곧 일왕의 명령이었다."41)

민간 행정에서 주는 죽음에서 납세에 이르기까지 모든 의무에 구속력을 갖고 있다. 세금 징수관, 경찰관, 지방의 징병 담당관은 신민이 바치는 주의 매개자들이다. 일본인의 관점에서는 법률에 복종하는 것이 곧 극상의 은혜인 고온(황은)을 갚는 것이다. 이는 미국의 사회적 관행과 더없이 극렬히 대비되는 부분이다. 미국인에게는 거리의 신호등에서부터 소득세에 이르기까지 어떤 분야에서든 새로운 법률이 발표되면 그것이 개인의 자유를 침해하는 것이라며 전국 곳곳에서 원성이 터진다. 연방 법규는 그 두 배의 의혹을 산다. 각 주의 자체적 입법 자유까지 침해하는 것으로 여겨지기 때문이다. 워싱턴 관료들에게 기만당하는 것처럼 느끼면서 다수의 시민이 이런 법률에 아무리 거세게 반발해도 마땅히 누려야 할 자존심을 지키기에 미흡하다고 여긴다.

그래서 일본인은 미국인을 무법자 같다고 평가한다. 반면에 우리는 일본인을 민주주의가 뭔지도 모르는 굴종적 국민이라고 평가한다. 그런데 보다 타당하게 평가하려면, 양국의 국민적 자존심이 서로 다른 태도와 얽혀 있다는 관점에서 봐야 할 것이다. 우리 미국에서는 개인의 일은 스스로 처리하는 식의 태도에 의존한다면 일본에서는 자신이 은혜를 받았다고 믿는 이에게 은혜를 갚아야 한다

---

41) Hillis Lory, *Japan's Military Masters*, 1943, p. 40.

는 식의 태도에 의존한다. 두 체계 모두 나름의 난관을 갖고 있다. 미국의 난관은 해당 법률에 국가 전체의 이익이 걸려 있는 상황에서도 국민의 승인을 얻기가 힘들다는 점이다. 일본의 난관은 평생토록 그림자처럼 따라다닐 만큼의 큰 부채를 지우는 것이 그 사람에게는 힘겨운 부담이라는 점이다. 일본인이라면 누구나 어느 시점에서 법률을 벗어나지 않으면서도 자신에게 요구되는 의무를 회피할 생활방식을 궁리하게 될 것 같다고 여겨질 정도다. 한편 일본인도 미국인이라면 좋게 보지 않을 만한 특정 형태의 폭력, 직접행동(파업, 시위 등), 개인적 복수를 칭송하는데, 이런 행동을 비롯해 그 외의 과격한 행동에서도 여전히 주의 지배력에 관해서는 의문을 제기하지 않는다.

1945년 8월 14일에 일본이 항복했을 때 세계는 '주'가 얼마나 믿기 힘들 정도로 대단한 영향을 미치는지를 목격하게 되었다. 당시 일본을 직접 겪어보면서 일본에 대해 나름 잘 안다는 서양인들 다수는 일본이 항복한다는 것은 있을 수 없는 일이라고 분석했다. 그들은 아시아와 태평양 일대 섬 곳곳을 차지하고 있는 일본의 군대가 평화롭게 무기를 내려놓을 것이라고 생각한다면 그것은 순진한 발상이라고 주장했다. 사실 상당수의 일본군이 아직 국지적 전투에서 패하지 않았고 자신들의 명분이 정당하다는 확신을 품고 있었다. 게다가 일본 본토에는 결사항전의 의지로 무장된 군인들로 가득했다. 따라서 전위 부대를 소부대로 꾸릴 수밖에 없는 상황에서 점령군이 함포의 사정권을 넘어 일본 본토로 진격할 경우 대살육을 당할 위험이 있었다. 전쟁 중의 일본인은 어떤 일도 서슴지 않고 호전적인 모습을 보여주었던 국민이라, 만만히 볼 수 없었다.

하지만 이런 분석을 내놓은 미국인들이 미처 고려하지 못한 부분이 있었으니, 바로 '주'였다. 일왕은 항복을 말했고 전쟁은 종식된 것이다. 일왕의 목소리가 라디오로 방송되기 전까지 황궁 주위에서는 강경한 반대자들이 비상선을 치고 항복 선언을 저지하려 했다. 하지만 일단 선언문이 낭독되자 그들도 항복을 받아들였다. 만주나 자바의 그 어떤 야전 사령관도, 일본의 도조 히데키도 반대하고 나서지 않았다. 미군이 비행장에 착륙했을 때는 정중히 맞아주기까지 했다. 한 해외 특파원이 쓴 글을 그대로 옮기자면, 아침에는 경계하며 소총을 만지작거렸다가 점심 무렵엔 총을 치웠고 저녁에는 장신구를 사러 다녔을 만한 분위기였다. 이제 일본인은 평화의 길을 따르면서 '일왕의 마음을 편안케 해드리고' 있었다. 죽창으로라도 야만인을 쫓아내기 위해 온몸을 던짐으로써 일왕의 마음을 편안케 해드리려 했던 것이 불과 일주일 전의 일이었는데 말이다.

이와 같은 태도에는 조금도 이상한 점이 없었다. 그것을 뜻밖이라고 느낀 것은 인간의 행동을 좌우하는 감정이 얼마나 다양한가를 인정할 수 없었던 서양인뿐이었다. 그 이전에 서양의 일각에서는 일본이 사실상 전멸하는 것 외에는 다른 대안이 없다고 공언한 바 있었다. 자유주의자들이 정권을 잡아서 정부를 전복하지 않는 한 일본이 구제될 방법은 없다고 공언했던 이들도 있었다. 두 분석 모두 대중의 지지를 얻으며 총력전을 벌이는 상황의 서양 국가 관점에서는 타당했다. 하지만 이 분석이 엇나갔던 이유는 일본이 본질적으로 서양적인 행동방침을 따를 것이라고 가정한 탓이었다. 평화적 점령이 수개월째 지속된 이후에도 서양의 일부 예측자들은 여전히 일본에서 서양식의 혁명이 일어나지 않았다거나, '일본이 패전 사실을 인식하고 있지 않다'는 이유를 들어 모든 것이 실패했다고 생각했다. 이것은 서양의 기준에 의거한 서양식 사회철학으로 무엇이 옳고 무엇이 알맞은 것인지를 평가하는 것이다.

하지만 일본은 서양이 아니다. 일본은 서양 국가들의 최후의 힘인 혁명을 이용하지 않았다. 적의 점령군에 대항해 사보타주를 벌이지도 않았다. 오히려 자국 특유의 힘을 이용했다. 그것은 아직 전투력이 와해되지 않았음에도 무조건 항복이라는 막대한 대가를 일왕에 대한 주로써 스스로에게 강요할 수 있는 능력이었다. 일본인의 관점에서는 무조건 항복이 막대한 대가이긴 했지만 그로써 자신들에게 무엇보다도 귀중한 것을 얻은 셈이었다. 설령 그것이 항복의 명령일지라도 명령을 내린 사람이 천황이었다고 말할 수 있는 권리를 획득한 것이었다. 패전의 상황에서도 최고의 법률은 여전히 '주'였다.

7장 / '견디기 가장 힘든', 보은

일본 속담에는 이런 것이 있다. "기리義理처럼 쓰라린 것은 없다." 일본에서는 기무義務를 반드시 갚아야 하는 것처럼 기리도 갚아야 한다. 기리는 기무와는 다른 특색을 띠는 일련의 의무다. 영어로는 기리에 상응하는 말이 없다. 인류학자들이 세계 문화에서 발견한 온갖 종류의 특이한 윤리적 의무 중에서도 기리가 가장 독특하다. 유독 일본적인 의무다. '주忠'와 '고孝'는 중국과 공유하는 도덕적 개념이고 일본이 이들에 변형을 가하긴 했지만 다른 동양 국가들에서 익숙한 윤리원칙과 어느 정도 동족적 유사점이 있다. 하지만 기리는 중국의 유교나 동양의 불교에서 받아들인 개념이 아니다. 일본 특유의 범주이며 이 기리를 고려하지 않으면 도저히 일본인의 행동 양식을 이해할 수 없다. 일본인이라면 행동 동기나 명성이나 일본 생활에서의 딜레마를 설명할 때 기리를 거론하지 않을 수가 없다.

서양인의 관점에서 보면, 기리는 오래전에 받은 친절에 대한 보답부터 복수의 의무에 이르기까지 서로 아주 이질적인 여러 가지 의무를 아우르고 있다(6장의 일람표 참조 바람). 일본인이 기리를 서양인들에게 자세히 설명하려 들지 않았던 것도 어찌 보면 무리는 아니다. 그들이 펴낸 일본어 사전에서도 기리의 뜻을 온전히 정의하지 못하고 있기 때문이다. 어쨌든 이런 사전 중 하나에는 기리를

‘올바른 도리, 인간으로서 따라야 할 길, 세상에 떳떳하기 위해 마지못해 하는 일’로 정의해놓고 있다. 이 정도 설명으로는 서양인들을 제대로 이해시키기 힘들지만 ‘마지못해’라는 말을 통해 기무와의 차이점을 부각시켜준다.

기무는 가까운 직계 가족, 조국과 생활양식과 애국심의 상징인 일왕에 대해 가지는 의무로 그것이 아무리 어려운 요구라 해도 갚아야 한다. 이 세상에 태어나는 순간 단단히 엮이는 구속이기 때문에 당연히 수행해야 한다. 하지만 특정 행동에 대한 복종이 아무리 내키지 않아도 기무는 ‘마지못해’ 하는 것으로 정의되지는 않는다. 하지만 ‘기리를 갚는 것’에는 불편한 점들이 수두룩하다. 채무자가 되는 것의 곤란함은 이 ‘기리의 영역’에서 극에 달한다.

기리는 뚜렷하게 두 종류로 구분된다. 하나는 ‘세상에 대한 기리(말 그대로 ‘기리 갚기’)’는 동년배에게 받은 온을 갚기 위한 의무이다. 또 하나는 ‘자기 이름에 대한 기리’로 이름과 명성이 더럽혀지지 않게 할 의무인데 독일에서 말하는 ‘명예’와 유사하다. 세상에 대한 기리는 대략 설명한다면 계약적 관계의 완수라고 할 수 있다. 기리는 출생하면서부터 느끼게 되는 개인적 의무의 완수인 기무와 대비된다.

다시 말해 기리는 인척姻戚, 즉 법률상의 가족에 대해 지니는 모든 의무를 아우르는 반면 기무는 직계 가족에 대한 의무들이다. 장인은 ‘기리의 아버지[기부義父]’라 불리고, 장모는 ‘기리의 어머니[기모義母]’라 불린다. 또 처남과 처제는 각각 ‘기리의 형제’, ‘기리의 자매’라고 칭한다. 이런 식의 호칭은 배우자의 형제나 형제의 배우자에게도 사용된다. 물론 일본에서의 결혼은 가문과 가문 간의 계약이므로 평생 동안 상대 가문에게 이런 계약적 의무를 이행하는 것이 '기리를 다하는 것'이다. 기리는 계약을 맺은 세대(부모)에 대한 기리가 가장 무겁다. 그리고 그중에서도 시어머니에 대한 며느리의 기리가 가장 무겁다. 일본인들이 하는 말처럼 신부가 자신의 생가가 아닌 집으로 들어가 살아야 하기 때문이다. 장인과 장모에 대한 사위의 의무는 며느리의 의무와는 다르지만 불편하기는 마찬가지다. 장인 장모가 생활이 쪼들리면 돈을 빌려준다거나 그 외의 다른 계약적 책임에 응해야 하기 때문이다. 어느 일본인의 말처럼 "장성한 아들이 자기 어머니를 위해 뭔가를 하면 어머니를 사랑해서 하는 일이기 때문이며, 따라서 그것은 기리가 될 수 없다. 마음에서 우러나 하는 행동은 기리가 아니다." 반면에 법률상의 가족에 대한 의무를 세심히 이행하는 이유는 어떤 희생을 치르더라도 '기리를 모르는 인간'이라는 무서운 비난을 피해야 하기 때문이다.

법률상의 가족(사돈)에게 일본인이 의무감을 어떻게 느끼는지는 '데릴사위'의 경우를 통해 확연히 엿볼 수 있다. 데릴사위는 여자의 방식을 따라 결혼하는 남자를 가리킨다. 딸만 있고 아들이 없는 집안에서는 부모가 집안의 대를 잇기 위해 딸 중 한 명을 데릴사윗감을 골라 결혼시킨다. 데릴사위는 생가의 호적에서 말소되고 장인의 성을 쓰게 된다. 또 처가에 들어가 살면서 장인과 장모에게 기리에 따라 복종하고, 죽으면 처가 묘지에 묻힌다. 말하자면 데릴사위는 통상적 결혼에서 여자가 시집살이하는 패턴대로 처가살이를 하는 셈이다. 경우에 따라선 데릴사위를 들이는 이유가 단순히 아들이 없어서가 아닐 수도 있다. 때로는 양쪽이 얻고 싶은 것을 얻기 위한 거래인, 이른바 '정략결혼'으로 데릴사위를 들이기도 한다. 가령 여자 쪽 집안이 가난하지만 좋은 가문이어서 남자가 현금을 갖고 오면 그 대가로 계층적 위계질서상의 신분 상승을 얻는 식의 거래가 되기도 한다. 또는 여자 쪽 집안이 부유해서 사위를 공부시킬 능력이 되는 경우에 남자는 그 덕을 보는 대가로 생가에서 나와 데릴사위가 된다. 아니면 여자의 아버지가 자신의 회사를 맡길 만한 사람을 데릴사위로 들이기도 한다.

어떤 경우든 데릴사위의 기리는 아주 무겁다. 일본에서 남자가 자신의 성을 다른 성씨로 바꾸고 다른 집에 입적하는 것은 특히 무거운 부담이다. 한 예로 봉건 시대 일본에서는 생부와 의부가 서로 적이 되어 싸우게 되면 생부를 죽이는 결과가 초래하더라도 의부의 편을 들어 자신이 새로운 가문의 사람임을 입증해야 했다. 현대의 일본에서도 데릴사위를 들이는 '정략결혼'은 기리의 강력한 제재를 부과한다. 젊은 청년에게 일본에서 가능한 가장 무거운 구속력을 가하면서 장인의 사업이나 집안의 번창을 위해 살도록 단단히 묶어두는 것이다. 특히 메이지 시대에는 때때로 이런 일이 양쪽 가문에게 유리하기도 했다.

하지만 데릴사위로 사는 거부감은 무척 컸다. 일본 속담에는 '쌀 세 홉만 있어도 절대 데릴사위는 되지 말라'는 말이 있을 정도다. 일본인은 이런 울분이 '기리 때문'이라고들 말한다. 만약 미국에 이와 비슷한 관습이 있었다면 미국인은 '그것은 남자의 역할을 제대로 못 하는 것이기 때문에 싫다'라고 말할 것 같은데 일본인은 그런 식의 말은 하지 않는다. 어쨌든 기리는 정말 힘이 들고 정말 '마지 못한' 의무라서 일본인에게 '기리 때문'이라는 표현은 그만큼 부담스러운 관계라는 의미를 담아내기에 적절한 말이다.

기리에는 법률상 가족에 대한 의무만 있는 게 아니다. 숙부와 숙모, 조카에 대한 의무도 있다. 일본에서는 이런 친척들에 대한 의무는 효도(孝)에 들지 않으며 이 부분이 일본과 중국의 가족관계에서 나타나는 가장 큰 차이다. 중국에서는 그런 친척들 상당수와 그보다 훨씬 먼 친척들까지도 공동 자원을 함께 공유한다. 하지만 일본에서는 이런 관계의 친척들이 기리상의 친척, 즉 '계약상'의 친척들로 한정된다. 일본인은 도움을 청하는 친척이 이전에 한 번도 자신에게 은혜를 베푼 일이 없었다는 사실을 지적한다. 자기 아이들을 보살피는 것 또한 동기는 같지만, 이는 기무에 속한다. 반면 동기는 같을지라도 비교적 먼 친척에 대한 도움은 기리라고 생각한다. 이렇게 먼 친척을 도와야 할 때는 법률상의 가족을 도와줄 때처럼 '기리에 얽매어있다'고 말한다.

일본인이 법률상 친척과의 관계보다 우선시하는, 중요한 전통적 기리도 있다. 바로 가신이 영주에 대해 맺는 기리와 동료 무사들 사이의 기리다. 이는 명예를 중시하는 남자가 상급자와 동료에게 바치는 충성이다. 이런 기리의 의무는 수많은 전통적 문예 작품에서 칭송되고 있을 뿐만 아니라 사무라이의 덕목과 동일시되고 있다. 도쿠가와 이에야스가 전국을 통일하기 이전의 옛 일본에서는 이 의무가 당시에 쇼군에 대한 의무였던 주(충)보다 더 중요하고 소중한 덕목으로 여겨지는 경우가 비일비재했다. 12세기에 미나모토 쇼군이 한 다이묘에게 그가 보호하고 있던 반反쇼군파 다이묘를 내놓으라고 요구했을 때의 일이 그 좋은 예다. 아직도 보존되어 있는 이 다이묘의 답신을 토대로 상황을 재현해보자면, 이 다이묘는 그것이 자신의 기리에 오명을 씌우는 요구라며 격분해서 아무리 주의 이름으로 내려온 요구라 해도 기리를 저버리지 못하겠다고 밝혔다. "공적인 일은 저 개인이 어떻게 할 수 없는 문제이지만 명예를 존중하는 사람 간의 기리는 영원한 진리"라고도 썼다. 말하자면 명예를 존중하는 사람 간의 기리가 쇼군의 권위마저 초월할 만한 영원한 진실이라는 얘기였다. 결국 이 다이묘는 "존경하는 벗의 신의를 저버리는 짓"은 할 수 없다며 요구를 거부했다.42)과거 일본 사무라이들의 이와 같은 초월적 덕목을 기리는 역사적 설화들은 현재까지도 일본 전역에 널리 알려져 있으며 노43), 가부키44), 가구라 춤 소재로도 각색되고 있다.

이 중에서 가장 유명한 이야기는 무적의 로닌(浪人, 주군 없이 자기 수완으로 살아가는 사무라이)인 12세기의 영웅 벤케이45)의 무용담이

---

42) 다음에서 인용된 글. Kanichi Asakawa, *Documents of Iriki*, 1929.

43) 能, 중세 이래 계승되어 온 시가와 춤을 동반하는 연극으로, 탈을 쓰고 연기하는 것이 많다. ―역자 주.

44) 歌舞伎, 음악과 무용, 기예가 어우러진 일본의 전통연극. ―역자 주.

45) 弁慶, 헤이안 시대 말기의 승려. 겐페이 전쟁 등에서 미나모토 요시쓰네를 보좌했다. 미나모토 요리토모의 압력에 이기지 못한 후지와라노 야스히라가 요시쓰네 일행이 머물고 있는 곳을 습격하였을 때 최후까지 자신의 주군을 지키다 전사하였다. ―역자 주.

다. 힘이 장사라는 것 말고는 뭐 하나 내세울 것 없던 벤케이는 몸을 피해 사찰을 옮겨 다니며 당시 유행하는 몸치장 비용을 대려고 길에서 마주치는 사무라이를 닥치는 대로 죽인다. 그리고 그들의 칼을 거두어들이면서 승려들을 공포에 떨게 한다. 그러던 어느 날 한낱 애송이로만 보이는 상대와 대적하게 된다. 가냘픈 몸에 멋지게 차려입은 이 귀공자와 막상 싸움을 붙어보니 만만치 않은 적수라는 느낌이 온다. 그런데다 알고 보니 이 귀공자가 쇼군의 지위를 되찾으려고 일을 도모 중인 미나모토 가문의 자손이다. 이 청년은 바로 일본인이 사랑하는 영웅 미나모토 요시쓰네46)다. 이후로 벤케이는 요시쓰네에게 열성 어린 기리를 바치면서 그를 위해 수많은 공적을 세운다.

하지만 결국엔 압도적인 적의 기세에 밀려 추종자들과 함께 쫓기는 상황에 내몰린다. 일행은 사찰 건립을 위한 기부금을 모으러 전국을 돌아다니는 승려로 변장한다. 발각을 모면하기 위해 요시쓰네도 일행과 같은 복장을 하고 벤케이는 대장처럼 차려입는다. 그렇게 길을 가던 중 적이 배치해 놓은 경비대와 마주치자 벤케이는 두루마리를 펼쳐, 있지도 않은 가짜 '기부자'들을 쭉 읊으며 속임수로 사태를 모면하려 한다. 깜빡 속은 경비대는 일행을 통과시키려다 마지막 순간, 아무리 아랫사람처럼 변장해도 감춰지지 못한 요시쓰네의 귀족적 기품을 보고 의혹을 품게 된다. 경비대는 일

---

46) 源義經, 수많은 전투에서 승리함으로써 이복형 요리토모가 일본의 지배권을 장악하는 데 크게 기여했다. 당대의 역사적 인물 중에 인기를 모은 사람으로 그의 영웅적인 업적들은 일본인의 마음을 사로잡고 있다. ―역자 주.

행을 도로 불러세운다. 이때 벤케이가 요시쓰네에게 쏠린 의심을 말끔히 씻어내기 위해 재빨리 나서서 별일 아닌 것으로 꼬투리를 잡아 요시쓰네를 호되게 나무라며 뺨을 때린다. 그 모습을 지켜보던 경비대는 의심을 완전히 거둔다. 그 나그네가 요시쓰네라면 어느 가신이 감히 손찌검을 하겠느냐고 생각하며 그런 식으로 기리를 어긴다는 건 상상도 할 수 없는 일이라고 판단한 것이다. 어쨌든 벤케이의 이 불경한 행동 덕분에 일행은 목숨을 구하게 된다. 안전한 지역에 이르자마자 벤케이는 요시쓰네의 발 앞에 엎드리며 죽여달라고 하지만 그의 주군은 관대하게 용서해준다.

기리가 마음속에서 우러나오고 아무런 분노도 없는, 이런 오래전 이야기는 근대의 일본이 꿈꾸는 황금시대의 백일몽이다. 이런 이야기를 통해 보면 그 당시의 기리에는 '마지못해' 하는 면이 없었다. 주와 충돌이 생겨도 명예롭게 기리를 지킬 수 있었다. 당시에는 기리가 애정이 깃든 직접적 관계 속에서 봉건 시대의 온갖 낭만이 어우러진 모습이었다. '기리를 안다'는 것은 주군에게 평생 충성을 바치고 주군은 그 답례로 가신들을 보살펴주는 것을 뜻했다. '기리를 갚는다'는 것은 자신에게 온갖 보살핌을 베풀어준 주군에게 목숨까지 바치는 것이었다.

물론 이런 식의 기리는 어디까지나 판타지다. 일본 중세사에는 전투의 반대편 다이묘에게 매수당해 충성을 저버린 가신들의 이야기가 수두룩하다. 사실 여기에서 더 주목해야 할 대목은 따로 있다. 다음 장에서 살펴볼 테지만 주군이 어떤 식으로든 가신에게 모욕을 줄 경우 그 가신이 봉직을 버리거나, 심지어 적과 손을 잡아도 타당하다고 여겨주는 것이 전통이었다. 일본은 목숨까지 바치는 충성만큼이나 복수 이야기에도 흔쾌히 칭송을 보낸다. 그리고 이런 충성과 복수 모두가 기리였다. 충성은 주군에 대한 기리였고 모욕에 대한 복수는 자신의 이름에 대한 기리였다. 일본에서는 이 둘이 동전의 양면과도 같다.

그럼에도 불구하고 충성에 대한 옛이야기는 오늘날의 일본인에겐 기분 좋은 백일몽일 뿐이다. 지금은 더 이상 '기리를 갚는 것'이 주군에 대한 충성이 아니라 일종의 온갖 사람들에 대한 의무 이행이기 때문이다. 오늘날에는 울분에 대해서나, 하기 싫은데도 기리를 강요하는 세상의 압박에 대한 토로를 심심찮게 주고받는 지경이다. "이 결혼은 단지 기리 때문에 하는 거야", "그냥 기리 때문에 어쩔 수 없이 그 사람한테 일자리를 줬어", "기리 때문에 그 사람을 만나야 해", "기리에 얽매어있다"는 말도 상투어로 쓰이는데, 사전에서도 이 표현을 '어쩔 수 없이 해야 하는' 상황이라고 풀이해놓고 있다. 그런가 하면 "그 사람이 기리를 내세워 강요했어", "그자가 기리로 나를 몰아붙였어"라는 말도 있다. 이 말 역시 다른 상투어들과 마찬가지로, 누군가가 온을 갚는 문제를 들먹이며 화자가 하고 싶지 않거나 할 마음도 없는 행동을 억지로 하도록 몰았다는 의미가 담겨 있다.

농촌 마을에서든, 구멍가게의 거래에서든, 재벌들의 높은 세계에서든, 일본의 내각에서든 사람들은 '기리로 강요당하고 기리로 몰아붙여지고' 있다. 구혼자가 장인이 될 사람에게 두 가문 사이에 오래전부터 맺어온 관계나 거래를 내세우면서 기리로 강요할 수도 있고, 아니면 어떤 사람이 이와 똑같은 논리를 무기로 삼아 농부의 땅을 얻을 수도 있다. 기리로 '몰아 붙여진' 사람은 어쩔 수 없이 그대로 들어줄 수밖에 없다고 느끼며 '온진(恩人, 온을 베풀어준 사람)을 저버리면 기리를 모르는 인간으로 손가락질받게 될 것'이라고 푸념한다. 이런 식의 푸념 속에는 마지못한 마음과 더불어, 일본 사전의 설명처럼 '단지 체면을 위해' 따르는 마음이 암시되어 있다.

기리의 규칙은 엄격히 말해 강요된 되갚기의 규칙이다. 모세의 십계명 같은 윤리적 규칙과는 다르다. 기리로 억지로 강요받으면 때때로 당사자의 정의감을 무시해야 할 수도 있기 때문이다. 실제로 "기리 때문에 기義를 지킬 수 없었다"고 한탄하는 경우가 많다. 기리의 규칙은 '이웃을 네 몸처럼 사랑하는 것'과도 무관하다. 기리는 저절로 우러나오는 마음에서 관대함을 베풀라고 요구하지 않는다. 일본인은 말한다. "그렇게 하지 않으면 '기리도 모르는 인간'이라는 말을 들으면서 세상 사람들 앞에서 수치를 당하게 될 테니' 기리를 행해야 한다." 다시 말해 사람들이 기리를 따라야 하는 이유가 세상의 시선 때문이라는 얘기다. 실제로 '세상에 대한 기리'는 종종 영어로 'conformity to the public opinion(여론에 대한 순응)'으로 번역된다. 일영사전에서는 "세상에 대한 기리라서 어쩔 수 없다"는 문장을 'People will not accept any other course of action(사람들이 다른 행동은 용납해주지 않는다)'고 풀이해놓고 있다.

일본인의 '기리의 영역'은 미국인이 돈을 빌린 후 갚지 않으면 제재를 당하는 것과 비슷하다. 이 둘의 유사성을 파악하면 우리는 일본인의 태도를 가장 잘 이해할 수 있다. 미국인은 누군가 편지나 선물을 주거나 마침 꼭 필요했던 말을 들려주었다고 해서 대출 이 자를 납부하고 원금을 상환하는 것처럼 그 은혜를 갚아야 한다고는 생각하지 않는다. 금융 거래에서는 의무를 이행하지 못하면 파산 이라는 무거운 형벌을 받는다. 하지만 일본에서는 기리를 갚지 못 하면 파산한 사람처럼 취급하며, 살면서 얽히는 모든 관계가 이런 저런 식으로 기리를 유발하기 마련이라고 생각한다. 다시 말해 미 국인의 입장에선 의무 유발 따위를 생각하지 않고 가볍게 넘기는 사소한 말들과 행동들까지 장부에 기록해두는 셈이다. 복잡한 세 상에서 이렇게 살려면 한발 한발 신중히 걸어야만 한다.

세상에 대한 기리를 대하는 일본인의 개념과 부채 변제를 대하 는 미국인의 개념 사이에는 또 하나의 유사점이 있다. 일본인은 기 리를 갚을 때 딱 받은 만큼만 갚으면 된다고 생각한다. 이 점에서 기리는 기무와는 확연히 다르다. 기무는 아무리 노력해도 온전히 갚을 수 없는 도리이지만, 기리는 무한정 갚아야 하는 의무는 아니 다. 그래도 미국인의 관점에서는 기리를 갚는 정도가 원래 받은 은 혜에 비해 별나도록 지나친 것처럼 보이지만 아무튼 일본인은 그렇 게 생각하지 않는다. 미국인이 보기엔 일본인의 선물 주기 관행 역 시 독특하긴 마찬가지다. 일본인은 모든 가정에서 일 년에 두 번씩 6개월 전에 받았던 선물에 대한 보답으로 격식에 맞춰 뭔가를 포장 하는가 하면, 하녀의 가족이 일자리를 베풀어준 은혜에 대한 보답 으로 1년 내내 이런저런 선물을 보내기도 한다. 하지만 더 큰 선물 로 답례 선물을 보내는 일은 금기시된다. '거저 생긴 이익'으로 답 례하는 것도 명예로운 처사가 아니다. 선물에 관련해서는 '피라미를 받고 도미(큰 생선)로 갚는' 식의 선물이 가장 모욕을 주는 일이다. 이는 기리를 갚는 경우도 마찬가지다.

일본에서는 가능한 한 품앗이든 물건이든 서로 주고받은 내력을 꼼꼼히 기록해놓는다. 마을에서는 이런 기록의 어떤 부분은 촌장이, 어떤 부분은 상부상조 조직의 일원이, 또 어떤 부분은 가족과 개인이 나누어 관리한다. 장례식에는 조의금을 내는 것이 관례다. 친척들은 장례식 만장輓章에 쓰일 알록달록한 천을 가져가기도 한다. 이웃들도 함께 도와주는데 여자들은 부엌일을 거들고 남자들은 무덤을 파고 관을 짜는 일을 돕는다. 스에무라라는 마을에서는 촌장이 이런 일을 기록해두는 장부를 따로 만들었는데 이 장부는 동네 사람에게 어떤 부조를 받았는지 알 수 있어서 상을 치른 가족에겐 소중한 기록이었다. 게다가 나중에 다른 집이 상을 당할 경우 갚아야 하는 상대의 명부가 기록되어 있기도 했다. 이는 장기적으로 갚아가는 상호 의무에 든다. 마을의 장례식은 다른 경조사와 마찬가지로 단기적 상호 교환이 행해진다. 관 짜는 걸 도와주는 사람들은 식사를 대접받는데 그에 따라 식대의 일부로 얼마간의 쌀을 가지고 오며 이런 쌀 부조도 촌장의 장부에 기록된다. 잔치의 경우에는 손님이 일을 치르는 집에서 마시게 될 술에 대한 부분 되갚기로 얼마간의 술을 가져온다. 그 자리가 생일잔치든 장례식이든 모내기든 집짓기든 친목회든 기리의 교환은 이후의 변제를 위해 꼼꼼히 기록된다.

일본의 기리 개념과 서양의 채무 변제 관습이 비슷함을 보여주는 또 하나의 사례가 있다. 갚아야 할 기한을 넘으면 이자가 붙는 것처럼 더 많이 갚아야 하는 것이다. 에크슈타인G. Eckstein 박사는 자신의 경험담을 통해 그런 사례를 밝힌 바 있다. 예전에 에크슈타인 박사는 노구치 히데요[47]의 전기를 쓰기 위해 자료 수집 차 일본에 다녀와야 했다. 그리고 그 경비를 한 일본의 제조업자에게 후원받은 적이 있었다고 한다. 박사는 미국으로 귀국 후 전기를 써서 일본으로 완성된 원고를 보내주었다. 그런데 원고를 잘 받았다는 연락도 없고 편지도 오지 않았다. 당연히 책의 내용 중에 일본인의 심기를 불편하게 할만한 내용이 있었나 싶어 걱정이 되었고 뒤숭숭한 마음에 편지를 보내봤지만, 여전히 아무런 답장이 없었다. 몇 년이 지나서야 그 제조업자가 전화를 걸어왔다. 미국에 와있다고 말하더니, 잠시 후에 일본 벚나무 수십 그루를 싣고 에크슈타인 박사의 집을 찾아왔다. 그 선물은 너무 후했다. 제조업자로선 답례가 너무 오래 지체되었다는 이유만으로 그렇게 후한 선물을 주는 것이 마땅하다며 에크슈타인 박사에게 이렇게 말했다. "선생님 입장에선 제가 빨리 답례하지 않은 편이 더 좋으실 겁니다."

'기리로 코너에 몰린' 사람은 시간이 흐르면서 불어난 빚을 어쩔 수 없이 갚아야 하는 경우가 많다. 어떤 사람이 한 상인을 찾아가 자신이 그 상인의 어린 시절 스승의 조카라는 이유를 들어 도움을 요구할 수도 있다. 그러면 이 상인으로선 어린 학생이었을 때는 선생님에게 진 기리를 갚을 능력이 안 되었으므로 지난 수년 동안 갚

---

47) 野口英世, 일본의 세균학자. 독사 및 독의 연구를 하였고, 마비성치매 및 척수로 환자의 조직 내에서 스피로헤타를 발견하여 이들 병이 매독에서 기인한다는 것을 발견하였다. 그밖에 트라코마·오로야열·파상풍·황열병 등의 연구에도 종사하였다. —역자 주.

아야 할 빚이 쌓인 상태인 데다 '세상에 떳떳하기 위해 마지못해' 도움을 주어야 한다.

아야 할 빚이 쌓인 상태인 데다 '세상에 떳떳하기 위해 마지못해' 도움을 주어야 한다.

8장 / 오명 씻어내기

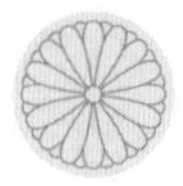

　　　　　이름에 대한 기리는 자신의 명성
을 깨끗이 유지하는 의무를 말한다. 이 기리는 일련의 덕목으로 이
루어져 있으며 그중 일부는 서양인의 관점으로 보면 서로 상반되는
것들이다. 하지만 일본인에게는 그 덕목들이 받은 은혜를 갚는 의
무가 아니라는 점, 즉 '온의 범위 밖'에 있다는 점에서 충분한 통일
성을 갖는다. 말하자면 이름에 대한 기리는 이전에 누군가에게 받
은 특정 은혜에 구애받지 않고 자신의 명성을 지키는 행위를 가리
킨다. 이를테면 '적절한 자리'에 맞는 갖가지 예의 지키기, 고통 속
에서도 의연한 모습 보이기, 직업이나 기술에서의 명성 지키기 등
이 해당된다.

　이름에 대한 기리에서는 비방이나 모욕에 적극적으로 맞서 그것
을 제거하는 행동이 요구된다. 자신을 비방한 사람에게 복수를 해
야 할 수도 있고, 자살을 해야 할 수도 있다. 그 외에도 이 두 극단
사이에서 취할 수 있는 온갖 행동을 취해야 한다. 단, 명성을 떨어
뜨리는 일은 그것이 뭐든 그냥 훌훌 털어버리고 넘어가는 행동만은
취해선 안 된다.

　일본어에는 내가 여기서 '이름에 대한 기리'라고 칭하는 것에 대
한 별도의 용어가 없다. 그냥 온의 범위 밖에 있는 기리라고 표현한

다. 이것이 기리를 분류하는 일본인의 기본 기준이다. 일본인은 세상에 대한 기리는 친절을 갚을 의무이고, '이름에 대한 기리'는 필요하면 심지어 복수까지도 감행해야 하는 의무라는 식으로 분류하지 않는다. 서양의 언어들로는 이 둘을 보답과 복수라는 서로 상반되는 범주로 구분하는데 이를 일본인들은 이해하지 못한다. 왜 타인의 자비에 반응할 때나 타인의 경멸이나 악의에 반응할 때나 똑같은 덕목에 따라 행동하지 말란 법이 어디에 있느냐며 의아해한다.

일본에서는 그렇게 반응한다. 덕 있는 사람은 모욕을 당하면 은혜를 받았을 때와 같이 강한 감정의 자극을 받는다. 어느 경우이든 받은 대로 갚는 것이 미덕이다. 우리 미국인처럼 이 두 경우를 별개로 떼어놓고 하나는 공격적 행위로 또 다른 경우는 비공격적 행위로 구분하지 않는다. 일본인에게 공격적 행위는 '기리의 영역' 밖에 해당된다. 어떤 사람이 기리를 유지하면서 자신의 이름으로 오명을 씻어내면 그것은 공격적 행위가 아니다. 그는 모욕을 설욕한 것이다.

모욕, 비방, 패배 등을 설욕하거나 없어지지 않는 한 일본인은 '세상이 기울어져 있다'고 여긴다. 따라서 덕이 있는 사람이라면 세상이 다시 균형을 잡을 수 있도록 뭔가를 해야 한다. 이런 노력은 인간적인 미덕이지 결코 악덕이 될 수 없다. 유럽 역사의 어느 시기에는 이름에 대한 기리가 일본에서처럼 언어적으로 감사나 충성과 연결되어 있다는 점에서 덕이라 여겨졌던 시대가 있었다. 특히 이것은 르네상스 시대의 이탈리아에서 성행했다. 또한 최대 전성기 스페인의 'El valor Español(에스파냐의 용기)'나 독일의 'die Ehre(명예)’와 공통점이 많다. 100년 전 유럽에서의 결투 저변에도 이 미덕과 비슷한 무언가가 있었다.

그곳이 일본이든 서양의 나라든 명예의 오점을 씻어내는 행위를 미덕으로 여기는 곳에서 핵심은 늘 하나였다. 이 덕목이 그 어떠한 물질적 이익도 초월한다는 것이었다. 자신의 소유, 가족, 삶을 ‘명예롭게’ 하기 위해 힘쓰는 만큼 덕이 높은 사람으로 칭송받았다. 바로 이것이 이 덕목을 규정짓는 한 축이자, 이 덕목을 ‘정신적’ 가치로 내세우는 주장의 토대가 되었다. 이런 행동에는 엄청난 물질적 손해가 뒤따르고 손익의 관점으로 따지면 정당화되기 힘들다. 바로 이것이 그런 형태의 명예와 미국인의 생활에서 불쑥불쑥 불거지는 치열한 경쟁이나 노골적 적대감과 크게 다르다. 미국에서는 정치적·경제적 거래에서 어떤 수단이든 다 쓰며 치열하게 경쟁하기도 하지만 그것은 어디까지나 어떤 물질적 이득을 얻거나 지키기 위한 전쟁이다. 미국에서 명예를 위해 싸우는 경우는, 이름에 대한 기리의 범주에 들 만큼 명예관을 중시했던 켄터키 산악지대 주민들 사이의 불화밖에 없다.

이름에 대한 기리를 지키기 위해 적의를 품고 호시탐탐 기회를 엿보는 행동은 아시아 대륙 특유의 덕목에 속하지 않는다. 말 그대로 동양적인 미덕이 아니다. 중국에도 태국이나 인도에도 그런 덕목은 없다. 중국인은 모욕과 중상에 대해 그 정도로 민감하게 반응하는 것을 ‘소인小人’, 그러니까 도덕적으로 옹졸한 사람이 하는 짓으로 치부한다. 일본에서처럼 고결함의 이상적인 상으로 인정해주지 않는다. 중국의 윤리에서는 불시에 가하는 폭력은 도리에 어긋나는 일이며, 그것이 받은 모욕을 보복하려는 차원에서 행해진다고 해도 옳은 일이 되지는 않는다. 그렇게까지 예민하게 구는 것을 다소 어리석게 생각한다. 누군가 자신을 욕하면 그것이 근거 없는 비방임을 기필코 증명해 보이겠다고 다짐하는 식으로 반응하지도 않는다. 태국인도 모욕에 이런 식으로 민감하게 반응하지 않는다. 중국인처럼 비방자를 조롱하려 할 뿐 명예가 공격받았다고 생각하진 않는다. '상대를 인간 같지 않은 인간으로 멸시하는 가장 좋은 방법은 져주는 것'이라고 말한다.

이름에 대한 기리를 제대로 이해하려면 일본에서 이 기리에 해당되는 비공격적 덕목들을 모두 살펴봐야 한다. 복수는 이름에 대한 기리에 때때로 요구되는 여러 덕목 중 하나일 뿐이다. 이런 덕목 중에는 복수 외에 침착하고 절도 있는 행동들도 많다. 일본에서 자기존중을 위한 덕목으로 치는 극기와 자기단련도 이름에 대한 기리에 해당된다. 그에 따라 여자는 아기를 낳을 때 소리를 질러서는 안 되고 남자는 고통과 위험 속에서도 초연해야 한다. 마을에 홍수가 나면 필요한 물건만 챙겨 높은 지대로 피신하며 자기존중을 잃지 않도록 행동해야 한다. 비명을 질러서도 안 되고, 우왕좌왕 수선을 떨어서도 안 되고, 겁에 질린 모습을 보여서도 안 된다. 춘분 무렵 거센 폭풍우가 들이닥칠 때도 똑같이 자기단련을 보여야 한다. 일본에서는 본인이 지키든 안 지키든, 이런 자기단련의 행동이 자신을 존중하는 한 방법이다.

일본인은 미국인의 자기존중에 자기단련이 결여되어 있다고 여긴다. 일본에서는 자기단련이 노블레스 오블리주에 해당되며 봉건 시대 때는 평민보다 사무라이에게 더 많이 요구되는 덕목이었지만 그 정도에만 차이가 있었을 뿐 모든 계급에 요구되는 생활 규칙이 었다. 사무라이에게 육신의 고통을 초연히 이겨내는 것에서 극단의 자제심이 요구되었다면, 평민에게는 칼을 찬 사무라이의 공격을 받아들이는 것에서 극단의 자제심이 요구되었다.

사무라이는 극기의 실천으로 유명하다. 사무라이는 배고픔에 굴복해선 안 되었는데 이 정도는 굳이 거론할 필요도 없을 만큼의 기본적인 극기였다. 굶어서 배가 고파도 방금 식사를 마친 척하면서 이쑤시개로 이를 쑤셔야 했다. "새끼 새는 먹이를 달라고 울지만 사무라이는 이쑤시개를 물고 있는다"는 말까지 있을 정도였다. 지난 전쟁에서는 이 말이 군 병사들 사이의 격언이 되기도 했다. 사무라이는 고통에 굴복해서도 안 되었다. 고통을 대하는 일본인의 태도는 어느 소년병이 나폴레옹에게 했던 다음의 대꾸와 비슷했다. "다치다니요? 아닙니다, 폐하. 전 이미 죽은 목숨입니다." 사무라이는 죽는 순간까지 고통을 내색해선 안 되었다. 고통을 참으며 조금이라도 움찔거려선 안 되었다. 1899년에 사망한 가쓰 백작48)도 그런 일화가 있었다. 그는 어렸을 때 개에게 고환이 물려 찢어지는 사고를 당했다. 그의 집안은 사무라이 가문이었지만 당시엔 거지 신세로 전락해 있었다. 그렇게 가세가 기울어져 있던 처지에서도 의사가 그를 수술해주는 동안 아버지는 칼을 그의 코앞

---

48) 메이지 정부의 고위 관료였던 가쓰 가이슈(勝海舟). 일본해군을 근대화하고 해안방어체제를 발전시키는 데 공헌했다. —역자 주.

에 들이대고 이렇게 말했다. "한 번이라도 신음을 내지르면 너는 적어도 수치스럽지 않은 방식으로 죽게 될 거다."

이름에 대한 기리를 지키려면 자신의 자리(분수)에 맞는 생활을 해야 한다. 이런 기리를 지키지 못하면 자신을 스스로 존중할 권리도 없어진다. 도쿠가와 시대 때는 입거나 소유하거나 사용하는 거의 모든 것에 대해 시시콜콜 규제해놓은 사치금지법을 자기존중의 일환으로 받아들여야 했다. 세습적 계층 지위에 따라 이렇게까지 세세히 규정한 법률은 미국인에겐 충격과도 같다. 미국에서의 자기존중은 지위 향상과 결부되어 있어서 이렇게 정형화된 사치금지법은 미국 사회의 근간을 부정하는 것이나 다름없다. 우리 미국인은 어떤 계급의 농부는 자식에게 이러이러한 인형을 사줄 수 있고, 또 어떤 계급의 농부는 그와는 다른 인형을 사줄 수 있다고 정해 놓은 도쿠가와 시대의 법률에 충격을 받는다.

하지만 미국에서는 다른 제재를 통해 똑같은 결과를 끌어내고 있다. 미국인은 공장주의 자녀는 전동 기차 장난감을 가지고 놀고 소작인의 자녀는 옥수숫대로 속을 채운 인형으로 만족하는 사실을 비판 없이 받아들이고 있다. 소득의 차이를 받아들이며 그런 차이를 당연시하는 것이다. 높은 급여를 받는 것은 미국의 자기존중 체계에서 중요한 요소다. 사줄 수 있는 인형이 소득에 따라 제한된다면 그것은 우리의 도덕관념에 위배되지 않는다. 부자가 된 사람이 자녀에게 더 좋은 장난감을 사주는 것은 당연하다고 본다.

일본에서는 부자가 되는 것은 수상한 일이지만 알맞은 자리를 지키는 것은 의심받을 일이 아니다. 오늘날에도 부자들만이 아니라 가난한 사람들까지 계층적 위계질서의 관습을 지키는 것에 자기 존중의 승부를 건다. 이것은 미국인에겐 이질적인 덕목이며 프랑스인 토크빌도 앞에서 인용한 바 있는 저서를 통해 1830년에 이 점을 지적했다. 18세기에 프랑스에서 태어난 토크빌은 평등주의에 입각한 미국에 대해 관대하게 평가하긴 했으나 귀족제적 생활양식에 익숙했고 또 애착을 가지고 있었다. 미국은 나름의 미덕에도 불구하고 존엄성이 결여되어 있다며 이렇게 밝혔다. "진정한 존엄성은 어떤 경우든 너무 높지도 너무 낮지도 않은 적절한 자리를 취할 때 깃든다. 따라서 이런 존엄성을 갖는 것은 왕족이든 농부이든 그 누구에게나 가능한 일이다." 토크빌이라면 계급 차이를 굴욕으로 받아들이지 않는 일본인의 태도를 이해했을 것이다.

문화를 객관적으로 연구하는 요즘에는 '진정한 존엄성'을 민족에 따라 저마다 다양하게 규정될 수 있는 것으로 인정하고 있다. 즉 민족별로 무엇을 굴욕으로 규정할지는 그들 나름의 문제라고 인정하는 추세다. 이제 평등주의를 집행해야 일본이 비로소 자존심을 갖게 될 거라 주장하는 미국인이 있다면 그 사람은 자기 민족중심주의에 죄를 범하는 것이다. 이런 미국인들이 원하는 것이 그들의 주장처럼 자존심 있는 일본이라면 일본 자존심의 근간을 인정해야 한다. 우리는 토크빌이 그랬던 것처럼 귀족적인 '진정한 존엄성'이 현대 사회에서 사라지고 있고 그와는 다른 좀 더 세련된 위엄이 그 자리로 들어서고 있는 것을 보게 될 것이다. 틀림없이 일본도 그렇게 될 것이다. 하지만 그리 된다 해도 일본은 우리 기준이 아니라 자신들의 기준에 따라 자존심을 다시 세우며 고유의 방식으로 가다듬어 가야 마땅할 것이다.

이름에 대한 기리에서는 적절한 자리를 지키기 위한 헌신 외에도 여러 가지의 헌신을 펼쳐야 한다. 어떤 사람이 돈을 빌릴 때는 자신의 이름에 대한 기리를 담보로 잡히는 경우가 있다. 한 세대 전만 해도 채무 증서에 "이 돈을 갚지 못하면 사람들 앞에서 조롱거리가 되어도 좋다"라는 문구를 써넣는 일이 흔했다. 실제로 돈을 갚지 못해도 이 문구처럼 사람들 앞에서 조롱거리가 되는 일은 없었다. 일본에는 대놓고 조롱하는 관습이 없었기 때문이다. 하지만 새해가 다가오면서 빚을 갚아야 할 날이 촉박해지면 빚을 갚을 능력이 안 되는 채무자는 '오명을 씻기' 위해 자살을 하기도 했다. 지금도 여전히 12월 31일이면 명예를 지키기 위해 극단적인 선택을 하는 사례가 속출하고 있다.

직업의 영역에서도 이름에 대한 기리를 지키기 위한 여러 헌신이 행해진다. 특별한 상황으로 사람들의 주목을 받게 되거나 비난이 쏟아질 만한 경우 일본인은 자주 별난 헌신을 벌인다. 예를 들어 학교에 불이 나서 학교에 걸려 있는 일왕의 사진이 탈 뻔했다는 이유로 ―그 화재에 아무 책임이 없으면서도― 자살한 교장들이 한둘이 아니다. 이렇게 일왕의 사진을 구하기 위해 불타는 학교로 급히 뛰어 들어갔다가 불에 타 죽은 교사들도 여럿이었다. 이들은 죽음을 통해 자신이 이름에 대한 기리와 일왕에 대한 주를 얼마나 중요하게 여기는지를 증명한 것이었다. 또한 교육칙어나 군인칙유를 사람들 앞에서 낭독하다 제대로 못 읽은 것에 죄책감을 느껴 자살로 오명을 씻은 사람들의 일화도 유명하다. 히로히토 일왕 치세에서 별생각 없이 아들의 이름을 히로히토로 지었다가 아이와 함께 자결한 사람도 있었다(일본에서는 일왕의 이름을 함부로 입에 올려서는 안 된다).

일본에서 전문직에 종사하는 사람은 이름에 대한 기리를 매우 철저하게 지켜야 한다. 하지만 미국인이 생각하는 그런 높은 직업의식을 따르지는 않아도 된다. 가령 교사는 "교사로서의 내 이름에 대한 기리를 지키기 위해 내 무지를 인정할 수 없어"라는 식의 말을 한다. 이는 어떤 개구리가 무슨 종에 속하는지 모른다고 해도 아는 체를 해야 한다는 얘기다. 몇 년밖에 안 되는 어설픈 경력으로 영어를 가르치는 교사라면 짧은 실력에도 불구하고 틀렸다는 지적을 절대 인정하지 못한다. '교사로서의 이름에 대한 기리'는 특히 이런 식의 방어 태도를 가리킨다. 사업가의 경우에도 사업가로서의 이름에 대한 기리 때문에 자산이 심각하게 고갈되었거나 조직 구상이 실패한 사실을 누구도 알게 해서는 안 된다. 외교관이라면 기리를 지키기 위해 자신의 방침이 실패한 사실을 인정해선 안 된다. 이런 사례에서 볼 수 있듯, 기리라는 말은 어떤 사람과 극단적으로 동일시되기에 그의 행동이나 능력에 대한 비판은 자동으로 그 사람 자체에 대한 비판이 된다.

일본인은 이렇게 실패와 무능함을 비판하는 데 예민하게 반응하는데 이는 미국에서도 자주 볼 수 있다. 주변을 보면 비난에 미친 듯이 화내는 사람이 꼭 있지 않은가? 하지만 우리가 일본인처럼 방어적으로 구는 경우는 드물다. 교사가 어떤 개구리의 종을 모르면 아무리 무지를 감추고 싶은 유혹에 흔들려도, 아는 척하기보다는 모른다고 말하는 편이 더 낫다고 생각한다. 사업가가 그동안 추진해온 방침이 만족스럽지 못하면 새로운 지시를 내리면 된다고 생각한다. 끝까지 자신이 옳았다고 주장하는 것에 자존심이 달려 있다거나, 설사 자신이 틀린 것을 인정하더라도 사임하거나 물러나야 하는 것도 아니다. 하지만 일본에서는 이런 방어 태도가 아주 뿌리 깊이 내재되어 있으며, 어떤 사람의 직업상의 과오를 면전에서 노골적으로 지적하지 않는 것을 보편적 예의이자 현명한 태도라고 여긴다.

이런 예민성은 다른 사람에게 패배할 때 특히 더 두드러진다. 취업 경쟁에서 다른 사람이 채용되거나 경쟁시험에서 떨어질 경우 패자는 그런 실패로 '수치를 입는다'. 이런 수치는 분발을 위한 강한 자극제가 될 수도 있지만, 대개는 의기소침으로 이어진다. 자신감을 잃고 우울해지든가 화를 내거나, 아니면 이 둘의 반응을 동시에 보인다. 더는 노력하지 않게 된다.

따라서 일본에서의 경쟁은 미국에서와 같은 바람직한 사회적 효과가 없으며, 미국인은 바로 이 부분을 인정해야 한다. 미국에서는 경쟁을 '좋은 것'으로 여겨 아주 중시한다. 여러 심리 테스트를 통해서도 경쟁이 최상의 성과를 내도록 자극해준다는 사실이 증명되고 있다. 이런 자극을 받으면 성취도가 향상되고, 혼자서 일할 땐 경쟁자들이 있을 때만큼의 성과를 못 내는 것으로 나타난다.

일본에서는 심리 테스트에서 우리와는 반대의 결과가 나온다.

이런 결과는 유년기 이후에 특히 두드러지는데, 그 이유는 일본에서는 어릴 때의 경쟁을 비교적 놀이처럼 생각하고 그 결과를 걱정하지 않기 때문이다. 하지만 청년기와 성인기의 피실험자들은 경쟁 상황 속에서 성취도가 떨어졌다. 혼자 할 때는 실수가 적고 속도도 빨라서 좋은 진전을 보였던 피실험자들이 경쟁자가 생기면 실수가 생기고 속도도 훨씬 떨어지기 시작했다. 자신의 기록과 대비해 향상도를 평가하던 때는 최선을 다했지만 남과 비교해서 평가했을 때는 그러지 못했다. 일본인 실험자들은 경쟁 상황에서 기록이 이렇게 부진해지는 이유를 분석해봤다. 그랬더니 피실험자들이 경쟁적 상황에서 프로젝트를 수행하게 되면 패배할지 모른다는 걱정에 마음이 쏠려 성과를 잘 내지 못하는 것으로 밝혀졌다. 경쟁을 공격으로 너무 민감하게 의식해서 눈앞의 과제에 집중하지 못하고 그 공격자와의 관계에 주의력을 빼앗겼다.[49]

이 심리 테스트에 참가한 학생들은 실패에 따른 수치심에 가장 영향을 받았다. 직업상의 이름에 대한 기리를 지키려는 교사나 사업가처럼, 학생으로서의 이름에 대한 기리에 자극받은 것이었다. 경쟁적 시합에서 진 학생 선수들이 심하면 패배에 따른 수치심 때문에 자포자기에 빠지는 사례들도 있었다. 보트 선수가 노를 놓아버리고는 흐느끼며 비통해한다거나 야구 시합에서 진 팀이 한데 모여 소리 내어 우는 식이다. 미국에서는 이런 사람들을 신사답지 못

---

49) 이 심리 테스트에 대한 간략한 정리가 보고 싶다면 Ladislas Farago가 Committee for National Morale(9 East 89th Street, New York City 소재)를 위해 작성한 다음의 자료를 참조 바람. *The Japanese: Character and Morale*(등사판)

한 패자라고 말한다. 지더라도 이긴 팀의 실력을 인정하며 승복하는 것을 예의로 여긴다. 패자가 승자와 악수를 나누는 것이 올바른 태도이다. 아무리 지는 것을 질색하는 이들이라도 졌다고 극단적 감정에 빠지는 사람은 멸시한다.

일본인은 예전부터 이런저런 기묘한 방식으로 직접적 경쟁을 피해왔다. 그래서 초등학교에서는 미국인으로선 상상도 할 수 없을 정도까지 경쟁을 최소화한다. 교사들은 교육 지침에 따라 학생들에게 각자 자신의 성적을 올리라고 말할 뿐 다른 학생과 비교해서는 안 된다. 초등학교에서는 어떤 학생도 낙제시키지 않는다. 같이 입학한 아이들 전원이 다 같이 진학하고 다 같이 졸업한다. 초등학교 아이들의 성적표에 기재되는 점수는 학업 성적이 아닌 품행을 기준으로 삼는다. 그러다 중학교 입학시험 같은 경쟁적 상황이 불가피하게 닥치면 당연히 학생들로선 굉장한 스트레스를 받게 된다. 교사들이 불합격 사실을 확인하고 자살을 시도한 남학생 사례를 흔하게 접할 정도다.

이렇게 직접적 경쟁을 최소화하려는 노력은 일본인의 생활 전반에서 발견된다. 미국인은 동료와의 경쟁에서 좋은 성적을 내는 것을 확실한 원칙으로 삼는 반면, 일본에서는 '온'을 바탕으로 한 윤리 때문에 경쟁의 여지가 적다. 계급에 따라 세세한 규율이 있는 계층적 위계질서 체계가 직접적 경쟁을 최소화하고 있는 것이다. 가족 체계에서도 경쟁을 최소화하려는 경향이 있다. 제도상으로 아버지와 아들은 미국에서처럼 경쟁 관계에 놓일 수 없다. 그들은 아버지와 아들이 서로 등을 돌릴 수는 있지만 경쟁하는 일은 없다.

일본인은 아버지와 아들이 가족 차를 서로 쓰겠다고 다투거나 어머니(아내)의 관심을 더 끌려고 경쟁하는 미국의 가족을 보면 놀라워한다.

일본 어디에서나 널리 사용하는 중개인 제도는 서로 경쟁 관계인 두 사람의 직접적 대면을 막는 좋은 방식이다. 실패할 경우 수치를 느끼게 될 만한 상황에서는 언제나 중개인이 등장하며 그에 따라 혼담, 구직, 퇴직, 여러 가지 일상적 문제의 조정 등의 수많은 경우에 개입한다. 이때는 중개인 한 사람이 양측 당사자에게 양쪽의 의향을 전하거나, 결혼 같은 중대사의 경우엔 양측에서 따로따로 중개인을 내세워 두 중개인이 세세한 협상을 거친 후 각자의 의뢰인에게 그 결과를 전하는 식이다. 이렇게 간접적으로 일을 처리하면 당사자들은 직접 소통을 나눌 경우 자신들의 이름에 대한 기리 문제로 분개하게 될 만한 요구나 비난을 겪지 않아도 된다. 또 중개인은 이런 공식적 역할을 수행하면서 신망을 얻을 뿐만 아니라 중개를 잘 해내면 지역사회의 존경까지 얻는다. 중개인은 원만한 협상에 자존심을 걸기 때문에 중개인을 세우면 그만큼 탈 없이 일이 잘 성사될 가능성이 크다. 중개인은 구직 의뢰인을 위해 고용주의 의향을 슬쩍 떠보거나 고용주에게 피고용인의 퇴직 결정을 전할 때도 이렇게 원만한 협상을 위해 애쓴다.

이름에 대한 기리를 위험하게 만들 수도 있는 수치스러운 상황을 대비하기 위한 갖가지 예의범절이 잘 규정되어 있다. 이런 상황의 최소화는 직접적 경쟁에만 국한된 것이 아니라 훨씬 더 넓은 영역으로까지 퍼져 있다. 일본인은 주인이 손님을 맞을 때 좋은 옷을 차려입고 일정한 환영 예절을 갖추어야 한다고 생각한다. 그래서 농부의 집을 방문했을 때 그 농부가 작업복 차림으로 있으면 잠시 기다려야 할 수도 있다. 농부는 손님 접대에 걸맞은 옷으로 갈아입고 적절한 예의를 갖추고 나서야 찾아온 손님에게 아는 체를 한다. 이는 집주인이 손님이 기다리고 있는 방에서 옷을 갈아입어야 하는 상황에서도 마찬가지다. 적절한 옷차림을 갖출 때까지 그 자리에 없는 사람으로 간주되는 셈이다.

시골 지역에서는 가족이 모두 잠든 깊은 밤에 처녀의 집에 찾아가는 풍습이 있는데 이때 처녀는 총각의 구애를 받아들일 수도 거부할 수도 있다. 하지만 총각은 퇴짜를 맞더라도 다음 날 수치를 느끼지 않도록 수건으로 얼굴을 가린다. 이렇게 얼굴을 가려 변장하는 것은 그 총각이 누구인지 알지 못 하게 하려는 것이 아니다. 순전히 나중에 퇴짜 맞은 수치를 인정해야 할 만한 일을 피하기 위해, 얼굴만 가리면 자기가 보이지 않는다고 생각하는 타조처럼 회피하는 방법을 쓰는 것이다.

한편 일본에서는 어떤 계획이든 성공이 확실시될 때까지 가급적 남에게 알려지지 않도록 주의하는 것이 예의다. 가령 혼담 중매인은 혼담이 성사되기 전에 신붓감과 신랑감을 서로 대면하게 해줘야 하는데 이때는 온갖 방법으로 그것이 우연한 만남인 것처럼 꾸민다. 이 단계에서 두 사람이 공식적으로 만났다가 혼담이 깨질 경우 한쪽 가문이나 두 가문 모두에게 불명예를 안길 소지가 있기 때문이다. 젊은 남녀는 각자 어머니나 아버지, 아니면 양친 모두와 같이 나오고 중매인이 만남의 주선자를 맡아야 해서 연례 국화 전람회나 벚꽃놀이, 또는 이름난 공원이나 놀이 장소에서 모두가 '우연히 마주치는' 상황을 연출하는 것이 가장 편하다.

일본인은 이 외에도 여러 방식으로 수치스러운 실패를 직접 겪는 상황을 피한다. 그들은 모욕을 당할 경우 이름을 깨끗이 해야 하는 의무에 대해서 크게 강조하지만 실제로는 모욕을 느낄 상황을 가능한 한 적게 만들고 사전에 사건들을 조정하는 것이다. 이것은 일본만큼이나 자신의 이름을 깨끗이 하는 것을 중시하는 태평양 일대 섬의 여러 부족과 크게 대비된다.

원예가 주업인 뉴기니와 멜라네시아의 원시 민족들 사이에서는 분노할 수밖에 없는 모욕이 부족의 행동이나 개인적 행동을 촉발하는 원동력이 되어준다. 어떤 마을에서 잔치를 벌일 때면 꼭 다른 마을에 대한 도발의 말로 잔치를 개시한다. 그 마을이 너무 가난해서 겨우 10명의 손님에게도 식사를 대접하지 못한다거나, 너무 인색해서 토란과 코코넛 열매를 숨겨놓고 내놓지 않는다거나, 지도자가 너무 멍청해서 잔치 하나도 제대로 열지 못한다는 식의 도발이다. 그러면 이렇게 도발을 당한 마을에서는 잔치에 초대한 모든 사람에게 호화스러운 과시와 후한 환대로 부담스러울 만큼 접대하는 것으로 오명을 씻는다. 혼담과 금전적 거래 역시 이런 식이다. 싸움을 벌일 때도 서로 거친 모욕을 주고받고 나서야 활에 화살을 건다. 지극히 사소한 문제를 다룰 때도 사투를 벌여야 할 일처럼 덤벼든다. 이 부족들은 이처럼 모욕을 중요한 행동 동기로 삼고 있으며 대체로 모욕을 통해 활력이 불끈 돋워진다. 하지만 어떤 관찰자도 이들을 예의 바른 공손한 민족으로 얘기한 적이 없다.

　반면 일본인은 예의바름의 표본이다. 그러므로 이런 남다른 예의바름은 그들이 오명을 씻을 기회를 얼마나 극단적으로 제한하고 있는지를 평가하는 척도가 된다. 일본인도 모욕이 불러일으키는 분노가 성취를 가져오는 자극제라 여기지만 그런 분노를 일으키는 상황을 가능한 한 제한하려고 한다. 그런 상황은 아주 특별한 경우나, 모욕을 사전에 제거하려는 전통적 장치가 좌절된 경우에만 벌어져야 하는 것이다. 물론 일본으로선 이런 자극의 활용이 극동에서 지배적 지위를 획득하고 지난 10년간 영국과 미국을 상대로 한 전쟁 정책을 실행하는 데 한몫했을 것이다. 하지만 모욕에 대한 예민한 반응과 불타는 복수 의지에 대한 서양인들의 담론은 대체로 일본보다는 뉴기니 부족들의 모욕 활용 방식에 더 들어맞는다. 게다가 일본이 패전 이후 어떻게 행동할지 서양인들의 예측이 빗나간 이유 역시 이름에 대한 기리에 가해지는 일본 특유의 제한을 이해하지 못한 탓이었다.

　미국인은 일본의 공손한 면만 보고 비방을 대하는 일본인의 예민성을 과소평가해서는 안 된다. 미국인은 서로에게 가볍게 욕을 던진다. 욕을 일종의 게임처럼 즐긴다. 그런 우리로선 일본에서 가벼운 말을 극단적일 만큼 심각하게 받아들이는 이유를 이해하기가 힘들다.

　일본의 화가 마키노 요시오(牧野義雄, 1870~1956)가 영어로 써서 미국에서 출간한 자서전을 보면, 비웃음에 반응하는 일본인의 전형적인 태도를 잘 설명해놓았다. 이 자서전을 집필할 당시 그는 이미 성년기 대부분을 미국과 유럽에서 보낸 후였다. 하지만 그 순간을 생각하면 자신이 고향인 아이치현 시골 마을에 여전히 살고 있는 듯 생생하게 떠오른다고 했다. 마키노는 명망 있는 지주의 막내아들로 태어나 화목한 가정에서 남부러울 것 없이 사랑받으며 자랐다. 그러다 유년기가 끝나갈 무렵 어머니가 돌아가셨고, 이후 얼마 지나지 않아 아버지가 파산하면서 빚을 갚기 위해 재산을 모두 처분하게 되었다. 결국 가족이 뿔뿔이 흩어졌고 마키노는 마음속에 품은 야망에 밑천으로 삼을 만한 돈이 한 푼도 없었다. 그런 야망 중 하나는 영어 배우기였다. 그래서 영어를 배우기 위해 선교단체가 운영하는 근처의 학교에 들어가 잡역부 일을 했다. 그렇게 열여덟 살이 되었을 때 두어 군데의 인근 마을 밖으로는 나가본 적도 없던 그가 미국으로 가야겠다는 결심을 굳혔다.

나는 다른 누구보다 신뢰했던 선교사 한 분을 찾아갔다. 그분께 유용한 정보를 얻길 기대하며 미국에 가고 싶은 마음을 털어놓았다. 그런데 너무 실망스러운 반응이 돌아왔다. '뭐? **네가** 미국에 가겠다고?' 선교사가 이렇게 외칠 때 그의 아내도 같은 방에 있었는데 두 사람 모두 나를 **비웃었다**! 그 순간 나는 머릿속의 모든 피가 발로 쏠려 내려가는 듯했다! 잠시 잠자코 그 자리에 가만히 서 있다가 인사도 없이 내 방으로 돌아왔다. 그리고 중얼거렸다. '모든 것이 끝나버렸구나.'

다음 날 아침 나는 도망쳤다. 지금부터 도망친 이유를 설명하겠다. 나는 언제나 **불성실**을 세상에서 가장 큰 죄라고 믿는 사람이고 남을 비웃는 것보다 더 불성실한 일은 없다!

나는 다른 사람이 화를 내면 언제나 용서한다. 화를 내는 것은 인간의 본성이기 때문이다. 어떤 사람이 나에게 거짓말을 해도 나는 대체로 용서한다. 인간의 본성은 아주 약해서 어려운 상황에 닥치면 마음이 흔들려 진실만을 말할 수 없을 때가 많다. 나는 누군가가 나에 대한 근거 없는 소문이나 험담을 퍼뜨리고 다녀도 용서해준다. 남들이 그런 식으로 이야기를 몰아가면 쉽게 그렇게 말할 수 있기 때문이다.

나는 심지어 살인자도 그럴 만한 사정이 있었다면 용서해줄 수 있다. 하지만 비웃음은 문제가 다르다. 변명의 여지가 없다. 의도적인 불성실이 아니고서야 무고한 사람을 비웃을 수는 없는 일이기 때문이다.

나는 살인자와 조롱자를 내 나름대로 이렇게 정의하고 싶다. 살인자 : 어떤 사람의 **육신**을 살해한 사람. 조롱자 : 다른 사람의 **영혼**과 **마음**을 살해한 사람.

영혼과 마음은 육신보다 훨씬 더 귀하기 때문에 비웃음이야말로 가장 큰 죄다. 실제로 그 선교사 부부는 내 **영혼**과 **마음**을 살해하려 했고 나는 마음에 크나큰 상처를 입으며 절규했다. '당신이 어떻게 나에게 그럴 수 있어요?'[50]

다음 날 아침 마키노는 짐을 싸서 그곳을 떠났다.

당시 그는 시골 소년이 돈 한 푼 없이 미국에 가서 화가가 되고

---

50) Yoshio Markino, *When I was a Child*, 1912, pp. 159-160. (강조체는 원문에 따른 것임.)

싶다는 말에 불성실로 화답한 선교사에게 '살해당한' 기분이었다. 그는 이름이 더럽혀졌고 자신의 목표를 이루기 전까지는 그 오명을 씻을 수 없었다. 선교사에게 '비웃음'을 당한 이상 그곳을 떠나 자기 힘으로도 미국에 갈 수 있음을 증명해 보이는 것 말고는 다른 선택안이 없었다. 그런데 그가 영어로 선교사의 'insincerity(불성실)'를 비난한 대목은 우리에겐 의아하게 읽힌다. 미국인 선교사가 탄식한 것은 미국인이 봤을 때 미국식으로 '성실한 반응'이었기 때문이다. 하지만 마키노는 일본인의 의미대로 그 단어를 썼다. 일본인은 상대를 공격할 의도가 아니면서도 업신여기는 사람은 성실하지 못하다고 비난한다. 그런 조롱을 무례한 짓이자 '불성실'의 증거로 본다.

마키노는 "심지어 살인자도 그럴 만한 사정이 있었다면 용서해줄 수 있다. 하지만 비웃음은 문제가 다르다. 변명의 여지가 없다"라면서 비웃음은 '용서할' 일이 못 되므로 그에 대한 반응은 복수밖에 없다고 강조한다. 마키노는 결국 미국 땅을 밟음으로써 오명을 씻었다. 복수는 일본의 전통에서 모욕이나 패배를 당했을 때의 '바람직한 반응'으로써 높이 평가받고 있다. 서양 독자들을 위해 책을 쓰는 일본인들은 복수에 대한 일본인의 태도를 설명하기 위해 때때로 비유적 표현을 사용했다. 가령 일본에서 가장 자애로운 인물로 꼽히는 니토베 이나조[51]는 1900년에 이렇게 표현했다. "복수에는 우리의 정의감을 충족시켜주는 뭔가가 있다. 우리의 복수 의식

---

51) 新渡戸稲造, 무사도를 서양에 소개한 식민학자 ―역자 주.

은 수리력만큼이나 엄밀한 것이라 방정식의 양 변이 충족되지 않는 한 뭔가를 제대로 마치지 못한 듯한 느낌이 떨쳐지지 않는다."52) 오카쿠라 요시사부로53)는 《일본의 삶과 생각(The Life and Thought of Japan)》에서 일본의 독특한 관습을 다음과 같이 비유했다.

이른바 일본인의 특이한 정신은 대부분 순결함에 대한 사랑과, 이와 상보적 관계인 불결함에 대한 혐오에 그 뿌리를 두고 있다. 정말로 이렇게 밖에는 설명할 수가 없다. 실제로 우리는 가문의 명예에 대해서든 국가적 긍지에 대해서든 모욕이 가해질 경우 설욕을 통해 철저히 씻어내지 않는 한 그 큰 불결함과 상처가 다시 깨끗이 치유되지 못할 모욕으로 간주하도록 길들여졌다. 일본의 공적인 생활과 개인적 생활에서 빈번하게 마주하게 되는 복수의 사례들은, 깨끗함을 너무 좋아해 결벽증이 생겨버린 민족의 일종의 아침 목욕쯤으로 봐도 무방하다.54)

오카쿠라는 이어서 이렇게 말했다. "따라서 일본인은 '활짝 핀 벚꽃 나무처럼 평온하고 아름다워 보이는, 깨끗하고 더럽혀지지 않은 삶을 살아간다." 이 '아침 목욕'이란 다시 말해 다른 이가 던진 구정물을 씻어내는 것이며 구정물이 조금이라도 묻어 있는 한 덕 있는 사람이 될 수 없다는 얘기다. 사람은 스스로 모욕받았다고 생

---

52) Inazo Nitobe, 《일본인들의 무사도 정신(*Bushido: The Soul of Japan*)》 1900, p. 83.

53) 岡倉由三郎, 일본의 영어학자 −역자 주.

54) Yoshisaburo Okakura, *The Life and Thought of Japan*. London, 1913, p. 17.

각하지 않는 한 모욕당할 수 없으며 사람을 더럽히는 것은 그 사람에 대한 안 좋은 말이나 행동이 아니라 '그의 내면에서 나오는 것'뿐이라고 가르치는 식의 윤리는 일본인에게 없다.

일본의 전통은 이런 '아침 목욕' 같은 복수의 이상을 대중에게 끊임없이 내세우고 있다. 셀 수 없이 많은 일화와 영웅담이 이런 복수 이야기를 담고 있지만, 그중에서 가장 유명한 이야기는 누구나 다 아는 역사물 《47인의 사무라이》55)다. 이런 영웅담은 학교 교과서에도 실려 있고 연극과 영화로 제작되고 있는가 하면 통속 출판물로도 출간되면서 오늘날까지 일본 문화 속에 생생히 살아 있다.

이런 복수 이야기들은 대부분 뜻하지 않은 실패에 대한 민감한 반응이 주제를 이룬다. 예를 들어 어느 다이묘가 세 명의 가신을 불러 어떤 명검의 제작자를 맞혀 보라고 했는데 세 가신이 모두 다른 대답을 했다. 이후 이 분야 전문가들이 불려와 검증해봤더니 산자 나고야만이 그 명검이 무라마사56)의 검이라는 것을 정확히 맞힌 유일한 사람이었다. 틀린 두 사람은 그것을 모욕으로 받아들여 산자를 죽이기로 한다. 어느 날 그중 한 사람이 산자가 잠이 든 것을 확인하고는 산자의 칼로 그를 찔렀다. 하지만 산자가 죽지 않고 목숨을 건지자 공격자는 이후 복수에 일념을 불태우다 기어코 산자

---

55) 실제 일어난 유명한 사건인 아코성 주군의 복수사건을 작품화한 것으로, 주군 잃은 47인의 사무라이들의 복수극. ―역자 주.

56) 村正. 무로마치 시대부터 에도 시대 초기에 걸쳐 이세의 구와나에 살던 도장(刀匠)의 이름이자, 그들의 손을 거쳐 탄생한 명품들의 이름이기도 하다. ―역자 주.

를 죽이는 데 성공하면서 자신의 기리를 충족시켰다.

한편 주군에게 복수하는 이야기들도 있다. 일본 윤리에서 기리란 곧 가신이 죽는 순간까지 주군에게 충성하는 것을 의미하는 동시에, 모욕을 당했을 때는 극도의 증오를 품고 변절하는 것을 의미하기도 했다. 그 좋은 예로 도쿠가와 막부의 초대 쇼군 이에야스에얽힌 이야기가 있다.

이에야스의 가신 한 명이 이에야스가 자신을 놓고 '목에 생선 가시가 걸려 죽을 놈'이라고 말했다는 얘기를 듣게 되었다. 자신이 그렇게 품위 없이 죽게 될 거라고 말했다니, 도저히 견딜 수 없는 모욕이었다. 결국 이 가신은 살아서도 죽어서도 그 모욕을 절대 잊지 않겠다고 다짐했다. 이에야스는 당시에 새로운 수도 에도(도쿄)에서 전국을 통일하려고 애쓰던 때라 아직 적들로부터 안전하지 못한 상태였다. 이런 상황에서 이 가신은 적군의 영주들에게 접근해 자신이 에도에 불을 내서 잿더미로 만들어놓겠다는 제안을 했다. 그런 식으로 자신의 기리를 충족시키며 이에야스에게 복수하겠다는 속셈이었다.

서양인들이 일본인의 충성심에 대해 다룬 논의는 대부분 아주 비현실적이다. 그 이유는 기리가 그저 충성만 바치는 덕목이 아니라는 점을 간과하기 때문이다. 기리는 특정 상황에서 배신이 요구되는 덕목이기도 하다. '매 맞은 사람이 반란을 일으킨다'는 말이 있는데 그것은 모욕을 당한 사람도 마찬가지다.

역사물 소재 이야기에서 이 두 주제(자신은 틀렸는데 옳게 맞힌 누군가에 대한 복수와 자신이 섬기는 주군이더라도 모욕에 대해선 가차 없이 행하는 복수)는 일본에서 가장 잘 알려진 문학작품들에 흔한 주제로 등장하며 여러 가지 변형으로 이야기된다. 현시대의 일상사, 소설, 사건들을 살펴보면 일본인이 전통적 복수를 얼마나 높이 평가하든 확실히 오늘날에는 복수 사례가 서양 나라들과 비슷한 수준이거나, 어쩌면 더 적을 수도 있다.

그렇다고 해서 명예에 대한 강박관념이 약해졌다는 얘기가 아니라 실패나 모욕에 대한 반응이 공격적이지 않고 방어적인 경향이 점점 늘고 있다는 얘기다. 일본인은 여전히 수치를 심각하게 받아들이지만 싸움을 거는 게 아니라 화기를 잠재우려는 식의 반응이 점점 더 많아지고 있다. 직접 공격하는 복수는 메이지 시대 이전의 무법 시절에나 실행 가능성이 높은 일이었다. 근대 시대에 들어오면서부터는 법과 질서가 자리잡히고 상호의존성이 높아진 경제생활을 영위하고 있기 때문에 복수를 드러나지 않게 은밀히 하거나 가슴속에 묻어두는 경향을 띤다. 원수가 눈치 못 채게 못된 장난을 쳐서 은밀한 복수를 하기도 한다. 이를테면 맛 좋은 음식에 몰래 배설물을 섞어 원수에게 대접하고는 그걸 눈치챘는지 슬쩍 떠본 후 원수가 모르고 먹은 것을 알고 고소해 하는 식의 옛날이야기 속 복수를 본떠서 복수하는 것이다. 하지만 오늘날에는 이런 식의 은밀한 공격마저 더 드물어지면서 자신에게로 공격의 방향을 돌리는 경향이 늘고 있다. 이렇게 자신에게 공격의 방향을 돌리는 방법에는 두 가지가 있다. 자신이 '불가능한 일'을 감내하도록 하거나 비탄에 잠겨 마음을 썩히든가 둘 중 하나이다.

일본인이 실패와 모욕과 거절에 민감한 측면은 남이 아닌 자신을 괴롭히기 쉽게 만드는 요인으로 작용하기도 한다. 지난 수십 년 동안 일본의 소설에서는 학식 있는 일본인이 툭하면 이성을 잃고 분노를 폭발하거나 극단적인 우울증에 빠져드는 모습이 반복적으로 묘사되고 있다. 이런 소설 속 주인공들은 권태에 빠져 있다. 평범한 일상에 따분해하고, 가족에게 따분해하고, 도시 생활과 시골 생활에 따분해한다. 하지만 이것은 원대한 이상에 도달하고자 꿈꾸는 경우의 권태가 아니다. 마음속에 그리는 높은 이상에 비교했을 때 모든 노력이 사소해 보이는 그런 권태가 아니다. 현실과 이상의 괴리에 따른 권태도 아니다.

일본인은 오히려 원대한 임무를 꿈꿀 때 권태를 잊는다. 그 목표가 아무리 요원해도 권태를 말끔히 씻어낸다. 일본인 특유의 권태는 지나치게 민감한 국민의 병증이라고 말할 수 있다. 거절의 두려움을 내면으로 돌리며 자신을 스스로 괴롭히는 것이다. 일본 소설 속에서 그려지는 권태는 우리가 러시아 소설을 통해 익숙히 아는 지루함과는 그 심리가 다르다. 주인공이 겪는 모든 권태가 현실과 이상의 괴리에 바탕을 두는 러시아 소설과는 아주 다른 것이다. 조지 샌섬57) 경은 일본인에겐 현실과 이상의 차이에 대한 의식이 결여되어 있다고 언급한 바 있다. 이 말은 일본인 권태의 본질이 아니라, 일본인의 철학 체계와 인생관에 대한 지적이었다. 물론 서양의 개념과 다른 이런 일본인의 철학 체계와 인생관은 여기에서 다

---

57) George Sansom, 20세기 초 영국의 일본 외교관이자 일본 역사학자. -역자 주.

루고 있는 사례의 범위를 크게 넘어서지만, 그럼에도 일본인이 쉽사리 빠져드는 우울증과 각별한 관련성이 있다.

일본이 러시아처럼 소설 속에서 곧잘 권태를 묘사하고 있는 측면은 미국과 뚜렷한 대조를 이룬다. 미국의 소설은 권태를 소재로 잘 다루지 않는다. 등장인물들의 불행에 대해서는 성격적 결함으로 다루거나 잔인한 세상의 거친 역경 탓으로 돌린다. 막연한 불안에서 나오는 권태 그 자체를 다루는 경우는 극히 드물다. 개인적 부적응에는 반드시 원인이 있으며 이야기가 절정으로 치달으면서 독자는 주인공의 어떤 단점이나 사회제도에 도덕적 비난을 가하게 된다.

일본에도 도시의 절망적인 경제 상황과 상업적 어획 현장에서의 만행에 이의를 제기하는 프롤레타리아 소설들이 있다. 하지만 일본의 성격 소설은 어느 작가의 말처럼 사람들의 감정이 마치 바람에 날리는 독가스처럼 스며드는 세계를 폭로하고 있다. 등장인물도 작가도 그 우울증의 먹구름이 비롯된 근원을 설명하기 위해 주변환경이나 주인공의 인생사를 분석할 필요성을 느끼지 않는다. 그저 그 먹구름이 몰려왔다 사라졌다 하고 등장인물은 쉽게 상처받는다. 옛 영웅들이 적에게 가했던 공격을 내면에다 퍼부으면서 자신의 우울증에는 뚜렷한 원인이 없는 것처럼 느낀다. 어떤 사건을 그 원인으로 포착해 놓는 경우도 있지만, 그 사건은 어쩐지 하나의 상징에 불과한 듯한 묘한 여운을 남긴다.

근대의 일본인이 자기 자신에게 가하는 가장 극단적 공격 행위는 자살이다. 일본인의 신조에 따르면 자살은 적절히 수행되기만 한다면 오명을 씻어주는 동시에 죽은 후에라도 명성을 회복시켜준다. 미국인은 자살을 안 좋게 보며 절망에 굴복한 자기파괴로 치부하지만 일본인은 자살을 명예롭고 과단성 있는 행위로 숭상한다. 특정 상황에서는 자살이 이름에 대한 기리에 따라 취할 가장 명예로운 방침이 되기도 한다. 새해 첫날에 빚을 갚을 능력이 안 되어 자살하는 채무자, 어떤 불행한 사건에 책임을 떠안고 자살하는 관료, 이루지 못할 사랑에 절망해 끝내 동반자살하는 연인, 정부의 대對중국전 지연 정책에 죽음으로 항의하는 애국자 등 모두가 시험에서 떨어진 남학생이나 포로가 되길 거부하는 군인처럼 최후의 폭력을 스스로에게 가하는 사례다.

일본의 몇몇 권위자는 이런 자살이 일본에서 새롭게 일어나는 경향이라고 지적한다. 그런데 쉽게 단정할 수는 없지만 최근 몇 년 사이의 통계를 살펴보면 관측자들이 자살 빈도를 과대평가하는 경우가 많다. 사실 따지고 보면 지난 세기의 덴마크나 나치 이전의 독일이 일본의 그 어느 시대보다도 자살률이 높았다. 다만 일본인이 자살이라는 주제를 좋아한다는 점만은 확실하다. 미국인이 범죄 사건을 떠들썩하게 다루듯이 일본인은 자살 사건을 떠들썩하게 다루면서 미국인과 같은 방식으로 대리 경험을 즐긴다. 남을 파괴하는 대신 자기를 파괴하는 사건을 생각하길 좋아한다. 베이컨의 말을 빌리자면 일본인은 자살 사건을 가장 선호하는 '극악한 사건'으로 삼아, 다른 행동을 통해서는 채워질 수 없는 어떤 욕구를 충족시키는 것이다.

자살은 근대 일본에 들어오면서 봉건 시대 역사 이야기 속의 자살보다 더 자기학대적 경향을 띠게 되었다. 봉건 시대 이야기 속에서는 사무라이가 불명예로운 처형을 당하지 않기 위해 정권의 명에 따라 스스로 목숨을 끊었다. 서양의 적군 병사가 교수형 대신 차라리 총살을 원하거나 적에게 사로잡혀 고문을 당하지 않기 위해 자살을 택했던 것과 흡사했다. 무사에게 하라키리(割腹, 항복자살)가 허용되었던 것은 불명예를 입은 프로이센 장교에게 때때로 비밀리의 권총 자살이 허용되었던 것과 아주 유사했다. 프로이센에서는 그 장교가 다른 방법으로는 명예를 회복할 희망이 없음을 깨닫고 나면 당국자들이 그의 방 탁자에 위스키와 권총을 놓아주었다.

일본 사무라이의 경우, 그런 상황에서 자신의 목숨을 끊었던 것은 단지 방법의 선택이었다. 어차피 죽음은 피할 수 없었기 때문이다. 그런데 근대 시대의 자살은 죽음의 선택이다. 때때로 다른 사람을 살해하는 대신 폭력의 방향을 스스로 돌리는 선택으로 행해진다. 봉건 시대에는 용기와 결단력을 보여주는 최후 표명이었던 자살이 오늘날에는 자기파괴를 선택하는 행위가 되었다. 지난 60여 년 동안 일본인은 '세상이 기울어져' 있다거나, '방정식의 양변'이 일치하지 않는다거나, 불결함을 씻어내기 위한 '아침 목욕'이 필요하다고 느낄 때 타인이 아닌 스스로를 파괴하는 경향이 점점 늘어왔다.

자기편의 승리를 주장하기 위해 선택하는 자살은 봉건 시대뿐만 아니라 근대 시대에도 여전히 행해지고 있으나, 이런 자살조차 마찬가지의 방향으로 추세가 바뀌었다. 먼저 봉건 시대의 사례로 도쿠가와 시대의 원로 스승에 대한 유명한 일화를 보자. 막부 고위 고문을 맡고 있던 이 원로 스승은 고문단과 쇼군 섭정이 보는 앞에서 옷을 젖혀 맨살을 드러내고 어느 때라도 즉시 할복할 수 있는 자리에 칼을 놓아두었다. 이런 자살 위협이 성공을 거두면서 결국 자신이 천거한 후보자에게 쇼군직을 계승시킬 수 있었다. 그는 바라던 바를 이루었고 자살은 하지 않았다. 서양식으로 말하자면 이 스승은 반대파를 협박한 것이었다. 그런데 근대 시대에는 이런 자살 시위가 협상의 행위가 아닌 순교의 행위로 행해지고 있다. 실패를 겪은 이후나, 이미 체결된 해군군축조약에 반대한 사람이 후대에 기억되려는 등의 이유로 자살 시위를 벌이고 있다. 말하자면 위협이 아닌 완료를 통해서만 대중의 여론에 영향을 미칠 수 있는 형태이다.

이름에 대한 기리가 위협당할 때 스스로를 공격하는 경향이 늘고는 있지만 그렇다고 해서 반드시 자살 같은 극단적 조치가 수반되는 것은 아니다. 내면을 향한 공격이 단지 우울증과 무기력, 또는 지식층에서 아주 만연했던 일본인 특유의 권태를 유발하는 차원에 그치기도 했다. 이런 풍조가 특히 지식층 사이에 확산됐던 데는 사회학적으로 그럴 만한 이유가 있다. 지식층이 과잉 배출되면서 계층적 위계질서에서의 지위가 아주 불안정했기 때문이다. 지식층 중에서 자신의 야심을 충족시킬 수 있는 이들은 소수에 불과했다. 게다가 1930년대에는 이중의 취약성을 떠안아야 했다. 당국자들이 지식층이 혹시라도 '위험한 사상'을 품을 것을 우려해 요주의 대상으로 견제했기 때문이다.

대체로 일본 지식층은 그들의 좌절을 일본의 서구화가 초래한 혼란에서 온 것이라 했지만, 이런 설명이 사태를 본질적으로 설명하진 못한다. 극단적 헌신에서 극단적 권태로 옮겨가는 극심한 감정 기복은 일본인의 전형적 특징이다. 따라서 수많은 지식인이 겪었던 심리적 조난遭難도 일본의 전통적 방식에 따른 것이었다. 1930년대 중반 이들 지식층의 대다수는 역시 전통적 방식에 따라 이런 좌절에서 벗어났다. 즉 국가주의적 목표를 받아들이고 다시 공격의 방향을 내면이 아닌 외부로 돌렸다. 외국에 대한 전체주의적 침략을 통해 다시 '자기 자신을 발견할' 수 있었다. 불쾌한 기분에서 벗어나 내면에 새로운 힘이 크게 샘솟는 것을 느꼈다. 이들은 개인적 관계에서는 그렇게 하지 못했지만, 정복 민족으로서는 그렇게 할 수 있다고 믿었다.

이제 전쟁의 결과로 이런 신념이 착오였음이 증명됨에 따라 일본에서는 다시 무기력이 크나큰 심리적 위협으로 떠올랐다. 일본인은 그들의 의도가 무엇이었든 이런 무기력에 쉽게 대응하기 어렵다. 아주 뿌리 깊이 내재된 문제이기 때문이다. 도쿄의 어떤 일본인이 토로한 다음의 말을 들어보자. "이제는 폭격을 당할 일이 없으니 너무 안심이 된다. 하지만 전쟁이 중단되니 아무런 목적이 없다. 모두가 멍해 있고 일상에 별 관심이 없다. 나도 그렇고 아내도 그렇고 모든 국민이 병원에 입원한 환자 같다. 모두 만사에 활력이 없고 얼이 빠져 있다. 사람들은 정부가 전후 수습과 구제책 마련에 지지부진해서 그렇다고 불만이지만 내 생각엔 모든 정부 관료가 우리와 똑같은 기분에 빠져 있어서 그런 것 같다.”

일본의 이런 무기력은 나치에서 해방된 후 프랑스에서 일어났던 상황과 비슷하다. 하지만 독일의 경우엔 항복 후 6~8개월 동안 이런 문제가 없었다. 그런데 일본은 문제가 되고 있다. 미국인으로선 이런 반응은 충분히 이해할 수 있지만 이런 반응과 더불어 전승국에 굉장히 친절하다는 점은 거의 믿기지 않을 정도로 이해하기 힘들다. 종전 직후 일본인은 패배와 그에 따른 결과를 아주 선선히 받아들였다. 미국인을 정중한 인사와 미소로 맞아주었고 손을 흔들며 환영의 환성까지 보내주었다. 침울해하지도 분노하지도 않았다. 일왕이 항복 선언문에서 썼던 표현처럼 '받아들이기 불가능한 것을 받아들였다'.

그렇다면 왜 일본인들은 국내 상황을 추스르는 일에 나서지 않았을까? 점령의 조건에 따라 일본에는 그럴 기회가 있었다. 마을마다 외국 군대가 점령하고 있지 않았고 국내 행정도 그들의 권한이었다. 그런데도 전 국민이 국내 문제를 수습하기보다 미소와 함께 손을 흔들며 환영에 나선 듯 보였다. 하지만 바로 이들은 메이지 시대 초기에 기적 같은 재건을 이루어낸 국민이자, 1930년대에 대단한 열정으로 침략의 준비를 갖춘 후 그 병사들이 태평양 일대의 섬과 섬을 거침없이 진격했던 국민이었다.

이들은 그때와 조금도 다르지 않은 국민이었다. 지금 역시 일본인 특유의 습성대로 반응하고 있는 것이다. 극도의 노력과 단순히 답보 상태인 무기력 사이를 오가는 감정 기복은 그들에겐 자연스러운 습성이다. 지금의 일본인은 패전국으로서의 명예를 지키는 일에 집중하면서 호의적 태도를 통해 그 목적을 이룰 수 있다고 여기고 있다. 그 필연적 결과로 대다수 국민이 연합국에 종속적 태도를 취하는 것이야말로 그 목적을 달성할 가장 안전한 방법이라고 생각하고 있다. 그에 따라 괜한 노력을 벌여 의심을 살 바에는 당분간 답보 상태에 머물러 있는 편이 낫겠다고 마음을 먹고 그러면서 무기력이 확산되어 가는 것이다.

하지만 일본인은 권태를 즐기지 않는다. 일본에서는 '분발해서 무기력을 벗어나자'나 '다른 사람들을 무기력에서 일으켜 세우자'는 말이 예전부터 쭉 써오고 있는 격려의 구호이다. 심지어 전시 중에도 방송 진행자가 이 말을 자주 역설했다. 일본인은 그들 고유의 방식으로 무기력과 싸우고 있다. 1946년 봄에 발행된 신문들에는 '전 세계의 눈이 우리를 주시하고 있는데' 폭격으로 아수라장이 된 곳들이 정리되지 않고 특정 공공시설도 제대로 가동되지 못하고 있어 일본의 명예에 큰 오점을 남기고 있다는 논조의 글을 줄기차게 실어댔다. 집 잃은 가족들이 밤마다 철도역에 모여 잠을 자면서 미국인에게 자신들의 비참한 상황을 드러내고 있다는 불만조의 기사를 다루기도 했다. 일본인에게는 이와 같은 명예심에 대한 호소가 설득력을 가진다. 일본인은 일본이 국제연합 기구에서 존경받는 위치를 차지하도록 앞으로 다시 한번 최선의 노력을 펼칠 수 있길 희망하고 있다. 이 역시 명예를 위한 노력이 될 테지만 그 노력의 방향은 새롭게 바뀔 것이다. 앞으로 강대국 간의 평화가 이루어진다면 아마도 일본은 그 방향을 따라 자존심을 지키게 될 수도 있다.

일본에서 명예는 영원불변의 목표다. 명예에는 존경을 얻는 것이 필수적이다. 이런 목표를 위해 사용하는 방법들은 상황에 따라 취해지기도 하고 버려지기도 하는 수단이다. 일본인은 상황이 바뀌면 태도를 바꾸어 새로운 방침을 취하는 경향이 있다. 서양인과는 달리 일본인은 이런 태도 변화를 도덕적 문제로 여기지 않는다. 서양인은 원칙과 이념적 신념을 수호한다. 싸움에서 패하더라도 여전히 그 생각에는 변함이 없다. 실제로 전쟁에 패한 유럽인들은 도처에서 서로 연대해 지하운동을 펼쳤다.

일본인은 극소수의 완강한 저항자를 제외하면 미국의 점령군에 대항해 저항운동과 불복종운동을 조직해야 할 필요성을 느끼지 않는다. 기존 방침을 지켜야 한다는 도덕적 필요성도 느끼지 않는다. 점령 초반부터 미국인은 혼자서 승객이 빽빽이 들어찬 열차에 올라타고 외딴 시골까지 무사히 여행을 다녔고 왕년의 국가주의적 관료들에게 정중한 환대를 받았다. 복수 같은 것은 전혀 없었다. 미국인이 지프를 몰고 마을 여기저기를 돌아다닐 때는 아이들이 길가에 줄지어 서서 'Hello'나 'Good-bye'를 외쳤고 어머니들이 너무 어려 혼자 힘으로 손을 흔들 수 없는 아기의 손을 잡고 흔들어 미군 병사에게 인사를 대신해주기도 했다.

패전 후 180도 달라진 이런 일본인의 태도는, 미국인 입장에서 있는 그대로 믿기 어려운 것이었다. 도저히 믿을 수가 없다. 포로수용소에 잡혀 있던 일본군 포로의 태도 변화보다도 훨씬 더 이해하기 힘들다. 포로들은 자신들이 일본에서 죽은 사람과 다름없다고 여겼고 우리로선 이미 '죽은' 사람이라면 무슨 일이든 못하겠느냐고 판단했기 때문에 그들의 태도 변화가 어느 정도 이해되었다. 일본을 나름 잘 안다는 서양인 중에서도 포로들 특유의 이런 태도 변화가 패전 후의 일본에서도 전개되리라고 예측한 이는 극소수뿐이었다. 대다수는 일본이 '승리 아니면 패배밖에 모르는' 나라이며 패배할 경우 그것을 모욕으로 여겨 필사적이고 맹렬한 저항으로 복수를 멈추지 않을 것이라 믿었다. 일본인의 국민적 성향상 강화 조건을 받아들이지 못할 거라고 내다본 이들도 더러 있었다. 이런 일본 연구자들은 기리를 이해하지 못했던 것이다. 말하자면 명예를 얻는 여러 방법 중에서 일본인이 그들의 전통상 두드러지는 방식인 복수와 공격을 택하리라고 예측했다. 복수와 공격이 아닌 또 다른 방침을 취하기도 하는 일본인의 습성을 감안하지 않았다. 일본인의 공격 윤리를 유럽인의 양식과 혼동했다. 유럽인은 사람이든 국가든 싸움을 할 때 가장 먼저 그 명분이 불변의 정당성을 띤다고 확신하면서 축적된 증오나 윤리적 분노에서 힘을 끌어낸다.

일본인은 침략성을 다른 방식으로 끌어낸다. 세상 사람들에게 존경받기를 원하는 강한 열망이다. 일본은 강대국이 군사력 덕분에 존경받는다고 판단했고 그런 강국에 필적하는 나라가 되기 위한 행동방침에 착수했다. 하지만 자원이 빈약하고 기술이 원시적이었던 탓에 성경 속의 포악한 왕 헤롯보다 더 포악하게 나가야만 했다. 그러다 이 원대한 노력에 실패하자 결국 공격성은 명예에 이르는 길이 아니라는 의미로 받아들였다. 기리는 언제나 공격적 행위와 존중 관계의 준수가 동시에 내포된 의미였고, 패전에 따라 일본인은 전자에서 후자로 태도를 전환했다. 확실히 이런 태도 전환에서는 스스로를 향해 심리적 폭력을 가하려는 의식은 전혀 없었다. 목표는 여전히 명예에 맞춰져 있다.

일본은 역사적으로 다른 여러 경우에도 비슷하게 행동해왔고 그때마다 서양인을 당혹스럽게 했다. 일본이 봉건 시대의 오랜 쇄국 이후 그 빗장이 거의 벗겨지지도 않았던 1862년에 리처드슨 Richardson이라는 영국인이 사쓰마에서 살해되는 사건이 일어났다. 당시에 사쓰마 번은 백인 야만인에게 저항하는 운동의 온상이었던 데다 사쓰마의 사무라이는 일본 내에서도 가장 거만하고 호전적이기로 소문이 자자했다. 영국에서는 응징 차원에서 원정군을 파견해 사쓰마의 중요한 항구인 가고시마에 포격을 가했다. 일본인은 도쿠가와 시대 내내 소형 화기火器를 제작했으나 구식 포르투갈 대포를 본뜬 수준이라서 가고시마는 영국 군함의 상대가 되지 못했다.

하지만 이 포격 이후 예상 밖의 결과가 전개되었다. 사쓰마는 영국에 대한 영원한 복수를 다짐한 게 아니라 영국과 우호 관계를 맺으려 했다. 적의 강한 위력을 확인하고는 그들에게서 배우려고 했던 것이다. 그렇게 해서 영국과 교역 관계를 맺게 되었고 그 이듬해에는 사쓰마에 학교를 세워 당대의 어느 일본인이 글로도 썼듯 "서양의 신비로운 과학과 지식을 가르쳤다. (중략) 나마무기 사건으로 싹튼 우호 관계는 이후로 더욱 공고해졌다."[58] 여기에서 말하는 나마무기 사건은 영국이 응징으로 원정군을 파견해 항구에 포격을 퍼부은 일을 말한다.

---

58) Herbert Norman, *Japan's Emergence as a Modern State*, pp. 44-45, and n. 85.

이것만이 유일한 사례는 아니었다. 호전성에서나 외국인 혐오에서나 사쓰마와 맞먹던 조슈 번에서도 같은 사례가 있었다. 사쓰마와 조슈 번은 왕정복고를 앞장서서 선동하고 있던 곳이기도 했는데 공식적 권한이 없던 일왕 조정에서 1863년 5월 11일을 기해 쇼군에게 일본 땅에서 모든 서양 야만인을 추방하라는 칙명을 발표했다. 쇼군의 막부는 이 명령을 무시했지만 조슈 번은 아니었다. 여러 요새에서 시모노세키 해협을 통과해 연안을 지나가는 서양 상선에 포격을 가했다. 당시 일본의 대포와 탄약은 너무 원시적이라 상선에 피해를 주지도 못했지만, 그 즉시 서구의 연합 함대가 몰려와 요새를 초토화시키면서 조슈 번은 톡톡히 교훈을 얻었다. 그 이후 사쓰마에서와 같은 별난 결과가 뒤따랐다. 서구 열강들이 300만 달러의 배상금을 요구했음에도 사쓰마와 같은 태도의 전환을 보였다. 노먼이 사쓰마와 조슈 사건에 대해 지적한 말처럼 "반외국인 정서의 선봉장이던 이 종족의 180도 태도 전환 이면에 어떤 복잡한 동기가 있든, 이런 행동을 통해 입증된 그 현실주의와 냉정함에는 존경을 표하지 않을 수 없다."[59]

상황에 따른 현실주의는 일본의 이름에 대한 기리가 지닌 밝은 면이다. 기리에는 달처럼 밝은 면과 어두운 면이 있다. 일본이 미국인 배척법을 만들고 해군군축조약을 굉장한 국가적 치욕으로 느끼면서 끝내는 그처럼 참혹한 전쟁 계획이 촉발된 것이 기리의 어두운 면 때문이었다면, 1945년에 항복의 결과를 호의적으로 받아

---

59) 앞과 같은 책, p.45

들일 수 있었던 것은 기리의 밝은 면 때문이었다. 일본은 여전히 일본인 특유의 행동을 하고 있는 것이다.

근대 일본의 저술가와 평론가들은 기리의 의무 중에서 몇 가지를 골라 서양인에게 부시도武士道, 즉 말 그대로 '사무라이의 길'로 소개했다. 이 명칭은 여러 면에서 오해를 불러일으킨다. 부시도는 근대에 와서 만든 공식적 용어로 '기리에 몰려서', '단지 기리 때문에', '기리를 위해 힘쓴다' 등의 뿌리 깊은 민족적 감정이 배어 있지 않으며 기리의 복잡성과 모호성을 담고 있지도 않다. 그것은 평론가의 착안에 불과하다. 게다가 국가주의자와 군국주의자들의 구호가 되었다가 그 지도자들의 위신이 실추되면서 부시도의 개념 또한 위신을 잃었다. 그렇다고 해서 일본인이 더 이상 '기리를 아는' 사람들이 아니라는 얘기는 아니다. 단지 서양인이 일본에서의 기리의 의미를 이해하는 일이 그 어느 때보다 중요하다는 얘기다.

부시도와 사무라이를 동일시하는 것 또한 오해에서 비롯된 결과다. 기리는 모든 계층의 공통적 덕목이다. 일본에서의 다른 모든 의무와 규율처럼 기리도 사회적 신분이 높을수록 '더 무겁지만' 모든 사회적 계층에게 요구되는 덕목이다. 적어도 일본인은 사무라이가 누구보다 더 무거운 기리를 지고 있다고 생각한다. 반면 일본인이 아닌 관찰자의 눈에는 기리가 일반 평민에게 가장 부담스러운 요구를 하는 것으로 비치기 십상이다. 평민이 기리를 지키면서 얻는 보상이 더 적다고 생각되기 때문이다. 일본인은 자신의 세계에서 존중을 받으면 그것으로 충분한 보상이 된다고 여기며 '기리를 모르는 인간'은 오늘날에도 여전히 '한심한 망나니'로 취급받아 동료들에게 경멸과 따돌림을 당한다.

모르는 인간'은 오늘날에도 여전히 '한심한 망나니'로 취급받아 동료들에게 경멸과 따돌림을 당한다.

9장 / 인간적 감정의 영역

일본의 도덕률은 철저한 의무 갚기와 극단적인 체념을 강조한다. 따라서 개인적 욕망은 인간의 가슴에서 뿌리 뽑아야 할 죄악으로 낙인찍기 쉽다. 전통적 불교의 교리가 그렇다. 그래서 일본인의 규율이 오감의 만족에 아주 관대하다는 사실이 더더욱 놀랍게 느껴진다. 일본이 세계에서 손꼽히게 불교 인구가 많은 나라인데 이런 점에서의 윤리는 석가모니나 불교 경전의 가르침과 큰 차이를 보인다. 일본인은 자기 욕망의 만족을 죄악시하지 않는다. 청교도적이지 않다. 오히려 육체적 쾌락을 좋은 것이자, 가꾸어 기를 만한 것이라고 여긴다. 쾌락이 추구되고 중시된다. 그럼에도 불구하고 쾌락이 선을 넘어서는 안 된다. 삶의 중대사를 침범해서는 안 된다.

이런 도덕률은 생활에 아주 높은 긴장을 부여한다. 힌두교도는 이런 일본식 감각 충족의 결과를 미국인보다 훨씬 잘 받아들인다. 하지만 미국인은 쾌락을 굳이 배울 필요가 없는 영역이라고 생각한다. 사람이 관능적 쾌감에 빠지길 거부한다 해도 그것은 배우지 않아도 익히 아는 유혹을 뿌리치는 것이라고 본다. 하지만 일본에서는 쾌락도 의무와 마찬가지로 배워야 하는 영역이다. 대다수의 문화에서는 쾌락 자체를 가르치지 않으며, 따라서 사람들은 쉽게 자기희생이 요구되는 의무에 헌신하게 된다. 남녀의 육체적 관계조차 때때로 원만한 가정생활에 별 위협이 되지 않을 때까지 가급적 제한되기도 한다. 이런 나라들에서는 원만한 가정생활의 토대를 육욕과는 전혀 다른 고려 사항에 두고 있다. 그런데 일본인은 육체적 쾌락을 개발해 놓고는, 엄숙한 생활 영역에서는 이런 쾌락을 탐닉해서는 안 된다는 도덕률을 세워놓았다. 그럼으로써 자신을 스스로 힘들게 하고 있다. 육체적 쾌락을 예술처럼 연마하고 나서, 쾌락을 충분히 음미할 줄 알게 되면 의무를 위해 쾌락을 희생하는 것이다.

일본에서 가장 즐기는 소소한 육체적 쾌락 중 하나는 온욕이다. 지독히 가난한 농부나 천하디천한 종도 부유한 귀족과 마찬가지로 매일 저녁 아주 뜨끈한 물에 몸을 담그는 것이 하나의 일과다. 가장 평범한 욕조는 나무로 만든 통으로 그 아래를 숯불로 지펴 섭씨 43도나 그 이상의 온도로 유지되게 덥힌다. 일본인은 먼저 몸 전체를 깨끗이 씻고 나서 욕조에 들어가 몸을 담그고 그 따뜻함과 나른함을 즐긴다. 욕조 안에서는 태아처럼 무릎을 세우고 앉아서 턱까지 물에 잠기게 하고 있다. 일본인이 이렇게 매일매일 목욕을 하는 것은 미국인처럼 청결을 중요시해서이지만 여기에 더해 수동적 탐닉의 예술이라는 가치를 부여하기 때문이기도 하다. 이런 식의 가치 부여는 세계 그 어떤 나라의 목욕 관습에서도 비슷한 사례가 없다. 그들의 말대로라면, 이런 가치는 나이가 들수록 더 깊어진다고 한다.

목욕 준비의 비용과 수고를 최소화하기 위한 온갖 방법을 개발할 정도로 일본인에게 목욕은 필수 일과다. 도시에는 수영장 같은 대형 공중목욕탕이 있어서 사람들은 그곳에 가서 물에 몸을 담그고 우연히 만난 옆 사람과 담소를 나눈다. 농촌 마을에서는 여자들 여럿이 돌아가며 마당에다 목욕물을 데워 놓으면 −일본에서는 목욕하는 모습을 사람들에게 보이지 않도록 조심하지 않아도 된다− 가족들이 번갈아 욕조에 들어간다. 훌륭한 저택에서조차 예외 없이 어떤 가정이든 항상 엄밀한 순서에 따라 가족 욕조에 번갈아 들어간다. 손님, 조부, 아버지, 장자 순으로 먼저 들어가고 그 아래로 쭉 이어서 가족의 가장 낮은 종까지 차례를 지켜 들어간다. 그렇게 몸을 담갔다가 살이 바닷가재처럼 붉게 익어서 나오면 가족이 다 함께 둘러 모여 저녁 식사 전까지 하루 중의 가장 느긋한 시간을 즐긴다.

온욕이 아주 소중한 쾌락으로 여겨졌듯 차가운 냉수욕을 규칙적으로 하는 것도 전통적인 '자기단련'에 포함되어 있다. 흔히 '간게이코60)'나 '미즈고리'61)로 일컬어진 이런 관례는 지금까지도 행해지고 있지만 오래된 전통 방식을 따르지는 않는다. 옛날에는 동이 트기 전에 밖으로 나가 산골짜기의 차가운 폭포 아래에 앉아 있어야 했다. 난방도 안 되는 일본의 가옥에서 겨울밤에 얼음처럼 차가운 물을 몸에 끼얹는 고행은 요즘 수행하기도 만만치 않은데, 퍼시벌 로웰62)이 1890년대에 행해졌던 양식을 서술해놓은 글에 따

---

60) 寒稽古, 한겨울 추위를 견디며 무술이나 음악 훈련을 하는 것. −역자 주.

61) 水垢離, 신불에게 기원하려고 냉수욕으로 몸을 깨끗이 하는 목욕재계를 가리킨다. −역자 주.

62) Percival Lowell, 미국의 천문학자. 보스턴에서 태어났으며 사업가와 외교관으로 활동하기도 했다. −역자 주.

르면 당시엔 치료나 예언의 특별한 힘을 염원하는 ―하지만 이후에
사제가 될 마음은 없는― 사람들이 잠자리에 들기 전에 미즈고리를
수행했다가 '신들이 목욕하는' 시간인 새벽 2시에 일어나 다시 한번
수행하고, 이후 아침 기상 후, 정오, 해 질 녘에도 같은 수행을 다
시 반복했다고 한다.[63]

동트기 전 고행은 악기를 배우려는 사람이나 그 외의 세속적 분
야에서 실력 연마에 열중하는 사람들에게 특히 인기가 많았다. 자
기단련을 위해 혹한에 몸을 노출하는 경우도 있다. 가령 서예 연습
을 하는 어린이들의 경우엔 손가락이 곱고 동상에 걸리도록 연습을
시켜야 수행의 효과가 있다고 여기는 식이다. 근대의 초등학교에
서는 난방도 하지 않는데 그래야 아이들이 어른이 되어 겪을 난관
에 단련된다는 이유로 효과 좋은 수행으로 삼는다. 서양인이 보기
엔 아이들이 감기와 콧물을 달고 살도록 방치하면서까지 그러는 관
습이 그들이 말하는 효과보다 더 인상에 남는다.

수면 또한 일본인이 애호하는 탐닉이다. 이는 일본인의 가장 뛰
어난 기량으로 손꼽을 만하다. 일본인은 어떤 자세로든, 또 우리로
선 도저히 잠이 안 올 것 같은 상황에서도 잘 잔다. 이 점이 서양의
일본 연구가들 대다수가 놀라워하는 부분이다. 미국인에게 정신적
긴장은 곧 불면으로 통하는데 우리 기준으로 보면 일본인은 생활의
긴장도가 높아 보인다. 그런데도 일본인은 숙면을 아주 쉽게 취한
다. 일찍 잠자리에 들기도 한다. 다른 동양 국가 중에서 이렇게 빨

---

63) Percival Lowell, *Occult Japan*, 1895, pp. 106~121.

리 자는 경우는 찾아보기 힘들다. 해가 떨어지면 곧 잠자리에 드는데 그렇다고 다음날을 위한 에너지를 비축하기 위해 일찍 자는 것도 아니다. 일본인은 그런 식의 수면 시간 계산은 하지 않는다. 일본인을 잘 아는 한 서양인은 다음과 같이 쓰기도 했다. "일본에 가면 밤에 잠을 푹 자둬서 다음날을 활기차게 보낼 수 있게 준비해야 한다는 생각은 버려야 한다. 잠을 회복, 휴식, 재충전과는 별개의 문제로 생각해야 한다." 노력에 대한 계획이 그렇듯 잠도 "생명이나 죽음에 대한 일반적 상식과는 무관한 별개의 문제"로 간주된다.64)

미국인은 수면을 체력 유지에 필요한 것으로 여기는 데 익숙해서 아침에 일어나면 가장 먼저 간밤에 몇 시간이나 잤는지 따져본다. 그 수면 시간으로 그날의 에너지와 효율성을 가늠해보는 것이다. 하지만 일본인이 잠을 자는 이유는 다르다. 잠자는 것을 즐기면서 방해거리가 없으면 기꺼이 잠을 잔다.

한편 일본인은 가차 없이 잠을 희생시키기도 한다. 시험을 앞둔 학생은 잠을 잘 자야 시험에 더 잘 임할 수 있다는 개념은 안중에도 없이 밤낮으로 공부에 매달린다. 군 교육에서도 훈련을 위해 잠을 희생시킨다. 1934년부터 1935년까지 일본 육군에 소속되어 있던 해럴드 다우드Harold Doud대령은 데시마 대위와 나누었던 대화를 소개한 바 있다. 평화 시의 훈련 중에 그 부대는 "10분간의 훈련 중지와 잠깐씩의 정체 시간 동안 얼른 눈을 좀 붙이는 것 외에는 잠을 안 자고 이틀 밤 사흘 낮을 행군하는 훈련을 두 번 했어요. 걷다가

---

64) W. Petrie Watson, *The Future of Japan*, 1907.

잠이 들어버리는 병사들도 종종 있었지요. 어느 소위는 행군 중에 잠이 들어버려 길가에 쌓여있던 목재 더미에 정면으로 부딪쳐 큰 웃음거리가 되기도 했다니까요." 마침내 병영에 당도했을 때도 아무도 잠을 잘 수 없었다고 한다. 전원에게 전초지 근무와 순찰 의무가 부여되었기 때문이다. "'그래도 몇 명이라도 잠을 좀 자게 해주면 안 되나요?' 내가 묻자 대위는 이렇게 대답했다. '그럴 필요가 뭐 있나요. 잠을 자는 법은 이미 다들 알고 있으니 안 자고 깨어있는 법을 훈련시켜야지요.'"[65]

온욕과 수면처럼 먹는 것 역시 쾌락으로 맘껏 즐기는 휴식인 동시에 자기단련을 위한 훈련이다. 일본인은 음식이 잇따라 나오는 코스 요리를 하나의 여가로 탐닉한다. 이때는 한 번에 티스푼 하나 정도의 소량씩만 요리가 나오고 이런 요리들을 맛만이 아니라 모양까지 찬양하며 즐긴다. 그러면서 동시에 훈련이 강조된다. 에크슈타인은 일본의 어느 마을 사람 말을 인용해 "빨리 먹고, 빨리 배설하는 것이 일본에서 최고의 덕목에 들어간다"고 밝힌 바 있다.[66] "먹는 것은 중요한 행위로 여겨지지 않는다. (중략) 음식은 목숨을 부지하기 위해 필요한 것일 뿐이니 되도록 빨리 먹어야 한다. 아이들, 특히 남자아이에게는 유럽과는 달리 천천히 먹으라고 하는 게 아니라 가능한 한 빨리 먹게 한다."[67]

규율이 엄한 불교 사찰에서 승려들은 식사 전에 음식은 그저 약

---

65) *How the Jap Army Fights*, Penguin Books, 1942, pp 54~55.
66) G. Eckstein, *In Peace Japan Breeds War*, 1943, p. 153.
67) K. Nohara, *The True Face of Japan*. London, 1936, p. 140.

과 같은 것임을 잊지 않게 해달라고 기도한다. 여기에는 수련 중인 사람은 음식을 쾌락의 대상이 아닌 필요한 수단으로 여겨야 한다는 개념이 담겨 있다.

일본인의 개념에 따르면 부득이하게 굶게 되는 상황은 어떤 사람이 얼마나 '단련되어' 있는지를 시험해보기에 특히 좋은 상황이다. 앞에서 얘기한 온욕이나 잠과 마찬가지로 음식이 결핍된 상황은 '그것을 견디어내며' 사무라이처럼 '이쑤시개를 물어 보일' 수 있음을 증명할 기회이다. 먹을 것이 없어서 이런 시험에 닥치면 칼로리와 비타민 부족으로 체력이 떨어지는 게 아니라 정신의 승리를 통해 체력이 솟아오른다. 이처럼 일본인은 미국인이 당연하게 여기는 영양분 섭취와 체력 사이의 상응관계를 인정하지 않는다. 그 덕분에 도쿄방송국이 전쟁 중 방공호에 대피해 있는 사람들에게 배가 고파도 체조를 하면 다시 힘과 활기가 생길 거라는 식의 방송을 내보낼 수 있었던 것이다.

일본인이 함양하는 '인간적 감정'에는 낭만적 연애도 들어 있다. 낭만적 연애는 일본인 결혼 양식과 가족에 대한 의무에 반하는 것인데도 완전히 일본적인 것이 되었다. 일본 소설은 낭만적 연애 이야기로 넘쳐나며 프랑스 문학에서처럼 주요 등장인물이 이미 결혼한 기혼자들이다. 사랑의 동반자살은 문학에서나 대화에서나 단골 주제다. 10세기에 쓰여진 《겐지 이야기源氏物語》68)는 세계 어느 나

---

68) 일본 최고의 고전 작품이며 일본적 정서와 미의식 형성의 원류라고 일컬어짐. —역자 주.

라의 걸작 소설에 견주어도 뒤지지 않을 만큼 섬세한 연애 소설로, 이 작품 역시 봉건 시대 다이묘와 사무라이의 연애 이야기가 낭만적으로 펼쳐진다. 연애는 근대 소설에서도 주된 주제이다. 이 점에서 중국 문학과는 큰 차이를 보인다. 중국인은 낭만적 연애나 성적 쾌락을 약하게 다룸으로써 골치 아픈 여러 문제를 모면하는 편이며, 그에 따라 가정생활은 놀라울 정도로 안정적인 분위기를 유지한다.

물론 이 점에서 미국인은 중국인보다는 일본인이 더 잘 이해되지만 그렇더라도 아주 표면적일 뿐이다. 성적 쾌락에 관한 한 미국인은 일본인보다 금기가 많다. 우리는 성적 쾌락 문제에서 도덕을 까다롭게 따지지만, 일본은 그렇지 않는다. 일본인은 여타의 '인간적 감정'과 마찬가지로 성에 대해서도 삶에서 낮은 위치를 점하는 한 아무런 문제로 삼지 않는다. '인간적 감정' 자체는 악한 것이 없으며 따라서 성적 쾌락에 대해 도덕적일 필요가 없다는 것이다. 지금도 여전히 일본인은 미국인과 영국인이 자신들이 소중히 여기는 일부 그림책을 외설적으로 여기거나 요시와라(게이샤와 창부들이 거주하는 윤락가)를 선정적으로 바라보는 사실을 의식하며 비평을 내놓는다. 서양인과 처음 접촉하기 시작하던 초반기부터 이런 외국인의 비난에 아주 민감하게 반응해 자신들의 관행을 서양의 기준에 좀 더 가깝게 맞추려는 취지의 법들을 통과시켰다. 하지만 그 어떤 법적 규제로도 문화적 차이의 간극이 메워지진 못했다.

교육받은 일본인은 영국인과 미국인이 자신들에게는 아무렇지 않은 문제를 부도덕과 외설로 바라본다는 점은 잘 알고 있다. 하지만 '인간적 감정'이 삶의 진지한 영역을 침범해서는 안 된다는 자신들의 신조와 우리의 전통적 태도 사이의 간극은 그다지 의식하지 않는다. 하지만 우리로선 바로 이런 간극이 연애와 성적 쾌락에 대한 일본인의 태도를 이해하기 어려운 주된 원인이다. 일본인은 아내에게 속하는 영역과 성적 쾌락에 속하는 영역을 따로 분리해놓는다. 두 영역 모두 공개적이고 숨김이 없다. 두 영역은 미국인의 생활에서처럼 사람들 앞에서 공개적으로 인정하는 영역과 은밀한 영역으로 따로 구별되는 게 아니다. 한쪽은 한 남자의 중요한 의무의 영역에 들고 다른 쪽은 사소한 기분전환의 영역에 드는 식으로 구별된다. 각자에게 '적절한 자리'를 정해 놓는 식의 구별 방식은 한 가정의 이상적 아버지나 바람둥이에게 똑같이 해당된다.

일본인은 미국인처럼 연애와 결혼을 동일시하는 이상을 내걸지 않는다. 우리는 연애를 인정하고, 그것이 배우자 선택의 기초가 된다. '사랑에 빠진 사이'가 사람들 사이에서 가장 인정받는 결혼 이유다. 결혼 후에 남편이 다른 여자에게 육체적으로 끌리는 것은 아내의 합당한 권리를 다른 사람에게 주는 격이기 때문에 아내에 대한 모욕이 된다. 일본인의 판단은 다르다. 젊은 남자는 부모의 선택에 따라 대체로 맹목적으로 결혼한다. 아내와의 관계에서는 아주 격식을 지킨다. 가족끼리의 가정생활 중에도 부부는 자녀들 앞에서 다정한 성적 표현을 하는 일이 없다. 현대의 어느 일본인이 일본의 잡지에서 밝힌 것처럼 "이 나라에서는 결혼의 진짜 목적이 자식을 낳아 집안의 대가 끊기지 않게 하는 데 있다. 그 외의 목적은 모두 그 진짜 의미를 왜곡하기 위한 구실일 뿐"이다.

하지만 그렇다고 해서 남자들이 그런 가정생활에 갇혀 올바른 품행을 지킨다는 건 아니다. 만약 그가 재정적 능력이 있다면 정부를 둔다. 다만 중국과는 달리 자신을 사로잡은 이 여자를 가족으로 들이진 않는다. 그렇게 할 경우 서로 별개여야 할 삶의 두 영역이 뒤죽박죽되어 버리기 때문이다. 정부로 두는 여자는 음악과 춤과 안마를 비롯해 남자를 즐겁게 해줄 만한 여러 기예를 고도로 훈련받은 게이샤일 수도 있고 창부일 수도 있다. 어떤 경우든 남자는 여자가 고용되어 있는 곳과 계약을 맺고 이 계약으로 이 여자가 버려지지 않게 지켜주고 금전적 보상을 얻게 보장해준다. 남자는 이 여자에게 혼자 살 수 있는 집을 마련해준다.

아주 예외적인 일이긴 하지만 여자가 아이를 낳고 남자가 그 아이를 자기 자식으로 키우고 싶어 할 경우엔 남자가 여자를 집으로 데리고 들어와 첩이 아닌 하녀로 두기도 한다. 이 아이는 남자의 본처를 '어머니'라 부르며 친모와의 관계가 인정되지 않는다. 따라서 동양의 전반적 제도이자 특히 중국에서 두드러지는 전통 양식인 일부다처제는 전혀 일본적이지 않은 제도다. 이처럼 일본인은 가족의 의무와 '인간적 감정'을 공간적 영역에서 따로 떨어뜨려 놓는다.

상류 계급의 인사만이 첩을 둘 수가 있고 대다수 남자는 이따금 게이샤나 창부를 찾는다. 그것도 전혀 비밀스럽지 않게 다닌다. 아내가 저녁의 유흥을 즐기러 나가는 남편을 위해 옷을 챙겨주기도 한다. 아내에게 유흥비 계산서가 보내지기도 하고 그러면 아내는 으레 돈을 지불한다. 속이 상할 수도 있지만, 그것은 아내의 문제일 뿐이다. 게이샤 집에 가는 것이 창부를 찾아가는 것보다 더 비싸지만 하룻밤 유흥을 누리는 대가로 지불하는 비용에는 성관계를 나눌 권리가 들어 있지 않다. 남자가 게이샤를 통해 얻는 것은 그런 역할을 위해 철저히 훈련받은, 아름답게 차려입고 세세한 예의를 갖춘 여자에게 접대받는 즐거움이다.

특정 게이샤를 곁에 두고 싶으면 후견인이 되어야 하며 계약에 따라 그 게이샤를 정부로 삼는다. 아니면 게이샤의 마음을 사로잡아 게이샤 스스로 자신의 여자가 되도록 해야 한다. 게이샤와 함께 보내는 하룻밤의 유흥에 성적인 분위기가 전혀 없는 것은 아니다. 예로부터 게이샤의 춤, 재담, 노래, 몸짓은 선정적인 데다 상류층 부인은 보여줄 수 없는 온갖 것을 드러내기 위해 꼼꼼히 계산된 것이다. 이들은 '인간적 감정의 세계에' 속하기 때문에 '충성의 세계'에서 지친 남자들을 해소시켜 준다. 주색에 빠질 염려가 있긴 하지만 두 세계는 서로 다른 영역에 속한다.

창부들은 유곽에 거주하며 남자들은 게이샤와 하룻저녁을 보낸 후 원하면 창부를 찾기도 한다. 화대가 낮아서 주머니가 가벼운 남자들은 이런 식의 기분전환에 만족하면서 게이샤와 어울리긴 포기한다. 유곽 바깥에는 창부들의 사진이 붙어 있어서 남자들은 한참 동안 사진들을 살펴보며 맘에 드는 창부를 고르는 것이 보통이다. 창부는 신분이 낮고 게이샤만큼 높은 대접을 받지 못한다. 대부분이 가난한 집 딸로 태어나 돈 때문에 유곽으로 팔려 오고 게이샤들처럼 기예를 훈련받지 않는다. 과거에는 창부들이 아예 사람들이 지나다니는 밖으로 나와 상품처럼 여자를 고르는 고객들 앞에서 감정 없는 얼굴로 앉아 있었다. 서양과 접촉하던 초창기에 서양인들이 이런 관습을 꺼린다는 걸 알고는 폐지했고, 바로 이 관례가 사진으로 대체된 것이다.

창부 중에는 고객의 독점적인 후원을 받는 여자가 나오기도 한다. 그러면 남자는 유곽과 계약을 맺고 그녀를 첩으로 둔다. 이런 창부들은 협의 조건에 따라 보호받는다. 하지만 남자가 계약 없이 하녀나 여점원을 정부로 삼을 수도 있는데 이런 '자발적 첩'은 무방비 상태의 취약한 처지에 놓인다. 이런 여자들이 상대 남자와 사랑에 빠져 있을 확률이 다른 여자들보다 높지만 정작 그 어떤 공인된 의무 영역에도 속하지 않는다. 일본인은 서양의 이야기나 시에서 연인에게 버림받고 '갓난아기를 무릎 위에 끌어안고' 슬퍼하는 젊은 여자를 만나면 '자발적 첩'과 그녀가 낳은 사생아 정도로 연상할 것이다.

동성애 탐닉 또한 전통적 '인간적 감정'에 들어간다. 옛 일본에서는 동성애가 사무라이와 승려처럼 신분이 높은 사람들 사이에서 용인된 즐거움이었다. 그러다 일본인이 서양인의 인정을 얻기 위해 수많은 관습을 불법으로 규정했던 메이지 시대 때 이 관습이 법적으로 처벌받을 만한 행위로 규정되었다. 하지만 지금도 여전히 도덕적 비난을 가하는 것이 부적절한 '인간적 감정'에 해당된다. 다만 적절한 자리가 지켜져야 하며 가정생활의 영역을 침범해서는 안 된다. 따라서 남자나 여자가 서양인들이 말하는 의미에서의 동성애자가 '될' 위험은 거의 없다. 하지만 남자가 직업적으로 남자 게이샤가 되는 경우는 있다.

일본인은 미국에서 버젓한 성인 남자가 동성애에서 수동적 역할을 하는 것을 아주 충격적으로 받아들인다. 일본의 성인 남자는 소년을 동성애 상대로 찾는다. 성인이 수동적인 역할을 하는 것은 위신을 떨어뜨리는 일이라고 여기기 때문이다. 일본인은 남자로서 자존심을 지키는 행동에 경계선을 그들 나름대로 그어 놓았지만, 그 경계선이 우리와는 다르다.

일본인은 자위의 쾌락에 대해서도 도덕적 비난을 가하지 않는다. 일본인만큼 다양한 자위 도구를 가진 민족도 없다. 이 영역에서도 일본인은 외국의 비난을 피하려는 시도로 특히 더 공공연히 쓰이던 도구 일부를 없앴지만 그런 도구를 몹쓸 물건이라고 여기지는 않는다. 서양의 경우엔, 특히 미국보다 유럽 대다수 지역에서 자위를 금지하는 강경한 태도를 취한다. 성인이 되기 전부터 아이들의 머릿속에 깊이 각인된다. 남자아이는 어릴 때부터 자위를 하면 미친다거나 대머리가 된다는 말을 들으며 자란다. 어머니들은 아들이 아기일 때부터 유심히 지켜보면서, 문제가 심각하다 싶을 때는 체벌을 가하거나 두 손을 묶기도 한다. 하느님이 벌을 내릴 거라고 겁을 주기도 한다.

일본에서는 아기 때나 유년기에 이런 경험을 하지 않으며 따라서 성인이 되어도 자위에 대해 우리와 같은 태도를 갖지 않는다. 일본인에게 자위는 죄책감을 느끼지 않아도 되는 쾌락이며 자위가 예의바른 생활 속 사소한 자리에 놓이도록 함으로써 충분히 통제할 수 있다고 생각한다.

음주 또한 허용 가능한 '인간적 감정'에 든다. 일본인은 미국인의 절대 금주 서약을 서양의 별난 기행으로 여긴다. 그것은 투표로 해당 지역에 금주령을 포고하려는 우리의 지방 운동에 대해서도 마찬가지다. 일본인에게 음주는 정상적인 인간이라면 누구나 당연히 누릴 만한 즐거움이다. 하지만 술은 하찮은 기분전환에 해당되므로 제정신이 박힌 사람이라면 술에 사로잡혀서도 안 된다. 일본인의 사고방식에 따르면 상습적인 동성애자가 '될' 염려가 없는 것처럼 알코올 중독자가 '될' 염려도 없다. 실제로 상습적 알코올 중독자는 일본에서 사회 문제가 되지 않는다. 술은 기분전환으로 즐기며 그 사람의 가족, 그리고 심지어 일반 대중조차 술에 취한 사람을 혐오스럽게 생각하지 않는다. 일본인은 술에 취해도 난폭한 행동을 그다지 벌이지 않는다. 술 취한 아버지가 자식을 구타할 거라고 여기는 사람도 없다. 술에 취하면 한바탕 떠드는 것이 보통이며, 일본의 엄격한 규율에서 벗어나 편안한 자세로 즐긴다. 도시의 술자리에서는 사람들이 서로의 무릎 위에 앉길 즐기기도 한다.

보수적인 일본인은 음주와 식사를 엄격히 구별한다. 어떤 이가 술이 나오는 마을 잔치에 가서 밥을 뜨는 순간 그것은 술을 그만 마신다는 의미가 된다. 그 순간 다른 '세계'로 넘어선 것이며 그에 따른 구별을 지키려는 것이다. 집에서는 식후에 술을 마시긴 하되 밥을 먹으면서 반주로 술을 곁들이는 경우는 없다. 말하자면 한 번에 한 가지씩 즐기는 것이다.

'인간적 감정'에 대한 일본인의 이러한 관점은 몇 가지 중요한 의의를 띤다. 그것은 인간의 삶에서 육체와 정신이라는 두 힘이 우위를 차지하기 위해 끊임없이 싸운다고 여기는 서양 철학에 허를 찌른다. 일본인의 철학에서 육체는 악이 아니다. 즐길 수 있는 쾌락을 즐기는 것은 죄가 아니다. 이 우주에서 정신과 육체는 서로 싸우는 적이 아니며 일본인은 이런 신조를 논리적으로 펼쳐나가 세상은 선과 악의 전쟁터가 아니라는 결론을 끌어낸다.

이와 관련해서 조지 샌섬 경은 다음과 같이 밝힌 바 있다. "일본인은 전 역사에 걸쳐 악의 문제를 인식하지 못하거나, 아니면 악의 문제와 씨름하려 하지 않는 태도를 어느 정도 유지해온 것으로 보인다"고 말이다.[69] 사실 일본인은 악의 문제를 인생관 문제로 받아들이길 줄곧 거부해왔다. 일본인의 신념에 따르면 인간은 두 개의 영혼이 있지만 두 영혼이 서로 싸우는 선한 충동과 악한 충동이 아니다. 오히려 '온화한' 영혼과 '거친' 영혼이 있으며 경우에 따라 모든 인간의 삶에는 -그리고 모든 국가의 삶에도- '온화해야' 할 때와 '거칠어야' 할 때가 있는 것이다. 한 영혼은 지옥에 떨어지고, 다른 영혼은 천국으로 가도록 정해져 있지 않다. 둘 다 필요한 영혼이며 둘 다 경우에 따라 선한 영혼이다.

심지어 일본인의 신들조차 이런 식으로 선악의 특성이 뚜렷이 공존한다. 가장 인기 있는 신은 태양의 여신 아마테라스의 남동생이자 날쌔고 충동적인 신인 '스사노오'다. 그는 서양의 신화에서라면 악마와 동일시하고도 남을 정도로 누이에게 괘씸한 행동을 벌인다. 어느 날 아마테라스는 스사노오가 자신을 찾아온 동기를 의심

---

69) George Sansom, *Japan:A Short Cultural History*, 1931, p. 51.

쩍게 여기며 밖으로 쫓아내려 한다. 그러자 스사노오는 제멋대로 굴며 아마테라스가 추종자들과 추수감사의식을 집전하고 있던 대식당 여기저기에 똥을 뿌렸다. 논길을 엉망으로 만들어 놓는 못된 짓도 벌인다. 그중에서도 최악이자 서양인에겐 가장 이해하기 힘든 못된 짓은 아마테라스의 방 지붕에 구멍을 뚫어 그 안으로 '가죽 벗긴' 얼룩말을 던져 넣은 일이다. 스사노오는 이 모든 무도한 행위로 인해 신들의 재판에서 무거운 징벌을 받아 암흑의 나라로 추방된다. 하지만 그는 여전히 일본의 신들 가운데 가장 인기 있는 신으로 남아 있으며 상당히 숭배받고 있다. 이런 성격을 가진 신들은 세계 신화에서 흔하다. 하지만 윤리성이 비교적 높은 종교에서는 이런 성격의 신들은 배제되어왔다. 선과 악의 우주적 투쟁이라는 철학에 따라 초자연적 존재들을 흑과 백처럼 서로 다른 그룹으로 구분하는 것이 보다 적합하기 때문이다.

일본인은 악과 싸우는 것이 곧 미덕이라는 관점을 아주 노골적으로 부정해왔다. 일본의 철학자와 종교 지도자들은 그런 도덕률이 일본에게 맞지 않는다는 주장을 수백 년 동안 펼쳐왔다. 현재는 바로 이 점이 일본 민족의 도덕적 우월성을 드러내는 증거라며 목소리를 높이고 있다. 이들의 주장은 이렇다. 중국인은 런仁, 즉 공정하고 자애로운 행동을 절대적 기준으로 삼고, 모든 사람과 모든 행동이 이 기준에 부족할 경우 결함이 있는 것으로 간주된다. 18세기의 유명한 신도 연구자였던 모토오리 노리나가[70]는 "열등한 본

---

70) 本居宣長, '황국 우월론'을 주장한 국학의 집대성자. —역자 주.

성으로 인위적 억제 수단이 필요했던 중국인에게 적합한 도덕률이었다"고 썼다. 근대의 불교학자나 국가주의 지도자들도 같은 논지로 글을 쓰거나 강연을 해왔다.

그들의 말에 따르면 일본에서는 인간 본성이 선천적으로 선하며 신뢰할 수 있다. 자신의 악한 반쪽과 싸울 필요가 없다. 단지 다양한 경우에 따라 적절하게 영혼과 행동의 창을 깨끗이 하면 된다. '더럽혀졌다' 해도 그 더러움은 쉽게 제거되며 그로써 본질적 선함이 다시 밝게 빛을 발하게 된다. 일본에서는 모든 인간이 잠재적 부처이며 미덕의 원칙은 경전이 아니라 깨달음을 얻은 순수한 자신의 영혼 속에 존재한다는 불교 철학의 가르침을 다른 어떤 나라보다도 진전시켰다. 그런 영혼 안에서 발견하는 것을 어떻게 의심한단 말인가? 인간의 영혼에는 어떠한 악도 내재되어 있지 않다. 일본인은 시편의 화자처럼 "보소서, 내가 죄악 중에서 태어났고, 죄중에서 내 어머니가 나를 배었나이다"라고 부르짖는 신학이 없다. 인간의 타락을 설파하는 교리도 없다. 오히려 '인간적 감정'은 비난해서는 안 될 축복이다. 일본에서는 철학자도 농사꾼도 인간적 감정을 비난하지 않는다.

미국인이 보기에 이런 신조는 자칫 방종과 지나친 자유를 옹호하는 철학처럼 여겨진다. 하지만 일본인은 지금까지 살펴봤다시피 의무의 이행을 인생 최고의 임무로 여긴다. '온'을 갚는 것이 개인적 열망과 쾌락의 희생을 의미한다는 사실을 전적으로 받아들인다. 행복 추구를 중요한 삶의 목표로 삼는 개념은 일본인에게는 굉장히 부도덕한 신조다. 행복은 탐닉할 수 있는 경우에만 탐닉하는 기분전환일 뿐인데 거기에 국가나 가정을 판단하는 척도로서의 위엄을 부여한다는 것은 정말 생각도 할 수 없는 일이다. '충'과 '효'와 '기리'의 의무를 지키며 때때로 큰 고통을 겪는다는 점은 예상한 바에 지나지 않는다. 그것이 삶을 힘들게 하지만 각오가 되어 있다. 일본인은 쾌락을 악으로 여기지 않으면서도 그런 쾌락을 끊임없이 단념한다. 그러자면 의지력이 필요한데 바로 이 의지력이 일본에서 가장 존경받는 덕목이다.

일본의 소설과 연극에서 '해피엔딩'이 아주 드물다는 점은 일본인의 이런 태도와도 일치된다. 미국의 관객은 사건의 해결을 고대한다. 등장인물들이 그 이후로 행복하게 사는 것으로 믿고 싶어 한다. 연극이 눈물샘을 자극하는 장면으로 막을 내린다면 주인공의 성격에 결함이 있기 때문이거나 주인공이 사회적 폐단에 희생당했기 때문이어야 한다. 하지만 그렇다 해도 미국 관객은 주인공이 행복해지는 결말에 훨씬 더 흡족해한다.

일본의 관중은 운명이 바뀌어 주인공이 비극적 결말을 맞고 사랑스러운 여주인공이 살해당하는 참극을 하염없이 눈물 흘리며 감상한다. 이런 결말은 그 저녁 시간의 즐거움에서 하이라이트가 된다. 사람들은 바로 그런 결말을 기대하고 극장에 간다. 근대 영화에서도 남녀 주인공의 고통을 주제로 삼고 있다. 두 사람이 서로 사랑하지만 마음을 접는다거나 결혼해서 행복하게 살다가 한 사람이 당연한 의무 수행을 위해 자살을 하는 식이다. 남편이 힘들어할 때 곁에서 격려해주고 배우로서의 뛰어난 재능을 북돋워 주며 헌신적으로 뒷바라지하던 아내가 남편이 성공하기 직전에 남편이 새로운 삶을 살도록 대도시에 몸을 숨기고 남편이 대성공을 거두는 날 가난 속에서 한마디 불평 없이 숨을 거두기도 한다. 결말이 꼭 해피엔딩이 아니어도 된다. 자신을 희생하는 남녀 주인공에 대한 연민과 동정을 불러일으키기만 하면 관객에게 통한다. 주인공의 고통은 신이 내린 심판이 아니다. 주인공이 그 모든 희생을 견디고 의무를 수행하며 버림을 받든 병에 걸리든 죽게 되든 그 어떤 상황에서도 바른 길에서 벗어나지 않는 태도가 그런 고통을 통해 비치는 것일 뿐이다.

근대의 전쟁 영화 역시 같은 전통을 따른다. 이런 영화를 보는 미국인은 대체로 지금껏 본 적 없는 최고의 평화 선전 영화라고 평가한다. 이것은 정말 미국인다운 반응이다. 이런 영화들이 전적으로 전쟁의 희생과 고통에 초점을 두고 있기 때문이다. 군대 열병식, 군악대, 함대 훈련이나 거포의 과시 등을 강조하지 않는다. 러일전쟁을 다루든 만주사변을 다루든 단조로운 진흙탕 속의 행군, 참혹한 전투의 고통, 작전의 불확실성 따위를 집요할 정도로 보여준다. 마지막에 승리를 거두거나 만세를 외치며 돌격하는 장면으로 끝나지도 않는다. 진창에 발이 푹푹 빠지는 중국의 어느 평범한 도시에서 밤을 보내는 모습으로 끝난다. 아니면 일본의 부자 3대가 각자 세 전쟁에 나갔다가 부상자, 절름발이, 장님이 되어 살아 돌아오는 결말을 보여주기도 한다. 병사의 전사 후에 고향에 있는 가족이 남편이자 아버지이자 가장이었던 그를 잃은 슬픔에 잠겨 있다 남은 가족끼리 힘을 합쳐 잘 살아가자고 용기를 내는 결말이 전개되기도 한다.

　　영미식의 감동적 '행진 대열'이 펼쳐지는 영화는 아무리 봐도 없다. 심지어 부상 입은 참전용사의 재활 과정을 극화하지도 않는다. 전쟁이 벌어진 목적조차 담지 않는다. 일본의 관람객에게는 영화에 등장하는 모든 인물이 전심전력으로 '온'을 갚기만 하면 그것으로 충분하며 그에 따라 일본에서는 이런 영화가 군국주의자들의 선전도구로 쓰였다. 영화의 제작 후원자들은 일본인 관객이 그런 영화를 보더라도 반전사상이 북돋워지진 않으리라는 점을 잘 알았다.

10장

덕의 딜레마

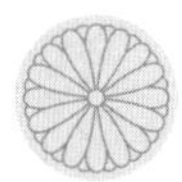

일본인의 인생관은 주忠, 고孝, 기리義理, 진仁, 인정(닌조, 人情) 등의 표현에 나타난 그대로다. 일본인은 '인간의 모든 의무'가 지도상에 지역이 구분되어 있는 것처럼 여러 영역으로 나뉜다고 생각한다. 그들의 표현대로라면 한 사람의 삶은 '주의 영역', '고의 영역', '기리의 영역', '진의 영역', '인정의 영역'으로 구성되어 있다. 각 영역은 특정의 상세한 규율이 있으며 다른 사람을 평가할 때는 그 사람의 전반적 인성을 따지는 게 아니라, 그 사람이 '고를 모른다'거나 '기리를 모른다'는 식으로 말한다.

미국인처럼 어떤 사람을 비난할 때 부당성 등을 지적하는 게 아니라 그 사람이 지키지 않은 행동 영역을 지적한다. 이기심이나 불친절을 비난하지 않고 규율을 위반한 특정 영역을 지적한다. 일본인은 지상명령71)이나 황금률72)에 호소하지 않는다. '고를 위해' 행동할 때와, '단지 기리를 위해'서나 '진의 영역에서' 행동할 때 — 서양인은 아마도 이렇게 생각할 것이다— 전혀 다른 방식으로 행동한다. 심지어 각 '영역'에서도 상황이 바뀌면 아주 다른 행동이 적절

---

71) 양심의 절대적 도덕률. —역자 주.

72) 예수가 산상수훈 중에 보인 기독교의 기본적 윤리관. 남에게 대접을 받고자 하는 대로 남을 대접하라는 가르침을 이른다. —역자 주.

한 방식으로 요구되기도 한다. 가령 주군에 대한 기리에서는 주군에게 극도의 충성이 요구되지만, 그 주군이 가신을 모욕한다면 얘기가 달라진다. 가신은 배신을 해도 전혀 상관없다. 1945년 8월 이전까지만 해도, 일본의 국민은 주에 따라 최후의 한 사람까지 적과 맞서 싸워야 했다. 하지만 일왕이 방송을 통해 항복 선언을 함으로써 주에 따른 요구가 변경되자 외국인들에게 협력하는 태도를 보였다.

이런 모습은 서양인에게는 당혹감을 안겨준다. 미국인의 경험에 의하면 사람은 '성격에 따라' 행동한다. 우리는 좋은 사람과 나쁜 사람을 구별할 때 충실한지 아닌지, 협조적인지 오만한지 등을 따진다. 사람들을 라벨 붙이듯 특정 부류로 구별해 그 사람이 다음번에도 지난번과 똑같이 행동할 것으로 예상한다. 인심이 후한 부류인지 인색한 부류인지, 선뜻 응하는 부류인지 의심이 많은 부류인지, 보수적인 부류인지 진보적인 부류인지 등으로 분류한다. 이런 식의 기준에 따라 그 사람이 어떤 정치적 이념을 믿으며 그 반대 이념에 지속적으로 반대할 것으로 예상한다. 부역파와 저항파가 있던 유럽에서의 전쟁 경험에 비추어 봐도 당시 우리는 유럽에서의 전승일 이후에도 이 부역자들이 행동을 바꾸지 않으리라고 예상했고 그 예상은 결과적으로 들어맞았다. 이번엔 미국 내에서의 여러 논쟁 상황을 예로 들어, 가령 뉴딜정책의 경우 지지파와 반대파가 있는데, 우리는 새로운 상황이 발생하면 두 진영이 앞으로도 각자의 특정 성격에 맞게 행동하리라 판단하고 있다. 개개인 차원에서 울타리의 반대편으로 이동하면, 이를테면 무신론자가 가톨릭교도가 되거나 과격론자가 보수주의자가 되면 이런 변화는 전향에 해당되고 그에 맞는 새로운 인성이 형성된 것으로 간주된다.

물론 이런 통합적 행동 체계에 대한 서양의 신조가 늘 옳다고는 할 수 없지만, 최소한 환상은 아니다. 원시 문화건 문명 문화건 대다수 문화권에서 사람들은 스스로가 특정 부류의 사람으로 행동하고 있다고 여긴다. 권력에 관심이 있는 사람이라면 남이 자기 뜻에 얼마나 복종하는지에 따라 성공과 실패를 평가한다. 사람들에게 사랑받는 것에 관심이 있는 사람이라면 인간적 접촉이 없는 상황에 처했을 때 좌절에 빠진다. 사람들은 스스로 엄격할 만큼 공정하다거나, 예술가 기질이 있다거나, 가정적인 사람이라는 식의 생각을 한다. 대체로 자신의 성격에 따라 게슈탈트73)를 이루며 이것이 인간으로서의 삶에 질서를 잡아준다.

서양인으로선 아무런 정신적 상처 없이 하나의 행동에서 또 다른 행동으로 수월히 전환하는 일본인의 행동 체계가 선뜻 받아들여지지 않는다. 우리의 경험상으론 그런 극단적 전환이 불가능하기 때문이다. 하지만 우리의 관점에서 본 그런 모순성이 일본인의 삶에서는 인생관에 깊이 뿌리를 내리고 있다. 일관성이 우리의 인생관에 깊이 뿌리내리고 있는 것과 다르지 않다. 여기에서 서양인이 특히 인식해야 할 부분은, 일본인이 삶을 구분하는 '영역들'에는

---

73) 인간의 사고나 경험은 하나의 전체로 간주되어야 하며 각각의 구성 요소들의 합을 능가하는 것이라는 개념. ―역자 주.

‘악의 영역’이 들어 있지 않다는 사실이다. 그렇다고 해서 일본인이 악한 행동의 존재를 인정하지 않는다는 얘기는 아니다. 다만 인간의 삶을 선의 세력과 악의 세력이 경쟁하는 무대로 바라보지 않는다는 얘기다. 하나의 ‘영역’과 다른 ‘영역’, 하나의 행동방침과 다른 행동방침 사이의 충돌하는 요구를 세심히 균형 잡아야 하는 한 편의 드라마처럼 여기는 것이 일본인이 삶을 바라보는 관점이며 이 각각의 영역과 행동방침을 그 자체로는 선한 것이라고 본다. 모든 사람이 자신의 참다운 본능을 따르면 모든 사람이 선한 것이라고 본다.

앞에서도 얘기했듯 중국의 도덕적 가르침조차 중국인에게 그런 가르침이 필요했기 때문에 생긴 것으로 여긴다. 그것이 중국인의 열등함을 증명하는 것이라고 생각한다. 그들의 주장대로라면 일본인은 전반적 윤리적 계율이 필요하지 않다. 앞에서도 인용했던 조지 샌섬 경의 말처럼 일본인은 “악의 문제와 씨름하려 하지 않는다”. 일본인의 관점에 따르면 우주적 의미가 아니더라도 악한 행동을 적절히 설명할 수 있다. 모든 영혼은 본래 새 칼처럼 덕으로 빛을 발하지만 그럼에도 불구하고 계속 갈고 닦아주지 않으면 녹이 슨다. 그들의 표현처럼 ‘자신의 몸에서 나온 녹’도 칼에 생기는 녹처럼 좋은 게 아니다. 사람은 칼을 관리하듯 인격도 녹슬지 않도록 돌봐야 한다. 하지만 여전히 녹 밑에는 밝고 빛나는 영혼이 있으니 다시 갈고 닦기만 하면 된다.

일본인의 이런 인생관으로 인해 서양인은 일본의 설화, 소설, 연극을 특히 이해하기 힘들다. 그래서 종종 우리는 그 줄거리를 성격의 일관성과 선악의 갈등이라는 우리의 요구사항에 맞게 고쳐보기도 한다. 하지만 그렇게 고쳐버리면 그것은 일본인이 줄거리를 바라보는 관점이 아니다. 일본인은 주인공이 '인간적 감정과 기리 사이의 갈등', '고와 주 사이의 갈등', '기무와 기리 사이의 갈등'에 꼼짝없이 붙잡혀 있는 것에 감상의 초점을 맞춘다. 주인공이 실패한 이유는 인간적 감정에 충실하느라 기리의 의무를 소홀히 했기 때문이거나, 주의 빚과 고의 빚을 모두 다 갚지 못한 탓이다. 혹은 기리 때문에 올바른 일(기)을 행하지 못한 것이다. 기리에 몰려 가족을 희생시킨 것이다. 이런 식으로 그려지는 갈등들은 둘 다 자체적으로 구속력을 가진 의무들 사이의 충돌이다. 두 의무 모두 '선'이다. 이 둘 사이에서의 선택은 여러 건의 빚을 진 채무자가 직면하는 선택과 비슷하다. 어떤 빚은 갚고 또 어떤 빚은 당분간 무시해야 하지만 빚 하나를 갚는다고 해서 나머지의 다른 빚을 면제받는 것은 아니다.

주인공의 삶을 바라보는 이런 식의 관점은 서양인과 크게 다르다. 서양의 주인공들이 좋은 사람으로 평가받는 이유는 '더 선한 편을 선택'해 악인에 맞서 싸우기 때문이다. 이런 주인공의 활약으로 우리 식대로 말해서 '덕이 승리한다'는 전개로 흐르며 해피엔딩이 되고 선이 보상받아야 한다. 하지만 일본인은 주인공이 서로 양립할 수 없는 '세상에 대한 빚'과 '이름에 대한 빚'의 문제를 마침내 죽음을 선택하는 것으로 해결해내는 '충격적 사건'에 목말라한다. 수많은 문화권에서 이런 이야기는 가혹한 운명에 체념하고 감수하라는 교훈을 전하는 구성으로 전개될 만하지만, 일본에서는 그렇지 않다. 진취 정신과 가차 없는 결단력을 보여주는 이야기로 구성된다. 주인공은 자신에게 부여된 어떤 의무를 갚기 위해 전력을 다하고 그로써 또 다른 의무를 소홀히 하게 된다. 하지만 결국엔 소홀히 했던 '영역'을 해결한다.

일본의 진정한 국민적 서사극은 《47인의 사무라이》다. 이것은 세계 문학에서 높이 평가받는 이야기는 아니지만, 일본인의 마음을 사로잡는 영향력 면에서는 타의 추종을 불허한다. 일본의 소년들은 누구나 이 이야기의 주요 줄거리뿐 아니라 세부적 내용까지 꿰고 있다. 끊임없이 사람들 사이의 대화거리로 오르고 출판물로 출간되는가 하면 근대에는 인기 시리즈 영화를 통해 새로운 형태로 구성되기도 한다. 이 47인의 무덤은 수 세대가 지나도록 수천 명이 참배하러 오는 인기 명소다. 참배객들이 남겨놓고 간 명함으로 무덤 주위가 하얗게 뒤덮일 때도 많다.

《47인의 사무라이》의 주제는 주군에 대한 기리에 맞춰져 있다. 일본인의 관점에서 보면, 이 이야기에는 기리와 주의 갈등, 기리와 의의 갈등이 담겨 있으며 -물론 기리가 고결히 승리한다- 단순한 기리와 무한한 기리 사이의 갈등도 그려진다. 이 이야기가 역사적 배경으로 삼고 있는 1703년은 근대 일본인의 백일몽에 의하면 남자는 남자다웠고 기리에 대한 '마지못한 마음'이 없었던 봉건 시대의 전성기였다. 47인의 주인공은 자신들의 명성, 아버지, 아내, 누이, 의(기)까지 모든 것을 기리에 바친다. 마지막에는 스스로 목숨을 끊으며 주를 위해 자신의 생명까지 바친다.

주군 아사노는 쇼군 막부로부터 모든 다이묘가 쇼군에게 정기적으로 복종을 맹세하는 행사를 주관하는 두 다이묘 중 하나로 임명되었다. 이 두 다이묘는 모두 시골의 다이묘였고 현의 영주였으므로 그에 따라 궁정의 신분 높은 다이묘인 기라 영주에게 필요한 예법을 지도받아야 했다. 안타깝게도 주군 아사노 휘하의 가장 현명한 가신인 오이시(이 이야기의 주인공)가 그때 곁에 있었다면 마땅한 조언을 해주었을 테지만 하필 고향에 가 있었다. 그래서 세상 물정에 어둡던 아사노는 기라에게 바칠 충분한 '선물'을 챙기지 못했다. 기라의 지도를 받고 있던 또 다른 다이묘의 가신들은 세상 물정에 밝아서 선물을 아낌없이 쏟아부었다. 결국 기라 영주는 아사노 영주에게 마지못해 지도해주며 의식에서 착용할 복장을 일부러 틀리게 알려주었다. 아사노 영주는 그 중요한 의식일에 기라 영주가 틀리게 알려준 그대로 복장을 갖추고 나타나게 되었고 자신이 모욕당했다는 사실을 알게 되자 주변에서 미처 두 사람을 떼어놓을 새도 없이 칼을 뽑아 기라 영주의 이마에 상처를 입히고 말았다.

기라의 모욕에 보복하는 것은 명예를 아는 남자로서의 덕, 즉 이름에 대한 기리였다. 하지만 쇼군의 어전에서 칼을 뽑는 것은 주를 위반한 것이었다. 아사노 영주는 이름에 대한 기리에서는 덕 있게 행동했지만, 할복의 법도에 따라 오직 자결로써 주와 타협할 수 있었다. 그는 집으로 돌아와 할복의 옷차림을 갖추고 가장 현명하고 가장 충실한 가신인 오이시가 돌아오기만을 기다렸다. 그리곤 돌아온 오이시와 한참 동안 작별의 눈빛을 교환한 후 법도에 맞게 자리를 잡고 앉아 자신의 칼로 배를 찔러 자결했다. 주를 어겨 쇼군 막부의 노여움을 사고 사망한 고인의 자리를 이어받으려는 사람이 친척 중에 아무도 없자, 아사노의 영지는 몰수되었고 그의 가신들은 주인 없는 로닌(낭인)이 되었다.

기리의 의무에 따라 아사노의 사무라이 가신들은 주군을 따라 할복해야 했다. 그들이 주군에 대한 기리를 지키기 위해 아사노가 자신의 이름을 지키기 위해 한 행동을 따라 한다면 그것은 기라의 모욕에 항의의 뜻이 된다. 하지만 오이시는 그것만으론 충분치 않다고 마음속으로 몰래 결의를 다졌다. 할복은 자신들의 기리를 표현하기엔 너무 보잘것없는 행동이었다. 주변 가신들이 지위 높은 기라 영주로부터 주군을 떼어놓는 바람에 주군이 끝내지 못한 복수를 완수해야만 했다. 기라 영주를 죽여야 했다. 하지만 그러려면 주를 위반해야만 했다. 기라 영주가 쇼군 막부와 너무 막역한 관계라 복수를 이행하기 위해 낭인의 신분으로 정부로부터 원수를 갚아도 된다는 정식 허가를 받을 수 없었다.

통상적으로는 복수를 계획하는 무리는 그 계획을 막부에 제출해 복수를 완수하거나 복수를 포기할 최종 기일을 밝힌다. 이런 제도 덕분에 운이 좋은 사람들은 주와 기리를 조화시킬 수 있다. 오이시는 당연히 그런 운이 자신과 동료들에게는 열려 있지 않다는 것을 알았다. 그래서 아사노의 사무라이 가신이었던 로닌들을 불러모았지만 그 자리에서는 기라를 죽이려는 계획에 대해선 한마디도 하지 않았다. 이때 모인 로닌은 300명이 넘었는데, 1940년에 일본의 학교에서 가르친 내용대로라면 모두가 할복에 동의했다. 하지만 오이시는 그들 모두가 무한한 기리, 즉 일본식 표현대로 '마코토 노기

리(まことの義理, 진정한 기리)'를 가지고 있지는 않다는 것을 알았다. 무한한 기리를 가진 사람이 아니라면 기라에 대한 복수처럼 위험한 일을 함께 도모할 순 없었다.

'단순한' 기리를 가진 자와 '진정한' 기리를 가진 자를 가려내기 위해 오이시는 주군의 개인 재산 분배 문제를 화두로 꺼내 테스트를 해봤다. 일본인의 관점에서는 이미 자결에 동의한 사람이 가족의 이득을 챙기는 재산 분배 문제에 나선다는 건, 자결 결심에 대한 진정성을 의심받을 만한 것이었다. 재산의 분배 원칙을 놓고 로닌들 사이에서 격렬한 의견 충돌이 벌어졌다. 가신 중 가장 많은 보수를 받았던 수석 집사를 필두로 종래의 봉록 수준에 따라 소득을 나누고 싶어 하는 파와, 오이시를 필두로 모두가 똑같이 분배하길 바라는 파로 의견이 갈리게 되었다. 어떤 로닌들이 '단순한' 기리를 가진 자들인지 충분히 가닥이 잡히자 오이시는 수석 집사의 분배 의견대로 재산을 나누었다. 그리고 논쟁에서 승리한 패거리들이 무리에서 떨어져 나가는 것을 그대로 내버려 두었다. 이때 수석 집사도 떠났고 그로써 '개 같은 사무라이', '기리를 모르는 인간', '절개 없는 인간'이라는 오명을 쓰게 되었다.

이렇게 해서 47인의 로닌만이 남게 되자 오이시는 이들만이 자신의 복수 계획에 가담시킬 만큼 강한 기리를 갖춘 자들이라고 판단했다. 오이시에게 합세한 이 47인은 신의, 애정, 기무를 비롯해 그 무엇에도 흔들림 없이 목표를 완수하겠다는 서약을 맺었다. 이제 이들에게 기리는 최상의 법이었다. 47인은 손가락을 베어 거기서 나온 피를 함께 마시며 맹세했다.

이들의 첫 번째 임무는 기라가 눈치채지 못하게 거짓 정보를 흘리는 것이었다. 로닌들은 서로 흩어져서 명예를 잊은 사람처럼 행세했다. 오이시는 최하층민이 드나드는 술집을 자주 들락거리며 방탕하게 난동을 벌였다. 이런 타락한 생활을 하면서 아내와도 이혼했다. 법을 위반할 작정을 한 일본인이라면 이는 통상적이고도 아주 마땅한 조치였다. 그래야만 나중에 처자식들이 자신과 엮여 책임을 추궁당할 염려가 없었다. 오이시의 아내는 크게 슬퍼하며 그와 헤어졌으나 아들은 47인의 로닌 무리에 가담했다.

도쿄(에도) 전역에는 복수를 예견하는 억측이 파다하게 돌았다. 47인의 로닌을 존경했던 이들은 하나같이 이들이 기라 영주를 죽이려 시도할 것이라 확신했다. 하지만 이 47인은 그럴 생각이 조금도 없다고 잡아뗐다. '기리를 모르는 사람'처럼 행세했다. 이들의 장인들은 사위의 치욕스러운 행동에 격분해 문전박대하고 혼인관계까지 깨버렸다. 친구들도 이들을 조롱했다. 어느 날 오이시의 막역한 친구가 술에 취해 여자들과 시시덕거리고 있던 오이시와 마주치게 되었을 때 오이시는 이 친구에게조차 주군에 대한 기리를 부정했다. "복수? 다 쓸데없는 어리석은 짓이야. 인생을 즐겨야지 복수는 무슨 복수야. 술 마시고 노는 게 얼마나 좋은데." 오이시의 친구는 그의 말을 곧이곧대로 믿지 않으며 오이시의 칼을 뽑아보았다. 그 칼이 반짝반짝 빛을 발하며 주인이 하는 말이 진심이 아니었음을 증명해주길 기대했지만, 칼은 녹이 슬어 있었다. 친구는 오이시의 말이 진심임을 믿을 수밖에 없게 되자 사람들이 다 보는 길거리에서 술에 취한 오이시에게 발길질을 하고 침을 뱉었다.

47인의 로닌 중 한 명은 맡은 역할에 돈이 필요하자 아내를 창녀로 팔아넘기기까지 했다. 역시 로닌의 하나였던 이 여자의 오빠는 누이가 복수에 대해 알고 있다는 것이 밝혀지자 오이시에게 충성을 증명해 보이겠다며 자신의 칼로 누이를 베겠다고 했다. 장인을 죽인 로닌도 있었다. 또 어떤 로닌은 내부 정보를 입수해 공격 시기를 정하기 위해 누이를 기라 영주의 하녀로 들여보내 첩이 되게 했다. 이것은 그 누이로선 복수가 완수되었을 때 자결할 각오를 해야만 하는 일이었다. 기라 영주의 편인 것처럼 보여왔던 오명을 죽음으로써 씻어내야만 했기 때문이다.

눈이 내리던 12월 14일 밤, 기라가 술잔치를 벌였고 호위 무사들은 모두 술에 취했다. 47인의 로닌은 그 틈에 요새 같은 저택을 급습해 호위 무사들을 제압하고 곧장 기라 영주의 침실로 몰려갔다. 기라는 그곳에 없었지만, 침대를 만져보니 아직 온기가 남아 있었다. 저택 어딘가 숨어 있는 것이 틀림없었다. 여기저기 뒤지고 다닌 끝에 숯 보관 창고로 쓰이는 헛간 안에서 웅크리고 있는 남자를 발견했다. 로닌 중 한 명이 헛간의 벽 사이로 창을 찔러 넣었지만, 창을 뽑아내자 피가 하나도 묻어 있지 않았다. 창이 기라를 찔렀지만, 창이 뽑힐 때 그가 피를 소맷자락으로 닦아낸 것이었다. 기라의 이런 잔꾀는 통하지 않았다. 로닌들은 그를 밖으로 끌어냈다. 하지만 기라는 자신은 기라가 아니라 수석 집사일 뿐이라고 우겼다. 이때 47인의 로닌 중 한 명이 주군 아사노가 쇼군의 성에서 기라에게 입힌 상처를 기억해냈다. 그 이마의 흉터로 그자가 기라임이 확인되자 로닌들은 기라에게 그 자리에서 할복할 것을 요구했다. 기라는 거부했고, 이는 당연히 그가 비겁한 사람임을 증명하는 것이었다. 결국 로닌들은 주군 아사노가 할복할 때 썼던 칼로 그의 머리를 베어내고 정성스럽게 그 칼의 피를 닦아냈다. 이제 복수의 의무를 끝냈으므로 두 번 피를 묻혔던 칼과 베어낸 머리를 들고 열을 지어 아사노의 묘로 향했다.

47인의 로닌이 이행한 과업이 알려지자 도쿄 전역이 열광했다. 이들을 의심했던 가족과 장인들은 부랴부랴 달려 나와 이들을 안아주며 경의를 표했다. 대영주들도 이들이 지나가는 길목에 나와 환대해주었다. 묘에 당도한 47인의 로닌은 그곳에 머리와 칼만이 아니라 주군에게 바치는 헌정사도 함께 놓았고 다음과 같은 내용의 이 헌정사가 현재까지도 보존되어 있다.

이제야 주군을 뵈러 왔나이다. (중략) 주군이 못다 한 복수를 행하지 않고는 주군 앞에 감히 나설 수가 없었습니다. 저희에겐 때를 기다리던 매일매일이 3년 같았습니다. (중략) 기라 영주를 여기 무덤에 데리고 왔습니다. 주군이 이전에 그토록 아끼시다 저희에게 맡겨진 이 칼을 이제야 돌려드립니다. 부디 이 칼로 원수의 머리를 다시 한번 베어 원한을 영원토록 털어버리옵소서. 이상 저희 47인이 삼가 말씀 올렸습니다.

이로써 47인은 기리를 갚았다. 하지만 여전히 주에 대한 빚이 남아 있었다. 죽음으로만 두 빚을 다 갚을 수 있었다. 이들은 선언도 없이 복수를 감행함으로써 정부의 법을 어겼지만, 주를 거역하려는 마음은 없었다. 주의 이름으로 어떤 명이 내려지든 실행해야만

했다. 막부는 47인의 로닌에게 할복을 명했다. 다음은 초등학교 5학년의 국어 독본에 실린 글이다.

다시 말해 47인의 로닌은 스스로 자결함으로써 기리와 기무 모두에 부채를 갚은 것이다.

일본의 이 국민 서사극은 전해지는 이야기에 따라 내용이 약간씩 다르다. 또 근대 영화에서는 초반부의 뇌물 바치는 부분이 색정에 관련된 내용으로 바뀌었다. 기라 영주가 아사노의 부인에게 추근대다 들키게 되었고, 그 굴욕감에 잘못된 지침을 내려 아사노를 모욕하는 것으로 전개되면서 뇌물을 바치는 내용은 빠져 있다. 하지만 기리의 모든 의무는 소름 끼칠 정도로 상세히 묘사된다. "그들은 기리를 위해 아내를 버리고 자식과 헤어지고 부모를 잃었다 (죽였다)."

기무와 기리 사이의 갈등은 다른 수많은 이야기의 기본 주제이기도 하다. 그중 한 사례로 훌륭한 역사물로 꼽히는 영화도 있는데 3대 도쿠가와 쇼군 시대를 배경으로 삼았다. 이 쇼군이 어린 나이에 능력도 검증되지 않은 채로 쇼군에 지명되자 신하들은 그의 계승 문제를 놓고 파가 나뉘어 일부는 같은 또래의 가까운 친척을 옹립하고 나섰다. 이후 이 계승 다툼에서 패한 한 다이묘는 3대 쇼군의 뛰어난 통치력에도 불구하고 가슴속에 내내 패배의 '모욕'을 품고 있었다. 그는 때가 오기만을 기다렸다. 그러던 어느 날 마침내 쇼군이 측근을 대동하고 영지 시찰에 나설 예정이라는 통보를 받게 되었다. 일행을 접대할 책무가 맡겨진 이 다이묘는 그것을 이름에 대한 기리를 실행할 기회로 삼았다. 그의 저택은 이미 요새화되어 있었지만 다가올 호기에 대비해 모든 출구를 막아 저택을 봉쇄시킬 채비까지 갖추어 놓았다. 여기에서 그치지 않고 벽과 천장이 무너져 쇼군과 수행단을 덮치도록 장치를 설치해놓기까지 했다.

그의 구상은 착착 실행에 옮겨졌다. 그는 일행을 극진히 접대했다. 쇼군의 즐거움을 돋우기 위해 한 사무라이에게 칼춤을 추게 했는데 이 사무라이에게는 춤의 절정에 이르면 쇼군을 찌르도록 지시를 내려둔 터였다. 사무라이는 모시는 다이묘에 대한 기리에 따라 주군의 명을 거절할 수 없었다. 하지만 주를 생각하면 쇼군에게 칼을 치켜들 수도 없었다. 이 칼춤 장면에서는 이런 갈등이 오롯이 묘사된다. 사무라이는 해야 할 의무와 해서는 안 될 의무 사이에서 어쩌지 못한다. 그러다 쇼군에게 칼을 들이대기 직전까지 가지만 끝내 들이대지 못한다. 기리에도 불구하고 주 역시 강한 의무다. 이런 와중에 칼춤이 점점 흐트러지자 쇼군의 일행은 수상쩍다고 느끼게 된다. 급기야 일행이 자리에서 일어나려 하자 절박해진 다이묘는 저택의 폭파를 명한다. 쇼군은 칼춤 무용수의 칼은 모면했지만 이제는 무너지는 건물에 깔려 목숨을 잃을 위기에 놓였다. 바로 이때 칼춤을 추던 사무라이가 앞장서서 쇼군의 일행을 지하 통로로 인도해 주면서 일행은 밖으로 무사히 빠져나가게 된다. 주가 기리를 이긴 것이었다. 쇼군의 대변인은 도의에 따라 감사를 표하며 자신들과 함께 도쿄로 가자고 권한다. 하지만 이 사무라이는 무너져가는 저택을 돌아보며 말한다. "그럴 순 없습니다. 저는 남겠습니다. 그것이 저의 기무이자 기리입니다." 그리곤 돌아서서 무너져가는 건물 속으로 뛰어들어 죽고 만다. "그는 죽음으로써 주와 기리를 모두 완수했다. 죽음을 통해 주와 기리가 조화를 이루게 되었다."

과거 시대의 이야기들은 의무와 '인간적 감정' 사이의 갈등을 핵심 주제로 삼지 않았다. 이런 갈등은 최근에 들어서야 주된 주제로 떠올랐다. 근대 소설이 기무나 기리 때문에 저버려야 하는 애정과 인간적 친절을 주제로 삼으면서 이런 주제가 소극적으로 다루어지기보다 크게 부각되고 있다. 일본의 전쟁 영화가 서양인에겐 선뜻 반전 홍보 영화로 여겨지듯, 우리의 눈에는 이런 소설들이 마음이 시키는 대로 살아갈 자유를 더 누리고 싶어 하는 호소로 다가오기 십상이다. 읽다 보면 그런 충동이 확실히 느껴진다. 하지만 소설이나 영화의 줄거리에 의견을 내놓는 일본인들을 통해 거듭거듭 확인되다시피 일본인은 우리와는 관점이 다르다.

우리는 사랑에 빠지거나 어떤 개인적 야심을 품고 있는 주인공을 보면서 연민을 느낀다. 그런데 일본인은 주인공이 나약하다고 비난한다. 이런 감정에 흔들려 기무나 기리에 대해 갈등한다는 이유 때문이다. 서양인은 관습에 저항하면서 장애물을 극복하고 행복을 쟁취하는 것을 강인함의 증거로 여긴다. 하지만 일본인의 견해에서는 개인적 행복을 무시하고 의무를 수행하는 자가 강인한 사람이다. 일본인에게 강인함은 저항이 아니라 복종을 통해 증명되는 것이다. 이런 차이에 따라, 일본인이 일본 소설과 영화에서 느끼는 의미는 서양인의 관점에서 바라볼 때와는 크게 다르다.

일본인은 자신의 삶이나 지인의 삶을 판단할 때도 이런 식으로 평가한다. 의무의 규범과 충돌하는 개인적 열망에 관심을 가지면 나약한 인간으로 판단한다. 어떠한 상황이든 이런 식으로 판단한다. 하지만 서양의 윤리와 가장 대비되는 부분은 따로 있다. 남편이 아내를 대하는 태도다. 아내는 '고의 영역'에서는 주변적인 인물에 불과하고 그의 부모가 그 영역의 중심이다. 따라서 남편의 의무는 명확해진다. 덕이 높은 남자는 고를 따라 어머니가 아내와 이혼하라고 해도 그 결정을 따라야 한다. 아내를 사랑하고 있고 두 사람 사이에 아이가 있어도 그렇게 한다. 이런 상황에서도 어머니의 결정을 따를 경우 오히려 남자는 '더 강한' 사람으로 여겨진다.

일본의 표현대로 '고는 아내와 자식을 남처럼 취급하길 요구하기도 한다'. 게다가 아내와 자식에 대한 대우는 기껏해야 '진의 영역'에 속한다. 최악의 경우엔 처자가 남편과 아버지에게 아무런 권리도 없는 사람이 되기도 한다. 결혼생활이 행복하더라도 아내가 남자의 의무 영역 중심에 놓이는 일은 없다. 따라서 남자는 아내와의 관계를 부모나 조국에 대한 감정과 동등해 보일 만큼 높여서는 안된다. 1930년대 떠들썩하게 구설수를 일으킨 사건이 그 좋은 사례다. 당시에 한 저명한 진보주의자가 사람들 앞에서 일본에 돌아와서 너무 기쁘다며 그중 한 이유가 아내와의 재회라고 밝혔다가 지탄을 받았다. 그는 아내가 아니라 부모님, 후지산, 일본의 국가적 임무에 대한 헌신 따위를 들먹였어야 했다. 아내는 이런 대상보다 지위가 낮았기 때문이다.

근대 시대에 들어서면서부터 일본인도 지위에 따라 별개의 '영역'을 강조하는, 지나치게 무거운 윤리에 불만을 표시하게 되었다. 이때부터 일본의 사상주입은 주를 최고의 덕목으로 삼는 것에 크게 집중되었다. 정치인들은 일왕을 정점에 세우고 쇼군과 봉건 영주를 폐지하면서 계층적 위계질서를 단순화시킨 것처럼 윤리 영역에서도 모든 덕목을 주 영역 아래에 둠으로써 의무 체계를 단순화시켰다. 이런 조치를 꾀한 데는 '천황 숭배' 아래 국민을 통합시키는 목적만이 아니라 일본 윤리의 원자주의를 완화하려는 목적도 있었다. 정치인들은 주를 이행함으로써 다른 모든 의무를 이행하게 된다는 식으로 가르치려 했다. 주를 지도상의 한 영역이 아니라 도덕이라는 아치의 중심축으로 만들려고 했다.

이런 계획이 가장 권위 있게 표명된 최고의 사례는 1882년에 메이지 일왕이 선포한 군인칙유다. 이 군인칙유와 교육칙어는 말 그대로 일본의 성전聖典이나 다름없다. 일본에서는 어떤 종교에서도 경전을 용인하지 않는다. 신토에는 경전이 없고, 일본 불교의 여러 종파에서는 교외별전74)이나 불립문자75)를 교리로 삼거나 '나무아미타불'이나 '나무묘법연화경' 같은 문구를 되뇌게 가르친다. 하지만 메이지 일왕의 군인칙유와 교육칙어는 그야말로 성전에 해당된다. 숨죽이고 경건히 예를 갖춘 청중 앞에서 신성한 의식으로서 낭독된다. 유대교의 율법서 토라(모세 5경)처럼 소중히 다루어져 낭독 때마다 봉안소에서 꺼내왔다가 청중이 해산된 뒤에 다시 봉안소에 모셔진다. 군인칙유와 교육칙어 낭독자로 지명되었다가 문장을 잘못 읽었다는 이유로 자살하는 이들도 있었다. 군인칙유는 주로 복무 중인 군인들을 위해 내려진 것이었다. 군인들은 글자 그대로 암기하고 아침마다 10분씩 묵상했다. 군인칙유는 중요한 국경일, 신병 입영일, 만기병 제대일 및 그에 준하는 경우에 군인들 앞에서 낭독되었다. 중등학교 전 학생에게 가르치기도 했다.

군인칙유는 여러 쪽으로 된 문서다. 여러 소제목 아래 주의 깊게 정리되어 있고 내용이 명확하고 구체적이다. 그럼에도 불구하고 서양인에겐 수수께끼처럼 알쏭달쏭하다. 그 가르침은 서양인에겐 모순적으로 다가오는 측면이 있다. 군인칙유에서는 선과 덕이 진정한 목표로 떠받쳐지고 서양인도 이해할 수 있는 방식으로 설명되어 있다. 그런데 "공적 의무의 진정한 길을 망각하고 사사로운 관계에서의 신의를 지키다 불명예스럽게 죽은 옛 영웅호걸의 전철을 밟지 말라"고 경고하기도 한다. 원문이 글자 그대로 완전히 옮겨진 것은 아니라 해도 어쨌든 이것이 공식적 번역문이다. 군인칙유는 이어서 이런 영웅호걸들의 "사례를 경고로써 진지하게 받아들여야

---

74) 教外別傳, 선종에서 말이나 문자를 쓰지 않고, 따로 마음에서 마음으로 진리를 전하는 일. —역자 주.

75) 不立文字, 문자로써 교를 세우는 것이 아니라는 뜻으로 선종의 입장을 표명한 표어. —역자 주.

한다"고 당부한다.

여기에서 말하는 '경고'는 일본인의 의무 지도를 잘 모르면 이해할 수가 없다. 전체적으로 볼 때 군인칙유는 기리를 경시하고 주를 드높이기 위한 공식적 시도다. 전체 문장 중에 기리라는 단어는 일본에서 일상적으로 쓰이는 그런 의미로는 한 번도 언급되지 않는다. 기리를 언급하는 대신 '상위법'인 주가 '하위법'인 '사사로운 관계에서의 신의 지키기'의 구별을 강조한다. 군인칙유에서 공을 들여 입증한 바에 따르면, 이 상위법은 모든 덕을 유효화시켜줄 만한 법이다. 또한 "의(기)는 기무의 이행"이다. 주가 충만한 군인은 필히 '진정한 용맹'을 갖추고 있기 마련이다. 여기에서 말하는 진정한 용맹이란, "평상시 사람들과의 소통에서 온화함을 제일로 삼아 다른 사람들의 애정과 존경을 얻고자 힘쓰는" 것이라고 했다. 군인칙유에서 이런 가르침을 따르면 기리에 호소하지 않아도 선과 덕을 갖추기에 충분해진다는 식의 주장을 암시적으로 전한다. 기무 외의 의무들은 하위법이므로 수락하기 전에 신중에 신중을 기해야 한다고 강조한다.

(사사로운 관계에서) 약속을 지키고 기무를 이행하고 싶다면 (중략) 처음부터 그것이 성취 가능한지 아닌지에 대해 신중을 기해 생각해야 한다. 만약 (중략) 어리석은 의무에 자신을 스스로 옭아매면 진퇴양난에 처하게 될 수도 있다. 약속을 지키지 못하고 의도 유지하지 못할 것 같으면 그 (사사로운) 약속을 즉시 포기하라. 태곳적부터 역경을 못 이기고 망가져서 후대에 오명을 남긴 유명인과 영웅호걸들의 사례가 반복되었던 이유는

하찮은 문제에서 신의를 지키려 애쓰다가 근본적 원칙상의 옳고 그름을 분간하지 못했거나 사사로운 관계에서의 신의를 지키려다 공적 의무의 진정한 길을 망각했기 때문이다.

기리에 대한 주의 우위를 강조하는 이 모든 지침에는 앞에도 밝혔다시피 기리라는 단어를 언급하지도 않았다. 하지만 모든 일본인은 '기리 때문에 의(기)를 행할 수 없었다'는 표현에 익숙하다. 그런데 군인칙유는 이런 표현을 "약속을 지키지 못하고 의도 유지하지 못할 것 같으면"이라는 말로 바꾸어 말한다. 군인칙유는 일왕의 권위를 등에 업고 지시하길, 그런 상황에 놓이면 기리가 하위법임을 명심하면서 기리를 버려야 한다고 말한다. 군인칙유의 가르침을 따르면 상위법을 통해 여전히 덕이 있는 사람으로 남게 될 것이라고 강조한다.

'주'를 강조하는 이 성전은 일본의 가장 기본원리가 되어주는 문서다. 하지만 이 군인칙유에서 기리를 에둘러 비난했다고 해서 기리의 대중적 영향력이 약화되었다고 단언하기는 힘들다. 일본인은 자신의 행동과 남의 행동을 설명하고 정당화하기 위해 군인칙유의 다른 대목도 자주 인용한다. "의란 기무를 이행하는 것이다.", "마음이 성실해야만 무슨 일이든 이룰 수 있다." 하지만 사사로운 관계에 얽매이지 않는 편이 적절한 경우가 자주 있음에도 사사로운 관계에서의 신의 지키기를 안 좋게 평가하는 일은 드문 것 같다. 결국 기리는 오늘날에도 여전히 높은 권위를 띠고 있으며 '기리를 모르는 인간'은 일본에서 가장 심한 욕이다.

일본의 윤리는 상위법을 도입한다고 해서 쉽게 단순화되지 않는다. 일본인이 자주 자랑하듯 말하듯이, 일본인은 선한 행위의 기준으로 삼을 만한 보편적 덕목을 가지고 있지 않다. 대다수 문화에서는 개개인이 선의나 알뜰함이나 큰 계획의 성취 등의 덕목을 달성하는 정도에 비례해 자부심을 느낀다. 행복이나 남들에 대한 권한이나 자유나 사회적 신분상승 같은 인생목표를 목적으로 세운다. 그런데 일본인은 상대적으로 특수주의76)적인 규율을 따른다. 봉건 시대이든 군인칙유에서든 상위법, 즉 대절大節에 대해 거론할 때조차 계층적 위계질서에서 높은 사람에 대한 의무가 낮은 사람에 대한 의무보다 더 우선시된다는 의미로만 이야기된다. 여전히 특수주의적이다. 서양인에게는 상위법이 대체로 충성에 대한 충성인 반면, 일본인에게 상위법은 특정 사람이나 특정 명분에 대한 충성이다.

근대 일본인은 어떤 도덕적 덕목 하나를 모든 '영역'보다 우위에 두려 할 때 대체로 '성실'을 그 덕목으로 선택했다. 오쿠마 백작77)은 일본인의 윤리에 대해 논하며 성실(마코토)이야말로 '최고의 가르침'이라면서 이렇게 말했다. "덕성 교육의 기초는 이 한 단어로 함축시킬 수 있다. 우리의 고대 어휘에서는 마코토라는 단어를 빼

---

76) 사회 일반 사회관계에서, 개인이 차지하고 있는 지위나 신분, 위치에 따라 차별하여 다루는 행동 양식이나 사고방식. —역자 주.
77) 사가 번 무사 출신의 정치가이자 교육자, 오쿠마 시게노부. —역자 주.

고는 윤리를 설명할 수도 없다."78) 근대 소설가들 역시 20세기 초반엔 새로운 서양의 개인주의를 칭송하다가 서양의 방식에 불만을 느끼게 되면서 성실[대체로 마고코로(진심)]를 유일한 참 '신조'로 칭송하려 했다.

성실에 대한 이런 윤리적 강조는 군인칙유 자체에서도 뒷받침해주고 있다. 군인칙유는 일본 역사의 발단을 거론하는 내용으로 시작하며, 이는 미국에서 워싱턴, 제퍼슨을 비롯한 건국의 아버지들을 거론하는 것에 상응한다. 군인칙유의 이 대목은 '온'과 '주'에 호소함으로써 절정에 이른다.

짐은 머리이고 너희는 몸이다. 짐은 그대들에게 짐의 팔과 다리를 의존하고 있다. 짐이 국가를 지키고 선조들의 온을 갚을 수 있느냐 마느냐는 너희의 의무 이행에 달려 있다.

그 뒤에는 다음과 같은 가르침이 이어진다.

(1) 최고의 덕목은 주의 의무를 이행하는 것이다. 군인은 아무리 잘 싸워도 주가 강하지 않으면 그저 꼭두각시에 불과하다. 주가 부족한 군대는 위기 시에 오합지졸에 불과하다. "따라서 시류에 흔들려 길을 벗어나서도 정치에 휘둘려서는 안 되며 오로지 일편단심으로 주를 행하면서, 의는 산보다 무겁고

---

78) Count Shinenobu Okuma, *Fifty Years of New Japan*. Marcus B. Huish의 영역판, London, 1909, Ⅱ:37.

죽음은 깃털보다 가볍다는 점을 명심하라.”

(2) 두 번째 강령은 외면적 태도와 행동에 관한 사항으로 군 계급에 따라 예의를 지키는 문제다. “하급자는 상급자의 명령을 곧 짐의 명령을 받드는 것으로 여기고” 상급자는 하급자를 정중히 대우해야 한다.

(3) 세 번째는 용맹이다. 참된 용맹은 ‘혈기에 불타는 야만적 행위’와는 다르며 ‘하급자를 멸시하거나 상급자를 두려워하지 않는’ 것이다. “따라서 참된 용맹을 소중히 여기는 사람이라면 평상시에 사람들과의 소통에서 온화함을 제일로 삼아 다른 사람들의 애정과 존경을 얻고자 힘써야 한다.”

(4) 네 번째 규율은 “사사로운 관계에서의 신의 지키기”를 경계하는 말이다.

(5) 다섯 번째 규율은 검소함에 대한 훈계다. “검소함을 지향하지 않으면 나약하고 경솔해져서 사치와 낭비벽에 빠지고 점점 이기적이고 탐욕스러워져 이루 말할 수 없이 천박해지게 된다. 그때는 아무리 충성스럽고 용맹해도 세상의 경멸을 피할 수 없다. (중략) 이런 악습에 빠질 것이 염려되어 마음이 편치 않아 짐이 이를 다시 경계하노라.”

군인칙유의 마지막 구절에서는 이 다섯 가지 가르침을 ‘천지의 공도公道이자 인류의 보편적 법칙’이라고 일컬으며 그것이 바로 ‘짐의 군인들이 갖추어야 할 정신’이라고 강조한다. 또한 이 다섯 가지 가르침의 ‘정신’은 ‘성실’에 있다며 “마음이 성실하지 않으면 말과 행위가 아무리 선해도 겉치레에 불과해 아무런 쓸모가 없다. 마음이 성실해야만 무슨 일이든 이룰 수 있다"고도 강조한다. 성실한 마음을 가지면 이 다섯 가지 가르침이 '지키고 실행하기 쉬워'진다는 얘기다. 성실을 모든 덕목과 의무를 설명하고 나서 마지막에 덧붙인 것은 참으로 일본답다. 일본인은 중국인처럼 모든 덕이 자애로운 마음에서 비롯된다고 여기지 않는다. 가장 먼저 의무의 규율을 세우고 나서 마지막에 온 마음과 온 영혼과 온 힘과 온 정신을 다해 이런 의무를 이행하는 데 필요한 조건을 덧붙인다.

대승 불교의 한 종파인 선종의 가르침에서도 성실은 같은 의미를 띠고 있다. 스즈키[79]의 뛰어난 선禪 개론서에 수록된 스승과 제자의 대화를 예로 봐보자.

제자 : 사자는 공격할 대상이 토끼이든 코끼리이든 전력을 다 쏟습니다. 부디 이 힘이 무엇인지 가르쳐주십시오.

스승 : 성실의 정신(글자 그대로의 의미는 속임이 없는 힘)이다. 성실함이란 속임이 없는 것이다. '자신의 모든 것을 발휘하는 것'을 의미한다. 이것을 선어禪語에서는 '전체작용全體作用'이라고 한다. (중략) 아무것도 아껴두지 않고, 위장해 보이지 않고, 헛되이 쓰지 않는 것이다. 이렇게 살아가는 사람을 금모金毛의 사자라고 말한다. 그런 사람은 강인함, 성실함, 전심全心의 상징이다. 신과 같은 인간이다.

---

79) 鈴木大拙, 일본의 불교학자이자 사학자로 인류문명이 위기에 처하게 된 원인을 서양의 합리주의에 두고 동양적인 직관, 곧 선 사상의 중요성을 알리는 데 주력하였다. ―역자 주.

'성실'이라는 단어에 담긴 일본인 특유의 의미는 앞에서도 잠깐 언급한 바 있다. 일본어 마코토는 영어에서 사용하는 'sincerity(성실, 진정성)'의 의미와는 다르다. 그 의미보다 훨씬 좁은 의미를 띠는 동시에 훨씬 넓은 의미를 가지기도 한다. 서양인은 일본인이 사용하는 성실의 의미를 영어권에서의 의미보다 훨씬 한정적 의미로 속단하는 경향이 있다. 가령 일본인이 어떤 사람을 불성실하다고 말할 때는 그 상대가 자신에게 순순히 동의해주지 않는다는 의미에 불과하다고 단정하는 경우가 흔하다. 이런 식의 단정에도 어느 정도 일리는 있다. 일본에서 누군가를 '성실한' 사람이라 칭할 때는 그 사람이 '진실로' 자신의 마음을 지배하고 있는 애정이나 증오, 결의나 놀라움에 따라 '진정성 있게' 행동하는 것인가와는 무관하기 때문이다.

'He was sincerity glad to see me. (그가 나를 보고 진심으로 반가워했다)'라거나 'He was sincerity pleased. (그가 진심으로 만족스러워했다)' 같은 미국식 표현은 일본인에게는 생소한 표현이다. 일본에서는 이런 의미의 'sincerity'를 놓고 조롱 삼아 주고받는 관용어들도 있다. '입을 쫙 벌려 자기 속을 다 보여주는 저 개구리 좀 보게나.', '입을 벌리면 석류처럼 제 속을 다 보여주는구먼.' 일본인에게 '감정을 드러내는' 것은 수치스러운 일이다. 자신을 '노출하는' 짓이다. 미국에서는 '진정성'을 중요시하는 데 일본의 '마코토'에는 이런 의미가 낄 자리가 없다.

앞에서 사례로 든 일본인 소년(8장)이 미국인 선교사를 불성실하다고 비난했을 때, 그는 선교사가 가난한 소년이 빈손으로 미국에 가겠다는 계획을 듣고 '진심으로' 놀랐는지는 전혀 생각해보지 않았다. 일본 정치인들은 지난 10년간 미국과 영국의 불성실을 줄기차게 비난했다. 하지만 그 일본 정치가들은 서양 국가들이 실제로 느끼지 않는 것(불성실한 것)을 말했는지는 따져보지 않았다. 심지어 위선에 대한 비난도 아니었다. 위선을 문제 삼는 의미였다면 그렇게 크게 비난하지도 않았을 것이다.

군인칙유에 언급되는 '성실이 이런 가르침의 정신'이라는 대목 역시 다른 모든 덕목을 발휘하게 해주는 덕목이, 내면의 충동에 따라 행동하고 말하는 진정성 있는 마음이라는 의미는 아니다. 아무리 자신의 생각이 남과 다르더라도 진실되게 행동하고 말하라는 지침은 확실히 아니다.

그렇다 해도 일본에서 '마코토'는 긍정적 의미의 말이다. 게다가 일본인이 마토코의 윤리적 역할을 강력히 강조하고 있는 점을 감안하면 서양인으로선 이 말의 의미를 시급히 이해해야 한다. 일본인이 사용하는 마코토의 기본적 의미는 《47인의 사무라이》 속에 잘 설명되어 있다. 이 이야기 속의 '성실'은 기리에 바람직한 의미를 더해주고 있다. 즉 '마코토의 기리'는 '단순한 기리'와는 대조적인 의미를 갖게 되어, '영원히 모범으로 삼을 만한 기리'를 뜻하게 된다. 오늘날 일본에서 쓰이는 용례로서 '마코토는 그것을 충실히 지키게 해주는 것'이라는 말이 있는데, 여기에서의 '그것'은 문맥상 일본의 규율이나 일본의 정신이 요구하는 태도를 가리키는 만큼 마코토가 긍정적 의미로 쓰인 것이다.

전쟁 중 일본인 강제 수용소에서 이 단어가 사용된 용례를 봐도

《47인의 사무라이》에서 쓰인 의미와 정확히 일치한다. 뿐만 아니라 단어의 논리가 어디까지 확장되고 미국에서의 'sincerity' 용법과 얼마나 상반되는지 확실히 보여준다. 친일적 성향의 1세(一世, 일본 태생의 미국 이민자들)가 친미적 성향의 2세(二世, 이민 2세대)를 보며 늘상 지적했던 점은 마코토가 없다는 것이었다. 여기에서 '마코토가 없다'는 뜻은 2세들이 일본의 정신(전쟁 중에 공식적으로 규정한 일본의 정신)을 이루는 정신적 자질을 '지켜나가지' 못한다는 의미였다. 자식들의 친미주의를 위선적이라고 비난하는 말이 아니었다. 2세들이 미군에 자원입대하면서 제2의 조국인 미국에 대한 지지가 진정한 열의에서 우러나온 것임이 누가 봐도 명백한 상황에서도 1세들은 확신을 가지고 2세들에게 '마코토가 없다'고 비난을 이어갔다. 이 점만 보더라도 위선을 비난하는 의미는 결코 아니었다.

일본인이 말하는 '마코토'의 근본적 의미는 일본의 규율과 정신에 따라 그려진 지도상의 '길을' 따르려는 열의에 있다. 마코토가 특정 문맥에 따라 아무리 특별한 의미를 갖는다 해도 언제나 예외 없이 일본의 정신으로 인정되는 어떤 측면에 대한 찬미로 해석되거나, 덕목 지도상의 공인된 이정표에 대한 찬미로 해석될 수 있다. '성실'이 미국인이 생각하는 그런 의미가 아니라는 사실만 받아들인다면 마코토는 일본의 모든 문헌을 통틀어 가장 주목할 만한 유용한 단어다. 이 말로 표현되는 면들이 일본인이 실질적으로 강조하는 긍정적 덕목이라고 생각하면 거의 틀리지 않기 때문이다.

우선 첫째로, 마코토는 사리사욕을 추구하지 않는 사람을 칭찬하는 말로 꾸준히 쓰이고 있다. 이는 일본인의 윤리에서 이윤 추구를 아주 부정적으로 여기고 있음을 반영해준다. 그 이윤이 계층제에 따른 당연한 결과가 아닐 때는 착취로 부당하게 벌어들인 것으로 손가락질받는다. 이윤을 벌려고 정도를 벗어난 중개인도 돈놀이꾼으로 미움받는다. 이런 사람에게는 예외 없이 '마코토가 없는' 인간이라는 꼬리표가 따라붙는다.

둘째, 마코토는 감정을 절제할 줄 아는 사람을 칭찬하는 말로도 꾸준히 사용되고 있으며, 이런 용례에서는 일본인의 자기단련에 대한 생각이 반영되어 있다. 마코토를 갖추었다고 인정받는 일본인은 도발할 생각이 없는 상대에게 괜히 모욕을 줄 만한 위험한 행동은 자제한다. 이는 말하자면 행동 자체만이 아니라 그 행동이 유발할 사소한 결과까지 책임지려는 신조의 반영이다.

마지막으로, 마코토가 있는 사람만이 '자기 사람을 거느리고' 지도자의 능력을 발휘하면서 심리적 갈등에 휘말리지 않을 수 있다.

지금까지의 세 가지 의미 외에 여러 의미를 살펴보면 일본 윤리의 동질성이 명확히 드러난다. 즉 일본에서는 정해진 규율을 수행해야만 원만하게 살아가며 갈등에 놓이지 않을 수 있다는 사실을 잘 반영해준다.

일본인이 말하는 마코토에는 이처럼 여러 가지의 의미가 있다. 따라서 군인칙유나 오쿠마 백작의 견해에도 불구하고 이 덕목으로 일본의 윤리가 단순해지는 것은 아니다. 또한 마코토는 일본인의 윤리성에 '토대'가 되거나 '정신'을 부여해주는 덕목도 아니다. 오히려 어떤 숫자 뒤에 붙여도 그 수를 더 크게 키워주는 지수와 같다. 2라는 지수를 붙이면 그것이 9든 159든 b든 x든 더 크게 키워주듯,

마코토는 일본의 윤리 규율 중 어떤 신조에 대해서든 더 큰 힘을 실어준다. 마코토는 별개의 덕목이 아니라, 비유적으로 말해 해당 신조에 대한 열광적 믿음을 더욱 크게 해주는 것이다.

일본인이 자신들의 규율에 어떤 시도를 해왔든 일본인의 규율은 여전히 세분화되어 있고, 덕목의 원칙은 여전히 그 자체로 선한 하나의 행동과 역시 그 자체로 선한 또 다른 행동 간의 균형을 유지하는 문제이다. 일본인의 윤리체계는 브리지 게임[80]처럼 짜여 있다. 브리지 게임에서 뛰어난 플레이어는 규칙에 따라 규칙 내에서 플레이하는 사람이다. 계산에 체계가 잘 잡혀 있어 상대가 낸 패가 게임 규칙 내에서 의미하는 바를 간파할 줄 안다는 점에서 서툰 플레이어와 구별된다. 즉 뛰어난 플레이어가 되려면 우리 식대로 말해 호일에 따라[81] 경기하면서 모든 수마다 끊임없이 경우의 수를 고려해야 한다. 브리지 게임에서는 일어날 수 있는 우발성이 게임의 규칙에 망라되어 있고 점수도 미리 정해져 있다. 미국인이 말하는 의미에서의, 좋은 의도였다는 등의 얘기는 전혀 통하지 않는다.

어떤 언어에서든 사람들이 자존심을 잃거나 얻는다고 표현하는 말의 맥락을 알면 그 언어권 사람들의 인생관을 이해하는 데 많은

---

80) 4명의 사람이 한 테이블에 앉아 마주 보는 두 사람이 팀이 되어 플레이하는 카드 게임으로, 총 52장의 카드를 가지고 카드 모양과 숫자에 따라 경우의 수를 계산하면서 진행하는 두뇌 게임이다. ―역자 주.

81) according to Hoyle, 영국의 카드 게임의 권위자 에드먼드 호일의 이름을 딴 관용어로 '규칙대로'라는 뜻임. ―역자 주.

도움이 된다. 일본에서는 '자신을 존중하는 것'이 언제나 스스로가 신중한 플레이어임을 입증하는 것이다. 영어에서의 용법처럼 가치 있는 행동 기준을 의식적으로 따르는 것이 아니다. 이를테면 다른 사람들에게 굽실거리지 않고, 거짓말하지 않고, 거짓 증언을 하지 않는 것을 의미하지 않는다. 일본에서의 자신을 존중한다는 의미의 '지초自重'는 글자 그대로 '묵직한 자아'이며 그 반대말은 '경박한 자아'다. '자신을 존중해야 한다'는 말의 의미는 '그 상황에 결부된 모든 요소를 빈틈없이 살펴 비난받거나 성공의 가능성을 떨어뜨릴 만한 행동을 해서는 안 된다'는 뜻이다. 일본에서는 '자신을 존중하는 일'이 미국에서 의미하는 바와 정반대의 행동을 의미하는 경우가 많다.

한 고용인이 '나 자신을 존중해야 한다'고 말하면 이것은 자신의 권리를 내세워야 한다는 뜻이 아니라 고용주 앞에서 자신의 입장이 곤란해질 말을 해서는 안 된다는 뜻이다. '당신 자신을 존중해야 한다'는 말을 정치적 차원에서 쓸 경우에도 같은 의미가 된다. 가령 '중책을 맡은 사람'이 '위험한 사상'에 경솔히 빠져들었다간 자신을 존중할 수 없게 된다는 의미다. 미국에서처럼 위험한 사상을 품고 있더라도 자신을 존중하기 위해선 자신의 견해와 양심에 따라 생각해야 한다는 식의 의미는 없다.

일본에서는 부모가 청소년 자녀들에게 잔소리할 때 '자신을 존중해야 한다'는 말을 자주 쓰는데 이 말은 예절을 지키고 기대에 걸맞게 행동하라는 뜻이다. 예를 들어 여자아이에게 다리를 바르게 하고 얌전히 앉아 있으라고 하거나, 남자아이한테 자신을 단련하고 다른 사람의 눈치를 살필 줄 알아야 한다고 하는 것은 '지금이 너의 장래를 결정할 중요한 시기이니' 그래야 한다는 의미로도 쓰인다. 부모가 자녀에게 '자신을 존중하는 사람처럼 행동하지 않았다'고 혼내면 자신이 옳다고 생각하는 일에 용기 내어 나서지 못하는 것을 꾸짖는 게 아니라 버릇없게 군 것을 나무라는 것이다.

채권자에게 빚을 갚지 못하는 농부가 '자중했어야 했다'고 혼잣 말을 한다면 나태했던 자신을 책망한다거나, 채권자에게 비굴하게 굴었던 태도를 책망하는 의미가 아니다. 궁지에 처할 경우를 대비해 더 신중했어야 했다는 의미다. 지역 내의 유지가 '내 자중을 위해서 이러이러해야 한다'고 말할 때는 진실됨과 고결함의 특정 원칙을 지켜야 한다는 뜻이 아니라 자기 가문의 지위를 충분히 고려하면서 문제를 처리해야 한다는 뜻이다. 즉 그 문제에 자신의 지위가 가진 모든 영향력을 발휘하겠다는 것이다.

기업 임원이 회사에 대해 '우리는 자중을 보여야 한다'고 밝히면 신중함과 주의를 더욱더 기울여야 한다는 의미가 된다. '자중해서 복수'해야 한다는 다짐은 원수를 은혜로 갚아 상대를 부끄럽게 한다거나 어떤 도덕률을 따르면서 복수하겠다는 말이 아니다. 오히려 '완벽한 복수를 하고야 말겠다'는 말에 상응한다. 주도면밀한 계획을 세우고 모든 요인을 고려해 복수하겠다는 뜻이다. 한편 '자중에 자중을 거듭한다'는 말은 일본어에서 가장 강한 강조 표현에 드는데 이는 최대한도로 신중을 기울인다는 말로, 섣부르고 경솔한 결론을 내리지 않는다는 의미다. 말하자면 목표를 이루기 위해 필요 이상의 노력을 허비할 일도, 필요한 만큼 충분히 노력하지 못하

는 일도 생기지 않도록 여러 가지 수단과 방법을 철저히 따져본다
는 얘기다.

자중에 담긴 이 모든 의미는 삶을 '호일에 따라(규칙에 따라)' 아
주 주의 깊게 행동해야 하는 세계로 바라보는 일본인의 인생관에
잘 맞는다. 자중이 이런 식으로 규정되어 있는 만큼, 일본에서는
좋은 의도였다는 것을 내세워 실패를 변명하는 것이 허용되지 않는
다. 모든 행동에는 그에 따른 결과가 수반되므로 그런 결과도 계산
하지 않고 행동해서는 안 된다. 관대함을 베푸는 것은 바람직한 일
이지만 이때도 그런 은혜를 받는 상대방이 '온을 입게' 되었다고 느
끼리라는 것까지 예견해 조심해야 한다. 다른 사람을 비난할 수는
있지만 그러려면 그 사람의 분개가 불러올 모든 결과를 감당할 각
오가 있어야만 한다. 미국 선교사가 소년에게 비난받았던 사례의
경우에도, 그 선교사가 좋은 의도였다고 말해봤자 아무런 변명이
안 된다. 선교사는 체스판에서 자신이 둔 한 수에 담긴 의미를 철
저히 고려하지 않았던 셈이며 이는 일본인의 관점에서 보면 더없이
미숙한 처신이었다.

신중과 자중을 동일시하는 태도는 여러 결과를 가져온다. 다른
사람들의 행동을 예의주시해 눈치를 살피는 한편 다른 사람들의 비
판을 강하게 의식하게 된다. 일본에서는 이런 면을 빗대어 하는 말
들이 있다. "보는 눈 때문에 자중을 키운다(지초해야 한다).", "보는
눈만 없다면 자중할(지초를 키울) 필요도 없을 텐데." 이런 말속에는
자중에 대한 외부적 구속력이 극단으로 담겨 있다. 올바른 행동에

대한 내면적 구속력은 전혀 담겨 있지 않다. 물론 여러 나라의 통속적 언어 관행이 그렇듯 이 말들도 과장된 측면이 있다. 일본인도 때때로 자신이 저질러온 죄에 대해 청교도에 못지않을 만큼 강한 반응을 나타내기 때문이다. 하지만 그럼에도 불구하고 이런 극단적 표현은 일본인이 어느 쪽에 강조점을 두고 있는지 정확히 짚어낸다. 다시 말해 죄보다 수치를 중요시한다는 점을 부각시켜준다.

여러 문화의 인류학적 연구에서는 수치심에 집착하는 문화와 죄책감에 집착하는 문화의 구별이 중요한 의미를 가진다. 도덕의 절대적 기준을 가르치고 개인의 양심을 강조하는 사회는 '죄책감 문화'로 정의된다. 미국의 경우처럼 이런 문화의 사람들은 때때로 죄가 아닌 서투른 행동에 대해서까지 자신을 자책하며 수치심을 겪는다. 자리에 맞는 적절한 옷차림을 갖추지 않은 일이나 말실수한 일을 놓고 지나치게 고민하는 경우가 있다. 반대로 수치심이 주된 구속력인 문화에서는 죄책감을 느끼는 것이 당연하다고 여겨지는 행동들에 대해 괴로워한다. 이런 괴로움이 때때로 아주 극심해서 죄처럼 고백이나 속죄로도 덜어질 수 없는 경우도 있다. 죄를 저지른 사람은 자백으로 짐을 덜 수 있다. 자백이라는 수단은 세속적 치유법으로 활용될 뿐만 아니라 별 공통점이 없는 여러 종교 단체 사이에서도 공통적으로 쓰고 있다. 누구나 알다시피 자백은 마음을 가볍게 해준다. 하지만 수치심이 주된 구속력인 문화에서는 심지어 참해승에게 과오를 털어놓아도 마음이 편해지지 않는다. 자신의 잘못된 행동이 '세상 사람들에게 드러나지' 않는 한 곤란해질 일이 없을 터이므로 오히려 자백은 문제를 자초하는 격일 뿐이다. 따라서 수치심의 문화에서는 신에게조차 고백하지 않는다. 속죄의식보다는 행운을 비는(들키지 않는 행운) 의식을 행한다.

진정한 죄의식 문화에서는 내면화된 죄의식을 올바른 행동의 구속력으로 삼는 반면 수치심 문화에서는 외부적 구속력에 의존한다. 수치심이 다른 사람들의 비난에 대한 반응이기 때문이다. 수치심의 문화에서는 공공연히 조롱받고 따돌림당하거나, 자신이 조롱거리가 되었다는 생각이 들 때 수치심을 느낀다. 둘 중 어디에 해당되든 수치심은 강력한 구속력이 된다. 하지만 그 구속력이 작용하려면 보는 눈이 필요하다. 아니면 적어도 자기 생각 속에서 보는 눈을 의식해야 한다. 죄책감은 그렇지 않다. 명예가 곧 자신의 이상적 자아상을 지키는 것인 나라에서는 아무도 자신의 나쁜 짓을 눈치채지 못한 상황에서도 죄책감으로 괴로울 수 있으며 죄를 자백함으로써 죄책감이 사실상 덜어지기도 한다.

미국에 정착한 초기 청교도들은 일체의 도덕에 죄책감을 기반으로 삼으려 했고 현대 미국의 정신과 의사라면 누구나 알듯 실제로 미국인들은 양심의 가책으로 죄책감을 느낀다. 하지만 미국에서 수치심은 점점 무거운 짐이 되고 있으며 죄책감은 이전 세대들만큼 심하게 느끼지 않는다. 미국에서는 이런 현상이 도덕성의 해이로 해석되고 있다. 이는 아주 타당한 해석이다. 우리는 수치를 도덕성을 떠받치는 토대로 여기지 않기 때문이다. 우리는 수치에 수반되는 쓰라린 수모감을 도덕성의 근본 체계로 활용하지 않는다.

일본인은 수치를 도덕성의 토대로 삼는다. 올바른 행동의 명확한 이정표를 따라가지 못하거나, 의무 사이의 균형을 지키지 못하거나, 우발적 사건을 예견하지 못하면 수치(하지)가 된다. 수치를 덕의 근본이라고 말한다. 수치에 민감한 사람은 올바른 행동의 규율을 철저히 지키게 되어 있다는 것이다. '수치를 아는 사람'을 영어로는 'virtuous man(덕이 있는 사람)'이나 'man of honor(명예로운 사람)'으로 번역된다. 일본의 윤리에서 수치는 서양 윤리에서의 '양심의 결백', '하느님 앞에 떳떳하기', '죄짓지 않기'라는 말이 갖는 권위를 띠고 있다. 따라서 그 당연한 논리적 귀결로서, 사후에 벌을 받는 개념이 없다. 일본인은 인도의 경전 수트라를 잘 아는 승려들을 제외하면 이생에서 쌓은 공덕에 따라 환생한다는 개념에 그다지 익숙하지 않다. 게다가 기독교 교리에 밝은 일부 기독교 개종자들이 아닌 한 사후의 상벌이나 천국과 지옥을 인정하지 않는다.

수치심이 큰 영향력을 발휘하는 부족이나 나라라면 어디든 그럴 테지만 수치를 삶의 우선순위에 두는 일본에서는 누구나 자신의 행동에 대한 다른 사람의 평가에 주의하게 된다. 남이 어떻게 평가할지를 생각해봐야 할 뿐만 아니라 그 판단을 기준으로 행동 방향을 정한다. 일본인은 모든 사람이 똑같은 규칙에 따라 게임을 펼치며 서로를 지지할 때 안심할 수 있다. 그것이 일본의 '사명'을 수행하는 것이라고 느낄 때 게임에 열중할 수 있다. 다만 올바른 행동에 대한 일본 자국의 공식적 이정표를 지지하지 않는 외국으로 자신들의 덕목을 전하는 문제에 놓이면 극도의 취약성을 드러낸다. 실례로 일본인은 '선의'를 내세운 대동아공영권의 사명에 실패했다. 당시 일본인은 일본을 대하는 중국과 필리핀의 태도에 진심으로 분노했다.

학업이나 사업을 위해 미국으로 건너와 국가주의적 정서가 덜한 일본인들은 규율 지도가 엄격하지 않은 세계에서 살아가면서 자신들이 받았던 주도면밀한 교육의 '실패'를 통감하는 경우가 많다. 이들은 일본인의 덕목이 외국에 나가면 잘 통하지 않는다는 사실을 느꼈다고 한다. 이들이 강조하는 논점은, 누구에게나 다른 문화로의 전환은 어려운 일이라는 보편적 사실 그 이상의 문제다. 자신들이 때때로 미국 생활의 적응에 크게 애를 먹는 데 반해, 잘 아는 중국인이나 태국인들을 보면 덜 어려워한다는 점을 지적한다. 이들의 관점에 따르면 일본인 특유의 문제는, 미묘한 차이가 나는 규율 준수를 남이 인정해주어야만 안도감을 느끼도록 자라왔다는 것이다. 외국인들이 이 모든 예의범절에 신경을 쓰지 않는 모습을 보면 일본인은 어찌할 바를 모르고 쩔쩔맨다. 서양인이 자신들처럼 꼼꼼히 지키는 예의범절이 있는지 찾아보다가 찾지 못하면 어떤 이는 분노를 표하고 어떤 이는 소스라치게 놀란다.

미시마三島가 그녀의 자서전 《나의 좁은 섬나라(My Narrow Isle)》에서 풀어놓은 경험담에는 느슨한 문화에서의 이런 경험이 아주 잘 묘사되어 있다.[82] 미시마는 미국의 대학에 입학하기 위해 열성적 노력을 쏟고 미국 장학금의 '온'을 받아들이길 꺼리던 보수적인 가족의 반대를 극복한 끝에 마침내 매사추세츠주 웰즐리 대학에 들어가게 되었다. 그곳의 교수들과 여학생들은 굉장히 친절했지만, 그것이 그녀를 오히려 더 힘들게 했다고 한다. "여느 일본인처럼 흠

---

82) Sumie Seo Mishima, *My Narrow Isle*, 1941, p. 107.

잡을 데 없는 예의를 갖추었다고 여기던 내 자부심은 쓰라린 상처를 입었다. 이 나라에선 어떻게 해야 예의 바른 행동인지 모르겠어서 나 자신에게 화가 났다. 그때껏 내가 받아온 교육을 조롱하는 것 같은 환경에 대해서도 화가 났다. 이런 막연하면서도 뿌리 깊은 분노의 감정 외에는 그 어떤 감정도 느껴지지 않았다." 미시마는 자신이 "딴 세상인 이곳에서는 아무짝에도 쓸모없는 감각과 감정을 품고 다른 행성에서 뚝 떨어진 사람 같은 기분이었다. 몸가짐을 늘 품위 있게 하고 무슨 말이든 예의를 갖춰야 한다고 배운 일본에서의 교육은, 사회적으로 말해서 나 자신이 완전히 장님이나 다름없는 이런 환경에서 나를 극도로 예민하고 자의식적인 사람으로 만들었다". 그녀는 2, 3년이 지나서야 긴장을 풀고 차츰 남들의 친절을 받아들이게 되었다. 이제는 미국인이 그녀의 말처럼 '세련된 친근함'을 띠며 살아가는 사람들이라는 결론에 이르게 되었단다. "하지만 그런 친근함은 내가 3살 적에 건방진 태도라고 여겨 내 속에서 없애버린 것이었다."

자서전에서 미시마는 미국에서 알게 된 일본인 여학생들과 중국인 여학생들을 대조적으로 비교하면서 미국이 양국 학생들에게 미친 영향의 차이도 함께 설명해놓았다. "중국인 여학생들은 대다수 일본인 여학생에게는 없는 차분함과 사교성이 있었다. 이 상류층 중국인 여학생들이 나에겐 세상에서 가장 세련된 사람들로 보였다. 모두 왕족의 품격에 버금가는 품위가 있었고 정말 여왕이 따로 없는 것 같았다. 기계화되고 빠르게 돌아가는 이 멋진 문명 속에서조차 대담함과 굉장한 차분함을 발휘하며 전혀 흔들리지 않는 그 모습은 소심하고 지나치게 예민한 우리 일본인 학생들과 너무 대비되면서 사회적 배경의 근본적 차이를 느끼게 했다.”

미시마는 다른 수많은 일본인처럼 크로케 시합에 나온 테니스 실력자 같은 기분을 느꼈다. 그곳에서 그녀가 갖춘 뛰어난 실력은 가치가 없었다. 그동안 익혀온 그 실력은 새로운 환경에서도 똑같이 통하는 게 아니었다. 그동안 복종해온 규율이 그곳에서는 쓸모가 없었다. 미국인은 그런 규율 없이도 잘 살았다.

일본인은 비교적 느슨한 미국의 행동 통제 규칙을 일단 조금이라도 받아들이고 나면 예전에 일본에서 겪었던 제약을 또다시 감당할 수 있을지 자신 없어 한다. 일본에서의 옛 생활을 잃어버린 천국이라거나 ‘고삐’나 ‘감옥’으로, 또 때로는 분재가 심어진 ‘작은 화분’으로 빗대어 말하곤 한다. 분재 소나무는 그 뿌리가 화분 안에 갇혀 있던 동안엔 탐스러운 정원에 빛을 더해주던 예술품이었다. 하지만 일단 대지에 옮겨 심어지고 나면 이 작디작은 소나무는 다시는 예전처럼 돌아갈 수 없게 된다. 더는 일본이라는 정원의 장식물이 될 수는 없다고, 다시는 예전의 그 요구를 따를 수 없다고 느끼게 된다. 이런 일본인들이야말로 일본인의 덕의 딜레마를 가장 강렬하게 경험한 사람들이라 할만하다.

11장

자기단련

　　　어떤 문화의 특별한 자기단련은 다른 문화의 관찰자에게 무의미한 것으로 여겨지기 쉽다. 단련 기법 자체는 충분히 이해가 가는데 뭐하러 그런 고생을 하는지 알 수 없다는 반응이다. 왜 일부러 고리에 매달려 있거나, 배꼽에 정신을 모으거나, 있는 돈을 한 푼도 쓰지 않으려는 걸까? 이런 식의 고행에 집중하면서 또 한편으론 외지인이 보기에 정말로 중요하고 수련이 필요할 것 같은 어떤 충동에 대해서는 아예 무시해버리는 걸까? 특히 자기단련을 위한 특별한 방법을 배우지 않는 나라의 관찰자가 그런 훈련을 중시하는 사람들 사이에 있게 되면 오해의 가능성이 최고도에 이르게 된다.

　미국에서는 전통적으로 자기단련을 위한 특별한 방법이 비교적 발달되어 있지 않다. 미국인의 통념으로는 삶에서 실현 가능한 계획을 세워둔 사람은 목표를 달성하기 위해 필요할 경우 혼자 알아서 자기단련을 하는 것이 보통이라고 본다. 자기단련을 할지 말지는 그 사람의 포부나 양심, 혹은 베블런[83]이 말한 이른바 '장인정신의 본능(instinct of workmanship)'에 달려 있다. 예를 들어 축구팀에

---

83) Thorstein Bunde Veblen, 미국의 사회학자이자 사회평론가인 소스타인 베블런. -역자 주.

서 뛰기 위해 금욕적인 훈련을 받아들이거나, 음악가로서의 재능을 연마하거나 사업을 성공시키기 위해 휴식을 포기하는 식이다. 양심 때문에 악행과 불성실한 행동을 삼갈 수도 있다. 아무튼 미국에서 특별한 수련으로서의 자기단련 자체는, 특별히 응용할 일도 없는데 별개로 산수를 배우는 식의 활동이 아니다. 미국에서 그런 식의 별개적 수련이 행해지는 경우는 유럽의 특정 종파 지도자나 인도의 정통 방식을 전수하는 스와미(힌두교 종교 지도자)가 지도하는 수업 정도다. 미국에서는 성 테레사나 성 십자가의 요한이 가르치고 실행했던 방식대로 명상과 기도의 종교적 자기단련조차 거의 명맥이 끊어졌다.

하지만 일본인은 다르게 생각한다. 중학교 입학시험을 치르는 학생이나, 검술 시합에 출전하는 사람이나, 귀족 자제로 한가하게 살아가는 사람 모두 특별한 뭔가를 배우는 것과는 별개로 자기수련이 필요하다. 아무리 시험공부를 많이 했더라도, 아무리 검술 실력이 노련하다 해도, 아무리 예의범절의 격식에 빈틈이 없더라도 책과 칼과 예의범절을 한쪽으로 미뤄두고 특별한 수련을 해야 한다. 물론 모든 일본인이 신비로운 수련을 하는 것은 아니지만 그런 수련을 하지 않는 사람들조차 자기단련의 얘기와 실천을 삶의 한 영역으로 인정한다. 일본인은 계층을 막론하고 일반적으로 행해지는 특정의 자제와 극기에 대한 견해를 토대로 삼은, 일련의 개념적 관점에 따라 자신과 남들을 평가한다.

일본인의 자기단련을 개념상 두 유형으로 나눠보면 이해하는데 도움이 된다. 능력을 키우는 자기단련과 그 이상의 것을 키우는 자기단련이다. 그 이상을 키우는 자기단련에 대해서는 앞으로 'expertness(고수의 경지)'라고 칭하려 한다. 어쨌든 일본에서 이 두 유형은, 인간의 정신에서 끌어내려는 목표 결과에서나 논리적 근거에서나 식별적 상징에서나 서로 다르다.

먼저 첫 번째 유형인 능력을 키우는 자기단련의 경우엔 이미 앞에서 여러 해당 사례가 소개되었다. 육군 장교가 들려주었던 평화 시의 군 훈련도 바로 그런 사례다. 10분의 짧은 시간 외에는 잠잘 기회도 없이 60시간 동안 행군하는 훈련을 통해 그들은 부대원들에게 "잠자는 법은 이미 다들 알고 있으니 안 자고 깨어있는 법을 훈련"시켰다. 우리의 관점에선 극단적인 요구로 여겨지지만, 이 훈련의 목표는 오로지 행동 능력을 키우는 데 있었다. 군 장교의 이 말에는 일본에서 널리 인정받고 있는 정신경제[84] 원칙이 그대로 담겨있다. 무한대에 가깝게 단련할 수 있는 육체를 의지로 지배해야 한다고 생각하며 육체를 돌보지 않으면 그 대가를 치른다는 식의 법칙을 인정하지 않는 주의가 엿보인다. 일본의 '인간적 감정'의 이론도 전반적으로 이런 통념에 바탕을 두고 있다. 정말로 중요한 인생사가 걸린 문제일 때는 육체의 요구는 그것이 아무리 건강을 위해 필요해도, 아무리 그 자체로 인정받으며 함양되고 있는 요구라도, 철저히 무시해야 한다. 어떠한 자기단련을 치르든 일본의 정신을 분명히 보여줘야 한다.

---

84) psychic economy, 유한한 정신 자원으로 무한대에 가까운 외부 자극을 처리하는 선택과 과정 −역자 주.

하지만 이런 식으로만 일본인의 입장을 표현하고 만다면 일본인의 통념을 오해할 우려가 있다. 미국인의 일반적 용법에서 '어떠한 자기단련을 치르든'의 의미는 '어떠한 자기희생을 치르든'이라는 말과 거의 흡사하다. '어떠한 욕구좌절을 치르든'의 의미인 경우도 많다. 미국인의 자기단련에 대한 견해는 ―그 견해가 외부에서 강요된 것이든 자기검열적 양심으로 받아들인 것이든― 사람은 어릴 때부터 자유의사에 따라 받아들이거나 권위에 의한 훈련을 통해 사회화되어야 한다는 것이다. 그런데 이런 훈련은 욕구좌절을 일으킨다. 개개인은 자신의 바람대로 못하는 것에 분개한다. 희생을 치러야 하며, 그로써 필연적으로 내면에 반항적 감정이 각성된다.

이것은 미국의 수많은 전문 심리학자들이 내놓는 단순한 견해만은 아니다. 실제로 각 가정에서 부모가 아이들을 양육할 때 이런 철학이 작용하고 있으므로 이 심리학자들의 분석은 우리 사회에서 상당히 타당하다. 아이는 특정 시간에 잠자리에 '들어야 하고' 단호한 부모의 태도에 따라 억지로 잠자리에 들면서 욕구좌절을 자각하게 된다. 그래서 무수한 가정에서 아이들이 취침 전쟁을 벌이며 떼를 쓰게 된다. 이미 생각을 주입받아 잠을 자는 것이 '해야 하는' 일인 줄 알면서도 괜히 저항하는 것이다. 어머니는 아이에게 '먹어야 하는' 음식을 정해주기도 한다. 그 음식이 오트밀이 될 수도 있고 시금치나 빵이나 오렌지 주스가 될 수도 있지만, 이 미국인 아이는 '먹어야 하는' 음식에 저항할 줄을 알게 된다. '몸에 좋은' 음식은 맛있는 음식이 아니라는 판단을 내리기도 한다. 이와 같은 미국의 관행은 일본에서는 생소한 것이며, 생소하게 여겨지는 것으로 치자면 그리스 같은 서양의 일부 국가에서도 마찬가지다. 미국에서는 어른이 된다는 것이 음식에서의 욕구좌절로부터 해방되는 것을 의미한다. 어른이 되면 몸에 좋은 음식이 아니라 맛있는 음식을 먹을 수 있게 되는 것으로 여겨진다.

수면과 음식에 대한 이런 견해는 서양의 전반적 자기희생 개념과 비교하면 사소한 문제에 불과하다. 부모는 자식을 위해 큰 희생을 하고, 아내는 남편을 위해 자신의 커리어를 희생하고, 남편은 집안의 생계를 꾸리기 위해 자유를 희생한다는 것이 서양의 통상적 신조다. 미국인으로선 어떤 사회에서 남자든 여자든 자기희생의 필요성을 인정하지 않는다는 것을 생각하기 힘들다. 하지만 실제로 이런 사회가 존재한다. 이런 사회에서는 사람들이 이렇게들 말한다. 부모가 자식을 행복하게 해주는 것은 당연한 일이고, 여자는 다른 어떤 삶보다도 결혼해서 사는 삶을 선호하며, 가족의 생활비를 버는 남자는 사냥이나 정원사 같이 자기가 좋아하는 일을 하고 있는데 자기희생이라는 말이 왜 나오냐고. 이런 식의 해석을 강조하면서 이런 해석에 따라 살도록 용인하는 사회에서는 자기희생의 개념이 거의 인정되지 않는다.

다른 문화권에서는 미국에서 치르는 모든 '희생'이 상호교환으로 간주된다. 나중에 돌려받게 될 투자라거나, 이미 받은 것에 대한 대가로 돌려주는 것이라고 본다. 이런 관점을 가진 나라에서는 아버지와 아들의 관계조차 상호교환의 관계로 다루기 쉽다. 즉 아버지가 어린 시절의 아들에게 베풀어준 은혜를 아들이 아버지의 노년기나 사후에 갚는 식의 개념으로 본다. 모든 사업적 관계 역시 개인 간의 계약으로 본다. 때때로 받은 그대로 동등하게 갚는 교환이 보장되기도 하지만, 대개의 경우 양 당사자의 한쪽에게는 보호의 의무가, 다른 한쪽에게는 봉사의 의무가 지워진다. 하지만 그것이 양쪽에게 모두 이득이라고 여겨지면 어느 쪽도 자신의 의무를 희생이라고 생각하지 않는다.

일본에서 이루어지는 타인에 대한 봉사 이면의 구속력은 당연히 상호호혜다. 받은 만큼 갚는 측면에서나, 계층적 위계질서상의 사람들끼리 상보적 책임을 주고받는 측면에서나 상호호혜 원칙이 작용하고 있다. 따라서 자기희생의 도덕적 입지가 미국과는 크게 다르다. 실제로 일본인은 기독교 선교사들이 설파하는 희생의 가르침에 유독 거부감을 보여왔다. 일본인은 덕이 있는 사람이라면 남을 위해 하는 일을 자신의 바람을 억누르는 것으로 여겨선 안 된다고 본다. 어떤 일본인은 나에게 이렇게 말하기도 했다. "우리가 당신들이 말하는 이른바 자기희생을 행하는 이유는 그렇게 하고 싶어서이거나, 그렇게 하는 것이 올바른 행동이기 때문이에요. 우리는 그런 일을 유감스러워하지 않아요. 남을 위해 아무리 많은 것을 포기하더라도 그럼으로써 자신이 고결한 정신을 얻게 된다거나, 꼭 '보답을 받아야' 한다고는 생각하지 않아요." 일본인처럼 정교한 상호호혜적 의무를 중심으로 살아가는 국민이라면 당연히 자신들의 행동이 자기희생과는 무관하다고 여길 만도 하다. 일본인은 극단적 수준의 의무를 수행하면서도 상호호혜라는 전통적 구속력으로 인해 개인주의적이고 경쟁적인 나라에서라면 아주 쉽게 일어나는 그런 자기연민과 독선의 감정을 잘 느끼지 않는다.

　미국인으로서 일본에서의 일반적인 자기단련 관행을 이해하려면 우리의 '자기단련self-discipline' 개념에 일종의 외과적 수술을 해야 한다. 우리 문화에서 자기단련 개념에 들러붙어 있는 '자기희생self-sacrifice'과 '욕구좌절frustration'이라는 부착물을 잘라내야 한다. 일본에서는 훌륭한 플레이어가 되기 위해 자기단련을 하며 이때는 브리지 게임의 플레이어가 그렇듯 희생 없이 훈련을 치른다. 물론 훈련은 엄격하지만, 훈련이란 원래가 엄격한 것이다. 아이는 태어나면서부터 행복이 뭔지 본능적으로 알지만 '인생을 음미'할 능력은 갖추어져 있지 않다. 정신적 훈련[또는 자기단련, 즉 수요修養]을 통해 비로소 충만한 인생을 살아가며 인생의 '맛을 알' 수 있게 된다. 이런 표현을 보통 영어로는 'only so can he enjoy life(비로소 인생을 즐길 수 있게 되다)'는 식으로 번역된다. 자기단련은 자제력의 근원인 '배짱을 키워준다'. 또 인생을 확장해주기도 한다.

　일본에서 '능력'을 키우는 자기단련의 논리적 근거는 처세술 향상에 있다. 일본인은 훈련 초반에 못 견디겠다는 마음이 들 수도 있지만, 나중엔 그런 마음도 사라지게 되어 있다며, 훈련을 즐기게 되거나 아예 체념하게 될 테니 그럴 수밖에 없다고들 말한다. 가령 견습생이 일을 제대로 익혀가고, 학생이 유도를 배우고, 갓 시집온 며느리가 시어머니의 요구에 맞추다 보면 첫 단계에서는 새로운 요구에 익숙지 않아 이런 슈요(수양)에서 벗어나고 싶은 마음이 들 수도 하다. 그럴 경우 아버지들은 이렇게 말하곤 한다. "그래서 어쩌겠다는 거냐? 인생을 제대로 음미하기 위해서는 꼭 해야 하는 훈련들이 있는 법이다. 여기에서 포기하고 너 자신을 단련하지 않으면 나중에 반드시 불행해지게 되어 있다. 네가 그런 꼴로 살게 된다면 사람들이 너를 두고 말을 해대도 나는 널 보호해줄 수 없다." 일본인이 즐겨 쓰는 말을 그대로 옮기자면 수행이란 '몸에서 나온 녹'을 닦아 없애는 것이다. 수행은 사람을 빛이 번뜩이는 예리한 칼로 갈고 닦는 것이며, 당연히 그것이 바로 일본인이 원하는 것이다.

일본에서는 자기단련이 결국 자신에게 좋은 일이라는 점을 부각시킨다. 하지만 이런 규율이 종종 요구하는 극단적 행동이 큰 욕구좌절을 일으키지 않는다거나, 그런 욕구좌절이 공격적 충동을 유발하지 않는다는 얘기는 아니다. 다만, 이런 경우에 일본인이 취하는 태도는 미국인으로선 게임과 스포츠 분야의 사람들에 빗대어 생각해보면 이해하기 쉽다. 브리지 게임의 우승자는 그동안 실력을 닦기 위해 감수했던 자기희생을 불평하지 않는다. 실력자가 되기 위해 쏟아야 했던 시간을 '욕구좌절'로 보냈다고 여기지도 않는다. 그럼에도 불구하고 의사들은 경우에 따라선 큰 판돈이 걸린 승부를 할 때나 결승전을 벌일 때 필요한 고도의 주의력이 위궤양이나 과도한 신체적 긴장과 무관하지 않다고 한다. 이것은 일본의 국민에게도 마찬가지다. 하지만 상호호혜라는 구속력과 더불어, 자기단련이 결국 자신에게 좋은 일이라는 신념에 힘입어, 일본인은 미국인에겐 견딜 수 없는 수많은 행동을 쉽게 받아들인다. 일본인은 미국인에 비해 규범에 맞는 행동을 하려 훨씬 면밀한 주의를 기울이고 변명하는 일도 적다. 삶에 대한 불만족을 남의 탓으로 전가

하는 경우도 별로 없다. 어쩌다 보니 미국인이 말하는 소위 '평균적 행복' 개념이 없기 때문에 쉽게 자기연민에 빠지지도 않는다. 일반적 미국인에 비하면 일본인은 '몸에서 나오는 녹'에 훨씬 면밀히 신경 쓰도록 훈련받아왔다.

'능력'을 키우는 자기단련을 넘어서는 고차원의 영역으로, '고수급 경지'를 추구하는 자기단련도 있다. 이런 종류의 단련 기법은 일본인의 저서를 읽는 것만으로는 서양의 독자들에게 잘 이해되지 않는다. 한편 이런 기법을 특별한 주제로 다루었던 서양 학자들은 대체로 거만한 태도를 취하며 때때로 '비정상적 기행'으로 일컫기까지 했다. 프랑스의 한 학자는 '상식에 반한다'며 단련을 중시하는 모든 종파 중 가장 유명한 선종을 '엄숙한 비상식의 덩어리'라고 평가했다. 하지만 일본인이 이런 단련 기법으로 달성하려는 목적은 결코 이해할 수 없는 것은 아니다. 또한 전반적으로 살펴보면 일본의 정신경제를 이해하는 데도 큰 도움이 된다.

일본어에는 자기단련의 고수가 성취한 상태를 묘사하는 단어들이 아주 많다. 이 중에는 배우에게 적용하는 단어들이 있는가 하면 열성적 종교 신자, 검술가, 대중 연설가, 화가, 다도 장인에게 적용하는 단어들도 있다. 이 모든 단어는 일반적 의미가 같으므로, 나는 상류 계급에서 인기 많은 선종 용어인 무가[무아無我]로만 지칭하려 한다. 이 말이 의미하는 고수의 경지란, 그것이 세속적 경험이든 종교적 경험이든 어떤 사람의 의지와 행동 사이에 '머리카락한 올만큼의 틈도 없어지는' 경험을 말한다. 비유하자면 방출된 전류가 양극에서 음극으로 직접 흘러가는 것이다. 고수의 경지에 이르지 못한 사람에게는 의지와 행동 사이에 절연막이 가로막혀 있는 셈이다. 일본인은 이런 막을 '보는 나', '방해하는 나'라고 일컬으며 특별한 훈련을 통해 이 막이 제거되었을 때 그 고수는 '지금 내가 이것을 하고 있다'는 의식을 전혀 하지 않게 된다. 전류가 자유롭게 흐른다. 노력 없이도 술술 행동이 이루어진다. 일심一心이 된다. 행동자가 자신의 머리에 그려놓은 그림대로 행동이 완벽하게 재현된다.

일본에서는 아주 평범한 사람들도 이런 '고수의 경지'에 이르려 노력한다. 다음은 영국의 유명한 불교 권위자 찰스 엘리엇Charles Eliot 경이 소개한 한 여학생의 이야기다.

여학생은 도쿄에서 아주 유명한 선교사를 찾아가 기독교도가 되고 싶다고 말했다. 이유를 물었더니 비행기가 너무 타보고 싶어서라고 대답했다. 비행기와 기독교가 무슨 상관이 있어서 그러냐고 얘기해달라고 하자, 비행기에 오르기 전에는 아주 차분하고 절제력 있는 정신을 가져야 하고 그런 정신은 종교적 수행으로만 얻어진다는 얘기를 들어서라고 답했다. 종교 중에서 기독교가 가장 좋을 것 같아서 가르침을 청하러 왔다는 얘기였다.[85]

일본인은 기독교와 비행기만 연관 짓는 게 아니다. '차분하고 절제력 있는 정신'을 기르는 훈련을 교육학 시험 준비, 연설, 정치가

---

85) Sir Charles Eliot, *Japanese Buddhism*, p. 286.

로서의 활동 등과도 연관 짓는다. 또한 일심의 자세를 기르는 훈련이 거의 모든 활동에서 확실한 이점이 되어줄 것이라고도 여긴다.

많은 문명이 이런 단련 기법을 개발해왔으나 일본인의 목표와 방법은 일본 고유의 특징이 두드러진다. 이런 특징이 특히 흥미로운 이유는 다수의 기법이 요가로 유명한 인도에서 유래된 것이란 사실 때문이다. 일본의 자기최면, 정신집중, 오감 제어 기법은 지금도 여전히 인도의 수행법과 유사하다. 인도처럼 마음 비우기, 부동자세 유지, 같은 문구를 무수히 반복하기, 일정한 상징에 주의 모으기 등을 강조한다. 인도에서 쓰는 용어가 아직도 통용되고 있기도 하다. 하지만 이런 뼈대 외에는 인도와 공통점이 별로 없다.

인도의 요가 수행은 극단적 형태의 고행으로 윤회로부터 벗어나는 한 방법이다. 인간은 이런 해방, 즉 열반 외의 방법으로는 구원받지 못하며 열반을 가로막는 방해물은 바로 인간의 욕망이다. 이런 욕망은 굶겨 죽이고 모욕하거나, 자학을 유도함으로써 물리칠 수 있다. 이런 과정을 거쳐 인간은 성인의 경지에 이르러 영성과 신불의 합일을 얻을 수 있다. 요가 수행은 육신의 세계를 거부하고 인생무상의 쳇바퀴에서 벗어나는 한 방법이다. 정신력을 얻는 방법이기도 하다. 또 고행이 극단적일수록 목표에 도달하는 행보도 더 빨라진다.

그런데 이런 철학이 일본에는 없다. 일본에 불교 세력이 크지만, 윤회와 열반의 개념이 일본 불교 신앙에서 한 부분을 차지했던 적이 없다. 이런 교리는 일부 불교 승려들이 개인적으로 받아들인

적은 있으나 풍속이나 대중적 사고에 영향을 미친 적은 없다. 일본에는 환생한 인간의 영혼을 죽이는 일이라고 해서 동물이나 벌레를 해치지 않는 개념도 없고 장례식과 출생의례에도 윤회의 개념이 개입되지 않는다. 윤회는 일본식 사고의 패턴이 아니다. 열반의 개념 역시 일반 대중에게 무의미할 뿐만 아니라 승려들조차 완전히 다르게 수정을 가한다. 학승學僧들은 '깨달음[사토리悟り]을 얻은' 인간은 이미 열반에 이른 것이라고 설파한다. 열반은 지금 여기 시간의 한가운데에 있으며, 인간은 소나무 속에서도, 야생의 새 속에서도 '열반을 보게' 된다는 것이다.

일본인은 줄곧 내세 세계에 대한 환상에는 관심이 없었다. 일본의 신화에는 여러 신이 나오지만 죽은 자의 세계에 대한 얘기는 없다. 일본인은 불교의 사후 인과응보 개념조차 거부해왔다. 인간은 누구나, 심지어 천하디천한 농부조차 죽으면 부처가 된다고 여긴다. 가정의 불단에 모셔진 가족의 위패를 '부처'라고도 부르기도 한다. 불교 국가에서 이런 식의 명칭을 쓰는 사례는 일본이 유일하다. 평범한 사람의 죽음에 이 정도로 대담한 표현을 붙이는 국민이라면 열반의 도달 같은 어려운 경지의 목표를 마음에 두지 않을 만도 하지 않을까? 어차피 죽고 나면 누구나 부처가 될 텐데 평생토록 육신의 고행을 겪으며 절대적 경지에 도달하려 애쓸 필요가 있을까?

일본에는 육신과 정신을 양립 불가의 관계로 보는 교리도 없다. 욕망을 쫓아버리는 수행법인 요가 수행에서는 이 욕망이 육신에 머문다고 여긴다. 하지만 일본인에겐 이런 신조가 없다. '인간적 감정'은 악한 것이 아니며 관능의 쾌락을 즐기는 것은 지혜에 속한다. 단, 한 가지 조건이 있다면 삶의 중대한 의무를 위해서는 자신을 희생시켜야 한다는 것이다. 이런 식의 신조로 인해 일본의 요가 수행은 극단적 논리에 따라 변형되었다. 모든 자학적 고행이 제거되었을 뿐만 아니라 금욕주의 성향도 없다. 은둔 생활을 하며 '깨달음을 얻은' 이들조차 '속세를 버린 사람'으로 불리긴 했으나 보통은 시골의 경치 좋은 곳에서 처자식과 안락한 생활을 했다. 아내를 두고 살면서 심지어 아이까지 낳아도 신성성과 전적으로 양립 가능한 모습으로 받아들여졌다. 가장 대중적인 불교 종파에서는 승려들이 결혼해서 가정을 꾸리기도 한다. 일본은 정신과 육신이 양립 불가하다는 이론을 선뜻 받아들인 적이 없었다. '깨달음을 얻은' 이들의 신성성은 자기단련 명상과 소박한 생활에 있었지, 초라한 옷을 입거나 자연의 아름다움에 눈을 닫거나 현악기의 감미로운 선율에 귀를 닫는 것에 있지 않았다. 일본의 성자들은 고상한 시를 짓고, 다도를 즐기고, 달과 벚꽃을 '구경'하며 하루하루를 보냈다. 실제로 선종에서는 신도들에게 '세 가지의 결핍, 즉 의복, 음식, 수면의 결핍'을 피할 것을 지도하기도 했다.

마지막으로 일본에 없는 또 하나의 요가 철학은, 수행자가 우주와의 합일로 무아지경의 황홀경에 들어가는 신비주의적 수행법이다. 세계 어디든 신비체험 수행법이 행해지는 곳에서는 원시 부족이든 이슬람교 수도사든 인도 요가 수행자든 중세의 기독교도든 그 수행자가 서로의 신조를 막론하고 '신과 하나가' 되어 '이 세상의 것이 아닌' 황홀경을 체험한다는 개념에서 보편적으로 일치해왔다.

일본인은 신비주의 없는 신비주의 수행법을 가지고 있다. 이는 일본인이 무아지경에 이르는 경우가 없다는 얘기가 아니다. 일본인도 무아지경에 이른다. 하지만 무아지경조차 '일심'을 훈련하는 수행법으로 여기면서 그것을 황홀경이라고 표현하지 않는다. 선종에서는 다른 나라의 신비주의자들처럼 무아지경에 빠져 있는 동안 오감이 정지된다는 설파도 하지 않는다. 그보다는 이 수행법을 통해 '육감'이 비범하도록 예리한 상태에 이른다고 말한다. 이 육감은 마음에 머무는 것으로, 훈련을 통해 각성된다. 또 육감이 보통의 다섯 가지 오감을 지배하지만 이 미각, 촉각, 시각, 후각, 청각 등의 오감도 무아지경에 빠져 있는 동안 저마다 특별한 훈련을 받게 된다. 가령 무아지경을 깨뜨리지 않은 상태에서 소리 죽인 발소리를 감지해 그 발소리가 어디에서 어디로 이동하는지 정확히 쫓거나, ─의도적으로 연출된─ 맛 좋은 냄새로 음식을 분간해내는 식의 훈련이다. 냄새 맡고 보고 듣고 만지고 맛보는 오감이 '육감을 보조'해주고 이런 상태를 통해 수행자는 '모든 감각이 예민해지게' 만들 줄 알게 된다.

이는 초감각적 체험을 하는 종파 중에서는 이례적인 훈련에 든다. 이런 선禪의 수행자는 무아지경의 상태에서도 자기 밖으로 빠져나가려 하지 않는다. 니체가 고대 그리스인에 대해 한 말처럼 "있는 그대로의 자신에 머물며 시민으로서의 자신의 이름을 그대로 유지"하려 하는 것이다. 일본의 유명한 불교 지도자들은 이런 체험과 관련해서 생생한 견해를 많이 밝혔는데 그중에서도 단연 압권은 현재까지도 가장 규모가 크고 가장 유력한 선종 종파 조동종曹洞宗

의 창시자이자 13세기의 유명한 인물 도겐[86]의 말이다. 도겐은 자신의 깨달음(사토리)에 대해 이렇게 밝혔다. "내가 깨달은 것은 단지 수직의 코 위에 눈이 수평으로 달려 있다는 것뿐이었다. (중략) (선의 체험에는) 신비로운 것은 아무것도 없다. 시간은 자연스럽게 지나가고 해는 동쪽에서 뜨고 달은 서쪽으로 저문다."[87] 선에 대해 쓰여진 글들에서는 무아지경의 체험이 인간적 능력을 단련시켜줄 뿐이라고 밝히며 그 외의 다른 능력을 부여해준다는 점은 인정하지 않는다. 일본의 한 불교 신자는 "요가에서는 명상을 통해 여러 가지 초자연적인 능력을 얻을 수 있다고 주장하지만, 선에서는 그런 어처구니없는 주장은 하지 않는다"라고 썼다.[88]

이처럼 일본인은 인도 요가 수행의 근본을 이루는 통념들을 모두 걷어냈다. 일본은 고대 그리스인들처럼 유한한 것을 사랑하며 요가 수행법을 자기단련의 한 방편으로 받아들였다. 인간과 그 행동 사이에 머리카락 한 올 만큼의 틈도 없는 '고수의 경지'에 이를 수 있는 수단으로 받아들인다. 효율성을 키우고 자립성을 키우는 자기단련으로 삼으며 그 보상은 지금 여기에서 이루어진다. 어떠한 상황이든 지나치지도 부족하지도 않게 딱 필요한 만큼의 노력을 기울여 대처하게 해준다. 또한 다른 식이었다면 제멋대로였을 정신을 통제하게 해주어 외부의 물리적 위험으로도 내면의 격정에도 흔들리지 않게 그 사람을 붙잡아준다.

---

86) 道元, 가마쿠라 시대 초기의 선종 승려. -역자 주.
87) Kaiten Nukariya, *The Religion of the Samurai*. London, 1913, p. 197.
88) 앞과 같은 책, p. 194.

이런 훈련은 승려뿐 아니라 무사에게도 가치 있는 것이라 실제로 사무라이들은 선을 자신들의 종교로 삼았다. 신비주의 수행법이 신비체험을 목표로 하지 않고, 또 무사들이 그 수행법을 전투 훈련을 위해 도용한 사례는 일본 말고는 어디에서도 찾아보기 힘들다. 일본에서는 선이 영향력을 갖게 된 초창기부터 벌써 이런 양상을 띠었다. 12세기에 일본 선종의 창시자 에이사이[89]가 쓴 저서는 제목이 《흥선호국론興禪護國論》, 즉 '선을 보급함으로써 나라를 지키는 논'으로 명명되었는가 하면 무사, 정치인, 검술가, 대학생들은 아주 세속적인 목표를 이루기 위해 선을 훈련했다. 찰스 엘리엇 경이 피력한 것처럼 중국 선종의 역사 어디에도 훗날 선종이 일본에서 군사적 훈련으로 활용되리라는 암시로 볼 만한 요소는 없다. "선은 다도나 노가쿠[90]처럼 지극히 일본적인 것으로 바뀌었다. 12, 13세기 같은 분란의 시기에는 경전이 아니라 인간 마음의 직접적 체험을 통해 진리를 찾는 이런 명상적이고 신비로운 교리가 세상의 모진 풍파를 떠나 승원僧院으로 출가한 이들 사이에서 충분히 융성했을 만했지만, 군부(사무라이) 계급이 애호하는 생활 원리로까지 받아들여지리라고 예상하긴 힘들었다. 그런데 있을 법하지 않은 그런 일이 실제로 일어났다."[91]

불교와 신토를 막론하고 일본의 많은 종파는 명상, 자기최면,

---

89) 榮西, 일본 가마쿠라 시대의 불교 승려로 도겐과 함께 선종을 열었다. ─역자 주.

90) 能樂, 일본의 고전 예술 양식의 하나. 피리와 북소리에 맞추어 노래를 부르면서 춤을 추는 가면 악극. ─역자 주.

91) Sir Charles Eliot, *Japanese Buddhism*, p. 186.

무아지경 등의 신비적 수행법에 큰 비중을 두어왔다. 그중 일부 종파들은 이런 훈련의 결과를 신의 은총의 증거라고 주장하면서 다리키[타력他力, 남의 도움], 즉 은혜로운 신의 도움을 자신들의 철학원리로 삼고 있다. 한편 선을 위시한 또 다른 종파들은 지리키[자력自力], 즉 '자기 혼자의 힘'에만 의지한다. 이렇게 자력을 중시하는 종파에서는 잠재력이란 내면에 존재하며, 자체적인 노력을 통해서만 그 잠재력을 키울 수 있다고 가르친다. 일본의 사무라이들은 이런 가르침에서 공감대를 발견해 승려로서든, 정치가로서든, 교육자로서든 −사무라이들은 이 모든 역할을 수행했다− 선 수행법을 활용하며 극렬개인주의92)를 보강했다. 선의 가르침은 극단적일 만큼 노골적이었다. "선은 인간이 자신의 내면에서 찾을 수 있는 빛만을 추구한다. 이런 추구에 방해가 되는 그 어떤 것도 용인되지 않는다. 앞길을 막는 방해물을 모조리 없애라. (중략) 가는 도중에 부처를 만나면 부처를 죽여라! 원로들을 만나면 그들을 죽여라! 성자들을 만나면 그들도 모두 죽여라. 그것만이 구원에 이르는 유일한 길이다."93)

진리를 추구하는 사람은 부처의 가르침이든 경전이든 이론이든 남의 손을 거친 것을 받아들여선 안 된다. "십이부경94)은 그저 종잇조각이나 다름없다." 그런 경전을 공부해서 얻는 바가 있을 수도

---

92) 욕구충족의 모든 책임은 개인에게 전가되어야 한다는 입장. −역자 주.

93) 다음에 인용된 글. E. Steinilber-Oberlin, *The Buddhist Sects of Japan*. London, 1938, p. 143.

94) 十二部經, 석가모니의 교설을 그 성질과 형식에 따라 12부로 분류한 불교 경전. −역자 주.

있지만 영혼의 섬광과는 아무런 상관이 없다. 영혼의 섬광만이 깨달음을 일으켜준다. 어느 선 문답집에는 제자가 선승에게《법화경法華經》을 해설해달라고 청하는 대목이 나온다. 선승은 제자에게 재치 번뜩이는 설명을 해주는데 그 설명을 듣던 제자가 냉소적인 기색을 비치며 말했다. "그런데 전 선승들은 경전, 이론, 논리적 설명 체계 같은 건 무시하는 줄로 알았는데요." 그 말을 들은 선승이 답했다. "선은 아무것도 모르는 데 있지 않다. 앎(깨달음)이 경전 밖, 모든 문헌의 밖에 있다고 믿는 데 있다. 조금 전에 너는 나에게 앎을 원한다고 하지 않았다. 단지 경전의 해설을 듣고 싶다고 말하지 않았느냐."95)

선승들이 제자에게 가르친 전통적인 방식은 바로 '깨달음을 얻는' 방법이었다. 그것이 육체적 훈련이든 정신적 훈련이든 궁극적으로는 배우는 자 내면의 의식에서 훈련의 효과가 나타나야 한다. 검술가의 선 수행이 그 좋은 예다. 물론 검술가는 칼의 올바른 사용법을 익히며 부단히 연습해야 하지만 아무리 검술 실력이 능수능란해진다 해도 그것은 단지 '능력'의 영역에 속한다. 여기에 더해 '무아'의 경지에 이르는 법도 배워야 한다. 처음엔 평평한 바닥에 서서 자신이 딛고 있는 겨우 몇 인치의 바닥에 정신을 집중해야 한다. 그러다 딛고 서는 좁은 바닥의 높이를 점점 높이면서 어느새 1m가 넘는 기둥 위에 서 있게 되어도 뜰에 있는 것처럼 거뜬히 서는 법을 익히게 된다. 이 높은 기둥 위에서도 완벽한 안정을 이루

---

95) 앞과 같은 책. p. 175

게 되는 순간 '앎을 얻게' 되는 것이다. 이제는 더 이상 그의 마음이 현기증과 추락의 공포로 그를 실망시키지 않게 된다.

기둥 위에서의 이런 수행법은 서양에서 익히 알려진 중세 시대 성인 시메온 스틸리테스[96)]의 고행이 목적의식 있는 자기단련으로 변형된 셈이다. 이렇게 변형된 수행은 더 이상 고행이 아니다. 일본에서는 선의 수행이든 농촌 마을의 평범한 관습이든 모든 종류의 육체적 훈련이 이런 식의 변형을 거친다. 얼음처럼 차가운 물 속으로 뛰어들기나 산속의 폭포수 아래 서 있기는 때로는 육욕을 억제하기 위해, 때로는 신의 동정을 얻기 위해, 때로는 무아지경을 끌어내기 위해 세계의 수많은 곳에서 통상적으로 행해지는 고행이다. 일본에서도 이런 찬물 고행을 많이 하는데 동트기 전에 얼음처럼 차가운 폭포수 아래에 서거나 앉아 있거나, 겨울밤에 얼음처럼 찬물을 몸에 뒤집어쓰는 식이었다. 하지만 그 목적은 그런 고통이 더 이상 의식되지 않을 때까지 의식적 자아를 훈련하는 데 있었다. 자신을 단련시켜 흔들림 없이 명상을 이어가는 것을 목적으로 삼았다. 차가운 물이 닿을 때의 충격도 물에 젖은 몸의 덜덜거리는 떨림도 그 사람의 의식에 각인되지 않는 순간, 그 사람은 '고수'의 경지에 이르렀다. 그것이 유일한 보상이었다.

정신적 훈련에서도 수행자는 스스로 깨달아야 했다. 스승을 섬기며 수행할 순 있었지만, 스승이 서양식 의미에서의 '가르침'을 줄

---

96) Stylites Symeon, 초기 기독교 시대의 시리아 성인. 소녀 시절부터 수도생활에 들어갔으나, 422년경부터 한층 더 수도에 전념하기 위해 야외 기둥 위에 앉아서 거의 평생을 보냈다. ─역자 주.

수는 없다. 제자가 스스로 깨우치는 것 외에는 뭐든 의미가 없었기 때문이다. 스승은 제자와 담론을 가질 수는 있지만, 인자하게 새로운 지적 세계로 이끌어주지는 않는다. 오히려 제자를 아주 호되게 대하는 스승이 가장 도움을 주는 스승으로 여겨졌다. 느닷없이 차를 마시려던 제자의 찻잔을 깨뜨리거나, 제자를 넘어뜨리거나, 놋쇠 덩어리로 제자의 손가락 관절을 때렸고 이때 그 충격으로 제자는 갑작스러운 깨우침이 자극될 수도 있었다. 이것은 제자의 안일한 자세에 가하는 일격이었다. 선승들의 이야기가 담긴 저서들을 보면 이런 일화들로 차고 넘친다.

제자의 '깨우침'을 유도하기 위해 가장 자주 쓰였던 방법은 '공안'(公案, 화두)이었다. 공안은 뜻은 '문제'라는 의미이다. 전해오는 바로는 이런 문제가 1,700개에 이르며 해당 일화가 실린 책들을 쭉 훑어보면 그중 하나의 문제를 풀기 위해 7년을 바친 사람의 이야기도 약과에 불과하다. 공안의 목적은 이성적인 답을 찾는 데 있지 않았다. 가령 '한 손으로 손뼉 치는 방법을 궁리하거나', '자신이 임신되기 전의 어머니를 그리워' 한다거나, '자신의 시신을 옮길 자가 누구인가?', '나를 향해 걸어오는 자는 누구인가?', '만물은 하나로 돌아간다. 그렇다면 이 하나는 어디로 돌아가는가?' 등의 의문을 푸는 식이었다. 이와 같은 선 문제들은 12, 13세기 이전의 중국에서 쓰이던 수행법으로, 일본이 선종을 받아들이면서 함께 채택한 것이었다. 그런데 정작 중국에서는 그 명맥이 끊기지만 일본에서는 '고수의 경지'에 이르는 수행에서 가장 중요한 부분을 차지하고 있다. 선 입문서에서는 이런 공안을 굉장히 중요하게 다루고 있다. "공안에는 인생의 딜레마가 담겨 있다." 공안을 숙고 중인 사람을 가리켜 '쫓기던 쥐가 한 치 앞도 안 보이는 굴속으로 뛰어드는' 것처럼 막다른 골목에 이르러 '목구멍에 시뻘겋게 달궈진 쇳덩어리가 걸린' 사람이나 '쇳덩어리를 물려는 모기'와 비슷해진다고들 얘기한다. 그러면 이 사람은 기를 쓰고 노력을 거듭하고 마침내 마음과 공안 사이를 가로막고 있던 '보는 나'의 막이 제거된다. 바로 이때 번쩍 섬광이 일어 그 둘이(마음과 공안)가 융화되면서 '깨우침'이 일어난다.

이처럼 팽팽히 당겨진 활시위처럼 고도로 긴장된 정신적 노력의 묘사를 읽은 후, 그 노력 끝에 얻은 위대한 진리가 무엇인지 알아보려 사례집을 찾아보면 맥이 탁 빠진다. 한 예로 남악南岳은 '나를 향해 걸어오는 자는 누구인가?'라는 문제를 놓고 8년을 씨름한 끝에 드디어 깨달음을 얻고 나서 이런 말을 남겼다. "여기에 뭔가가 있다고 단언하는 순간조차 전체를 생략하고 못 보게 된다." 그럼에도 불구하고 이런 새로운 깨우침에는 보편적 틀이 있다. 다음의 대화에 그 틀이 잘 암시되어 있다.

제자 : 생사의 윤회에서 벗어나려면 어떻게 해야 합니까?
스승 : 너를 억압하는(그 윤회에 너를 묶어두는) 자가 누구이냐?

그들이 배운 것은 중국의 격언을 빌리자면, 깨달음을 얻기 전까지 '소를 타고 가면서 소를 찾고 있던' 격이었다. 그러다 '필요한 것은 그물과 덫이 아니라 그것으로 잡을 물고기나 짐승'이라는 것을 배운다. 그러니까 서양식 표현대로 바꿔 말하자면 딜레마의 두 뿔은 본질과는 상관이 없다는 것을 배운다. 그들은 마음의 눈이 열린다면 현재의 수단으로도 목표에 도달할 수 있다고 생각했다. 뭐든지 가능하며 누구의 도움 없이 자신의 힘만으로 가능하다.

공안의 의의는 진리 수행자가 발견하는 진리 자체에 있지 않다. 사실 그 진리는 전 세계 신비주의자들이 발견하는 것과 그리 다를 바 없다. 따라서 공안을 통해 진리 추구에 대한 일본인의 관점을 살펴보는 것이 오히려 의미 있는 일이다.

공안은 일명 '문을 두드리는 벽돌'로 불린다. 여기서 '문'은 자신 마음 주변에 둘러쳐진 벽을 말하며 그 벽 때문에 현재의 수단이 충분할지 늘 걱정한다. 수많은 사람이 눈을 번뜩이고 주시하며 자신을 칭찬하거나 손가락질할 것이라고 혼자 상상한다. 주위의 둘러쳐진 '벽'은 일본인 누구에게나 아주 현실적인, 하지(수치)의 벽이다. 일단 벽돌로 문을 때려 부수어 문이 열리면 이제 그 사람은 자유롭게 밖으로 나가며 벽돌을 내던져 버린다. 이제는 더 이상 공안을 풀지 않아도 된다. 이미 교훈을 일깨워 일본인으로서의 덕의 딜레마는 해결되었다. 막다른 골목을 돌파하기 위해 기를 쓰며 '훈련을 위해' '쇳덩어리를 무는 모기'처럼 노력한 끝에 결국 막다른 골목은 존재하지 않음을 깨우쳤다. 기무와 기리 사이에도, 기리와 인간적 감정 사이에도, 의와 기리 사이에도 막다른 골목이 없다는 것을 알게 되었다. 해결책을 찾아내 드디어 자유로워지면서 처음으로 인생을 충만히 '음미'할 수 있게 되고, 무가에 도달하여 '고수에 경지'에 이르는 훈련을 잘 치러낸 것이다.

선불교 연구의 권위자인 스즈키는 무가에 대해 '지금 자신이 하고 있는 행동을 의식하지 못하는 무아의 경지'이자, '노력이 필요 없는' 상태라고 설명했다.[97] 이 상태에서는 '보는 나'가 제거되어 '자신을 잃게' 된다. 다시 말해 보는 나가 사라지면서 자신의 행동을 더 이상 관찰하지 않게 된다. 또 한번 스즈키의 말을 인용하자면 "의식이 각성되면 의지가 둘로 분열된다. (중략) 행위자와 관찰자로 갈라진다. 이렇게 되면 행위자(행위적 자아)가 (보는 나의) 구속에서 벗어나고 싶어 하면서 갈등이 불가피해진다." 이에 따라 수행자는 깨우침을 통해 보는 나가 존재하지 않음을, 즉 "미지의 혹은 불가지의 질량을 차지하는 영적 실체가 존재하지 않음을" 일깨우게 된다.[98] 존재하는 것은 오로지 목표와 그 목표가 이룬 행위뿐이다.

인간의 행동에 특별히 관심을 갖는 연구자라면 이 표현을 고쳐서 일본 문화의 특이성을 설명하는 말로 써도 무방하다. 일본에서는 어릴 때부터 자신의 행동을 관찰하며 남이 어떻게 평가할지에 비추어 행동하도록 철저히 훈련받는다. 이에 따라 일본인의 보는 나는 상처받기 쉬운 취약성을 띤다. 그런데 정신적 무아경에 이르기 위해서는 이런 취약한 자아를 쫓아내게 된다. 더는 '자신이 하는 행동'을 의식하지 않게 된다. 이제는 단련된 정신을 느낀다. 검술

---

97) Suzuki, Professor Daisetz Teitaro, *Essays In Zen Buddhism*, vol. 3, p. 318 (Kyoto, 1927, 1933, 1934.)

98) 다음에 인용된 글. Sir Charles Eliot, *Japanese Buddhism*, p. 401.

수행자가 1m 넘는 기둥에서도 추락의 두려움 없이 서게 될 만큼 단련이 되었다고 느끼는 것과 다르지 않다.

화가, 시인, 대중 연설가, 무사도 다들 이런 무가의 훈련을 활용한다. 이들이 이 훈련으로 습득하는 것은 무한성이 아니다. 오히려 유한한 아름다움을 명확하고 평온하게 즐기고, '지나치지도 부족하지도 않은' 딱 알맞은 정도의 노력만 기울여 목표를 이룰 수 있도록 목적과 수단을 조절할 줄 알게 된다.

훈련을 전혀 받아본 적이 없는 사람조차 일종의 무가를 체험하기도 한다. 노 연극이나 가부키 극을 관람하면서 상연 중인 극에 빠져들어 자신을 완전히 잃은 경우에도 그 사람은 보는 나를 잃은 것이 된다. 손바닥이 축축이 젖어오며 '무가의 땀'을 느낀다. 목표 지점에 가까워지고 있는 폭격기 조종사도 폭탄을 투하하기 전에 '무가의 땀'을 흘린다. 자신이 하는 행동을 의식하지 않는다. 그 순간 그의 의식 속에 보는 나는 사라지고 없다. 대공포 포수 역시 주변을 완전히 의식하지 않은 채로 '무가의 땀'을 흘리며 보는 나를 쫓아낸 상태에 이르게 된다. 이런 상태에 놓인 사람들은 어떠한 경우에도 최상의 자신이 되는 것이다.

이런 생각은 일본인이 자기관찰과 자기감시에 얼마나 부담을 느끼는지를 잘 보여주는 증거다. 일본인은 이런 구속이 사라질 때 자유로워지고 실력 발휘가 제대로 된다고 말한다. 미국인은 보는 나를 이성적 원칙으로 여기며 위기 시에도 '침착하게 대응하는' 자신에 자부심을 갖는다. 반면 일본인은 정신의 무아경에 이르러 자기관찰이 가하는 구속을 잊어버릴 때 목에 매여 있던 맷돌이 떨어져

나간 것처럼 느낀다. 지금까지 살펴봤듯 일본의 문화에서는 신중한 처신의 필요성을 거듭거듭 강조했다. 그래서 이런 부담이 사라질 때 더욱 유효한 일을 할 수 있는 의식이 나타난다고 선언하고 있다.

서양인이 듣기에, '죽은 셈 치고 산다'는 말이야말로 일본인의 이런 신조가 가장 극단적으로 담긴 표현이다. 일본에서는 '죽은 셈 치고 사는' 사람을 아주 높이 평가한다. '죽은 셈 친다'는 표현을 서양식으로 옮기면 '산 송장'쯤 되며 서양의 어느 언어에서든 '산 송장'은 혐오스러운 표현이다. 우리 식으로 보면 '산 송장'이란 자아가 죽고 육신만 덩그러니 남겨진 사람이다. 생명력이라고는 하나도 남아 있지 않은 사람이다. 반면에 일본에서는 '죽은 셈 치고 산다'는 말이 '고수급 정신'과 결부된다. 훈계의 말에서 일상적으로 쓰이는 표현이다. 가령 중학교 졸업 시험을 앞두고 걱정하는 학생을 격려할 때 '죽은 셈 치고 하면 시험에 쉽게 통과할 거다'라고 얘기해주는 식이다. 사업적으로 중요한 거래를 맡게 된 친구를 격려할 때도 '죽은 셈 치고 해봐'라고 말해준다. 심각한 정신적 위기를 겪어 막막할 때 '죽은 셈 치고' 살기로 결심하면서 딛고 일어서는 사람들도 많다.

유명한 기독교 지도자이자 종전 후 상원 의원을 지낸 가가와 도요히코는 자전적 소설에서 다음과 같이 썼다. "악령에게 사로잡힌 사람처럼 그는 매일매일을 자기 방에 박혀 눈물로 보냈다. 발작적으로 흐느껴 우는 그 울음은 히스테리에 가까웠다. 그의 고통은 한 달 반이나 지속되었지만 기어코 삶의 승리로 끝났다. (중략) 그는 죽을힘을 다해 살기로 다짐했다. (중략) 죽은 셈 치고 부딪쳐 싸우기로 했다. (중략) 기독교도가 되기로 결심했다."99)

전쟁 중의 일본군 병사들은 '죽은 셈 치고 살아생전에 황은에 보답하겠다'고 각오를 다지며, 출정 전에 자신의 장례식을 치르거나, 자신의 육신이 '이오지마의 흙이 될' 각오로 싸울 것을 맹세하거나, '미얀마의 꽃과 함께 지겠다'고 다짐하기도 했다.

무가를 뒷받침하는 철학은 '죽은 셈 치고 산다'는 신조를 뒷받침하는 철학이기도 하다. 이런 상태에 들어선 사람은 자기감시를 완전히 털어내고 그에 따라 두려움과 신중함까지 완전히 털어낸다. 죽은 셈 치면 올바른 처신을 신경 쓸 필요가 없어진다. 죽은 사람은 더 이상 온을 갚지 않아도 된다. 자유로워진다. 따라서 '죽은 셈 치고 살겠다'는 말은 갈등으로부터의 궁극적 해방을 뜻한다. 말하자면 이런 의미다. "이제는 열정과 관심을 자유롭게 내 목표로 직접 전달하겠어. 보는 나도 그런 자아로 인한 모든 두려움의 짐도 더 이상 나와 내 목표 사이를 가로막고 있지 않아. 덕분에 이전까지 내 노력을 방해해왔던 긴장감과 스트레스와 우울증도 사라졌어. 이제 뭐든 할 수 있어."

서양식으로 표현하자면 일본인은 무가와 '죽은 셈 치고 살기'를 실행하면서 자기감시와 공포를 배제하는 것이나 다름없다. '보는 나'와 '방해하는 나'란 그 사람의 행동을 판단하는 검열관에 해당한다. 바로 여기에서 서양인의 심리와 동양인의 심리 차이가 뚜렷이

---

99) Toyohiko Kagawa, *Before the Dawn*, p. 240.

나타난다. 우리 미국인이 말하는 의식 없는 사람은 나쁜 짓을 저지르고 나서 당연히 느껴야 할 죄의식을 느끼지 않는 사람을 가리킨다. 하지만 일본의 경우 이에 상응하는 표현(무념무상에 빠진 사람)은, 더 이상 긴장감을 느끼지도 방해받지도 않는 사람을 가리킨다. 미국식 표현으로는 바람직하지 못한 인간상이지만 일본식 표현에서는 바람직한 인간상이 된다. 자기단련이 되어 있는 사람, 자신의 능력을 극한까지 발휘할 수 있는 사람을 가리킨다. 가장 어렵고 헌신적인 수준의 이타적 행위까지 수행할 수 있는 사람을 가리킨다. 미국에서는 선행을 유도하는 강력한 구속력이 죄책감이다. 양심이 무뎌져 더는 죄책감을 느끼지 못하는 사람은 반사회적인 인간이 된다. 일본에서는 이 문제를 다르게 해석한다. 일본인의 철학에 따르면 인간은 본바탕이 선하다. 이런 선한 충동을 행동으로 직접 구현시킬 수 있다면 누구든 쉽게 덕행을 실천할 수 있다. 그래서 '고수의 경지'에서는 수치(하지)의 자기검열을 배제하게 된다. 그래야만 '육감'이 방해받지 않고 자유롭게 풀려나며 이는 곧 자의식과 갈등으로부터의 궁극적 해방이다.

일본의 이런 자기단련 철학을 일본 문화 속의 개별적 생활에서 분리시켜 놓으면 막연하고 알쏭달쏭한 얘기로 그치고 만다. '보는 나'로 인한 수치(하지)가 일본인을 얼마나 무겁게 짓누르는지는 지금까지 충분히 살펴봤지만, 일본인의 정신경제 철학에 내포된 진정한 의미는 육아를 살펴보지 않는 한 여전히 모호하다. 어떠한 문화에서든 전통적 윤리 규율은 단지 말을 통해서만이 아니라 자식을 대하는 연장자의 태도를 통해서도 대대로 전달된다. 따라서 외국인으로선 어떤 국민의 주된 인생 관심사를 이해하려면 반드시 육아 방식도 살펴봐야 한다. 성인에게만 맞추어졌던 초점에서 벗어나 일본의 육아법을 살펴보다 보면 일본인의 인생관에 자리 잡은 통념들이 더욱 분명해질 것이다.

12장 / 아이들은 배운다

일본의 갓난아기는 사려 깊은 서양인이 생각할 법한 방식과는 다르게 양육된다. 미국 부모들은 일본보다 훨씬 덜 신중하고 금욕적인 방식으로 아이들을 훈육시킨다. 그렇지만 아이의 작은 소망이 세상에서 가장 중요한 게 아니라는 것을 아주 일찍부터 가르친다. 미국인은 일정한 시간을 정해놓고 젖을 먹이고 잠을 재운다. 아기가 젖 먹을 시간이나 잠잘 시간 전에 아무리 보채도 기다리게 한다.

어느 정도 시간이 지나면 어머니는 손가락을 입에 물거나 신체의 다른 곳을 만지지 못하도록 손을 때린다. 어머니는 자주 아기 곁에서 떨어져 안 보이는 곳에 가 있고 외출할 때는 아기를 두고 나간다. 아기는 모유보다 좋아하는 음식이 생기기도 전에 젖을 떼야 하거나, 분유 수유 중이라면 젖병을 떼야 한다. 정해준 대로 몸에 좋다는 특정 음식을 먹어야 한다. 말을 잘 듣지 않으면 벌을 받는다. 따라서 미국인은 일본의 아이들이 이보다 몇 배는 더 엄격한 훈육을 받을 거라고 생각하기 쉽다. 일본인은 어느 정도 자랐을 때 자신의 소망을 억제하고 주의 깊고 까다로운 규율을 철저히 지켜야 할 테니, 아주 어릴 때부터 훈육을 엄격히 할 것이라 상상한다.

하지만 일본인의 육아 방식은 우리의 생각과는 다르다. 일본인의 인생 곡선은 미국인의 인생 곡선과는 반대의 형태를 띤다. 일본

에서는 아기들과 노인들에게 최대한의 자유와 방종이 허용되는 U
자 형태의 곡선을 그린다. 그러다 유아기를 지나면 제약이 서서히
늘면서 결혼 직전과 이후 시기에 이르면 이 U자 곡선이 저점을 찍
는다. 이 저점이 장년기의 수년간 계속되다가 점진적으로 상승하
여 60세 이후에는 어린아이들만큼이나 수치에 거의 구속받지 않게
된다.

미국에서는 이 곡선이 정반대다. 어린아이 때는 엄한 훈육을 시
키다 아이가 힘이 좀 생길 때부터 시작해서 자립적인 직업을 갖고
자신의 가정을 꾸리며 제 앞가림을 할 때까지 훈육이 점차 느슨해
진다. 따라서 미국의 경우엔 자유와 자발성이 장년기에 고점을 찍
는다. 그러다 기력과 기운이 떨어지거나 남의 도움이 필요해질 무
렵부터 제약이 생기기 시작한다. 미국인에겐 일본식 패턴에 따르
는 인생은 상상하기조차 힘들다. 현실에 맞지 않는 인생처럼 보인
다.

하지만 미국인과 일본인의 인생 곡선 모두는 각자의 나라에서
개개인이 장년기(30~60세) 동안 자국의 문화에 활발히 동참할 길을
확보해왔다. 다만 미국에서는 이를 위해 장년기에 선택의 자유를
증대시키는 반면, 일본에서는 제약을 최대화한다. 사람이 장년기
에 체력이나 생활력이 정점에 달한다고는 하지만 누구나 다 그 나
이가 되면 생활의 고수가 되는 것은 아니다. 이와 관련해서 일본인
은 제약이 좋은 정신적 훈련[슈요修養]이 되어주어 자유로는 얻지 못
할 결과를 이끌어준다는 신념을 갖고 있다. 하지만 일본이 가장 활
동적이고 생산적인 연령층에게 더 많은 제약을 가한다고 해서 이런

제약이 평생 가해진다는 얘기는 아니다.

아이들에게 매우 관대한 국민은 아이를 원하는 경향이 높은 편이다. 일본인도 그런 경우에 든다. 일본인이 아이를 원하는 가장 우선적인 이유는 미국의 부모들과 똑같다. 아이를 사랑하는 것 자체가 즐거움이기 때문이다. 하지만 일본인은 미국에선 그다지 중요시하지 않는 또 다른 이유 때문에 아이를 원하기도 한다. 정서적 만족 때문만이 아니라 집안의 대를 잇지 못하면 인생의 실패자가 되기 때문이기도 하다. 모든 일본인 남자는 아들을 두어야 한다. 자신이 죽은 뒤에 매일 거실 불단의 위패 앞에서 명복을 빌어주고, 또 대를 이어 명예와 재산을 지킬 사람이 필요하기 때문이다.

전통적인 사회적 이유로 일본에서는 어린 아들에게 아버지가 필요한 것만큼 아버지에게도 아들이 필요하다. 아들은 장차 아버지의 자리를 물려받는데 이것은 아버지를 밀어내는 것이 아니라 아버지를 안심시키는 일로 받아들인다. 수년 동안 아버지가 '집안'의 관리자 역할을 맡다가 아들이 이어받아 관리자가 된다. 아버지가 아들에게 관리자의 자리를 이어주지 못하면 그동안 해온 것도 헛수고가 되어 버린다. 연속성을 중시하는 이런 뿌리 깊은 의식 때문에 장성한 아들이 아버지에게 기대 사는 일이 미국보다 훨씬 오래 지속되어도 서양의 여러 나라에서처럼 부끄럽거나 창피한 일로 느끼지 않는다.

여성 역시 정서적 만족만을 위해서가 아니라 어머니로서 얻게 되는 지위를 위해서도 아이를 원한다. 결혼해서 아이가 없는 여자는 가정 내에서 지위가 아주 불안정하다. 버림받지 않는다 해도 시어머니가 되어 아들의 결혼 문제에서 발언권과 며느리를 부리는 권한을 행세할 날을 고대하지 못한다. 남편의 대를 잇기 위해 아들을 입양하기 마련이지만 일본인의 관념에 따르면 자신이 낳은 아이가 없는 여자는 여전히 인생 실패자다. 일본의 여성들에겐 아이를 잘 낳는 것이 당연시된다. 1930년대 전반의 연평균 출산율은 인구 1천 명당 31.7명이었는데 이는 동유럽의 다산 국가들과 비교해도 높은 편이다. 1940년에 미국의 출산율은 1천 명당 17.6명이었다. 일본은 첫 출산의 연령도 빠른 편으로, 전 연령대 중 열아홉 살의 출산율이 가장 높다.

일본에서는 출산을 성교만큼 은밀한 행위로 여겨서 여성은 분만 중에 소리를 질러 아이 낳는 걸 이웃에게 티를 내서는 안 된다. 갓난아기가 깔고 덮을 요와 이불을 갖춘 작은 이부자리를 새로 만들어 두기도 한다. 갓 태어나는 아이의 이부자리를 새롭게 장만해주지 않으면 아이에게 불길하다고 여긴다. 그래서 여유가 없는 집에서는 쓰던 이불보와 솜을 깨끗이 빨아서 다시 '새롭게' 꿰매서라도 장만해 준다. 아기의 앙증맞은 이불은 어른 이불만큼 뻣뻣하지 않고 더 가볍다. 갓난아기가 자기 이부자리에서 편하게 자라고 이렇게 해준다고들 말하지만, 아기 이부자리를 따로 준비하는 것이 새 사람에게는 새 이부자리를 주어야 한다는 일종의 공감주술에 근거한 감성적 이유 때문이라고도 여겨진다. 아기의 이부자리는 어머니 옆으로 가까이 붙여 놓지만, 아기가 자유 의지를 내보일 만큼 크기 전까지는 어머니와 같은 이부자리를 쓰진 않는다. 일본인은 아기가 첫돌이 지날 때쯤 되면 두 팔을 뻗어 자신의 요구를 알린다고 여긴다. 그러면 이때부터는 어머니와 같은 이불을 덮고 어머니 품에 안겨 잠을 잔다.

아기에게는 생후 3일 동안 젖을 주지 않는다. 모유가 나올 때까지 기다리는 것이다. 3일 후부터 아기는 배가 고파서든 위안을 얻기 위해서든 아무 때나 젖을 물 수 있다. 어머니 또한 아이에게 젖 먹이는 것을 즐긴다. 일본인은 수유가 여성의 가장 큰 생리적 즐거움의 하나이며 아기는 어머니의 즐거움을 공유할 줄 알게 된다고 믿는다. 가슴은 영양분만 전해주는 것이 아니라 즐거움과 위안의 매개이기도 하다. 생후 1개월 동안 아기는 자신의 작은 이부자리에 누워 있거나 어머니의 품에 안겨 지낸다. 생후 30일쯤엔 아기를 인근의 신사에 데려가 예를 올리는데, 이런 의례를 마친 후에야 아기의 생명이 몸 안에 확실히 깃들게 되어 마음 놓고 사람 많은 곳으로 데리고 다녀도 된다고 여겨서이다.

생후 1개월이 지나면 아기는 어머니의 등에 업힌다. 이중으로 된 띠를 아이의 겨드랑이 밑에 두르고 엉덩이 아래를 받친 다음 어머니의 어깨에 걸쳐 내려 허리 앞에서 묶는 식이다. 날씨가 추울 때는 어머니가 자신의 솜옷으로 아기를 덮어준다. 남자아이든 여자아이든 가족 중 손위 형제들이 아기를 업어주기도 한다. 심지어 달리기나 돌차기 놀이를 할 때도 아기를 업고 논다. 특히 농가나 가난한 집일수록 큰아이에게 아기를 맡기는 경우가 많다. 이렇게 "일본 아기들처럼 여러 사람 속에서 어울려 생활하는 아기들은 금세 흥미로움이 어린 똘똘한 표정을 지으면서 자기를 업고 노는 형제들만큼이나 게임을 즐기는 것 같다"고 한다.[100]

아기를 등에 업는 관습은 태평양 여러 섬 지역에서 보편적으로 숄로 아기를 둘러메고 다니는 관습과 공통점이 많다. 아기를 수동적으로 만들고, 아기가 나중에 크면 아무 데서나 어떤 자세로든 잘 자는 경향이 있다. 하지만 띠로 아기를 업는 일본의 관습은 숄과 자루를 이용하는 관습처럼 완전히 수동적으로 되게 하진 않는다. "아기는 업어주는 사람이 누구든 그 사람의 등에 새끼고양이처럼 매달릴 줄 알게 된다. (중략) 띠로 묶어주기 때문에 등에서 떨어질 염려는 없지만, 아기는 (중략) 편안한 자세를 잡기 위해 자기 나름대로 이렇게 저렇게 노력하면서 어깨에 짐처럼 매달려 있는 게 아니라 업어주는 사람 등을 능숙하게 탈 줄 알게 된다."[101]

어머니는 집안일을 할 때는 아기를 이부자리에 눕혀 놓고 외출할 때는 어디든 데리고 다닌다. 아기에게 말을 걸고 흥얼흥얼 콧노래를 불러주고 예의를 갖추는 몸짓도 익혀준다. 자신이 다른 사람의 인사에 화답할 때는 아기의 머리와 어깨를 앞으로 숙여주며 같이 인사를 시킨다. 갓난아이도 언제나 한 사람의 인격체로 여겨진다. 매일 오후 어머니는 따뜻한 탕에 아기를 데리고 들어가 무릎 위에 앉혀놓고 놀아준다.

아기는 생후 3, 4개월 동안 기저귀를 찬다. 이 기저귀가 워낙 무

---

100) Alice Mabel Bacon, Japanese Women and Girls, p. 6.
101) 앞과 같은 책. p. 10

거워서 일본인 중에는 안짱다리가 된 게 기저귀 탓이라고 불평하는 이들도 종종 있다. 아기가 3, 4개월 정도 지나면 어머니는 배변 훈련을 시작한다. 밖으로 데리고 나가 아기를 받쳐 들어주며 아기가 변의를 느끼고 대소변을 보길 기다려준다. 이때는 대체로 낮고 단조로운 휘파람을 불며 아기를 기다려주고 아기는 이런 청각적 자극의 의도를 눈치채게 된다. 일본의 아기들은 중국과 마찬가지로 아주 일찍부터 배변 훈련을 받는다. 배변을 못 가리고 실수를 하면 아기를 꼬집는 어머니도 더러 있지만, 대개는 목소리 어조만 바꾸는 식으로 나무라면서 아기를 더 자주 밖으로 데리고 나가 훈련시킨다.

아기가 변비 증상을 보이면 관장을 해 주거나 하제를 먹인다. 어머니들은 이런 배변 훈련이 두껍고 불편한 기저귀를 떼게 해 주어 아기를 더 편안하게 해주는 일이라고 말한다. 사실 일본의 아기에겐 기저귀가 불편할 만도 하다. 무겁기도 하지만 관습상 축축이 젖을 때마다 갈아주지 않으니 말이다. 아무리 그래도 아기들은 너무 어려서 배변 훈련과 불편한 기저귀를 떼는 것 사이의 연관성을 인식하지 못한다. 아기 입장에선 벗어날 수 없는 지루하고 반복적인 일을 혹독하게 강요받고 있을 뿐이다. 그런데다 어머니도 아기를 자기 몸에서 떨어뜨리면서 안고 있어야 하기 때문에 아기를 잡은 손에 힘을 꽉 줘야 한다. 아기는 이 혹독한 배변 훈련을 통해 나중에 어른이 되었을 때 일본 문화에서 가하는 미묘한 강요들을 받아들일 순응의 자세를 익히게 된다.[102]

일본의 아기는 대체로 걸음마를 떼기 전에 말부터 한다. 아기가 기어 다니는 것은 좋지 않게 여겨 못 하게 한다. 예전에는 아기가 첫돌이 될 때까지는 일어서거나 걸어서는 안 된다고 생각해서 어머니는 아기가 일어서거나 걸으려고 하면 못하게 저지하기도 했다. 요즘엔 정부에서 발행해 염가로 널리 보급하는 〈어머니 잡지〉에서 걸음마를 장려해야 한다고 알리면서 조기 걸음마 교육이 훨씬 더 일반화되었다. 어머니는 이중 띠를 아기의 겨드랑이 밑에 둘러서 잡아주거나 겨드랑이를 손으로 받쳐주며 걸음마를 가르친다. 그래도 아기들은 여전히 말을 훨씬 일찍 떼는 편이다. 옹알옹알 말을 시작하면 어른들이 좋아하며 놀아줘서 아기들로선 더 목적의식이 생긴다. 일본인은 아기의 언어 습득이 그저 따라 말하는 식이 되도록 놔두지 않는다. 유아어와 함께 문법과 경어를 가르치면서 아기와 어른 모두 놀이하듯 즐긴다.

일본에서는 아이가 걷게 되면 집 안에서 갖가지 장난을 피울 여지가 있다. 손가락으로 문 창호지를 뚫거나, 방바닥 한가운데에 있는 화로(이로리) 바닥으로 떨어지기 쉽다. 그래서 이런 장난을 막으려고 집 안에서의 위험을 과장하는 경향이 있다. 문지방을 밟는 것을 '위험하다'며 철저히 금하는 게 그 한 사례다. 일본의 가옥은 지하실이 없고 주춧돌을 세워 지면 위로 띄워서 짓는다. 그래서인지 아이가 문지방을 밟는 것으로도 집 전체 형태가 기울어질 수도 있다며 심각하게 여긴다.

---

102) 다음의 문헌에서도 일본의 배변 훈련의 역할을 부각해서 다루어 놓았다. Geoffrey Gorer, *Themes in Japanese Culture*, New York Academy of Science의 회보, vol. 5, pp. 106-124, 1943.

그뿐만 아니라 아이는 다다미가 맞닿은 부분을 밟고 서거나 그 위에 앉으면 안 된다고 배우기도 한다. 다다미는 크기가 표준화되어 있어서 방의 크기를 말할 때 흔히 '다다미 석 장 방'이나 '다다미 열두 장 방'이라고 얘기한다. 일본에서는 다다미가 맞닿은 부분이 옛날에 사무라이들이 집 밑으로 기어들어가 그 틈으로 칼을 꽂아 사람을 찔렀던 곳이라는 얘기를 아이들에게 자주 해주면서 겁을 준다. 다다미의 두껍고 부드러운 부분은 안전하지만 맞닿는 부분의 틈은 위험하다고 생각해서 그러는 것이다. 어머니가 아기에게 자주 하는 잔소리인 '위험해'나 '안 돼'의 말속에도 이런 감정이 실려 있다. 어머니들이 자주 하는 또 하나의 잔소리는 '더러워'다. 일본 가정은 정갈하고 깔끔하기로 유명한데 아기 때부터 이런 정갈함과 깔끔함을 존중하도록 배우는 것이다.

일본의 아이들은 대체로 동생이 태어나기 직전까지 젖을 떼지 않지만 최근 정부 발행의 〈어머니 잡지〉에서 생후 8개월에 젖을 떼는 것이 좋다고 권고해왔다. 이런 권고를 중산층 어머니들 사이에서는 많이 따르고 있지만, 아직 일본 전역에 보편화되려면 한참 멀었다. 젖 먹이는 일이 어머니에게 큰 즐거움이라 여기는 일본인의 정서는 여전히 그대로이다. 또한 젖을 일찍 떼는 관습을 채택한 소수 사이에서는 수유 기간을 줄이는 것이 아이의 행복을 위한 어머니의 희생이라고 여기고 있다. '수유를 오래 하는 아이일수록 몸이 약하다'는 새로운 설을 받아들이면서 젖을 떼지 않는 어머니를 두고 제 욕심만 차린다고 뭐라고 하기도 한다. "아기에게 젖을 못 떼겠다는데 그건 본인이 원하지 않아서야. 계속 젖을 먹이고 싶은 거야. 자기 욕심 때문이라고." 이렇게 젖을 잘 못 떼는 어머니의 태도를 감안하면 생후 8개월에 젖을 떼는 게 확산되지 않는 것도 충분히 이해된다.

젖을 늦게 떼는 데는 현실적인 이유도 있다. 일본인은 막 젖을 뗀 아기에게 이유식을 따로 먹이는 전통이 없다. 빨리 젖을 뗀 아기에게는 쌀 끓인 물을 먹이지만 보통은 모유에서 바로 어른들이 먹는 음식으로 바뀌게 된다. 일본인의 식단에는 우유가 없는 데다 아이가 먹을 만한 채소를 따로 챙겨주지도 않는다. 상황이 이렇다 보니 정부가 '수유를 오래 하는 아이일수록 몸이 약하다'고 가르치는 것이 과연 옳은 것인지 의구심이 들 만도 하다.

아이들은 보통 말을 알아들을 수 있게 된 이후에 젖을 뗀다. 이전에는 가족 식사 때 어머니 무릎 위에 앉아서 조금씩 떼어주는 음식을 받아먹었으니 젖을 뗀 이후엔 그보다 양이 더 느는 셈이다. 어떤 아이들은 이 시기에 모유가 아니면 잘 안 먹으려 해서 애를 먹이는데 동생이 태어나 젖을 뗀 경우라면 그나마 쉽게 이해시킬 수 있다. 어머니는 아이가 젖을 달라고 조르면 흔히 단것을 줘서 달랜다. 젖꼭지에 후추를 바르기도 한다. 하지만 모든 어머니가 공통적으로 쓰는 방법도 있다. 아직 어린 아기나 젖을 달라고 하는 거라며 놀리는 것이다. "네 사촌 좀 봐봐. 정말 어른 같아. 너처럼 작은데도 젖 달라고 보채지 않잖아.", "저 꼬맹이가 널 보고 웃겠다. 이렇게 컸는데도 아직도 젖을 먹고 싶어 한다고 말이야." 두 살, 세 살, 네 살이 되어서까지 젖을 찾는 아이들은 자기보다 나이 많은 아이가 가까이 오는 소릴 들으면 대개 어머니에게 떨어지면서 딴청을 피운다.

아이를 놀려대고 나이에 맞게 굴라고 강요하는 방식은 젖을 떼는 양육에만 한정되어 있지 않다. 아이가 말귀를 알아들을 때부터는 일상적으로 이런 방식을 쓴다. 예를 들어 사내아이가 울면 어머니는 "계집애도 아니면서 왜 이러니"나 "사내답게 굴어야지"라고 놀린다. 아니면 "저 아기 좀 봐. 안 울고 잘 있잖아"라고 말하기도 한다. 방문한 손님이 아기를 데리고 오면 어머니가 그 아기를 자신의 아이 앞에서 귀여워해 주며 이렇게 말하기도 한다. "이 아기를 입양해야겠다. 엄만 이렇게 착하고 얌전한 아이가 좋더라. 넌 이렇게 커서도 철없이 굴잖아." 그러면 아이는 어머니에게 달려들어 주먹으로 막 때리며 울먹인다. "싫어요, 싫어요. 다른 아기는 안 돼요. 제가 말 잘 들을게요." 한 살이나 두 살 먹은 아이가 소란을 피우거나 말을 잘 안 들으면 어머니는 찾아온 손님에게 이렇게 말한다. "이 아이 좀 데려가 주세요. 저희는 이런 애는 필요 없어요." 그러면 손님은 그 상황에서 주어진 역할에 충실히 응하며 아이를 집 밖으로 데리고 나가려고 한다. 아이는 구해달라고 소리소리 지르며 어머니를 부른다. 발작적으로 울부짖는다. 어머니는 그쯤 되면 놀림이 통했다고 생각하고는 마음을 풀고 아이를 다시 데려오며 펑펑 우는 아이에게 앞으로는 말을 잘 듣겠다는 약속을 받아낸다. 이런 식의 연극을 아이가 대여섯 살이 될 때까지 때때로 써먹는다.

또 다른 방식의 놀리기도 있다. 어머니가 남편 쪽으로 가서 아이를 보며 이렇게 말하는 식이다. "엄만 너보다 아빠가 더 좋아. 아빠는 멋진 남자잖아." 아이는 질투심을 폭발하며 아버지와 어머니 사이로 비집고 들어가려고 한다. 이때 어머니가 말한다. "아빠 소리치면서 집 안을 돌아다니지도 않고 방 안을 어지럽게 뛰어다니지도 않아." 이 말을 들은 아이가 대꾸한다. "아냐, 아냐. 나도 이제부턴 안 그럴게요. 얌전한 아이가 될게요. 그럼 이제 예뻐해 주는 거예요?" 연극이 이쯤에서 충분하다 싶어지면 아이의 부모는 서로 쳐다보며 미소를 짓는다. 때때로 남자아이만이 아니라 여자아이에게도 이런 식으로 놀린다.

이런 경험은 성인이 된 일본인이 조롱과 배척에 두려움을 느끼는 비옥한 토양이 된다. 어린아이들이 이런 놀림에서 자신이 조롱받고 있다는 것을 언제쯤 눈치채는지를 콕 집어 단정할 수는 없지만, 늦든 빠르든 언젠가는 눈치채기 마련이며 그때는 이런 조롱받는 느낌을 안전하고 친숙한 모든 것을 잃을지 모른다는 공포와 융합되게 된다. 어른이 되어서도 조롱을 당하면 유아기의 공포가 스멀스멀 느껴진다.

이런 놀림이 2~5세의 아이에게 유독 더 공포를 일으키는 이유는, 아이에게 가정은 안정을 주고 어리광도 받아주는 천국 같은 곳이기 때문이다. 아버지와 어머니는 육체적으로나 감정적으로 맡은 일이 완전히 달라서 아이에게는 부모가 경쟁자로 비치지 않는다. 어머니나 할머니는 집안일을 맡고 아이를 훈육시키는 사람이며, 두 사람 모두 아버지를 떠받들고 공경한다. 가정 내에 위계질서 서열이 명확히 정해져 있다. 아이는 이런 가정 안에서 자라며 연장자

세대에게 주어지는 특권, 여자에 비해 유리한 남자의 특권, 어린 동생들에 비해 유리한 손위 형제의 특권에 대해 이미 알고 있다. 하지만 유아기 동안에는 가족 누구에게든 응석을 부릴 수 있다.

남자아이일 경우 특히 더하다. 여자아이에게나 남자아이에게나 어머니는 심한 응석을 부려도 언제나 받아주는 사람이다. 하지만 세 살의 남자아이는 어머니에게 잔뜩 화를 부려도 그것까지 받아준다. 아버지에게는 반항심을 드러내지 못하지만, 부모에게 놀림 받을 때 느끼는 모든 감정과 '다른 사람에게 보내버리겠다'는 것에 대한 분개심을 어머니와 할머니에게 짜증으로 표출하기 쉽다. 물론 어린 남자아이 모두가 짜증을 내는 것은 아니지만 시골 가정이든 상류층 가정이든 짜증을 부리는 건 3~6세 아이들의 생활에서 일상적인 일이다. 이 나이의 아이는 어머니를 주먹으로 마구 때리고 악을 쓰는가 하면, 도저히 분이 안 풀리면 어머니가 정성 들여 단장한 머리 모양을 헝클어뜨려 놓기도 한다. 어머니는 여자고 남자아이는 이제 겨우 3살이라도 남자다. 아이는 어머니를 제멋대로 공격해도 허용이 된다.

아버지에게는 언제든 공경의 태도를 보여야 한다. 아이에게 아버지는 계층적 위계질서상의 높은 자리를 체험케 해주는 최고의 본보기이므로 일본에서 줄기차게 들먹이는 말처럼 아이는 '훈련 삼아' 아버지에게 적절한 경의를 표하는 법을 배워야 한다. 일본의 아버지는 거의 모든 서양 국가의 아버지에 비해 자녀 훈육에 잘 관여하지 않는 편이다. 아이 훈육은 여자들의 권한이다. 아이에게 자신의 뜻을 전할 때는 말 없이 그냥 쳐다보거나 짧은 훈계를 하는 선에서 그치며, 이런 모습도 웬만해선 보이지 않기 때문에 아이는 바로 그 뜻에 따른다. 아버지는 여유 시간에 아이를 위해 장난감을 만들어주기도 한다. 아이가 걸음을 걸을 수 있게 된 뒤에도 한참이 지나도록 ―아이어머니가 그러듯― 때때로 아이를 안거나 업고 다닌다. 일본의 아버지는 아이가 이 나이일 때, 미국인 아버지라면 아내에게 맡기기 보통인 배변 훈련을 이따금 자신이 하기도 한다.

아이들은 조부모와 아주 스스럼없이 지내지만, 조부모 모두는 공경의 대상이기도 하다. 조부모는 훈육의 역할을 맡지 않는다. 아이들을 너무 풀어주며 키우는 것을 보다 못해 훈육하는 경우도 더러 있지만 이럴 경우엔 큰 마찰이 빚어진다. 할머니는 온종일 아이 옆에 있으려 하는 것이 보통이며 이렇다 보니 아이를 둘러싼 시어머니와 며느리 사이의 경쟁은 일본 가정에서 흔한 일이다. 아이 입장에선 두 사람 모두에게 귀여움을 받으니 좋은 일이다. 할머니의 경우엔 아이를 이용해 자주 며느리에게 권한을 행세한다. 며느리는 시어머니의 뜻을 따르는 것이 가장 큰 의무라 조부모가 아이의 버릇을 아무리 망쳐놓아도 반발할 수가 없다. 아이어머니가 사탕을 그만 먹게 말려 놓으면 할머니가 사탕을 주며 며느리 들으라는 듯 "할머니가 주는 사탕은 독약이 아니란다"라고 말한다. 수많은 가정에서 할머니는 아이에게 어머니가 구해줄 수 없는 선물을 해 줄 수 있고 아이와 놀아줄 여유 시간도 더 많다.

손위 형제자매도 동생을 예쁘게 봐줘야 한다고 교육받는다. 일본인은 동생을 보게 된 아이가 우리 식 표현대로 '콧대가 꺾이는' 상태에 빠질 경우의 위험을 아주 잘 안다. 자신의 자리를 빼앗긴 아이는 갓 태어난 아기를 보면서, 이제는 어머니의 젖과 함께 자는 기회를 그 갓난아기에게 넘겨줘야 한다는 사실을 연상시키기 마련이다. 그래서 동생이 태어나기 전에 어머니는 아이에게 이제 '가짜' 아기가 아니라 진짜 살아 있는 인형을 갖게 될 거라고 말해준다. 또 이제는 어머니 대신 아버지와 같이 잘 수 있다고 일러주면서 그것이 하나의 특권인 것처럼 느끼게 해준다. 새로 태어날 아기를 위한 준비에 아이를 참여시키기도 한다. 그러면 대체로 아이는 새아기가 태어났을 때 정말로 흥분하면서 기뻐한다. 물론 그런 마음도 얼마쯤 지나면 시들해지지만 그런 일은 충분히 예상했던 일이고, 그다지 우려할 필요도 없다고 여긴다. 가령 자신의 자리를 빼앗겼다고 생각한 아이가 아기를 들어 안고 걸음을 떼면서 "이 아기 다른 사람한테 줘요"라고 말하면 엄마는 이렇게 타이른다. "그러면 안 돼. 우리 아기잖아. 우리가 예뻐해 줘야지. 아기도 너를 좋아해. 그러니까 너도 아기를 돌봐줘야지." 이런 상황이 수차례 되풀이되는 경우도 있지만, 일본의 어머니들은 그런 일을 그다지 걱정하지 않는 것 같다. 아이들이 많은 대가족에서는 이런 상황의 대책이 자동적으로 생겨난다. 아이들이 한 형제씩 건너 더 친밀한 유대를 갖게 되기 때문이다. 첫째 아이가 셋째 아이를 돌보고, 둘째 아이가 넷째 아이들 돌보는 식이 된다. 동생들도 한 형제 건너뛴 형이나 누나를 잘 따른다. 보통은 여덟아홉 살이 될 때까지는 이런 체계에서 성별에 따른 차이는 거의 없다.

일본의 아이들은 누구나 장난감을 가지고 있다. 아버지와 어머니만이 아니라, 모든 친지와 친척들이 인형과 놀잇감을 만들거나 사주어서 가난한 사람들도 장난감 마련에 돈을 거의 안 써도 된다. 아이들은 이런 장난감을 가지고 소꿉놀이, 결혼식 놀이, 명절놀이 등을 하면서 어른들이 하는 '올바른' 방법을 놓고 자기들끼리 얘기하다가 이따금 의견이 안 맞는 문제를 어머니에게 확인받는다. 아이들 사이에 다툼이 벌어지면 어머니는 노블레스 오블리주를 환기시키며 큰아이에게 작은아이한테 양보하라고 타이르는 것이 예사이다. 이럴 때 어머니들이 흔히 쓰는 말이 있다. "지는 것이 이기는 거야." 이 말은 큰아이가 장난감을 동생에게 양보하면 동생이 가지고 놀다가 금세 싫증이 나서 다른 것에 관심을 돌리게 되어 있으니 그때 다시 갖고 놀면 된다는 뜻이며, 세 살짜리 아이도 이 말 뜻을 금방 알아듣게 된다. 이 말엔 다른 뜻도 있다. 주인-머슴 놀이에서 다들 하기 싫어하는 역할을 받아들이더라도 그렇게 해서 모두 재미있게 놀 수 있으니 결국엔 '이기는' 거라는 의미이기도 하다. 일본에서 '지는 것이 이기는 것'이라는 논리는 어른이 된 후에도 크게 존중받는 생활 처세법이다.

훈계와 놀림 외에 아이의 관심을 다른 데로 돌리는 방법 역시 일본의 중요한 육아법이다. 사탕을 자꾸 주는 것도 대체로 관심을 돌리기 위한 수단이다. 아이가 학교가 들어갈 나이가 되어가면 '치료' 방법도 동원된다. 남자아이가 자꾸 짜증을 내거나 말을 안 듣거나 소란을 피우면 어머니는 아이를 신사나 절에 데려간다. '같이 가서 도움을 받자'는 심정으로 대개 아이를 소풍 가듯 데려간다. 치료를 행하는 사제는 엄숙한 말투로 아이와 이야기를 나누며 생일과 고민을 묻는다. 그리곤 기도를 위해 물러났다가 다시 돌아와 치료되었다고 말해준다. 이때 아이가 버릇없이 굴었던 것이 어떤 벌레 때문이었는데 벌레를 잡았으니 이젠 괜찮아질 거라는 식으로 말하기도 한다. 그렇게 아이를 정화시키고 완치시켜 집으로 보내준다. 일본인들 말로는 "그러면 얼마간 효과가 있다"고 한다.

일본인이 아이들에게 주는 가장 엄한 벌도 '치료'의 개념으로, 모구사[艾(약쑥)]라는 분말을 작은 원뿔 모양으로 뭉쳐 아이의 피부 위에 놓고 태우는 것이다. 이 벌을 받으면 평생 흉터가 남는다. 동아시아에서 오래전부터 널리 행한 민간요법인 이 뜸을 일본에서는 예부터 이런저런 병을 고치기 위해 사용해왔고 짜증과 고집을 치료하는 효과까지 인정받고 있다. 어머니나 할머니가 예닐곱 살 남자아이를 더러 이런 식으로 '치료'한다. 잘 안 고쳐지는 경우엔 한 번 더 이 방법을 사용하기도 하지만 아이의 버릇을 잡기 위해 모구사 치료를 세 번씩이나 동원하는 경우는 드물다. 이것은 '그렇게 굴면 때려준다'는 개념의 벌과는 다르다. 하지만 맞는 것보다 훨씬 아파서 아이는 버릇없이 굴면 반드시 벌을 받는다는 것을 깨닫게 된다.

일본에서는 고집 센 아이들을 다루는 이런 방법 외에도 필요한 신체상의 기술을 가르치기 위한 관습이 있다. 이때는 가르치는 사람이 직접 아이의 몸을 잡아주며 동작을 유도하는 것을 중요하게 생각한다. 아이는 그저 수동적으로 따라야 한다. 아이가 두 살이 되기 전에 아버지는 아이의 다리를 직접 구부려주면서 아이에게 발등이 바닥에 닿도록 무릎을 꿇고 앉는 정좌正坐 자세를 익혀준다.

정좌 훈련에서는 몸을 안 움직이는 것이 관건이기 때문에 아이는
처음엔 뒤로 몸이 넘어가지 않도록 버티고 있기 힘들어한다. 일본
사람들은 이런 훈련에서의 요령이 긴장을 풀고 수동적으로 따르는
것이라고 여긴다. 아버지는 아이의 앉는 자세를 직접 잡아주며 그
수동성을 강조한다.

아이들이 배워야 하는 몸가짐은 앉기만이 아니다. 잠자는 자세
도 배워야 한다. 일본 여자들은 미국 여자들이 알몸 보이길 조심하
는 것만큼이나 잠자는 모습을 보이길 아주 꺼린다. 정부에서 외국
인의 인정을 얻기 위한 운동의 일환으로 수치심을 유도하기 전까지
만 해도 일본인은 목욕 중에 알몸을 보이는 것을 수치로 여기지 않
았다. 하지만 잠자는 모습을 보이는 것에 대해서는 아주 민감했다.
다만 여자아이는 다리를 모으고 똑바로 자는 자세를 익혀야 하는
반면 남자아이는 훨씬 자유롭다. 수면 훈련은 남자아이와 여자아
이의 훈련 규율이 달라지기 시작하는 최초의 지점에 든다. 일본에
서의 다른 요구사항들이 거의 다 그렇듯 수면 훈련도 상류 계급이
하류 계급보다 더 엄격하다.

스기모토杉本 부인은 사무라이 집안에서 자라며 겪은 자신의 성
장담에 대해 이렇게 말했다. "기억이 나는 순간부터 나는 밤마다
작은 목침을 베고 얌전히 누워 있으려 신경 썼다. (중략) 사무라이
집안의 딸들은 몸과 마음이 흐트러지지 않게 잘 다잡아야 한다고
배웠다. 심지어 잠을 잘 때도 예외가 아니었다. 남자아이는 대大자
로 발을 쩍 벌리고 자도 괜찮지만, 여자아이는 기き자처럼 조신하
고 얌전하게 몸을 모아야 한다. 그런 자세가 곧 '통제력'을 의미한

다."103) 일본 여성들에게 직접 들은 얘기로는, 밤에 잠자리에 들 때 어머니나 유모가 다리를 가지런히 모아주기도 했다고 한다.

전통적인 글쓰기 교육에서도 가르치는 사람이 아이의 손을 잡아주며 글자를 쓰게 했다. 이때의 목적은 '아이에게 감을 익혀주기 위한' 것에 있었다. 아이는 쓰기는 물론이고 그 글자를 알아보기도 전에 먼저 손의 통제력과 리듬감부터 익힌다. 근대의 대중 교육 시대에 들어서면서부터 이런 교육 방법이 크게 줄어들긴 했지만, 여전히 행해지고 했다. 절하기, 젓가락질, 활쏘기, 아기 대신 등에 베개를 업고 아기 업는 법 배우기 등도 아이의 손을 직접 잡아 움직여주고 몸의 자세를 바로잡는 식으로 가르치곤 한다.

상류 계급을 제외하고 아이들은 학교에 들어가기 전부터 이웃 아이들과 자유롭게 어울려 논다. 시골에서는 세 살이 되기 전부터 여럿이 모여서 놀고 심지어 읍이나 도시 아이들도 북적이는 큰길에서 차량 사이로 다니며 지켜보기에 아슬아슬할 만큼 자유분방하게 논다. 아이들은 특권적 존재로 대우받는다. 상점가를 다니며 어른들이 나누는 얘기를 듣거나, 돌이나 공을 가지고 놀기도 한다. 시골 신사에 모여 수호신의 보호 속에서 안전하게 놀기도 한다.

여자아이들과 남자아이들은 학교에 들어가기 전과 그 이후 2, 3년 정도는 함께 어울려 놀지만, 아이들 간의 가장 끈끈한 유대는 동성 사이에서, 특히 동갑의 동성 사이에서 피어난다. 시골일수록

---

103) Etsu Inagaki Sugimoto, *A Daughter of the Samurai*. Doubleday Page and Company, 1926, pp. 15, 24.

이런 도넨[동갑同年] 사이의 우정이 평생에 걸쳐 이어지며 다른 어떤 관계보다 오래간다. 스에무라라는 마을에서는 "성적 관심이 감퇴하면 도넨의 모임이 남은 삶의 진정한 즐거움이 된다. 수에(마을) 사람들은 '도넨이 아내보다 더 가깝다'고들 말한다".104)

취학 전 아이들은 서로 아주 허물없이 지낸다. 아이들의 놀이 중에는 서양의 관점에서 보면 음란한 놀이도 많지만 이런 놀이도 거리낌 없이 한다. 아이들이 이렇게 성에 눈뜨게 된 이유는 어른들이 스스럼없이 대화를 주고받기 때문이기도 하고, 좁은 집 안에서 가족이 가깝게 붙어 생활하기 때문이기도 하다. 또 어머니들이 아이와 놀아주고 목욕을 시켜줄 때 아이의 성기, 특히 남자아이의 성기를 애깃거리로 삼는 것이 보통이다. 일본인은 잘못된 곳이나 잘못된 무리에 빠지지만 않는 한 아이들의 성적 관심을 나무라지 않는다. 자위를 위험한 일로 여기지도 않는다.

아이들끼리는 서로 거리낌 없이 욕도 하고 자랑도 해댄다 —물론, 이런 욕과 자랑은 나중에 어른이 된다면 큰 모욕과 수치가 된다—. 일본인들은 이런 아이들을 보면서 눈에 인자한 미소를 머금으며 "아이들은 수치(하지)를 모른다"고 말하며 이렇게 덧붙이곤 한다. "그래서 저렇게 행복한 거지." 바로 이 대목에서 어린아이들과 어른들 사이의 확실하고도 큰 차이가 드러난다. 어른에게 '수치를 모르는 인간'이라고 말하는 것은 낯 두꺼운 사람이라는 말이나 다

<hr>

104) John F. Embree, *Suye Mura*, p. 190.

름없기 때문이다.

이 나이의 아이들은 서로의 집과 재산에 대해 욕을 하기도 하고 자랑도 한다. 특히 아버지 자랑을 많이 해서 "우리 아버지가 너희 아버지보다 힘이 세", "우리 아버지가 너희 아버지보다 똑똑하셔" 같은 자랑을 곧잘 한다. 이렇게 존경하는 아버지 얘기를 하다가 주먹다짐까지 가기도 한다. 이런 행동은 미국인에겐 쓸데없는 짓 같아 보이지만 이런 행동이 아이들이 주변에서 듣고 지내는 대화와 큰 대조를 보인다는 점에서 주목할 만하다. 모든 어른은 자신의 집을 지칭할 때는 '저희 집' 같이 낮추어 말하고 이웃의 집을 지칭할 때는 '귀댁'이라고 높여 말한다. 또 자신의 가족을 지칭할 때도 '저희 가족'으로 낮추어 말하고, 이웃의 가족을 지칭할 때는 '귀댁의 가족'으로 높여 말한다.

일본인들도 인정하듯, 아이들은 유년 시절의 상당 기간을 —같이 어울려 노는 친구들이 생기고 나서부터 아홉 살이 되는 초등학교 3학년까지— 이런 자기본위적 주장에 열중한다. "내가 주군을 할 테니까 네가 가신을 해.', "싫어. 난 부하 역할 안 해. 내가 주군 할 거야." 어떤 때는 이런 식으로 티격태격하고 또 어떤 때는 자기 자랑을 하거나 남들을 깔보기도 한다. "아이들은 뭐든 자기들이 하고 싶은 말을 거리낌 없이 한다. 그러다 나이가 들면서 말하고 싶은 대로 다 말을 해서는 안 된다는 것을 알게 되면, 누군가 의견을 구하기 전까지 말을 삼가고 자기 자랑도 하지 않는다."

아이는 가정에서 초자연적인 것에 대한 태도를 배운다. 일본에서는 사제가 아이들을 '가르치지' 않는다. 일반적으로 아이가 종교를 체험하는 것은 사람들이 많이 오는 축제에 가서 다른 참배자들과 함께 사제가 뿌려주는 정화수를 맞는 자리이다. 어떤 아이들은 절에 따라가기도 하지만 이런 경우 역시 축제가 있을 때이다. 아이들이 가장 꾸준히 접하면서 마음 깊이 품게 되는 종교 체험은, 자기 집의 불단과 신단을 중심으로 행해지는 가정 의식이다. 그중에서도 특히 인상적인 가정 의식은 가족의 위패를 모시는 불단이다. 일본인은 이 위패 앞에 꽃이나 특정 나뭇가지, 향을 바친다. 날마다 음식을 공양하기도 한다. 또 연장자들은 불단 앞에서 조상에게 모든 집안일을 고하며 날마다 절을 올린다. 저녁이 되면 불단에 작은 등불이 밝혀진다.

일본에는 이렇게 집안을 보살펴주는 존재를 느끼지 못하면 불안해서 집 밖에서 자는 것을 좋아하지 않는다고 말하는 사람들이 아주 많다. 한편 신단은 대체로 이세신궁의 표찰을 모신 조그만 선반을 가리킨다. 여기에는 여러 종류의 공물을 바쳐놓는다. 이외에도 부엌에 그을음으로 뒤덮인 부엌신을 모셔두는가 하면, 문과 벽에 많은 부적을 달아놓기도 한다. 일본인은 이 모두가 집안을 보호하며 안전하게 지켜준다고 믿는다. 시골에서는 마을 신사가 안전한 장소가 되어준다. 이곳에서는 자비로운 신들이 곁에서 수호해준다고 여겨 어머니들은 아이들이 이런 안전한 곳에 가서 노는 것을 좋아한다. 아이는 신을 두려워해야 한다거나, 정의롭거나 까탈스러운 신의 마음에 들기 위해 행동을 조심해야 한다고 생각하지 않는다. 신들은 많은 은혜를 내려주므로 정중히 모셔야 하는 존재이지 권위적인 대상이 아니다.

아이가 일본 성인 생활의 세밀한 틀에 본격적으로 적응하는 일은 학교에 들어가고 2, 3년이 지난 후부터다. 그때까지 아이들은 신체적 통제를 배우며, 다루기 힘들게 굴 때는 나쁜 버릇을 '치료'해주고 관심을 다른 데로 돌린다. 조심스럽게 훈계하고 놀리며 단속한다. 하지만 제멋대로 응석을 부리는 것은 받아준다. 심지어 어머니에게 폭력성을 드러내도 봐준다. 어린 자아가 쑥쑥 자라게 해준다.

아이가 학교에 입학한 초반에도 그전과 크게 달라지지 않는다. 3학년까지는 남녀공학이고 남자든 여자든 교사들은 아이들을 귀여워해 주며 잘 맞춰준다. 하지만 가정에서든 학교에서든 '곤란한' 상황에 빠져들어서는 안 된다고 전보다 강조한다. 아이들이 아직 어려서 '수치'를 느낄 일은 없겠지만 '곤란한' 상황을 피하도록 가르쳐 줘야 한다. 예를 들어 늑대가 없는데도 '늑대가 나타났다'고 외치는 동화 속 소년은 "사람들을 속인 것이다. 만약 네가 이런 일을 저지르면 사람들은 너를 믿지 않게 될 테고 그렇게 되면 곤란해진다"는 식으로 가르친다.

많은 일본인이 자신이 실수했을 때 가장 먼저 조롱했던 사람은 교사나 부모가 아니라 동급생들이었다고들 말한다. 실제로 이 시기에 어른들의 역할은 아이들을 조롱하는 게 아니라 조롱 당하는 현실 속에서 세상에 대한 기리를 지켜야 한다는 도덕적 교훈에 서서히 눈뜨게 해주는 것이다. 아이들이 여섯 살 때 충견의 애정어린 헌신 이야기를 통해 접한 의무들은 -앞에서 인용한, 주인의 온에 보답하는 착한 개의 이야기는 여섯 살 아이들이 읽는 책에 실려 있다– 이제부터 차츰 온갖 종류의 구속이 되어간다. 어른들은 이제 "이러저러한 행동을 하면 세상 사람들에게 비웃음을 사게 된다"는 주의를 준다. 이런 규율은 상황에 따라 세부지침이 다르며 대부분이 우리 식대로 말해 에티켓에 해당된다. 또한 이웃과 가족에 대해서나 국가에 대해 지켜야 할, 점점 늘어나는 의무에 복종할 것을 요구한다. 이제 아이들은 자신을 스스로 자제해야 한다. 채무를 인정해야 한다. 빚진 것을 갚으려면 주의 깊게 세상을 살아가야 할 채무자의 지위로 차츰차츰 넘어간다.

이런 지위의 변화는 점점 자라나는 아이에게 유년기에 당하던 놀림이 새롭고 엄숙한 형태로 확장되어 다가오게 된다. 가령 여덟아홉 살쯤 되면 가족이 실제로 아이를 배척하기도 한다. 교사가 말을 안 듣거나 버릇없게 구는 아이의 행동을 지적하며 품행에 낙제점을 주면 가족은 그 아이에게 등을 돌린다. 아이가 어떤 나쁜 짓을 저질러서 가게 주인에게 혼이 나면 그 일을 '가족의 명예를 더럽힌' 것으로 여겨 가족 모두가 한목소리로 비난한다.

내가 아는 일본인 두 명은 열 살이 되기 전에 아버지에게 다시 집에 들어올 생각을 말라며 쫓겨난 적이 있었다고 한다. 그때는 너무 부끄러워서 친척들에게도 가지 못했단다. 두 사람이 집에서 쫓겨난 이유는 학교에서 교사에게 벌을 받았기 때문이었다. 두 사람 모두 집 밖의 창고에서 지내다 그곳에 있는 걸 찾아낸 어머니가 중재한 뒤에야 겨우 집에 들어갈 수 있었다. 초등학교의 상급반 남자 아이들은 때때로 근신 처분을 받아 '반성'을 위해 집 안에 갇혀 지내며 일본인이 강박적으로 집착하는 일기 쓰기에 열중해야 한다. 어떤 경우든 가족은 이제 남자아이를 집안을 대표하는 사람으로 여기는 태도를 보이며, 이런 태도에 따라 아이가 세상의 비난을 사면 책망하게 된다. 아이는 세상에 대한 기리를 지키지 않은 것이다. 따라서 가족에게 지지를 기대하지 못한다. 동갑 친구들에게도 지지를 기대하지 못한다. 학교 친구들 역시 잘못을 저지른 이 아이를 따돌려서 아이가 사과하며 다시는 그러지 않겠다고 약속해야만 다시 받아들여진다.

제프리 고러Geoffrey Gorer는 이런 현상을 다음과 같이 말했다.

"주목할 점은 이런 일이 사회학적으로 아주 드물다는 사실이다. 대가족이나 그 외의 소규모 사회집단이 활성화되어 있는 대다수 사회에서는 어떤 집단의 구성원이 다른 집단의 구성원에게 비난이나 공격을 당하면 힘을 모아 구성원을 보호하는 것이 보통이다. 당사자는 자신이 속한 집단의 구성원으로 계속 인정받는 한 어려울 때나 공격을 당할 때 전면적 지지를 얻으리라는 확신을 품고 다른 집단 사람들에게 맞설 수 있다. 하지만 일본에서는 이와는 정반대이다. 다른 집단으로부터 인정을 받아야만 자신의 집단으로부터 지지를 확보하게 된다. 외부 사람들에게 비난이나 손가락질을 받으면 그 비난을 철회시키지 못하는 한 소속 집단이 등을 돌려버리고 처벌을 가한다. 이에 따라 '외부 세계'로부터 인정을 받는 것이 다른 어떤 사회와도 비견될 수 없을 만큼 중요시된다."

이 시기까지의 여자아이의 훈련은 남자아이의 훈련과 그다지 다르지 않다. 다만 세부적으로는 차이가 있다. 여자아이는 가정 내에서 남자 형제보다 더 많은 제약을 받는다. 남자아이도 갓난아기 돌보는 일을 맡게 되는 경우가 있지만, 여자아이가 더 많은 의무를 진다. 여자아이는 선물을 받거나 관심을 받는 면에서 언제나 남자아이만큼 대접받지 못한다. 남자아이들이 통상적으로 누리는 짜증의 특권도 누리지 못한다. 하지만 아시아의 여자아이치고는 굉장한 자유로운 편이다. 새빨간 옷을 입고 길거리에서 남자아이들과 같이 놀고, 남자아이와 싸우더라도 대체로 지지 않고 당당히 맞선다. 또한 여자아이들도 아직 아이라서 '수치를 모른다'. 그러다 여섯 살에서 아홉 살쯤 되면 차츰 '세상'에 대한 책임을 배우면서 남자 형제와 비슷한 경험을 한다.

아홉 살이 되면 학급이 남학생반과 여학생반으로 나뉘는데 이때부터 남자아이들은 남자끼리의 단단한 결속을 쌓아간다. 이제는 여자아이들을 배제시키면서 여자아이와 이야기하는 모습을 사람들에게 보이지 않으려 조심하기도 한다. 여자아이들도 어머니에게 남자아이들과 어울리는 것이 부적절한 행실이라는 주의를 받는다. 이 시기의 여자아이들은 새침해지고 내향적 성향을 띠어서 가르치기 힘든 나이로 통한다. 일본의 여자들 사이에서는 이때가 '어리광을 부릴' 마지막 시기라고들 말한다. 여자아이의 유년기는 남자아이들과 떨어지는 것으로 막을 내린다. 다시 말해, 이제부터는 아주 아주 오랜 세월 동안 '자중에 자중을 거듭하는' 교훈을 따르는 것 말고는 별다른 길이 없어진다. 약혼을 하든 결혼을 하든 계속 이 교훈을 품고 살아야 한다.

반면에 남자아이는 자중과 세상에 대한 기리를 배우는 것만으로는 아직 성인 남자에게 지워지는 모든 의무를 습득한 게 아니다. 일본에서는 "사내라면 열 살 때부터 이름에 대한 기리를 배운다"고들 말한다. 이 말은 모욕에 분개하는 것이 곧 미덕임을 배운다는 얘기다. 이때는 어떤 경우에 적과 직접 싸우고 어떤 경우에 간접적 수단으로 오명을 씻어야 할지의 규율도 함께 배워야 한다. 그렇다고 해서 모욕적 행동에 대응하기 위한 공격성을 따로 배워야 한다는 뜻은 아니다. 남자아이들은 이미 유년기부터 어머니에게 마구 폭력성을 드러내도 용인되었고 동갑 친구들과 온갖 비방과 반박을 주고받으며 티격태격 싸워왔기 때문에 열 살이 되어서 새삼스레 공격성을 배워야 할 필요가 없다. 하지만 이름에 대한 기리는 남자아이들이 십대에 이 의무에 해당되게 될 때 공격성의 방향을 공인된 양식으로 전환시키면서 공격성의 구체적 처리 방법을 부여해주는 셈이다. 지금까지 살펴봤듯 일본인은 남에게 폭력을 행사하는 대신 자신에게로 공격성을 돌리는 경우가 많다. 학교에 다니는 남자아이들도 여기서 예외가 아니다.

6년제 초등학교를 마친 후 상급학교로 진학하는 남학생(인구의 약 15%에 해당되며 여학생에 비해 남학생의 진학 비율이 높다)의 경우엔 치열한 중학교 입학시험 경쟁과 전 과목 석차 경쟁에 갑자기 노출되면서 자신의 이름에 대한 기리를 책임지는 시기에 들어선다. 초등학교와 가정에서 경쟁을 최대한 억제하면서 거의 경쟁이 없다시피 했기 때문에 학생들은 차근차근 대비할 틈도 없이 경쟁에 직면하게 된다. 갑자기 닥친 낯선 경험이다 보니 경쟁이 그만큼 더 호되게 느껴지고 신경 쓰이게 된다. 순위 다툼과 편애에 대한 의혹도 비일비재하게 된다.

하지만 학창 시절의 이런 경쟁보다도 인생사에 크게 각인되는 것이 있으니, 바로 중학교의 상급생이 하급생을 괴롭히는 관행이다. 상급생은 하급생을 부려먹으며 갖가지 방법으로 괴롭힌다. 망신스럽고 굴욕적인 일을 시킨다. 일본의 남학생들은 이런 일을 장난삼아 하는 일로 여기지 않기 때문에 당한 학생은 원망을 품게 된다. 상급생 앞에서 엎드려 기고, 굴욕적인 심부름을 하게 된 하급생은 자신을 괴롭힌 상대에게 증오심을 품으며 복수를 벼른다. 당장 실행할 수 없는 복수이기에 복수심은 더욱 사무친다. 복수는 이름에 대한 기리이므로 복수심을 품는 것은 덕행이다. 그런 복수로서 수년이 흐른 후 연줄을 이용해 자신을 괴롭힌 상대를 직장에서 해고시키기도 하고, 유도나 검도 실력을 수준급으로 닦아놓았다가 둘 다 졸업한 어느 날 도시의 중심가에서 공공연하게 굴욕을 주기도 한다. 이렇게 복수를 하지 않으면 '뭔가 할 일을 끝내지 못한 듯한 기분'을 떠안게 되며 이런 개운치 못한 기분이 바로 일본인의 복수의 핵심이다.

중학교에 진학하지 않은 남자아이는 군대 훈련 중에 비슷한 경험을 한다. 평화 시에 청년들은 4명 중 1명꼴로 징병되었고 2년 차 신병이 1년 차 신병을 괴롭히는 것은 중학교나 상급학교에서의 괴롭힘보다 훨씬 심했다. 장교는 이런 괴롭힘에 일체 관여하지 않았고 하사관이 관여하는 경우조차 아주 이례적인 일이었다. 일본 군대에서는 장교에게 일러바치는 것은 체면 깎이는 짓이라는 생각을 최우선 신조로 삼았다. 신병들 사이의 문제는 신병끼리 해결했다. 장교들은 그것을 부대를 '단련시키는' 한 방법으로 용인할 뿐 관여하지 않았다. 2년 차는 지난 1년간 쌓였던 울분을 1년 차 신병에게 해소했고 굴욕감을 줄 방법을 창의적으로 발휘하면서 그동안 자신들이 얼마나 '단련되었는지를' 증명해 보였다. 징집병이 군 훈련을 받으면 '진짜 호전적인 국가주의자'로 변해서 나온다는 말이 자주 회자되는데 이런 변화의 근원은 이들이 전체주의적 국가 이론을 배워서도, 일왕에 대한 주가 주입되어서도 아니다. 굴욕적 경험이 훨씬 더 중요한 근원이다. 일본식 가정교육을 받고 자라 자존심을 지극히 중시하는 청년들은 그런 상황에서 쉽사리 잔인한 사람으로 변하게 된다. 이들은 조롱을 견디지 못한다. 이런 조롱을 배척으로 받아들이며 울분을 쌓아두었다가 자신들의 차례가 돌아오면 유능한 고문자로 돌변하기 십상이다.

근대 일본의 중학교나 군대에서 벌어지는 이런 상황은 일본에서 예로부터 내려오는 조롱과 모욕을 대하는 관습에서 비롯된 것이다. 조롱과 모욕에 대한 일본인 특유의 반응이 중학교나 상급학교나 군대에서 유발된 것이 아니라는 얘기다. 일본에서는 이름에 대한 기리의 전통적 규범으로 인해, 아랫사람을 괴롭히는 관행이 미국에서보다 더 뼈저리게 사무치게 된다. 괴롭힘을 당한 집단은 때가 되면 다음번 피해 집단에게 학대를 가하지만 그럼에도 불구하고 자신의 실제 고참에게 복수를 벼르며, 이런 경향 역시 예로부터의 관습과 패턴이 일치한다.

일본과는 달리 서양의 많은 나라에서는 쌓인 울분을 다른 희생양에게 푸는 관행이 끊임없이 되풀이된다. 예를 들어 폴란드에서는 신참 견습생이나 심지어 젊은 추수 일꾼들이 심한 괴롭힘을 당하는데 이들은 이 울분을 직접적 가해자에게 분출하는 게 아니라 다음에 들어오는 견습생과 추수꾼들에게 분출하는 것으로 해소한다. 물론 일본의 청년들 역시 이런 식의 분출을 하긴 하지만 앙심 해소의 주된 상대는 직접적 가해자다. 괴롭힘을 당한 사람은 자신을 괴롭힌 당사자에게 복수해야만 비로소 '흡족함을 느낀다'.

따라서 전후 일본을 재건하는 데 있어서 국가 장래를 구상하는 지도자들은 학교와 군대에서의 괴롭힘과 모욕 관행에 각별한 관심을 기울이는 것이 유익하리라고 여겨진다. 상급생과 하급생 간의 차별을 철폐하고, 애교심과 '동창생들 간의 유대'에 역점을 두고, 군대에서의 괴롭힘도 금지하는 편이 좋을 것이다. 2년 차 신병이 1년 차에게 이전에 모든 계급의 일본 장교들이 했던 스파르타식 훈련을 받아야 한다고 주장하더라도 그런 주장은 일본에서 모욕이 되지 않는다. 하지만 괴롭힘은 모욕이 된다. 학교의 상급생이나 군대의 선임병이 하급생이나 후임병에게 개처럼 꼬리를 흔들게 하거나 매미 흉내를 내보라고 시키거나 다른 사람이 식사하는 동안 물구나무서기를 하도록 괴롭혔는데도 처벌받지 않는 것을 용납해서는 안 된다. 이것은 일왕의 신성을 부정하거나 교과서에서 국가주의적 내용을 빼는 것보다 일본의 재교육에서 더 효과적인 변화가 유도될 것이다.

여성들은 이름에 대한 기리의 규율을 배우지 않으며 소년들이 중학교와 군대에서 겪는 일을 겪지 않는다. 그 비슷한 경험도 하지 않는다. 여성의 생애는 남자 형제들에 비해 훨씬 변화가 적다. 아주 어릴 때부터 남자 형제가 우선 서열에 있고 자신은 받지 못하는 선물과 관심이 주어진다는 사실을 받아들이도록 훈련받아왔다. 여성은 지켜야 할 도리상 공공연히 자기주장을 펼 특권도 없다. 그럼에도 불구하고 아기나 어린 시절에는 남자 형제들과 마찬가지로 일본의 어린아이들에게 주어지는 특권적 삶을 누릴 수 있다.

어린 소녀 때는 특별히 새빨간 옷도 입을 수 있다. 더 자라서 어른이 되면 이런 색 옷은 입지 못하고 생애 두 번째의 특권 시기인 60세가 되어서야 다시 입을 수 있다. 여성도 어릴 때는 남자 형제들처럼 어머니와 할머니의 경쟁 속에서 귀여움을 받기도 한다. 또한 동생은 다른 가족 모두에게 그렇게 말하기도 하지만 언니와 오빠에게 자신을 '가장' 좋아해달라고 요구한다. 아이들은 그녀와 함께 자게 해달라고 하면서 좋아하는 마음을 표현한다. 여자 형제는 할머니에게 받은 선물을 두 살배기 어린 동생에게 나눠주기도 한다.

일본인은 혼자 자는 것을 좋아하지 않아서 밤이 되면 아이는 자기가 고른 연장자의 이부자리 옆에 자기 이부자리를 깔기도 한다. 그날 '서로 가장 좋아하는 사이'라는 증거로 두 사람의 이부자리가 나란히 깔리는 경우가 아주 흔하다. 여자아이는 아홉 살이나 열 살쯤에 남자아이들 놀이에 끼지 못하는 시기에도 나름의 보상이 주어진다. 우선 새로운 머리 스타일로 예쁘게 단장할 수 있다. 일본에서는 열네 살부터 열여덟 살 아이의 머리단장에 가장 공을 들여준다. 또 이 나이가 되면 명주옷 대신 비단옷을 입을 수 있어서 용모를 돋보여줄 옷차림에 온갖 노력이 기울여진다. 이로써 여자아이들에겐 어느 정도의 만족감이 부여된다.

여자아이에게 요구되는 여러 가지 제약의 책임은 스스로 져야 한다. 권위주의를 내세운 부모의 독단에 따라 결정되는 게 아니다. 부모는 부모로서의 특권을 체벌로 행사하지 않는다. 그보다는 딸이 자신에게 요구되는 바를 지킬 것이라는 차분하고 흔들림 없는 기대를 거는 식으로 행사한다. 이쯤에서 이런 훈련의 극단적 사례를 살펴보자. 비교적 관대하게 자녀의 특권을 인정해주는 양육의 비권위주의적인 압박이 어떤 것인지 잘 보여주는 사례이다. 어린 이나가키 에쓰가(앞에서 나온 스기모토 부인의 결혼 전 이름)가 여섯 살 때부터 학식 높은 유교 학자에게 중국 고전을 배우던 중의 일화다.

2시간의 수업 내내 선생님은 두 손과 입술 외에는 몸을 꿈쩍도 하지 않았다. 나도 선생님을 마주 보고 다다미 위에 앉아서 선생님처럼 미동 없는 자세로 바르게 앉아 있었다. 그러다 한번은 내가 수업 도중에 몸을 움직인 적이 있었다. 왠지 가만히 앉아 있을 수가 없어져서 몸이 살짝 흔들렸다가 꿇고 앉은 무릎의 각도가 조금 틀어졌다. 선생님의 얼굴에 놀라는 기색이 아주 살짝 스치는가 싶더니 선생님이 조용히 책을 덮었다. 곧이어 부드러우면서도 엄숙한 분위기를 띠며 이렇게 말했다. '아가씨, 오늘은 아무래도 공부할 정신 자세가 갖추어지지 않은 것 같습니다. 방으로 돌아가서 명상을 하도록 하세요.' 부끄러운 마음에 내 작은 심장이 멎어

버릴 것만 같았다. 나는 어쩔 수 없이 얌전히 공자의 영정과 선생님께 차례로 절을 올리고 방에서 공손히 물러나와 수업이 끝나면 언제나 그러듯 아버지에게 보고를 드리러 천천히 걸음을 떼었다. 아버지는 아직 수업이 끝날 시간이 아닌데 내가 들어오자 놀라 무심결에 이렇게 말했다. '공부가 빨리 끝났구나!' 그 말이 나에겐 종말의 전조처럼 들렸다. 그 순간을 떠올리면 지금도 상처를 건드리는 것처럼 마음이 아프다.105)

스기모토 부인은 할머니에 대해 얘기한 또 다른 글에서 일본 부모의 가장 전형적인 태도를 하나 보여주기도 했다.

할머니는 차분한 태도로 모든 사람이 할머니 생각대로 행동하길 기대했다. 꾸지람이나 설교를 하는 일 없이 기대만 했다. 명주솜처럼 부드러우면서도 강인한 기대로 가족들이 자신이 옳다고 생각하는 길을 충실히 지키도록 다잡았다.

이런 '명주솜처럼 부드럽지만 강인한 기대'가 그렇게 효과적일 수 있는 한 가지 이유는, 어떤 기예와 기술에 대해서든 훈련이 아주 엄밀하기 때문이다. 이런 훈련에서는 단지 규율만이 아니라 습관까지 가르친다. 유아기에 배우는 젓가락의 올바른 사용법이든, 방에 들어가는 올바른 방법이든, 이후에 커서 배우는 다도나 안마의 방법이든 모든 동작을 말 그대로 어른이 손으로 직접 지도해주

---

105) Etsu Inagaki Sugimoto, *A Daughter of the Samurai*. Doubleday Page and Company, 1926, p. 20.

면서 몸에 자동적으로 밸 때까지 몇 번이고 반복 연습시킨다. 어른 들은 아이들이 시간이 지나면 저절로 올바른 습관을 '익힐' 것이라 고는 여기지 않는다. 스기모토 부인의 글에는 열네 살 때 약혼 후 약혼자의 밥상을 차리던 일화가 소개되어 있다. 그녀는 그때껏 미 래의 남편을 한 번도 본 적이 없었다. 그는 미국에 있었고 그녀는 에치고에 있었지만, 그녀는 어머니와 할머니의 감독 하에 수차례 나 "오빠가 우리에게 마쓰오가 특히 좋아한다고 알려준 음식을 만 들었다. 그의 밥상을 내 밥상 옆에 놓았고 언제나 내 밥상보다 그 의 밥상을 먼저 차려 내갔다. 그렇게 나는 미래의 남편을 편안하게 해주기 위해 세심히 챙기는 법을 배웠다. 할머니와 어머니는 마쓰 오가 옆에 있는 것처럼 행동하라고 누누이 당부했고 그래서 나는 그가 실제로 방에 같이 있는 것처럼 옷차림과 행동에 신경을 썼다. 그렇게 나는 그를 공경하고 그의 아내로서의 내 지위를 공경하도록 길러졌다."106)

여자아이들보다는 덜 엄격하긴 하지만 남자아이들 역시 모범을 보고 따라 하는 식으로 습관을 철저히 훈련받는다. 습관을 '익히고' 나면 그때는 어떤 변명도 용납되지 않는다. 하지만 청년기 이후, 생활의 중요한 한 분야에서의 습관은 대체로 자발적 학습에 맡겨 진다. 바로 구애와 관련된 분야다. 연장자들은 이 분야에서의 습관 은 가르쳐주지 않는다. 가정에서는 공공연한 애정 행위가 용납되

---

106) 앞과 같은 책, p. 92.

지 않으며 아홉 살이나 열 살이 넘으면 혈연관계가 아닌 남녀를 극
단적으로 격리시킨다. 일본인은 남자아이가 성에 관심을 갖기 전
에 부모가 결혼 상대를 정해놓는 것을 이상적으로 여기며 그에 따
라 남자아이는 여자아이를 대할 때 '수줍어'하는 것이 바람직한 태
도다.

시골에서는 이성 문제를 툭하면 놀림거리로 삼으면서 남자아이
들을 '수줍어'하게 만든다. 그래도 남자아이들은 성에 호기심을 갖
는다. 예나 지금이나 일본의 다소 외딴 시골 마을에는 대다수의 처
녀가 시집도 가기 전에 임신을 하곤 했다. 이런 혼전 경험은 인생
의 심각한 문제에 들지 않는 '자유로운 영역'이었다. 부모들도 으레
이런 일을 문제 삼지 않고 결혼을 추진했다. 하지만 오늘날은 다
르다. 어떤 일본인은 스에무라의 엠브리 박사에게 이렇게 말했다.
"하녀조차도 처녀성을 지켜야 한다는 것을 알 만큼 교육을 받는
다." 중학교에 들어간 남자아이의 훈육에서는 이성과의 교제를 엄
격히 금한다. 일본의 교육과 여론도 혼전의 이성 교제를 방지하려
애쓴다. 일본의 영화를 보면 젊은 여자를 스스럼없이 대하는 청년
은 '불량' 청년으로 그려진다. 반면에 '선량한' 남자는 미국인의 눈
에는, 아리따운 아가씨에게 퉁명스럽다 못해 무례하기까지 한 모
습으로 나온다. 여자를 스스럼없이 대하는 남자는 '바람둥이'이거
나, 게이샤나 창부나 술집 아가씨의 꽁무니나 쫓아다니는 한심한
사람으로 통한다. 이성을 배우기에 '가장 좋은' 방법은 게이샤 집을
찾는 것이다. "게이샤가 잘 가르쳐주기 때문이다. 남자는 느긋이
긴장을 풀고 지켜보기만 하면 된다." 서툰 것을 들킬까 봐 두려워

할 필요가 없으며 게이샤와는 성관계를 가져야 하는 부담도 없다. 하지만 상당수 일본인 청년은 게이샤 집에 갈만한 여유가 없다. 그래서 술집에 가서 남자들이 여자들을 어떻게 대하는지 지켜보지만 그런 식의 관찰 학습은 다른 분야에서는 당연시되는 훈련 방식과는 차이가 있다. 남자들은 여자를 대하는 서툰 솜씨에 대한 두려움을 오랫동안 품게 된다.

성행위도 믿을 수 있는 연장자들이 직접 지도해주지 않는 몇 안 되는 삶의 영역 중 하나다. 지체 있는 집안에서는 젊은 신혼부부에게 성교육용 책자와 여러 가지 체위가 상세히 그려진 두루마리를 준다. 어느 일본인의 말대로라면 성행위는 "책을 통해 배울 수 있는 것이다. 정원 가꾸는 방법을 배우는 것과 다르지 않다. 정원 가꾸기는 아버지가 가르쳐주는 게 아니다. 나이가 들면 스스로 배우는 취미생활"이다. 대다수 일본 청년이 다른 방식으로 성행위를 배우고 있는데 성행위와 정원 가꾸기를 똑같이 책으로 배우는 일로 결부시킨 점이 흥미롭다.

어쨌든 성행위는 일본 청년이 어른의 세심한 지도를 통해 배우지 않는 일인 것은 맞다. 이런 훈련 방식의 차이는 청년들에게 일본인의 신조, 즉 성은 연장자들의 감독 하에 힘들게 훈련받는 그런 중대사에 해당되지 않는다는 신조를 각인시켜준다. 말하자면 성의 영역은 청년들이 두려움을 잔뜩 품고 스스로 통달해가며 자기 욕구를 만족시키는 영역이다. 이런 성의 영역과 그 외의 다른 영역은 규율도 서로 다르다. 남자가 결혼 후에 대놓고 다른 곳에서 성적 쾌락을 즐긴다 해도 그것은 아내의 권리를 침해하지도, 결혼생활의 안정을 위협하지도 않는 일이 된다.

하지만 아내에게는 그와 동등한 특권이 없다. 아내는 남편에게 정절을 지켜야 할 의무가 있다. 외도를 하려면 몰래 해야 한다. 유혹받는다 해도 일본에서는 몰래 불륜을 저지를 만큼 비밀이 충분히 보호되는 여자들은 비교적 소수에 불과하다. 신경질적이거나 불안정한 것으로 여겨지는 여자들은 히스테리가 있다는 말을 듣는다. "여자들이 가장 흔히 겪는 장애는 사회생활보다 성생활과 관련되어 있다. 상당수의 정신이상과 대다수의 히스테리(신경과민, 정서 불안정) 증상은 확실히 성적 부적응에서 기인된다. 여자는 남편이 어느 정도의 성적 만족을 주든 받아들여야만 한다."107)

스에무라의 농부들은 부인병의 대부분이 '자궁에서 시작되어' 머리로 올라간다고 말한다. 남편이 한눈을 팔면 여자는 어쩔 수 없이 일본에서 일반적으로 용인되는 관습인 자위에 의존하기도 한다. 농촌 마을에서부터 대갓집 가정에 이르기까지 여자들은 이런 자위 목적을 위한 전통적 도구를 소중히 간수하고 있다. 게다가 시골에서는 아이를 낳은 뒤에 여자가 질펀하게 야한 이야기를 해도 너그러이 봐준다. 시골 여자들은 어머니가 되기 전까진 성적 농담이라고는 입 밖에도 안 내다가 애를 낳고 점점 나이를 먹으면 남녀가 합석한 잔치에서 성적 농담을 걸쭉하게 늘어놓는다. 외설스러운 노래에 맞춰 엉덩이를 앞뒤로 들썩이면서 대놓고 야한 춤을 추면서 모인 사람들을 즐겁게 해주기도 한다. "이런 춤을 추면 어김없이

---

106) J. F. Embree, *Suye Mura*, p. 175.

한바탕 폭소가 터진다." 스에무라에서는 마을 청년들이 군대에서 제대해 돌아오는 날 마을 어귀로 마중을 나간 여자들이 남장을 하고 음탕한 농담을 던지며 젊은 처녀를 덮치는 흉내를 내기도 했다.

이렇듯 일본 여성들은 성적 문제에서 어느 정도의 자유가 허용되어 있으며 신분이 낮을수록 더 많은 자유를 누린다. 여성들은 거의 평생토록 숱한 금기를 지켜야 하지만 성에 대해 잘 모르는 것처럼 굴도록 요구하는 금기는 없다. 여성들은 그것이 남성들을 만족시키는 일이면 음탕해진다. 마찬가지로 그것이 남성들을 만족시키는 일이면 남자도 여자도 아닌 중성이 되기도 한다. 여성들은 원숙한 고령에 이르면 금기들을 떨쳐버릴 수 있으며 신분이 낮으면 어느 남자 못지않게 음란해질 수도 있다. 일본의 지향점은 다양한 나이와 다양한 상황에 따른 적절한 행동이지, 서양처럼 '정숙한 여자'와 '개방적인 여자' 같은 일률적 틀을 세우는 것이 아니다.

남성들 역시 큰 제약이 요구되는 영역이 있는가 하면 마음껏 행동해도 되는 영역도 있다. 남성들끼리의 술자리, 특히 게이샤를 옆에 두고 마시는 술자리는 일본 남성이 가장 즐기는 일이다. 일본 남성들은 거나하게 취하는 것을 즐기며 술에 취해 정신을 잃으면 안 된다는 규칙도 없다. 술이 약간 들어가면 딱딱한 자세를 풀고 편히 앉아 서로 기대가며 아주 친밀하게 어울리길 좋아한다. 술에 취해도 행패를 부리거나 시비를 거는 일은 좀처럼 없고 더러 '잘 어울리지 못하는 삐딱한 사람'이 싸움을 걸 뿐이다. 음주 같은 '자유로운 영역' 외에, 남성들은 그들의 말처럼 기대에 어긋나는 행동을 해서는 안 된다. 인생의 중대한 영역에서는 어떤 사람의 행동을 놓고 기대에 어긋나는 행동이라고 말할 경우 '바보'라는 말을 빼고 일본인이 사용하는 말 중에 가장 욕에 가까운 말이다.

　그동안 서양인들이 묘사해온 일본인의 여러 성격적 모순은 양육 방식으로 들여다보면 이해하기가 쉬워진다. 양육 방식은 일본적 인생관의 이원성을 가져다주며 그 두 가지 면 모두를 무시해서는 안 된다. 일본인은 유년기에 특권과 심리적 편안함을 누렸다. 이후 인생에서 많은 단련을 겪으며 '수치를 몰랐던' 시절의 편안했던 삶을 기억으로 간직한다. 일본인은 미래에 천국을 그릴 필요가 없다. 이미 과거에 천국을 경험했기 때문이다. 인간의 본성이 본래 선하고 신들은 자비로우며 일본인으로 태어난 것이 더없이 부러움을 살 만하다는 신조는, 유년기를 다른 말로 표현한 것이다. 유아기의 경험을 토대로 삼으면 모든 인간에게 '부처의 씨앗'이 깃들어 있으며, 모든 사람은 죽으면 가미神가 된다는 극단적 윤리 해석이 수월해진다. 유아기의 경험은 확신과 자신감을 부여해준다. 또한 아무리 자신의 능력을 훌쩍 넘어서는 어려운 일이라 해도 기꺼이 해내려는 의지의 밑바탕이 되어주기도 한다. 심지어 정부를 상대로 반대 이견을 내어 싸운다거나, 자살로써 그런 주장을 증명하려는 의지의 바탕이 되기도 한다. 때로는 집단적 과대망상에 빠뜨릴 가능성마저 있다.

　일본인에게는 예닐곱 살 이후부터 점차 신중함을 기하며 '수치를 알아야' 하는 책임이 지워지며 이런 책임을 제대로 이행하지 못하면 자신의 가족에게도 배척당하는 아주 극단적인 구속이 뒤따른다. 이는 프로이센의 훈육이 가하는 그런 압박과는 다르지만, 어쨌든 피할 수 없는 압박이다. 이와 같은 진전은 특권을 누리던 어린 시절부터 피할 수 없을 만큼 집요하게 되풀이되었던 유아기의 배변 훈련과 올바른 자세 훈련을 통해서나, 아이에게 버려질 위협에 직면시키는 부모의 놀림을 통해서 두루두루 그 기반이 갖추어진다. '세상 사람들에게' 비웃음을 사서 배척당할 거라는 말을 들을 때 바로 이런 유년기의 경험이 자신에게 부과되는 엄청난 제약을 받아들이게 하는 토대가 되어준다.

아이가 자라서 유년기에는 아주 자유롭게 표현했던 충동을 억누르게 되는 이유는 그 충동이 나쁜 것이라서가 아니라 이제는 부적절한 것이기 때문이다. 이제부터는 진지한 생활로 들어서고 있는 것이다. 그에 따라 유년기의 특혜들이 점점 부정당하며 어른들이 느끼는 큰 기쁨을 허락받게 되지만 그렇더라도 유년기의 경험은 절대로 사라지지 않는다. '인간적 감정'에 대한 자유방임을 통해 그때의 경험으로 돌아간다. 성인기 내내 인생의 '자유로운 영역'을 통해 그때의 경험을 다시 경험한다.

유년기와 이후 인생에서 변함없이 이어지는 한 가지 인상적인 태도도 있다. 바로 친구들에게 인정받는 것을 아주 중시하는 태도다. 유년기 아이의 마음에 깊이 심어지는 것은 덕의 절대적 기준이 아닌 이런 인정의 중요성이다. 유년기 초반에 어머니는 아이가 의사 표현할 만큼 크면 같은 이부자리에서 재워주고, 아이는 자신과 형제자매가 받는 사탕 개수를 어머니의 애정 순위의 표시로 받아들인다. 또 자신이 예전과 같은 관심을 받지 못하면 그것을 재빨리 눈치채고 누나에게도 '누나는 나를 제일 좋아해?'하고 묻는다. 유년기 후반이 되면 아이는 점점 개인적 만족을 포기하길 요구받지만 '세상 사람들에게' 인정받고 받아들여질 것이라는 보상이 약속되어 있다. 반면에 벌은 '세상 사람들에게' 조롱당하는 것이 된다.

물론 대다수 문화에서 아이의 훈육에 구속력이 동원되지만 일본에서는 그 구속력이 이례적일 정도로 무겁다. 아이는 버리겠다고 으름장을 놓는 부모의 놀림을 겪으며 '세상 사람들'에게 배척당하는 공포를 과장되게 각인시키게 된다. 평생토록 배척을 폭력보다 더 무서워하게 된다. 심지어 그것이 자기 혼자 생각에 불과한 위협인 경우조차 조롱과 배척의 위협에 지나치게 민감해한다. 실제로 일본 사회는 사생활이 거의 보호되지 않기 때문에 '세상 사람들이' 사실상 그 사람의 모든 행동을 알고 있고 비난을 살 만한 행동을 하면 배척당할 수 있다는 것은 공상적 생각이 아니기도 하다. 일본의 가옥은 벽이 얇아 소리가 밖으로 새어 나오고 낮에는 문을 열어놓는 구조상, 담과 정원을 꾸밀 여유가 못 되는 사람들에게는 사생활이 지나칠 만큼 공개된다.

일본인이 사용하는 특정 상징들을 살펴보면 육아 방식의 불연속성에서 비롯된 양면적 성격을 이해하는 데 유용하다. 일본인에게 가장 먼저 형성되는 일면은 '수치를 모르는 자아'다. 일본인은 거울로 자신의 얼굴을 들여다보며 자신이 이런 자아를 얼마만큼 지키고 있는지 살펴본다. 일본인에게 거울은 '영원히 변치 않는 순결성을 비춰주는' 존재다. 허영심을 부추긴다거나 '방해하는 나'를 비춰주는 물건이 아니다. 거울은 깊이 내재된 영혼을 비춰준다. 사람은 거울 속에서 자신의 '수치를 모르는 자아'를 보아야 한다. 거울을 통해 영혼의 '문'인 자신의 눈을 들여다보면 '수치를 모르는 자아'로서 살아가는 데 도움이 된다. 또한 부모로서의 이상적 모습을 보기도 한다. 이런 목적을 위해 항상 거울을 지니고 다니는 사람들도 있다고 한다. 심지어 집에 모신 불단에 자신을 응시하며 영혼을 들여다보기 위해 특별한 거울을 놓아두는 사람도 있단다. 이런 사람은 말하자면 '자신을 받들어 모시며' '자신에게 참배하는' 셈이다. 이는 별난 사례이긴 하지만 어느 가정에서나 신단에 성물로 거울을 놓아두고 있는 점을 감안하면 불과 몇 걸음 더 나아간 것에 불과하다. 전쟁 중에 일본의 라디오 방송에서는 돈을 모아 교실에 거울을 들여놓은 여학생들을 치하하는 특별한 찬가를 내보낸 적이 있다. 거울의 설치가 허영심의 표출이 아니라, 마음 깊이 내재된 영혼의 잔잔한 목적에 새로운 마음으로 헌신하려는 의지의 표현이라며 칭송되었다. 여학생들이 거울을 들여다보는 것은 정신의 덕성을 증명하는 외면적 의식이라는 것이었다.

거울에 대한 일본인의 감정은 유년기에 '보는 나'가 내재되기 전부터 형성된다. 일본인은 거울 속에서 '보는 나'를 보지 않는다. 거울에 비친 자아는 유년기에 그러했듯 '수치'라는 스승이 없어도 되는 본래의 선량한 자아다. 일본인이 거울에 부여하는 상징적 의미는 '고수의 경지'라는 자기단련의 개념을 받쳐주는 토대이기도 하다. 그들은 '보는 나'를 제거하고 의지와 행동이 통하는 어린아이의 직접성으로 복귀하기 위해 끊임없이 자기를 훈련한다.

특권적인 유년기 초반이 일본인에게 미친 그 모든 영향에도 불구하고 일본인은 수치가 덕의 토대가 되는 그 이후 시기의 제약들을 단지 특권의 박탈로만 여기지 않는다. 앞에서 살펴봤듯 자기희생은 일본인이 곧잘 반박을 제기해온 기독교 개념 중 하나다. 일본인은 자신을 희생하고 있다는 개념을 받아들이지 않는다. 극단적 경우들을 놓고도 일본인은 그것이 희생이 아닌 주나 고나 기리를 갚기 위한 '자발적' 죽음이라고 말하며 자기희생의 범주에 들지 않는다고 여긴다. 그러면서 이런 자발적 죽음은 스스로가 바라는 목표를 이루는 것이라고 말한다. 그렇지 않으면 '개죽음'이 된다. 여기에서 일본인이 말하는 개죽음은 영어의 'death in the gutter(비참한 죽음)'이 아닌 무가치한 죽음을 의미한다.

이런 죽음보다 덜 극단적이며 영어권에서 볼 때 자기희생에 들만한 행동도 일본에서는 자기존중의 범주에 속한다. 자기존중[지초 自重]은 어떤 경우든 절제를 의미하며 절제는 자기존중만큼이나 소중히 여겨진다. 큰일은 자기절제를 통해서만 달성될 수 있다고 본다. 미국에서 목적 달성의 필수조건으로 강조되는 자유는 경험체계가 다른 일본인에게는 적절치 않은 것으로 치부된다. 일본인은 자기절제를 통해 더 가치 있는 존재로 거듭나게 된다는 개념을 규율의 주된 신조로 받아들인다. 자기절제가 아니라면 올바른 생활을 깨트리고 어지럽힐지 모를 충동으로 가득 찬 위험한 자아를 어떻게 통제할 수 있겠느냐는 것이다. 한 일본인은 그런 사정을 이렇게 말한다.

수년간 심혈을 기울여 바탕 위에 옻칠을 겹겹이 올릴수록 완성된 칠기가 더욱 값어치 있어진다. 민족도 이와 다르지 않다. (중략) 러시아인에 대해 이런 말이 있다. '러시아인을 한 꺼풀 벗겨내면 타타르족이 나타난다.' 똑같은 논리로 일본인에 대해 이렇게 말할 수 있다. '일본인을 한 꺼풀 벗겨 옻칠을 긁어내면 해적이 나타난다.' 하지만 일본에서는 옻이 귀한 상품이며 수공예의 보조물이라는 사실을 잊어선 안 된다. 옻칠에는 가식이 조금도 없다. 옻은 결함을 덮으려고 칠하는 것이 아니기 때문이다. 옻은 적어도 옻이 장식하는 완성품만큼의 가치를 지닌다.[108]

서양인에게는 아주 이색적으로 보이는, 일본 남성들의 모순된 행동은 양육 방식의 불연속성에서 형성된 것이다. 이런 불연속성으로 인해 그 모든 '옻칠'을 겪은 이후까지도 일본 남성의 의식 속에는 자신들의 작은 세계에서 작은 신과 같았던 시절, 공격성마저도 마음껏 충족시킬 수 있던 시절, 어떤 소망이든 다 이룰 수 있을 것 같던 시절이 여전히 마음 깊이 각인되게 된다. 그렇게 마음 깊이 각인된 이중성으로 인해 성인이 되어 로맨틱한 연애에 빠져 있다가도 가족에게 철저히 복종하는 식으로 극단적 태도변화를 보이게 된다. 쾌락과 안일에 탐닉하는가 하면 그 어떤 극단적 의무도 마다하지 않고 받아들이기도 한다. 신중함의 단련이 때때로 그들을 소심한 국민으로 만들지만, 그들은 무모할 정도로 용기를 보이기도 한다. 일본 남성은 계층적 위계질서의 상황에 굉장히 복종적인 모습을 보이기도 하지만 위로부터의 통제에 선뜻 따르지 않기도 한다.

---

108) Komakichi Nohara, *The True Face of Japan*. London, 1936, p. 50.

아주 공손한 태도를 보이면서도 여전히 오만함을 갖추고 있기도 하다. 군대에서 광신적 훈련을 받아들이는가 하면 반항을 하기도 한다. 굉장히 보수적이지만 중국의 관습과 서양의 지식을 채택한 사례에서 잘 보여지듯 새로운 방식에 관심을 갖기도 한다.

이와 같은 성격의 이중성은 긴장을 유발하며 일본인은 이런 긴장에 저마다 다르게 반응한다. 하지만 누구나 다 본질적 문제에 나름의 해결책을 찾는다는 점에서는 똑같다. 즉 유년기 초반에 경험한 자발성과 용인을, 이후에 안정을 보장받기 위해 받아들인 제약과 어떻게 조화시킬 것인가의 문제를 해결해야 한다. 많은 사람이 이런 문제를 해결하는 데 애를 먹는다. 어떤 사람은 규칙에 얽매여 매사를 규칙에 따라 살려고 애쓰면서 스스로 자기 인생과 대면하기를 아주 두려워한다. 이들에게 자발성은 공상이 아니라 한때 경험했던 것이기 때문에 그 두려움은 더욱 커진다. 결국 자기 스스로 계속 고립시킨 채 자신만의 규칙에 집착함으로써 자신을 권위자로 여긴다.

어떤 이들은 더 심한 인격분열에 빠지기도 한다. 마음속 깊이 억제된 자신의 공격성을 두려워해 겉으로 온화한 행동을 보이며 그 공격성을 숨긴다. 진짜 감정을 의식하지 않기 위해 머릿속을 번잡하게 하느라 자질구레한 문제에 매달린다. 자신에게 별 의미도 없는 일과를 정해놓고 기계적으로 수행하기도 한다. 그런가 하면 유년기 초기의 경험에서 헤어나오지 못해 어른인 자신에게 요구되는 모든 의무에 감당하기 힘든 불안감을 느낀 나머지 의존하는 게 적절한 나이가 아닌데도 더더욱 의존하려 드는 이들도 있다. 이들은 실패란 곧 권한의 잠식이라고 느껴서 어떤 노력을 할 때마다 심한 동요에 빠지게 된다. 기계적으로 처리할 수 없는 예측불가의 상황 앞에서는 공포에 휩싸이기도 한다.[109]

이것은 일본인이 배척과 비난에 대한 불안감이 너무 지나칠 때 흔히 겪게 되는 위험들이다. 일본인은 지나친 압박만 받지 않으면 인생을 즐기는 동시에 양육을 통해 길러진 신중함을 발휘해 남의 감정을 해치지 않도록 살피며 살 수 있는 사람들이다. 이는 대단한 능력이다. 일본인은 유년기 초기에는 자기주장을 갖도록 허용된다. 마음을 무겁게 짓누르는 죄책감은 각성되지 않는다. 그러다 이후엔 친구들과의 결속이라는 이름으로 절제의 의무가 부과되지만 이 의무는 상호적인 것이다. 또 특정 문제에서는 다른 사람들의 간섭으로 자신의 소망을 제대로 이루지 못한다 해도 여전히 충동적 생활을 충족시킬 수 있는 '자유로운 영역'이 있다.

일본인은 예로부터 무해한 즐거움을 즐길 줄 아는 민족으로 유명했다. 예나 지금이나 벚꽃이나 달이나 국화나 첫눈을 감상한다거나, 집 안에 곤충우리를 두고 벌레의 '노래'를 듣는다거나, 짤막한 시를 짓는다거나, 정원을 꾸민다거나, 꽃꽂이나 다도를 즐긴다. 이는 깊은 불안감에 빠져 있고 공격적인 민족이라면 즐기기 힘들 만한 활동들이다. 일본인은 즐거움을 우수에 젖어 받아들이지도 않는다. 일본이 그 불운한 임무에 착수하기 전의 더 행복한 시

---

109) 이 사례들은 전시 일본인 강제수용소의 일본인을 대상으로 도로시아 레이턴(Dorothea Leighton) 박사가 진행하고 프랜시스 홀터(Frances Holter)가 분석한, 로르샤흐 검사에 기반한 것임을 밝혀둔다.

절에 농촌 사람들은 현재의 여느 민족처럼 쉴 때는 쾌활하고 낙천
적으로 쉬고 일할 때는 또 부지런히 일할 수 있었다.

하지만 일본인은 스스로에게 과도한 요구를 짊어지운다. 배척과
비난을 받을 위험을 피하기 위해 기껏 음미할 줄 알게 된 개인적 즐
거움을 포기해야 한다. 인생의 중대사에서는 이런 충동을 꽁꽁 억
눌러둬야 한다. 극소수에 불과하지만 이런 모범행동을 어기는 이
들은 스스로에 대한 존중마저 잃을 위험에 놓인다. 스스로를 존중
하는(자중하는) 사람은 '선'이냐 '악'이냐가 아니라 '기대에 부응하는
사람'이냐 '기대에 어긋나는 사람'이냐에 따라 행동방침을 정한다.
집단적 '기대'를 앞세우며 자신의 개인적 요구를 뒷전으로 미룬다.
그래야 '수치(하지)를 알고' 항상 신중을 기하는 훌륭한 사람이자
가족, 마을 사람들, 국가에 명예를 안겨주는 사람이다. 이로 인한
긴장은 엄청나며 바로 이런 긴장이 일본을 동양의 지도자이자 세계
의 강국으로 만들려 했던 드높은 포부로 표출된 것이다.

하지만 이런 긴장은 개개인에게 무거운 부담을 지우고 있다. 실
패하지 않을까 늘 조심해야 했고, 아주 많은 것을 포기하며 행동방
침에서 누구에게든 업신여김을 받지 않기 위해 신중을 기해야 한
다. 그러다 보면 때때로 아주 공격적 행동이 폭발되기도 한다. 일
본인에게 이런 공격성이 각성되는 순간은 미국인처럼 자신의 원칙
이나 자유가 도전받을 때가 아니라 모욕이나 비난을 감지할 때다.
그리고 이때 위험한 자아가 분출되는 방향은 가능한 경우엔 그 비
난자를 향하지만, 그렇지 못한 경우엔 스스로를 향하기도 한다.

일본인은 그들 특유의 생활방식 때문에 큰 대가를 치러왔다. 미국인이 숨 쉬는 공기처럼 아주 당연하게 여기는 자유를 스스로 거부해왔다. 일본인이 패전 이후 민주화로 향하고 있는 지금의 시점에서 우리는, 자신의 마음대로 아주 단순하고 천진난만하게 행동하는 것이 일본인을 얼마나 도취시킬 수 있는지를 상기해봐야 한다. 이런 도취에 대해서는 스기모토 부인의 글을 통해 가장 잘 느껴볼 수 있다. 그녀는 영어를 배우기 위해 다니게 된 도쿄의 한 미션스쿨에서 무엇이든 자신이 원하는 것을 심을 수 있는 기회를 얻게 되었고 이때 교사가 여학생 모두에게 작게 구획된 텃밭과 각자가 원하는 씨앗을 나누어주었다고 한다.

무엇이든 마음대로 심을 수 있는 그 텃밭은 개인의 권리라는 것에 대해 그제껏 경험해본 적 없던 새로운 감정을 느끼게 해주었다. (중략) 인간의 마음속에 그런 행복이 존재할 수 있다는 사실 자체가 나에겐 놀라움이었다. (중략) 나는 전통도 어기지 않고, 가족의 명예에 오점도 남기지 않고, 부모님이나 선생님이나 마을 사람들을 충격에 빠뜨리지도 않고, 세상에 어떤 해도 끼치지 않으면서 자유를 누렸다.[110]

다른 여학생들은 모두 꽃을 심었지만, 그녀가 고른 것은 감자였다.

---

110) *A Daughter of the Samurai*, pp. 135~136.

이런 엉뚱한 행동이 선사해주는 무모한 자유의 느낌은 아무도 모르리라.
(중략) 자유의 정신이 다가와 나의 문을 두드리고 있다.

그것은 정말 새로운 세계였다고 한다.

우리 집 정원 중에는 자연 그대로 방치해두는 줄로 알려진 곳이 있다. (중략) 하지만 항상 보면 누군가가 소나무의 가지를 치거나 생나무 울타리를 다듬고 있었다. 또 아침마다 지야가 디딤돌을 닦는가 하면 소나무 밑을 쓸고 나서 숲에서 모아온 푸릇푸릇한 솔잎을 주의 깊게 흩뿌려놓기도 했다.

그녀에게는 이렇게 위장된 자연이, 그동안 자신이 훈련받아온 위장된 자유 의지를 상징하는 것이었다. 그리고 일본 곳곳에는 그런 식의 위장으로 가득 차 있었다. 일본의 정원에 반쯤 파묻힌 큰 바위들은 하나하나가 주의 깊게 골라서 옮겨와, 그 밑에 작은 돌을 깔고 얹어놓은 것이다. 바위의 배치도 연못, 가옥 구조, 관목, 나무들을 고려해 세심히 계산된다. 화분에 심어 매년 일본 각지에서 개최되는 품평회에 출품되는 국화도 재배자가 꽃잎 하나하나를 자리 잡아주면서 때로는 생화에 작은 철사 받침을 안 보이게 찔러넣기도 한다.

철사 받침을 떼어낼 기회를 얻었을 때 스기모토 부인은 행복하고도 순수한 도취감에 빠졌다. 작은 화분에서 자라며 꽃잎의 아주 세심한 배치까지 정돈되어야 했던 국화가 자연스러움을 접하며 순수한 기쁨을 발견했다.

하지만 현재의 일본인 사이에 '기대에 어긋날' 자유나, 하지(수치)의 구속력에 의문을 품을 자유가 허용된다면 일본 생활양식의 섬세한 균형을 어지럽힐 여지가 있다. 새로운 체계 하에서 새로운 구속력을 익혀야 할 것이다. 그리고 변화에는 대가가 따르기 마련이다. 새로운 통념에 따라 새로운 덕을 형성하는 것은 쉬운 일이 아니다. 서양 세계는 일본인이 이런 새로운 양식을 단박에 채택해 진정으로 받아들일 수 있으리라고 생각해서는 안 된다. 그렇다고 일본이 끝내 더 자유롭고 덜 엄격한 윤리를 만들어내지 못할 것이라고 생각해서도 안 된다. 미국에 사는 일본인 2세들은 이미 일본 규율을 알고 있지도 실행하고 있지도 않으며 부모가 살았던 조국 일본의 관습에 이들을 단단히 묶어둘 그 어떤 뿌리도 없다. 따라서 일본의 일본인들 역시 새로운 시대에는 개인적 절제를 요구하는 옛 의무가 강요되지 않는 생활방식을 세울 수 있다. 국화는 철사 받침이 없이도, 또 그런 철저한 손질 없이도 아름다울 수 있다.

정신의 자유를 증대시킬 수 있는 이러한 과도기에 일본인은 균형을 유지하며 헤쳐나가는 데 유용한 몇몇 전통적 덕목을 갖추고 있다. 그중 하나는 일본인이 '몸에서 나온 녹'에 대한 책임이라고 말하는, 바로 그 자기 책임이다. 몸과 칼을 동일시한 이 비유에 빗대자면 칼을 차고 다니는 사람에게는 칼이 녹슬지 않고 반짝반짝 광이 나게 할 책임이 있듯, 사람은 저마다 자신의 행동에 따른 결과를 받아들여야 한다. 자신의 약점과 끈기 부족과 무력함으로 인한 당연한 결과를 모두 인정하고 받아들여야 한다. 일본에서 자기 책임은 자유로운 미국에 비해 훨씬 더 과감히 해석된다.

일본적 의미에서 보면 칼은 공격의 상징이 아니라 자기 책임을 아는 이상적인 인간의 비유이다. 개인의 자유를 존중하는 제도에서 이런 덕목보다 더 훌륭한 균형추는 있을 수 없으며, 마침 일본의 육아와 행동철학을 통해 이 덕목을 일본의 정신의 하나로 주입시켜왔다. 현재 일본인은 서양식대로 말해 '칼을 내려놓을 것'을 제안한 것이다. 또한 일본식대로 말해 언제든 녹이 슬 위험이 있는 내면의 칼을 녹슬지 않도록 간수하는 면에서 여전히 장점을 갖추고 있기도 하다. 덕을 칼에 빗대는 일본식 비유를 빌리자면, 이 내면의 칼은 더 자유롭고 평화로운 세계에서도 지켜나갈 수 있는 상징이다.

13장 / 패전 후의 일본인

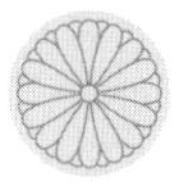

　　　　　　　미국은 대일 전승일 이후 펼친 일본의 행정에 대해 충분히 자부심을 가질 만하다. 미국의 정책은 8월 29일에 라디오로 발표된 국무부·육군·해군 3부의 공동 지령을 통해 확립된 후 맥아더 장국에 의해 노련하게 운영되어왔다. 그러나 자부심을 가질 만한 훌륭한 근거들이 미국 언론과 라디오에서 쏟아지는 당리당략적 찬사와 비난으로 호도되기 일쑤이다. 그런데다 특정 정책이 바람직한지 바람직하지 않은지를 확실히 판단할 만큼 일본의 문화를 잘 아는 이들은 극소수에 불과하다.

　일본의 항복 당시에 중대 쟁점은 점령을 어떤 식으로 할 것인가의 문제였다. 전승국이 기존 정부를 비롯해 심지어 일왕까지도 그대로 유지시킬 것인가, 아니면 해체시키는 것이 좋을까? 미군정 관리의 지휘하에 각 시와 현 단위로 행정기구를 두어야 할 것인가? 이탈리아와 독일의 경우엔 전투 부대의 필수요소로 각지에 연합군 군정부(A.M.G.) 지역 본부를 세워 지방 행정권을 연합군 행정관에게 일임했다. 대일 전승일 당시에 태평양 지역의 연합군 군정부 책임자들은 일본에도 여전히 그런 점령 정책이 실행될 것으로 예상했다. 또한 일본인은 자국 행정에 대한 책임이 어느 정도까지 허용될 것인지를 알지 못했다. 포츠담 선언에서는 "연합군에 의해 지정된 일본 영토 내의 모든 지역은 우리가 여기에서 밝힌 기본적 목적을 확실히 이행하기 위해 점령될 것"이며 "일본 국민을 기만하고 오도해 세계 정복을 감행한 이들의 권한과 힘"은 박탈되어야 한다는 정도만 공표되었다.

국무부 · 육군 · 해군 3부는 맥아더 장군에게 전달한 지령에서 이런 문제에 대한 중대한 결정사항을 구체적으로 밝혔고, 이 결정사항들은 맥아더 장군 휘하 사령부의 전적인 지지를 얻었다. 이에 따라 일본 국민에게 자국의 행정 및 재건의 책임이 맡겨졌다. "최고사령관은 미국의 목표를 충족시키는 한 일왕을 아우르는 일본 정부의 기구와 기관을 통해 권한을 행사한다. 일본 정부는 최고사령관(맥아더 장군)의 지시하에, 내정 문제에서 정상적 정부의 권한을 행사할 수 있다." 따라서 맥아더 장군 통솔 하의 일본의 행정관리는 독일이나 이탈리아의 행정관리와는 크게 다르다. 일본에서의 연합군 사령부는 위에서부터 아래까지 일본인 관리를 활용하는 본부 조직에 불과하다. 일본 국민이나 특정 시 및 지방의 주민이 아니라 일왕 정부 측에 통지사항을 전달한다. 연합군 사령부의 임무는 일본 정부가 지향해야 할 목표를 명시해주는 데 있다. 어떤 일본 대신이 그 목표가 실현 불가능하다고 판단하면 사임 의견을 낼 수 있지만, 그 대신의 주장이 타당하면 지령이 수정되기도 한다.

이런 식의 행정관리는 과감한 조치였다. 당시에 힐드링Hilldring 장군이 다음과 같이 밝혔듯, 미국의 관점에서 볼 때 이 정책에는 명백한 이점이 있다.

일본 정부의 활용을 통해 얻게 되는 이점은 상당하다. 일본 정부를 유용

하게 활용하지 않는다면 국민이 7천만 명에 이르는 국가를 관리하기 위해 복잡한 기구 전체를 직접 관리해야 할 것이다. 일본인은 언어, 관습, 태도가 우리와는 다르다는 점도 감안해야 한다. 일본 정부 기구를 정화해 도구로 활용하면 우리의 시간과 인력과 자원을 절감하게 된다. 다시 말해 일본인에게 자국의 재정비를 요구하면서 우리는 그 구체적 방법만 제시하면 된다는 얘기다.

하지만 워싱턴에서 이런 정책이 수립될 당시에 여전히 의구심을 드러내는 미국인이 많았다. 일본인이 퉁명스럽고 적대적으로 나올 것이며 호시탐탐 보복의 기회를 엿보면서 평화적 계획을 방해할지 모른다는 우려 때문이었다. 결국 이런 우려는 그릇된 판단이었음이 드러났다. 이렇게 우려와 다른 결과가 나온 이유는 패배한 국가의 정치나 경제에 대한 보편적 진리보다 일본 문화의 특이성에 따른 것이었다. 일본이 아닌 다른 민족에게 이런 선의의 정책이 시행되었다면 성공을 거두지 못했을 것이다. 일본인의 관점에서 보면 이 정책은 엄연한 패배의 사실로부터 굴욕의 상징을 제거시키는 동시에 새로운 국가적 정책의 실행을 촉구시키는 것이었다. 즉, 이 정책이 일본에서 수용될 수 있었던 이유는 문화적으로 길들여진 일본인 특유의 성격 때문이다.

미국에서는 평화협상 조건에 대한 강경책과 유화책을 놓고 끊임없는 논쟁이 되풀이되어왔다. 여기에서 문제의 본질은 강경책이냐 유화책이냐가 아니라 강경한 입장의 적절한 활용에 있다. 이전의 위험한 침략적 성향을 해체하고 새로운 목표를 세우는 데 꼭 알맞은 정도의 강경함을 발휘해야 한다. 이때 어떤 수단을 선택할지는 해당 국민의 성격이나 해당 국가의 전통적 사회질서에 따라 달라진다. 가령 프로이센적 권위주의가 가정생활과 시민생활에 각인되어 있는 독일의 경우 그에 알맞은 평화협상 조건이 필요하다. 일본과는 다른 평화협상 조건을 적용하는 것이 현명한 선택이다. 독일인은 일본인처럼 스스로를 세계와 시대에 빚진 채무자로 여기지 않는다. 독일인은 헤아릴 수 없는 무한한 채무를 갚기 위해 힘쓰는 게 아니라 희생자가 되지 않으려 애쓴다. 독일의 아버지는 권위주의적이며 우월한 지위를 차지한 사람이면 누구나 그렇듯 '존경을 강요'한다. 존경받지 못하면 위기의식을 느낀다. 독일인의 생활을 들여다보면 대대로 아들 세대가 청년기 시절에 권위적인 아버지에게 반항하다가 자신도 어른이 되면 부모처럼 그 단조롭고 따분한 생활에 결국엔 굴복하게 되었다고 생각하게 된다. 말하자면 평생에서 가장 절정기는 청년 시절의 반항적인 질풍노도 시기, 몇 년간이다.

한편 일본 문화에서 주목해야 할 관건은 지독한 권위주의가 아니다. 일본의 아버지는 어린 자녀를 존중하며 다정하게 대해준다. 그것은 서양인의 눈으로 볼 때 서양식 관행에 비춰봐도 이례적으로 느껴질 정도다. 일본의 아이들은 아버지와 참된 우애관계로 이어져 있다는 것을 당연시할 뿐만 아니라 아버지를 드러내놓고 자랑스러워하기 때문에 아버지가 어조를 바꾸기만 해도 아버지의 뜻에 따른다. 하지만 아버지는 어린 자녀에게 아주 엄격하게 대하지 않으며 일본인의 청년기는 부모의 권위에 반항하는 시기도 아니다. 오히려 자녀가 세상의 비판적 시선 앞에서 가족의 대표로서 부끄럽지 않도록 책임감과 복종심을 갖게 되는 시기다. 일본인들 자신의 말처럼 자녀들은 아버지의 '실천에 대해'서나 '단련에 대해' 경의를 표한다. 즉 일본에서 존경의 대상으로서의 아버지는 계층적 위계질서와 올바른 처세술의 객관화된 상징이다.

아이가 유년기 때 아버지와의 생활을 통해 익히는 이런 태도는 일본 사회의 전체를 관통하는 틀이 된다. 일본에서는 자신의 계층적 위계질서상의 지위에 따라 최고의 경의를 받는 사람도 대체로 독단적 권한을 행사하지 않는다. 또한 계층적 위계질서에서 수뇌부를 차지하는 관리들도 대체로 실질적 권한을 행사하지 않는다. 천황에서부터 그 아래에 이르기까지 고문이나 막후 세력이 배후에서 활동한다. 일본 사회의 이런 측면에 대해 가장 정확히 표현한 사례는 흑룡회 같은 초국가주의 단체의 한 지휘자가 1930년대 초에 도쿄의 영자신문 기자에게 한 다음의 말이다. "사회란(물론 일본사회를 의미함) 한쪽 구석에 박힌 핀 하나로 통제되는 삼각형이다."[111] 다시 말해 이 삼각형은 탁자에 놓여져 모두가 볼 수 있다. 핀은 눈에 보이지 않는다. 삼각형은 때때로 오른쪽이나 왼쪽으로 기울지만, 결코 정체를 드러내지 않는 회전축을 중심으로 움직인다. 모든 것이 서양인들이 자주 쓰는 표현대로 'with mirrors(마치 마법을 쓴 것처럼)' 이루어진다. 독단적 권한이 최대한 보이지 않기 위

---

111) 다음 문헌에서 인용됨. Upton Close, *Behind the Face of Japan*, 1942, p. 136.

해, 즉 모든 행동이 실권과는 분리되어 있기 일쑤인 상징적 지위에 대한 충성의 표시처럼 보이기 위해 온갖 노력이 펼쳐진다. 하지만 가면이 벗겨져 권력의 근원이 확인되면 일본인은 돈놀이꾼이나 나리킨(벼락부자)한테 그래왔듯 부당착취자로 여겨 자신들의 제도에 걸맞지 않은 사람으로 취급한다.

일본인은 이런 식의 세계관을 통해 혁명가가 되지 않으면서도 착취와 부당함에 반기를 들 수 있다. 말하자면 자신들의 세계를 산산이 해체하려 들지는 않는다. 일본인은 메이지 시대 때 그러했듯 제도에 그 어떤 비난을 쏟아내지 않고도 아주 철저한 변화를 일으킬 수 있다. 그리고 이런 변화를 일신一新, 즉 과거로의 '복귀'로 명명했다. 일본인에게는 혁명가 기질이 없다. 따라서 서양의 문필가 중에 일본에서 이데올로기적 대중운동이 일어날 것으로 희망을 걸었거나, 전쟁 중에 일본의 지하운동 조직을 과장하며 항복 시에 이 조직이 권력을 잡을 것으로 기대했거나, 종전 이후 선거에서 급진적 정책이 승리할 것이라고 내다봤던 사람들은 상황을 심각하게 오판한 셈이었고 결국 이들의 예견은 빗나갔다. 보수파 총리 시데하라幣原 남작이 1945년 10월, 조각組閣 당시에 행한 다음의 연설에서 일본인의 성향을 더 정확히 드러내 준다.

새로운 일본 정부는 국민의 뜻을 존중하는 민주주의 형태를 취한다. (중략) 우리나라에서는 예부터 천황께서 국민의 뜻이 곧 당신의 뜻이라고 여겨오셨다. 이것이 메이지 천황의 헌법 정신이며 내가 지금 여기에서 말하고 있는 민주주의 정치야말로 이런 정신의 참된 구현이라 사료할 만하다.

민주주의를 이런 식으로 말한다는 것은 미국인에겐 얼토당토않은 소리로 들릴 테지만 일본은 서양의 이데올로기보다 국민의 뜻이 곧 일왕의 뜻이라는 바탕 위에서 더 쉽게 시민의 자유 영역을 확장시키고 국민의 행복을 증대시킬 수 있을 것이 틀림없다.

물론 일본은 서양의 민주주의 정치체계를 실험하긴 할 테지만 서양의 제도가 미국에서처럼 더 좋은 세계를 만들기 위한 확실한 도구가 되지는 못할 것이다. 보통선거와 그 선거로 뽑힌 선출자들의 입법권한을 통해 많은 문제가 해결되겠지만, 그에 못지않게 많은 문제가 새롭게 유발될 것이다. 이렇게 새로운 문제들이 발생하면 일본은 우리가 민주주의를 성취하기 위해 의존하는 방법을 수정할 것이다. 그러면 또 미국인들은 이렇게 될 거였다면 참전의 의미가 없어진다고 언성을 높일 것이다. 우리는 우리의 방식이 옳다고 믿기 때문이다.

하지만 보통선거가 잘 된다 해도, 일본을 평화 국가로 재건하는 문제에서 앞으로도 오랫동안 중요한 역할을 하지는 못할 것이다. 일본은 선거제도를 최초로 실험했던 1890년대 이후로 근본적인 변화가 없었기 때문에 그 당시에 라프카디오 헌112)이 서술했던 문제들이 되풀이될 가능성이 없지는 않다.

---

112) Lafcadio Hearn, 영국 출신으로 일본에 귀화한 작가. —역자 주.

수많은 목숨을 앗아간 그 격렬한 선거전에서 개인적 적개심은 전혀 없었다. 외국인들이 기겁할 정도로 난폭했던 의회 논쟁에서도 개인적 적개심은 거의 없었다. 정쟁은 개인 간의 싸움이 아니라 파벌이나 당파 간의 이익 투쟁이었다. 각 파벌이나 당파의 열렬한 추종자들은 새로운 정치를 새로운 유형의 투쟁, 즉 지도자를 위해 싸우는 충성 투쟁으로만 받아들였다.[113]

1920년대에 치러진 보다 최근의 선거에서도 시골 마을 사람들이 투표를 앞두고 '목을 깨끗이 씻고 칼을 맞을 각오를 한다'는 말을 자주 입에 올렸다. 이 말은 선거전을 과거 특권을 가진 사무라이가 평민에게 공격을 가하던 것과 동일시하면서 나온 말이었다. 심지어 오늘날에도 일본에서는 선거에 함축된 의미들이 미국과는 전혀 다를 것이다. 이는 일본이 위험한 침략 정책을 추구하고 있는가 아닌가와는 관계없는 차원에서의 진실이다.

일본이 평화 국가로 거듭나기 위해 이용할 수 있는 진정한 강점은 따로 있다. 어떤 행동노선이 '실패했다'고 인정한 뒤에 열정을 다른 방향으로 돌릴 수 있는 성향이다. 일본인에게는 대안의 윤리가 있다. 일본인은 전쟁으로 '적절한 자리'를 얻으려 했지만, 실패했다. 그런데 그동안의 훈련을 통해 방향 전환이 가능하도록 길들여졌기 때문에 이제는 그 실패한 방침을 버릴 수 있다. 비교적 절대주의적 윤리를 갖춘 국민은 자신들이 원칙을 위해 싸우고 있다

---

113) L. Hearn, *Japan: An Interpretation*, 1904, p. 453.

는 확신이 필요하다. 그러다 승자에게 항복하게 되면 '우리의 패배로 정의가 패배했다'고 말하며 자기존중을 지키기 위해 다음번에는 '정의'의 승리를 이루어내기 위한 노력을 해야 한다. 아니면 가슴을 치며 자책할 수도 있다.

일본인은 둘 중 어느 것도 할 필요가 없다. 종전 5일 후, 아직 미군이 일본에 들어오기 전일 때 도쿄의 유력 신문 〈마이니치 신문〉에서는 패전과 패전의 결과로 일어날 정치적 변화를 논하며 "하지만 패전은 일본의 궁극적 구원을 위해선 더욱 잘된 일이었다"고 밝혔다. 이 사설에서는 자신들이 완전히 패배했다는 사실을 잠시도 잊어서는 안 된다고 강조했다. 순전히 힘을 바탕으로 일본을 강국으로 키우려 했던 노력이 완전한 실패에 부닥쳤으니 이제 평화 국가의 길을 걸어야 한다는 것이었다. 또 하나의 유력 신문인 〈아사히 신문〉에서는 바로 그 주에, 일본의 근래의 '군사력 과신'을 국내외 정책에서의 '중대한 실수'로 규정지었다. "얻은 것은 거의 없고 막대한 고통을 치른 이전의 태도를 버리고 국제 협력과 평화 애호에 뿌리를 둔 새로운 태도를 취해야 한다"는 논조였다.

서양인은 이런 원칙 변경을 보면서 의심을 품는다. 하지만 일본에서는 개인적 관계에서든 국제적 관계에서든 이것이 인생방침에서 없어서는 안 될 요소다. 일본인은 어떤 행동방침에 착수했다가 목표가 달성되지 않으면 '오류'를 범한 것으로 바라본다. 어떤 행동방침을 실패하면 실패한 주장으로 여겨 버린다. 실패한 주장을 끈질기게 밀고 나가도록 훈련받지 않기 때문이다. 이럴 때 일본인은 '배꼽을 깨물어도 아무 소용없다'고 말한다. 1930년대에는 군국주

의가 세계의 탄복(자국의 군사적 힘에 바탕을 둔 탄복)을 얻기 위한 수단
으로 용인되어 있었고 일본인은 이에 따른 계획에서 요구되는 모
든 희생을 받아들였다. 그러다 1945년 8월 14일에 일본을 대표하
는 공식 목소리인 일왕이 일본이 패전을 선언하자 패전의 사실이
의미하는 모든 것을 받아들였다. 패전은 곧 미군의 주둔을 의미했
으므로 일본인은 기꺼이 미군을 환영했다. 또한 패전은 일본의 대
담한 계획이 실패했음을 의미했으므로 일본인은 기꺼이 전쟁을 불
법화하는 헌법을 입안하려 했다. 종전 10일 후 〈요미우리호치〉는
'새로운 예술과 새로운 문화의 시작'이라는 제목의 사설에서 이렇
게 논평했다. "군사적 패배가 한 나라의 문화의 가치와는 아무 상
관이 없다는 확고한 신념을 가져야 한다. 군사적 패배를 반동력으
로 삼아야 한다. (중략) −왜냐하면− 일본 국민의 사고가 진정으로
세계로 뻗어나가 상황을 있는 그대로 객관적으로 보기 위해서는 바
로 이런 국가적 패배가 필요했다. 일본인의 사고를 왜곡시켰던 그
모든 불합리성을 진솔하게 분석해서 떨쳐내야 한다. (중략) 이 패배
를 엄연한 사실로써 정면으로 바라보려면 용기가 필요하다. −하지
만 우리는− 내일의 일본의 문화에 믿음을 가져야 한다." 일본인은
하나의 행동방침을 시도했다가 패배했다. 따라서 이제는 평화로운
처세술을 시도할 것이다. 신문의 사설들이 거듭해서 강조했듯 "일
본은 전 세계 국가들의 존경을 받아야" 하며 새로운 바탕에 따라
이런 존경을 받을 자격을 갖추는 것이 일본인의 의무였다.

　이런 신문 사설들은 단지 소수 지식인의 의견이 아니었다. 도쿄
에서부터 시골 벽촌에 이르는 일본 전역의 국민이 이와 같은 180도

방향 전환을 보였다. 미국의 점령군으로선 이렇게 우호적인 국민이 죽창을 들고서라도 죽을 때까지 싸울 것을 맹세했던 바로 그 국민이라는 사실이 도저히 믿어지지 않을 정도였다. 일본의 윤리는 미국인으로선 수긍 가지 않는 면들이 많지만, 미국의 일본 점령기 중의 체험은 이질적 윤리에도 좋은 측면이 많다는 점을 보여준 훌륭한 사례였다.

미국은 맥아더 장군의 지휘 하에 일본을 관리하면서 일본이 새로운 방향으로 나아가는 것을 받아들였다. 굴욕감을 주는 방식으로 새로운 길을 가는 것을 방해하지 않았다. 만약 서양의 윤리였다면 그런 방식을 강행했더라도 문화적으로 용인되었을 것이다. 굴욕과 처벌은 나쁜 짓을 저지른 사람에게 죄를 자각시키는 데 사회적으로 유효한 수단이라는 것이 서양 윤리의 신조이기 때문이다. 게다가 그런 죄의 인정이 재활의 첫걸음이기도 하다.

지금까지 살펴봤다시피 일본인은 이런 문제를 다른 식으로 바라본다. 일본인의 윤리에서는 자신의 행동에 함축된 모든 것에 책임을 져야 하며 오류의 자연적 결과를 그 행동의 부적절성을 확신하는 계기로 삼아야 한다. 총력전에서의 패배조차 이런 자연적 결과에 포함될 수 있다. 하지만 일본인에게 자연적 결과는 굴욕으로 여겨 분개해야 할 상황이 아니다. 일본인에게 굴욕이란, 한 사람이나 국가가 다른 사람이나 국가에게 비난, 조롱, 경멸, 업신여김, 불명예의 상징 강요하기 등이다. 또 스스로 굴욕을 당했다고 생각하면 복수를 하는 것이 미덕이다. 서양의 윤리가 이런 신조를 아무리 강하게 비난해도 미국의 일본 점령이 효과를 거둘지 말지는 이 점에 대한 미국인의 자기절제에 따라 좌우된다. 일본인은 심한 분개심을 일으키는 조롱과 '자연스러운 결과'를 별개로 구분하는데, 항복의 조건에 따른 비무장화와 가혹한 배상금 부과 같은 사항이 바로 이런 자연스러운 결과에 포함되기 때문이다.

일본은 강대국을 상대로 승리해 본 경험이 있다. 일본은 전승국이 되었을 때 패한 적이 항복하고 자신들을 조롱하지 않았다고 판단되면 적에게 굴욕을 주지 않으려 신중을 기했다. 1905년에 뤼순旅順에서 러시아군이 항복했을 때 찍힌 사진은 일본인이라면 누구나 다 아는 유명한 사진이다. 그런데 이 사진을 보면 러시아군이 칼을 차고 있다. 러시아군이 무기를 빼앗기는 수모를 당하지 않은 상태여서 승자들과 투항자들을 구분할 수 있는 차이는 군복뿐이었다. 일본에서 유명한 그때의 항복 일화에 따르면, 러시아군 사령관 스토예셀 장군이 일본의 항복 제안을 기꺼이 받아들이겠다고 표명했을 때 한 일본군 대위와 통역자가 스토예셀 장군의 사령부로 음식을 가져갔다고 한다. "당시엔 스토예셀 장군의 말만 빼고 모든 말을 잡아먹은 터여서 일본군이 선물로 가져온 닭 50마리와 계란 100개는 그야말로 반가운 선물이었다." 스토셀 장군과 노기乃木 장군이 그다음날 만나기로 회견이 성사되었다. "두 장군은 악수를 나눴다. 스토예셀은 일본군의 용기에 탄복을 표했고 (중략) 노기 장군은 러시아군의 끈기 있고 용감한 방어에 찬사를 보냈다. 스토예셀은 전투에서 두 아들을 잃은 노기에게 애도를 표했다. (중략) 스토예셀은 자신의 아라비아 종 명마인 백마를 노기 장군에게 선물했지

만 노기는 직접 그 선물을 받고 싶은 마음은 굴뚝같지만 먼저 일왕
에게 바쳐야 한다고 밝혔다. 그러면서 덧붙이길, 틀림없이 그럴 테
지만 그 말이 다시 자신에게 하사된다면 소중히 여기며 잘 돌보겠
다고 약속했다.”114)

노기 장군이 스토예셀 장군에게 선물받은 말을 위해 자택 앞마
당에 지은 마구간은 일본인 사이에서 유명했다. 세간에서는 이 마
구간이 노기의 집보다도 화려하다는 말이 회자되기도 했고, 노기
장군의 사망 후에 이 마구간은 노기 신사115)의 일부가 되었다.

일본인은 러시아의 항복 이후 수년 간의 필리핀 점령기 사이에
다르게 변했다는 평을 들어왔다. 특히 무자비한 파괴행위와 잔혹
행위는 온 세상에 잘 알려진 사례다. 하지만 일본인처럼 극단적일
만큼 상황에 따라 달라지는 윤리체계를 가진 국민을 반드시 그렇게
만 평할 수는 없다.

우선 일본의 적은 바탄반도 전투 이후 항복하지 않았다. 국지
적 항복만 있었다. 그 후 이번엔 일본군이 필리핀에서 미군에게 항
복했을 때도 일본은 여전히 전투를 멈추지 않았다. 게다가 일본군
은 1900년대 초기에 러시아군이 자신들을 '모욕했다'고 생각한 적

---

114) 다음 문헌에서 인용된 어느 일본인의 이야기. Upton Close, *Behind the Face of Japan*,
　　 1942, p. 294. 러시아의 항복과 관련된 이 일화는 어느 정도 허구가 섞여 있다 해도 문
　　 화적 의의를 갖기에는 충분하다.

115) 메이지 일왕 붕괴 때 뒤를 따라 순직한 노기 마레스케와 부인을 모신 신사로 도쿄 아카
　　 사카의 노기 저택 장소에 세워짐. —역자 주.

이 없었던 반면 1920년대부터 1930년대 사이에 성장한 일본인은 누구든 미국의 정책이 '일본을 멸시하는 것'이라고, 즉 바꿔 말하자면 '일본을 똥 취급하는' 것이라고 여겼다. 이는 일본 배척법116)이나 미국이 포츠머스 조약117)과 군축 조약에서 펼쳤던 역할에 대한 일본인의 반응이었다. 일본인은 극동에서 미국의 경제적 역할 증대나 세계의 유색 인종에 대한 우리의 인종주의적 태도에 대해서도 같은 식으로 생각하게 되었다. 따라서 러시아에 대한 승리와 필리핀에서 미국에 대한 승리는 극단적으로 상반된 두 측면, 즉 모욕이 수반된 경우와 모욕이 수반되지 않은 경우에 따라 일본인이 어떻게 행동하는지를 잘 보여주는 사례다.

미국이 최종적 승리를 거두게 되면서 일본인에게는 다시 상황이 바뀌게 되었다. 일본인은 으레 그래왔듯 궁극적 패배에 직면하자 이전까지 추구해오던 방침을 포기했다. 일본인 특유의 윤리에 따라 이제는 과거의 실수를 잊고 새 출발을 할 수 있었다. 미국과 맥아더 장군의 관리책은 새로운 출발에 모욕을 가하지 않으면서 일본인의 관점에서 볼 때 패배의 '자연적인 결과'를 강조하는 태도를 지켰고 결국 효과를 거두었다.

천황제의 유지는 아주 중요한 문제였는데 이 문제도 잘 처리되

---

116) 1924년에 미 의회가 일본인의 미국 이민을 막는 배척법을 통과시킴−역자 주.

117) 1905년 9월, 러일전쟁을 마무리하기 위해 미국 포츠머스에서 일본과 러시아 간에 체결된 강화조약. −역자 주.

었다. 먼저 발걸음을 한 사람은 천황이었다. 맥아더 장군이 일왕을 먼저 찾아간 것이 아니라 일왕이 맥아더 장군을 먼저 찾아갔다. 이 일은 일본인에겐 좋은 본보기였다. 그것도 서양인으로서는 이해하기 힘들 만한 효과를 일으켜줄 만한 그런 본보기였다. 이 방문에서 일왕은 신성을 부인하라는 제안을 받자 자신이 가지고 있지도 않은 것을 버리라는 요구는 개인적으로 난처한 일이라며 난색을 표했다. 그러면서 일본인은 자신을 서양인이 생각하는 그런 신으로 생각하지 않는다고 덧붙였고, 그것은 맞는 말이었다. 하지만 맥아더 장군의 사령부가 서양의 개념상 일왕이 신성을 주장하는 것은 일본의 국제적 평판에 좋지 않다고 다그치자 일왕은 난처함을 감수하고 신성을 부인하는 성명을 내기로 동의했다. 일왕은 새해 첫날에 신성을 부인하는 성명을 발표하며 자신의 메시지에 대한 전 세계 언론의 모든 논평을 번역해달라고 부탁했다. 그 논평을 읽어본 후엔 맥아더 장군의 사령부에 만족의 뜻을 전했다. 확실히 외국인들이 그전까지는 그런 신성의 문제를 이해하지 못했던 것 같다며 성명을 발표하길 잘했다는 얘기였다.

미국의 정책은 일본인에게 어느 정도의 충족감을 허용해주기도 했다. 국무부·육군·해군 3부의 지령에서는 "민주주의 원칙에 입각해 조직된 노동계·산업계·농업계 단체의 활성화를 장려하고 우대할 것"이라고 적시되었다. 일본의 노동자는 여러 산업에 걸쳐 조직화되었고 1920년대와 1930년대에 활동했던 옛 농민 조합들도 다시 목소리를 높였다. 진취적으로 나서서 생활 조건을 개선시킬 수 있게 된 이런 여지가 수많은 일본인에게는 일본이 이번 전쟁의 결과로서 뭔가를 얻었다는 증거로 받아들여졌다. 실제로 한 미국인 특파원이 전한 바에 따르면, 어느 파업 참가자가 미군을 올려다보고 활짝 웃으며 이랬다고 한다. "일본이 이긴 거요, 안 그렇소?"

현재 일본의 파업은 과거의 농민봉기와 유사점이 많다. 봉기를 일으킨 농민들의 호소는 언제나 한결같았다. 자신들에게 부과된 세금과 부역으로 생산에 지장이 생기고 있다는 불만이었다. 서양인의 관념에서 보면 당시의 농민봉기는 계급 간 투쟁이 아니었고 제도 자체를 바꾸려는 시도도 아니었다. 현재 일본 곳곳에서 일어나는 파업도 생산에 지장을 주지 않는다. "오히려 노동자들이 공장을 점유하고 작업을 계속하면서 생산량을 늘리는 것으로 경영진이 체면을 잃게 만드는 식이다. 미쓰이 계열 소유의 탄광 파업 참가자들은 경영진 그 누구도 갱에 들어오지 못하게 막으면서 일일 생산량을 250t에서 620t으로 늘렸다. 아시오 구리광산의 노동자들도 '파업' 기간 동안 작업을 이어가며 생산량을 늘려 임금을 배로 올려 놓았다."118)

물론 아무리 정책이 타당하더라도 패전국의 행정은 어려운 일이다. 일본의 경우는 필연적으로 식량과 주거와 복구가 긴박한 문제다. 이 문제는 일본 정부의 인력을 활용하지 않는 정책이 시행되었더라도 여전히 긴박한 문제였을 것이다. 한편 전쟁 종식 전에 미국

---

118) *Time*, February 18, 1946.

관리자들이 극도로 우려했던 군대 귀환병들의 문제는 확실히 일본의 관리들이 그대로 유지되지 않았을 경우의 예상 상황보다는 덜 위협적이다.

일본인은 이런 어려움을 인식하고 있으며 지난가을에 일본의 신문들은 고생고생하다 패전한 병사들에게 패배의 고배가 얼마나 쓸지 공감한다며 그로 인해 '판단'이 흐려져서는 안 된다고 당부하는 투의 기사를 감동적 어조로 싣기도 했다. 지금까지 귀환병들은 대체로 훌륭한 '판단'을 보여왔지만, 더러 실업과 패전의 쓰라림을 못 이겨 옛날처럼 국가주의적 목표를 추구하는 비밀결사에 뛰어드는 이들도 있다. 이들로선 현재의 지위에 분개심이 들기 십상이다. 그도 그럴 것이 이제 더는 예전 같은 특권적 지위를 누리지 못하고 있다. 예전에는 상이병들이 흰옷을 입었고 거리에 나가면 사람들이 고개 숙여 경의를 표해주기도 했다. 평화 시기에도 군에 입대하면 마을에서 환송 파티와 환영 파티가 열렸다. 군 입대자와 제대자는 상석에 앉혀져 술과 음식을 즐기고 잘 차려입고 온 마을 사람들이 춤을 추는 흥겨운 분위기를 만끽했다.

이제는 귀환병이 그런 관심을 받지 못한다. 가족들밖에는 아무도 알아주지 않는다. 상당수 도시와 마을이 귀환병을 냉대한다. 이런 태도 변화가 얼마나 쓰라리게 받아들여질지를 감안하면 귀환병이 일본의 영광이 군인들의 손에 맡겨졌던 옛 시절을 회복하기 위해 옛 전우들과 합세하는 것에서 만족감을 느낄 만도 하다. 몇몇은 이미 운 좋은 일본 병사들이 자바와 산시성과 만주에서 연합군과 싸우고 있다며 절망할 필요 없다고, 그에게도 다시 전투에 나갈 기회가 올 거라고 부추기기도 할 것이다. 국가주의적 비밀결사들은 일본에서 아주 오래전부터 결성되어 일본의 '오명을 씻어왔다'. 복수가 완수되지 않는 한 '세상이 기울어져 있다'고 느끼도록 길들여진 사람이라면 언제든 그런 비밀스러운 결사의 일원이 될 잠재성을 갖고 있었다. 흑룡회나 현양사玄洋社 등의 이런 비밀결사들이 행사했던 폭력성은 일본의 윤리가 이름에 대한 기리로서 허용하는 폭력이다. 이런 폭력성을 근절시키려면 이름에 대한 기리보다 기무를 부각시키려는 일본 정부의 오랜 노력이 앞으로도 계속 이어져야 할 것이다.

'판단'에 호소하는 정도로는 부족하다. 일본 경제를 재건시켜 현재 20대와 30대인 사람들에게 먹고 살 길과 '적절한 자리'를 마련해주어야 할 것이다. 농민의 처지도 개선되어야 한다. 일본인은 경제적 곤경에 닥칠 때면 어김없이 농촌으로 귀향하는데 돌아가 봐야 그곳도 몇 떼기 안 되는 밭을 일구며 빚에 허덕이는 데다, 많은 경우 소작료까지 내고 있어서 늘어나는 식구를 감당하기 힘들다. 산업 부문 역시 발전시켜야 한다. 작은아들들에게 유산을 나누어주길 꺼리는 뿌리 깊은 정서상 장남을 빼고 모두 도시에서 출세 길을 찾도록 떠나보내는 경향이 있는데 이들의 일자리를 위해서라도 산업이 흥해야 한다.

일본인은 앞으로 오랜 시간 험난한 길을 걷게 될 테지만 재무장에 국가 예산을 할애하지 않는다면 국민의 생활 수준을 끌어올릴 기회가 있다. 진주만 기습 전까지 10년에 걸쳐 국민소득의 절반을 무기와 군대에 지출했던 일본 같은 나라는 이런 지출을 금지하고 농민들로부터의 징발을 점진적으로 줄여나간다면 건강한 경제의 기반을 닦을 만한 여지가 있다. 앞에서도 살펴봤다시피 일본의 농작물 분배율은 경작자의 몫이 60%이고 나머지 40%가 세금과 소작료로 지불되었다. 미얀마나 태국 같은 쌀 생산국이 전통적으로 경작자에게 90%의 몫이 돌아가는 것과 비교하면 큰 차이이다. 경작자에게 부과된 이런 막대한 징발이 결과적으로 국가 병력 증대의 자금줄이 되어준 셈이었다.

향후 10년 동안 유럽이나 아시아 국가들은 군비 증강에 힘쓰지 않는 국가가 오히려 유리해질 것이다. 국부國富를 건강하고 부강한 경제를 세우는 데 쓸 수 있기 때문이다. 미국에서는 아시아와 유럽에 대한 정책을 수립할 때 이런 점을 거의 고려하지 않는다. 미국의 경우엔 많은 비용이 들어가는 국방 계획을 세운다 해도 나라가 빈곤해질 리가 없다는 것을 알기 때문이다. 미국은 전쟁으로 파괴되지 않았다. 농업을 근간으로 삼고 있는 국가도 아니다. 우리에게 당면한 중대 문제는 오히려 산업계의 과잉생산이다. 대량생산과 기계설비가 완비되다 못해 이제는 무장화나 사치품 생산이나 복지 및 연구 사업 분야에 대규모 사업을 실행하지 않는 한 국민이 일자리를 구하지 못할 지경이다. 자본을 수익성 있게 투자할 필요성 또한 긴박하다.

미국 외의 나라들은 사정이 사뭇 다르다. 이는 서유럽조차도 마찬가지다. 재무장이 불가한 독일은 막대한 배상금 부담에도 불구하고 10년 사이에 탄탄한 경제 번영의 토대를 닦아놓을 수 있다.

반면 프랑스는 대대적인 군사력 증강을 정책으로 삼는 한 경제 번영의 토대를 닦기란 불가능할 것이다. 일본도 중국에 대해 이와 유사한 이점을 최대한 활용해볼 만하다. 현재 중국에서는 군국화를 목표로 세우고 있으며 이런 중국의 야심은 미국으로부터 지지를 얻고 있다. 일본은 예산에 군국화 야심을 반영하지 않는다면, 또 충분한 의지를 보인다면 오래지 않아 번영의 기반을 갖추는 동시에 동양의 무역에서 없어서는 안 될 중요한 입지를 얻을 수 있을 것이다. 평화를 통한 이익 추구에 입각한 경제 체제를 세워 국민의 생활 수준을 향상시킬 수 있을 것이다. 일본이 그런 평화로운 나라가 된다면 국제 사회에서 명예로운 지위도 얻게 될 것이다. 또한 미국이 앞으로도 영향력을 발휘해 그런 평화적 구상을 지지한다면 일본에 큰 도움이 되어줄 것이다.

다만 미국도, 다른 그 어떤 나라도 해줄 수 없는 일이 있다. 강제적 명령으로 일본을 자유롭고 민주적인 국가로 변화시키는 일이다. 이제껏 피지배국 어디에서도 이런 일이 성공한 사례는 없다. 어떤 외국인도 자신과 같은 습성과 통념을 갖지 않은 국민에게 자신과 같은 생활양식을 따르도록 명령할 수는 없다. 법률을 내세워 일본인에게 선출자들의 권위를 인정하고 계층적 위계질서 체계상의 '알맞은 지위'를 무시하도록 강요할 수는 없다. 법률을 내세워 우리 미국인에게 익숙한 그런 자유롭고 기탄없는 인간관계를 갖게 강요할 수도 없다. 독립성을 중요시하면서 개개인이 적극적으로 자신의 배우자와 직업과 살 집과 기꺼이 떠맡을 의무 등을 스스로 정하려는 태도 역시 마찬가지다. 하지만 일본인도 이런 방향의 변화가 필요하다는 사실을 아주 분명히 밝히고 있다. 종전 이후 일본의 공인_{公人}들은 일본이 남녀를 막론하고 모든 국민에게 독자적 삶을 추구하며 스스로의 양심에 따라 살도록 장려해야 한다는 입장을 표명해왔다. 물론 이들이 드러내놓고 말하는 것은 아니지만 일본인이라면 누구든 이런 말속에 담긴 의미를 이해한다. 일본에서의 '수치(하지)'의 역할에 의문을 제기하며 이제는 국민이 더 자유롭게 살길 기대하는, 즉 '세상 사람들의' 비난과 배척에 대한 두려움에서 자유로워지길 기대하는 그 속뜻을 알아듣는다.

아무리 자발적으로 받아들인다 해도 일본에서의 사회적 압력이 그만큼 크다는 얘기다. 개개인에게 너무 과도한 요구를 한다. 일본에서는 감정을 숨기고, 자신의 열망을 포기하고, 가족이나 조직이나 국가의 대표라는 생각을 가지고 처신하도록 요구한다. 그동안 일본인은 그런 방침이 요구하는 자기단련을 뭐든 받아들일 수 있다고 증명해왔다. 하지만 그렇다 해도 그 부담이 너무 과중하다. 자신을 위한 일을 너무 많이 억눌러야 한다. 정신적 부담을 덜 주는 삶에 과감히 나서길 두려워하면서 군국주의자들에 이끌려 희생이 끝없이 쌓이고 쌓이는 방침을 따라왔다. 그렇게 막대한 대가를 치르는 사이에 독선적으로 변하면서 자신들보다 덜 버거운 윤리를 따르는 민족을 멸시해왔다.

이제 일본인은 침략 전쟁을 '오류'이자 실패한 주장으로 인정함으로써 사회변화를 향한 첫발을 크게 떼었다. 평화로운 나라들 사이에서 존경받는 지위로 돌아갈 통행권을 구입하길 희망하고 있다. 그러려면 세계 평화가 이루어져야 한다. 향후 수년간 러시아와 미국이 공격적인 군비 증강에 힘쓴다면 일본은 그간의 노하우를 활용해 그 전쟁에 뛰어들 것이다. 하지만 이 점을 인정한다 해도, 일본에게는 평화로운 나라가 될 가능성이 내재되어 있다는 점에 의심의 여지가 없다. 일본의 동기는 상황에 따라 달라진다. 일본은 상황이 허락한다면 평화로운 세계 속에서 자신의 자리를 찾게 될 것이다. 하지만 그럴 만한 상황이 되지 않으면 무장 진영 속에서 자리를 잡게 될 것이다.

현재 일본인은 군국주의를 실패한 관점이라고 생각하고 있다. 앞으로는 세계의 다른 나라에서도 군국주의가 실패할지 어떨지를 확인하기 위해 주시할 것이다. 만약 다른 나라에서 실패하지 않는다면 일본은 호전 정신에 다시 불을 붙여 실력 발휘에 나서려 할 소지가 있다. 반대로 다른 나라에서도 실패한다면 제국주의적 침략 기도가 명예로운 길이 아니라는 교훈을 새삼 되새기게 될 것이다.

전쟁 중의 미국,
일본을 이해하려 시도하다

1946년 발행된 루스 베네딕트의 《국화와 칼》은 일본과 일본인을 이해하기 위한 필독서로 꼽히며 현재까지도 문화인류학의 명저로 평가받고 있다.

제2차 세계대전 종전 1년 전인 1944년, 미국 정부는 주적국 일본에 대한 심층적 이해가 필요하다 판단했다. 전세는 미국 쪽으로 기울었고 이제 총력전을 벌이고 있는 일본과 맞서려면, 또는 패전한 일본의 효과적인 처리를 위해 여러 의문을 해소해야 했다. 미국 정부는 전쟁공보처에 근무하면서 유럽과 아시아에 관한 논문을 썼던 루스 베네딕트에게 연구 저술을 의뢰했고, 그렇게 《국화와 칼》이 탄생하게 되었다.

미국이 전쟁 중에 만난 일본은 그동안 만난 적과는 판이했다. 이는 포로들의 행동을 봐도 극명했다. 무항복주의 정책을 표방한 일본은 항복을 '수치'라 여겼다. 서양의 군대는 최선을 다했지만 도저히 이길 가망성이 없으면 항복한다. 이렇게 항복해도 여전히 스스로를 명예로운 군인으로 여기며 국제적 합의에 따라 포로명단이 본국으로 통보되어 가족들이 생존 사실을 알 수 있다. 하지만 일본인은 이런 상황을 다르게 바라봤다. 죽을 때까지 싸우는 것을 명예로 여겼다. 승산 없는 상황이 되면 마지막 남은 수류탄으로 스스로 목숨을 끊거나 죽음을 각오하고 적에게 돌진해 같이 죽자는 식으로 싸웠다. 하지만 이렇게 격렬하게 저항하던 일본인 포로가 놀랍게 방향전환을 하는 경우도 있었다. 자신이 일본으로 돌아갈 수 없다고 판단하거나, 돌아가도 일본에서의 삶은 끝났다고 생각한 경우 오히려 미군을 적극적으로 도와 군사정보를 알려주었다. 이는 미국에게 이해할 수 없는 일이었다. 그리고 이해가 필요한 일이었다.

미국인들은 포로들의 이런 전향을 예상하지 못했다. 그것이 우리 미국인의 관례와는 맞지 않았기 때문이다. 하지만 그 일본인들은 어떤 행동노선에 열과 성을 다했다가 실패하면 그때는 다른 행동노선을 취하는 것이 당연하다는 듯 행동했다. 이런 행동은 전쟁이 끝난 후에도 여전히 계속될 만한 일본인의 고유 행동 양식이었을까? 아니면 각자 따로따로 생포되었던 병사들 특유의 행동이었을까? 전시 중에 불쑥 우리의 주목을 끌었던 일본인의 특이한 행동들과 마찬가지로 이런 행동 역시 일본인에게 길들여진 전반적 생활방식, 일본의 제도 작동 방식, 일본인이 습득해온 사고습성과 행동습성에 대한 여러 가지 의문을 일으켰다.

-2장. 전쟁 중의 일본인 중에서

강인한 의지와
관대함으로 집필한《국화와 칼》

루스 베네딕트는 이 책에서 일본인의 생활방식, 행동습성, 가치관, 풍습, 자녀양육 등 '일본 문화의 패턴'을 이루는 방대한 정신과 행동을 탐구했다. 그런데 루스의 연구는 쉽지 않았다. 전시 상황이었던 터라 일본에 직접 방문할 수 없었고, 또한 적국에 부정적 시각을 갖지 않기란 쉬운 일이 아니었으며, 일본인의 행동이 미국인과 전혀 달랐기 때문이다. 하지만 루스는 '강인한 의지와 관대함'으로 이 모든 것을 이겨냈다.

첫째로, 루스는 일본을 단 한 번도 방문해본 적이 없었지만, 오히려 그렇기에 주관적 경험이 아닌 객관적 연구로 일본을 바라보고 집필할 수 있었다. 비록 일본에 직접 가 섞여 살아보며 일상을 관찰할 수는 없었지만, 미국에 살고 있는 일본인들을 인터뷰하며 간극을 메웠다. 그리고 일본에서 살아본 서양인들의 기록과 일본인이 남긴 기록 등 온갖 문헌을 탐구하고 일본 소설도 읽었으며 일본 영화도 보았다. 한 발 떨어져서 일본이란 국가와 민족을 총체적으로 바라보며 그들의 이데올로기와 일본 사회의 복잡성을 세밀하게 파헤쳤다.

둘째로, 적국을 바라보는 관대함을 갖췄다. 루스는 본문에서 밝힌 것처럼 이번 연구를 일본을 이해할 기회로 삼았다. 야만적이라 비하하고 편견의 벽을 쌓아 올리는 대신 일본을 일본답게 만드는 것이 무엇인지 살피려 애썼다. 당시 미국은 선전 활동에서 일본인을 '잽(Jap, 일본인을 경멸적으로 부르는 말)'이라 부르며 선천적으로 미치광이이고 믿을 수 없는 족속이며 미개하다고 칭했다. "원숭이 인간이다, 비열하다, 미친 개다, 남의 목숨만이 아니라 언제든 자기 목숨까지 거두는 정신 나간 사무라이다." 하지만 루스는 인류학자다운 시각으로 접근했다. 차이의 존중을 강조했으며 다른 문화를 배울 기회라 여겼다. 이런 관대함을 적국에 갖기란 무척이나 어려운 일이다. 그래서 《국화와 칼》이 명저로 꼽히는 이유이기도 하며 이런 시각은 적국의 강점과 약점을 살피는 데 유용하기도 했다.

《국화와 칼》은 세계 독자들뿐만 아니라 일본 독자들에게도 긍정적인 평가를 받으며 훌륭한 연구서라 칭송받는다. 그것은 루스가 열린 시각으로, 객관적으로, 세심하게 일본을 연구했기 때문이다.

일본을
일본답게 만드는 정신들

루스는 일본의 생활습성을 소개하며 일본은 지탱하는 여러 정신에 대해 다룬다. 그것은 '계층적 위계질서'와 '온', '기무', '기리' 등에 관한 것이다. 여기에 '수치' 문화가 촘촘히 얽히는데 이것은 어떠한 법규보다도 일본을 일본답게 만드는 것들이다.

일본은 무사(사무라이), 농민, 공인, 상인, 천민 순으로 이루어진 철저한 계급사회였으며 가장 꼭대기에 '일왕'이 있었다. 이 계급은 수 세기 동안 지켜져 왔으며 각자의 계급에서 '적절한 자리'를 찾고 지키는 것이 도덕이었다. 여기서 적절한 자리란 단지 출생신분만을 말하는 것은 아니다. 나이, 성별 등도 중요한 고려 대상이었으며 갖가지 예의범절도 자리에 따라 달랐다. 일본인은 자신의 자리에 합당한 일과 행동을 하는 것을 미덕으로 삼았으며 그것이 이루어지지 않을 때는 공동체에서 외면받고 '수치'를 당해야 했다.

'일왕'은 가장 큰 공경의 대상이지만 정치적으로 권한은 없다. 하지만 존재 자체만으로 절대적 영향력을 끼치고 있으며 그의 말은 무조건 받들어야 하는 지상명령이다. 그래서 일왕의 항복 연설만으로 모든 일본인이 전쟁을 멈추고 미군을 환영하는 태세 전환을 이뤄낼 수 있었다. 이런 일왕에게 바치는 충성, 법에 대한 복종이 바로 '주'이다. 계층적 위계질서의 가장 상위에 속한 것이라 어떤 도덕보다 우선시 된다.

'온'은 자신이 받은 '은혜'를 뜻한다. 이것은 나보다 계급이 높은 사람(일왕, 주군, 부모, 스승, 고용주)에게 받을 수 있으며 가장 큰 온은 일왕에게 입었다고 여긴다. 원치 않은 '온'을 입었다면 수치스럽게 여긴다. 일본인은 '온'을 아무리 노력해도 갚을 수 없는 크나큰 은혜라고 여기며 자신이 받은 온을 다음 세대에 전하려고 노력한다. 그리고 '온을 잊지 않는' 관습은 다른 무엇보다 중요시되었다.

'기무'는 바로 이 '온'을 갚으려는 마음이자 행위를 뜻한다. 기무는 부모에게 바치는 '고'와, 일왕과 법률에 바치는 '주', 두 가지로 나뉜다. 두 의무 모두 강제적이며 누구나 피할 수 없는 숙명이다. 어떠한 우발적 상황이 일어나도 지켜져야 하며 일본의 초등 교육을

'기무 교육'이라고 일컫는다.

'기리'는 자신이 받은 은혜의 양만큼 '갚는' 것이다. 하지만 기리에는 양면적 모습이 있다. 만약 모욕을 받았다면 받은 만큼 '복수'도 가능하다는 것이다. 이 기리에는 세상에 대한 기리와 자신의 이름에 대한 기리, 두 가지가 있다. 세상에 대한 기리에는 주군, 친족, 타인 등이 속하며 어떠한 은혜를 받았을 때 갚는 것과 같은 조상을 둔 친족을 돌보는 의무를 뜻한다. 이름에 대한 기리에는 모욕이나 비난을 받았을 때 그것을 씻어낼(복수 등을 통해) 의무, 실패나 무지를 인정하지 않을 의무, 예의를 지킬 의무 등이 있다.

이런 정신을 아는 것은 일본의 법률을 이해하는 것보다 중요하다. '온'과 '기무'와 '기리'가 모두 얽혀 일본 사회를 이루고 의무를 만들어내기 때문이다. 일본의 도덕률은 철저한 의무 이행과 극단적인 체념을 강조한다. 온을 갚기 위해 자기 자식을 정성껏 돌보고, 기무를 위해 부모의 말에 복종하고 때론 이혼까지 불사한다. 또한 일왕의 명령에 따라 전쟁에 나선다. 기리를 위해 받은 도움을 기억했다가 꼭 그만큼을 보답하고, 때로는 받은 모욕을 돌려주기 위해 몇 년 후를 기약하기도 한다. 만약 복수에 성공했지만, 그것이 기리보다 상위에 있는 '주'나 '고'에 폐를 끼쳤다면 수치를 느끼고 자결하기도 하며 처음부터 자결을 결심하고 복수하기도 한다.

이런 정신과 도덕은 서양인들이 기준하는 것과는 크게 다르며 가까이에 있는 한국, 중국과도 다른 것이었다. 그것이 일본다운 특징이었고, 일본의 강점이자 약점이었다.

비슷하면서도 다른
한국과 일본

《국화와 칼》에서 다룬 일본의 문화와 전통을 보면 한국과 유사한 것이 많다. 또한 매우 다르기도 하다.

가령 부모로부터 '온'을 입는다. 즉 은혜를 입는다는 관념은 한국도 유사하다. 아무리 갚으려고 해도 갚을 수 없는 사랑이라 여기는 것도 비슷하며 내가 받은 사랑만큼 자녀를 잘 돌보아야 한다고 여긴다. 하지만 한국인은 이런 '온'을 군주에게까진 좀처럼 적용하지 않는다.

한국처럼 일본인도 아기를 포대기에 업어 기르고 엄마 옆에서 잠들게 한다. 신생아 때부터 따로 재우는 서구와는 다르다. 하지만 한국은 아이들이 어릴 때 많은 행동적 제약을 걸고 성년이 되면 자유를 부여하는데, 일본은 그와 반대다. 8~9살이 될 때까지는 하고 싶은 대로 하면서 마음껏 놀게 한다. 그러다가 차츰차츰 '의무'와 '수치'를 알게 한다. 그러다 성인이 되면 자유는 끝나버리고 얼마나 의무들을 잘 이행하는지 증명해야 한다.

일본처럼 우리도 '집안에 먹칠을 하는' 행동을 하지 않도록 교육받았다. 사람은 개인이기도 하지만 가족 공동체의 일원이며 가족의 명예를 지켜야 한다는 것이 한국의 전통 교육이었다. 하지만 설사 먹칠을 했다 해도 가족을 보호하는 것을 미덕으로 삼는다. 허물을 덮어주고 적극적으로 옹호하며 잘못이 있다면 용서를 빌도록 설득한다. 때론 대신 사과하기도 한다. 그런데 일본은 다르다. '집안에 먹칠을 한다면' 먼저 가족이 등을 돌린다. 밖에서 입은 수치를 씻어내고 올 때까지 외면한다.

이처럼 한국과 일본은 비슷하면서도 매우 다르며 이는 현대에도 마찬가지이다.

한국인이 일본을 대하는 3가지가 있다고 한다. 하나는 양국의 어려웠던 역사를 기억하면서 적으로 생각하는 것이다. 두 번째는 일본을 여행하고 문화를 접하며 그들 특유의 심미적이고 친절한 모습에 사로잡혀 사랑하는 것이다. 세 번째는 일본에 거주하고 살지만 도저히 받아들일 수 없는 여러 모습 때문에 일본을 부정하고 미워하는 것이다. 그런데 이 책 전반에 다룬 일본인의 정신과 여러 의무, 행동습성을 알게 되면 보다 일본이란 나라를 이해할 수 있다. 옳고 그름의 문제가 아닌 '다름'으로 인정하면서 가깝고도 먼, 비슷하면서도 딴판인 일본을 알아차릴 수 있는 것이다.

아름다움 속에
칼을 벼르는 일본

일본에서 '국화'는 왕실의 '문장'이다. 일왕이 계신, 높고도 아름다운 왕실을 나타내는 꽃이며 일본의 일등공로 훈장도 국화 모양을 띤다. 이처럼 국화는 일본인이 사랑하는 고귀한 꽃이며 그들의 심미주의를 나타내는 상징이다.

일본인은 예로부터 무해한 즐거움을 즐길 줄 아는 민족으로 유명했다. 예나 지금이나 벚꽃이나 달이나 국화나 첫눈을 감상한다거나, 집 안에 곤충우리를 두고 벌레의 '노래'를 듣는다거나, 짤막한 시를 짓는다거나, 정원을 꾸민다거나, 꽃꽂이나 다도를 즐긴다.

―12장. 아이들은 배운다 중에서

하지만 이런 국화가 예쁜 겉모습을 위해 고통을 감당하기도 한다. 화분에 심어 매년 일본 각지에서 개최되는 품평회에 출품되는 국화는 재배자가 꽃잎 하나하나를 자리잡으며 때로는 작은 철사 받침을 안 보이게 찔러넣기도 한다.

루스는 일본인의 탐미주의를 '국화'로 지칭했다. 그리고 이 국화가 때로는 '제자리에서 빛나기 위해' 감당해야 하는 갖가지 철사들을 이 책에 소개했다. 또한 일본인의 '칼'도 단순히 무사다움이나 과격함을 말하는 것은 아니었다.

일본인이 '몸에서 나온 녹'에 대한 책임이라고 말하는, 바로 그 자기 책임이다. 몸과 칼을 동일시한 이 비유에 빗대자면 칼을 차고 다니는 사람에게는 칼이 녹슬지 않고 반짝반짝 광이 나게 할 책임이 있듯, 사람은 저마다 자신의 행동에 따른 결과를 받아들여야 한다. (중략) 일본적 의미에서 보면 칼은 공격의 상징이 아니라 자기 책임을 아는 이상적인 인간의 비유이다.

―12장. 아이들은 배운다 중에서

무사의 나라 일본에서 '칼'은 '명예'와 '덕'을 상징하는 것임과 동시에 길들여야 하는 자기 자신이기도 하다. 녹슬지 않게 간수하는 동시에 나와 공동체에 위협을 가하면 가차 없이 빼어들어야 하며 때로는 그 칼날이 자기 자신을 향하기도 한다.

그래서 일본을 이해할 때는 '국화'와 '칼'을 있는 그대로 받아들여서는 안 된다. 아름다운 국화를 보며 즐기는 동시에 아프게 박혀 있는 철사를 인정해야 하고, 빛나는 칼이 단순히 무기가 아닌 자기 성찰의 기준이라는 것도 알아차려야 한다. 이런 일본의 이해에 1946년에 출간되었지만, 여전히 명저로 꼽히는 이 책의 수많은 이야기가 도움이 될 것이다.

루스 베네딕트 연보

1887년(출생) 6월 5일, 뉴욕에서 교사였던 어머니와 외과 의사 아버지 사이에서 첫째로 태어났다. 유아 시절 병을 앓아 한쪽 청력을 잃었고 그 이유로 말이 어눌해졌다. 루스는 1895년(8세)까지 제대로 진단받지 못했다.

1888년(1세) 여동생 마거릿이 태어났다.

1889년(2세) 아버지가 병으로 사망했다. 어머니는 남편의 죽음으로 깊은 슬픔에 빠졌고 경제적 위기를 맞았다. 루스는 아버지의 죽음과 어머니의 좌절을 보며 심리적 불안을 겪었으며 이때의 경험이 트라우마로 남았다고 훗날 밝혔다. 그녀는 이때의 경험 때문에 사람들 앞에서 울거나 고통을 표현하는 것을 금기로 삼게 되었다.

1891년(4세) 할머니의 임종을 본다. 루스는 할머니의 죽음을 "내가 본 가장 아름다운 장면"이라 회상했고, 아버지와 할머니의 죽음은 루스로부터 죽음의 미학을 탐구하는 계기가 되어 주었다. 또한 이것은 그녀의 역작 《문화의 패턴》을 쓰는 계기가 된다.

1894년(7세)
~
1997년(8세) 교사였던 어머니의 근무지를 따라 미주리주로 이주하고 다시 미네소타주로 이주한다. 경제적 위기와 함께 어머니와 갈등을 겪는다. 어머니가 여동생 마저리를 더 사랑한다고 여겼고 루스도 어머니와 거리를 둔다. 그리고 이때부터 책을 가까이하고 글쓰기에 소질을 보인다.

1898년(11세) 뉴욕으로 돌아온다.

1902년(15세)
~
1904년(17세) 여동생과 함께 전액 장학금을 받고 성 마거릿 아카데미에 들어간다. 이곳에서 글쓰기와 문학에 대한 관심을 점점 키워가며 페미니즘을 만난다.

1909년(22세) 바사여자대학을 졸업하고 장학금을 받아 1년간 유럽을 여행한다.

1910년(23세) 뉴욕주 버팔로의 자선협회에서 근무한다.

1911년(24세) ~ **1914년(27세)**	캘리포니아주 로스앤젤레스와 패서디나 등에서 교사로 근무한다. 서부에서 일하며 아시아에 관심을 갖게 되었지만, 우울증 등으로 고생하기도 한다. 1913년 대학 동창의 친구이자 생화학자 스탠리 R. 베네딕트^{Stanley Benedict}를 만난다.
1914년(27세)	스탠리 베네딕트와 결혼해 뉴욕주에 정착한다. 루스는 아이를 원했지만 수술 없이는 임신이 어려웠고 남편이 수술에 동의하지 않아 임신을 포기해야 했다. 루스와 남편은 여러모로 맞지 않았다.
1917년(30세)	불행한 결혼생활의 돌파구로 글쓰기에 집중했고 메리 울스턴크래프트(여성 인권가) 등 저명한 여성에 대한 전기를 집필했다. 하지만 출판은 되지 못했다.
1919년(32세)	새로운 시작을 위해 사회연구 뉴 스쿨(New School for Social Research) 강의를 들었으며 인류학에 눈을 떴다.
1921년(34세)	컬럼비아대학교 대학원 인류학 박사과정에 진학하고 독일계 인류학자 프란츠 보아스^{Franz Boas}의 제자가 된다. 이때부터 아메리카 인디언의 민담과 종교 등을 연구하기 시작한다.
1922년(35세)	세라노족을 현지 조사하고 가을부터 버나드 대학에서 조수로 일하며 처음으로 인류학을 가르친다. 이때 학부생인 '마거릿 미드'를 만나고 둘은 평생 문화인류학의 동료가 된다.
1923년(36세)	컬럼비아대학교에서 〈북미의 수호신 개념〉이란 논문으로 박사학위를 취득한다.
1924년(37세) ~ **1926년(39세)**	주니족 코티치족, 피마족을 현지조사한다. 1925년 시작한 미국 민속학회지 편집위원을 1939년까지 계속한다.
1927년(40세) ~ **1929년(42세)**	미국 민족학회 회장으로 취임해 일한다.

1931년(44세) 컬럼비아대학 인류학과 조교수로 근무한다. 논문 〈코치티 인디언 이야기〉 발표한다. 남편과 별거를 시작한다.

1934년(47세) 뉴욕과학아카데미의 회원이 된다. 문화의 상대성과 문화가 개인에 미치는 영향을 다룬 《문화의 패턴》을 출간하고 언론으로부터 호평을 받는다.

1935년(48세) 저서 《주니족 신화》를 발행한다.

1936년(49세) 컬럼비아대학 《인류학 기여》의 편집위원이 되며 1940년까지 지속한다. 별거중이었던 남편이 사망한다.

1937년(50세) 컬럼비아대학 인류학과 부교수로 승진한다.

1939년(52세)
~
1940년(53세) 캘리포니아주 패서디나에서 《인종:과학과 정치》 집필에 몰두한다. 1939년 9월에 독일이 폴란드를 침공하며 제2차 세계대전이 발발한다.

1940년(53세) 저서 《인종:과학과 정치》 발행하고 컬럼비아대학으로 돌아온다.

1943년(56세) 저서 《태국의 문화와 행동》과 《루마니아의 문화와 행동》을 발행한다. 워싱턴의 '전쟁공보처' 기초분석팀 책임자로 근무한다.

1944년(57세) 《국화와 칼》 연구 저술을 의뢰받고 일본 연구에 착수한다. 당시 미국에 있던 일본계 미국인들을 만나고 일본의 출판물들을 검토한다.

1945년(58세)
~
1946년(59세) 캘리포니아주 패서디나에서 집필에 전념한다.

1946년(59세) 미국 정신병리학회 부회장, 미국 인류학회 회장을 맡는다, 11월에 《국화와 칼》이 발행된다. 컬럼비아대학에 복직한다.

1948년(61세) 컬럼비아대학 정치학부 정교수로 승진한다. 9월 17일 뉴욕에서 심장마비로 사망한다. 루스 베네딕트는 남성이 차지하고 있던 '전문직'에 도전하고 성취한 인물로 꼽히고 있으며 진보적인 사상관으로 문화인류학에 새로운 획을 그었다고 평가받고 있다.